ソーシャル・キャピタル
Social Capital: A Theory of Social Structure and Action
社会構造と行為の理論

ナン・リン 著

筒井淳也/石田光規/桜井政成/三輪哲/土岐智賀子 訳

ミネルヴァ書房

SOCIAL CAPITAL
A Theory of Social Structure and Action
by Nan Lin

©Cambridge University Press 2001
Japanese translation rights arranged with
the Syndicate of the Press of the University of Cambridge, UK
through Tuttle-Mori Agency, Inc., Tokyo

序　文

　社会学とは，私にとってみれば，社会関係のなかの選択肢の研究である。社会学は，行為の動機を探求し，どういった選択肢が関係のなかに（認知されたものでも実際に存在するものでも）あるのかを調べ，そういった選択の結果について研究するものだ。したがって社会学にとって中心的な課題は，行為と構造の両者，すなわち構造的な機会と制約のなかでの選択行動の分析である。選択はそういった機会と制約においてなされ，構造的な機会・制約と相互作用し，同時にそれらを変えたり創り出したりすることもある。こういったプロセスは当然，マクロ構造とミクロ構造のあいだを移動していくものだ。社会学者は，このダイナミクスを捕捉し立証することに，もっぱら時間と労力を費やしているのである。

　本書は，行為者（個人でも組織でも）はよりよい結果を得る目的をもって他の行為者の資源にアクセスするために，他の行為者と関わり合うという道具的・表出的な欲求に動機付けられている，という理論について検討している。コアとなる命題は，社会関係に埋め込まれた資源，つまり社会関係資本へのアクセスがよりよい結果をもたらす，というものだ。社会関係資本は，社会的なものであり，かつ有用なものだ。それは社会関係に深くしみこんだもので，社会関係によって可能になり，かつ社会関係によって制約される。しかしこういった構造的な機会と制約のなかで，行為が意味をもつ。二人の行為者が同じような量と配置をもつ社会関係に置かれたとしても，結果は各々の選択行為に応じて異なったものとなる。このような定式化をする際，私は構造と関係が支配的な影響力をもつということを認めている。しかしながら，選択の理論的な重要性をも強調しておきたい。

　上記の目的のために，本書は主に二つのパートに分けられている。第Ⅰ部は

資本理論の歴史的説明から始まり（第1章），次に社会関係資本の考え方を説明する（第2章）。続く三つの章では構造的パースペクティブから出発して関係と行為に「下る」ダイナミクスの理論を論じる。第3章ではネットワークを含む構造のなかにどのように資源が埋め込まれているのかを説明し，第4章では動機付けや相互行為がいかにして行為者を選択に駆り立てるかについて説明する。第5章では理論のなかの個々の要素についてまとめ，命題を体系立てて解説する。続く二つの章では理論の研究上の有用性を立証している。第6章では社会関係資本を地位達成に結びつけて考える研究の流れをまとめ，第7章は社会関係資本の不平等性についての重要な研究課題に光を当てた。

第Ⅱ部では社会関係資本論をいくつかの研究分野に応用しつつ，先ほどのダイナミクスを逆転し，選択行為から出発して制度的・構造的コンテクストを説明する。まず最初にミクロあるいはメゾのダイナミクスを検討し，選択行為の重要性を確認する。第8章では選択行為が社会構造を導く理論的可能性を探究し，第9章では経済変動と対照的に社会変動自身がもつ合理性を示すことによって理論を展開する。第10章ではより制約性が強いヒエラルキー組織の中での選択について同様の論を続ける。第11章では，社会変動の話題に移る。本書で定式化される社会関係資本論が，すでにある制度のコンテクスト内部での社会変化，そして社会的ネットワーキングと制度選択を通じて資本が形成される中での社会の変化についての説明においてどのように役に立つのかを説明する。第12章ではサイバーネットワーク――サイバースペースでの社会関係――の爆発的拡大について，そして社会関係資本が衰退している，あるいは消えかけている，という早とちりな主張を再検討するにあたってサイバーネットワークがもっている意義について探求を行い，どのように社会関係やネットワークのなかでの選択・行為が存続しており，それどころかグローバル化された技術的先進社会の中で活力と影響力を得ているのか，ということに光を当てている。

分量を考慮して，本書で何をどこまでカバーするのかを取捨選択せざるを得なかった。私は社会関係資本の道具的な側面に焦点を絞ったため，他のところで発表した研究では無視しているわけではないのだが（Lin, N. 1979; Lin, Dean,

序文

A. and Ensel, W. 1986; Lin and Ensel 1989; Lin and Lai, G. 1995; Lin and Peek, K. 1999; Lin, Ye, X. and Ensel 2000），社会関係資本の表出的側面については本書では言葉足らずになっている。社会関係資本論での表出的行為の重要性については第4章と第5章での理論の定式化のところに明確に記している。社会関係資本論を展開する中で表出的行為がどのように作用しているのかについても言及している（第8章と第11章）。とはいえ、社会関係資本の表出的な側面を完全にカバーしようとすれば、同じ分量の本がもう一冊必要になるだろう。表出的側面については重点的に取り扱わず、代わりに、同類のトピック、すなわち人的資本と文化資本との比較を行うために道具的行為に焦点を合わせることにした。経済学者によって採用されている人的資本という考え方は、労働市場における見返り、特に経済的見返りについてのものだ。ブルデュー（Bourdieu, P.）による文化資本の考え方は、支配階級の再生産に関わるものである。どちらにおいても、資本の道具的な利用法が目立っている。唯一エピローグでのみ、社会関係資本の完全なモデルのなかに、まだまだ省略されたかたちではあるが、表出的行為を再統合している。

　私はまた、集合的資産としての社会関係資本については考察を省いている。というのは、本書での論考の結果、集合的資産としての社会関係資本の理論上・実証上の有効性は、ここでなされた定式化を拡張すれば導くことができるものであって、ことさら分離・独立して存在しているわけではないということを確信したからである（第2章、第8章、第12章を参照）。

　本書に収録された研究は1960年代後半と1970年代前半に遡ることができる。その時期、私はアメリカ、中米、そしてハイチの社会的ネットワークの研究を開始した。こうした比較研究の経験は、研究範囲を東アジアに拡大したときにも非常に役に立つものであった。ここに至るまで、ロン・バート、ジョン・ヴォーン、クリフォード・メリック、ウォルター・エンゼル、ロン・シメオネ、マーク・タウジヒ、メアリー・デュミン、メアリー・ウェルフェル、ジーナ・レイ、ヤンジー・ビアン、クリステン・ピーク、ユーシュ・チェン、チージョウ・チェン、ライ＝メイ・シュン、ヤン＝チー・フー、イェ・シャオラン、そ

してマーク・マギーなどの共同研究者から大いに助けられた。私の知的ネットワークは，数多くの中から一部だけ挙げるとすれば，マーク・グラノベッター，ジェイムズ・コールマン，ヘンク・フラップ，ボニー・エリクソン，ロン・ブライガー，ジュディス・ブラウ，ロバート・マートン，ピーター・マースデン，ピーター・ブラウ，ジーン・ハルバート，ハリソン・ホワイト，バリー・ウェルマン，エドワード・ティリアキアン，ジョン・ウィルソン，そしてルーリン・チェンといった人々に広がっている。ニューヨーク州立大学オールバニー校の社会学部，デューク大学の社会学部の同僚とのやりとり，友情からも多くのものを得た。

いくつかの大陸に広がり，30年に渡る私の研究は，全米科学財団（社会学プログラムと国際プログラム），国立精神衛生研究所，アメリカ労働省，ニューヨーク州保健局，ルース財団，チャン・チンクオ財団，アメリカ学術団体評議会，ニューヨーク州立大学研究基金，そしてデューク大学研究評議会から多くのサポートを得た。これらの資金がなければ，本書で提起した理論の多くの側面を構想し，検証することは不可能であった。

また，以下の論文の本書への再収録を許可していただいた三つの出版社に対しても感謝の意を表しておきたい。

- **Cambridge University Press**: 1990. Lin, Nan, "Social Resources and Social Mobility: A Structural Theory of Status Attainment." In Ronald Breiger (ed.), *Social Mobility and Social Structure*. Cambridge University Press, pp.247-271 (Chapter 10).
- **JAI Press**: 1994. Lin, Nan, "Action, Social Resources and the Emergence of Social Structure," in *Advances in Group Processes*, Volume 11 edited by Barry Markovsky, Jodi O'Brien, and Karen Heimer (Chapter 8).
- **Annual Reviews**: 1999. Lin, Nan, "Social Networks and Status Attainment," *Annual Review of Sociology* 25: 467-488 (Chapter 6).

日本語版への序文
―― 社会関係資本論の展開における重要な課題 ――

　日本語版の出版にあたり，社会関係資本の理論が展開する上で直面している重要な課題について明確にし，最新の研究動向について紹介する機会をもつことができることをうれしく思う。具体的には，次のようなことを明らかにしていこうと思う。(1)社会関係資本はいかにして定義・理論化されるべきか。(2)研究において，社会関係資本はどのように測定されるべきか。(3)社会関係資本を，ミクロとマクロの両面においていかに吟味すべきか。(4)社会的活動の中で社会関係資本が活用される方法について，どのように調査したらよいのか。こういった問題は社会関係資本の研究の未来にとって非常に重要なものであり，注目に値するし，研究されるべきことである。

定義と理論――整理して説明する

　社会関係資本とは，なによりも，社会的ネットワークに埋め込まれた資源として定義できる概念である。そしてそれはまた理論でもある。すなわち，社会関係への投資がそういった資源をより豊かにし，それが結果としてよりよい見返りを与えることがある，ということについての理論である（第 2 章）。この定義で肝心なのは，社会関係資本とは社会的ネットワークの中から捕まえられた資本（資源）である，ということだ。だから，社会的ネットワークそれ自体は社会関係資本ではない。そうではなく，社会的ネットワークは社会関係資本の大事な外生的条件なのだ。社会的ネットワークの様々な特徴（例えばネットワークの密度・希薄さ，紐帯の強さ・弱さ，紐帯がブリッジ型であるかボンディング型であるか）は，そのネットワークから望ましい資源が得られるかどうかを決める重要な条件ではあるが，社会関係資本ではない（Lin 2006）。こういった特性は，ある行為者のネットワークに埋め込まれた資源の同質性・多様

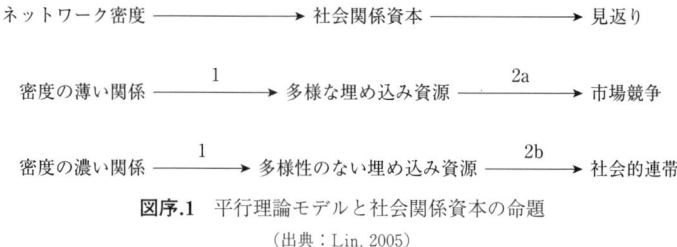

図序.1 平行理論モデルと社会関係資本の命題
(出典：Lin, 2005)

性の程度を規定するものである（第3章）。ネットワーク特性と埋め込まれた資源がどれくらい重要であるのかは，期待される見返りが何であるのかに応じて変化する。期待される見返りが道具的なもの（例えば市場における達成）である場合は，密度が濃くて閉じられたネットワークではなくて開かれたネットワークの方が有利だという理論を立てることができる。というのは，開かれたネットワークは「ブリッジ」を通じて多様な資源へのアクセスを可能にするからである。期待される見返りが表出的なもの（例えば情緒的サポート）である場合には，開かれたネットワークではなくて密度の濃い閉じたネットワークが有利だ，と理論化できる。というのは，そういったネットワークでは自身の問題を他者と共有し，共感し合うことができるからである（Lin 2005）。この二つの対照的かつ相補的な命題は，図序.1に示してある。ネットワーク特性と社会関係資本を区別しないことと，これらが異なったタイプの見返りにどのように結びついているかを明確にしないことが原因で，社会関係資本についての研究文献のなかには多くの混乱が生じてしまっている。

測定――標準化に向けて

　社会関係資本は社会的ネットワークに埋め込まれた資源であるということについては総じて一致が見られるものの（Lin 1982; Bourdieu 1983/1986 を参照），より緩やかな定義と測定方法をとる立場もあり，それらは明確さを欠いている。コールマン（Coleman, J. 1990）はあらゆる構造的特性に目をつけた。パットナム（Putnam, R. 2000）はといえば，社会的ネットワーク，相互性の規範，信頼，

そしてアソシエーションへの自発的参加を強調した。測定方法は，概念の定義に厳密に従うべきだ。つまり，行為者の社会的ネットワークに埋め込まれた資源を指し示すものであるべきだ。標準化された適切な測定方法は，異なった社会的・文化的環境にいる研究者達が概念と理論の妥当性を検証・反証する際の体系的な調査研究を可能にするものだ。地位想起法（Lin and Dumin, M. 1986；第7章も参照のこと）はそういった測定方法の一つである。地位想起法は，世界中で研究を行う研究者によって広く採用されている。リンとエリクソンによる研究（Lin and Erickson, B. H. 2008）では，カナダ，アメリカ，日本，中国，香港，台湾，モンゴル，オランダ，ハンガリーの最新の研究について取り上げ，地位想起法が社会関係資本の有効な信頼できる測定方法であることを確認している。標準化された測定方法を利用することで，他の測定方法の有効性・信頼性を模索した研究を行うことも可能になる。この研究では，オランダの研究をしたベッカース，ビート，ヴァン・デ・ガーグ，フラップ，日本の研究を行った宮田，池田，小林，台湾の研究を行ったシュンとリン，カナダの研究を行ったエニス，マリニック，マシューズ，ティンダール，コルミエ，アメリカの研究を行ったマギーらが，地位想起法と自発的アソシエーションへの参加度との有意味な関連を見出したが，この二つの測定結果は多くの場合信頼と相互性とは関連性がなかった。

ミクロ―マクロ・パースペクティブ――**統合的アプローチ**

　社会関係資本という考え方の利点の一つは，個人行為者と集合行為主体の両方に適用できる，ということだ。とはいえ，ミクロレベルの研究でもマクロレベルの研究でも，ミクロな理論的基盤，ミクロな測定方法を維持する必要がある。個人を想定して開発された地位想起法と個人の集合の両方をカバーする測定指標である自発的アソシエーションへの参加の二つは関連しているということが一貫して立証されており，このことから二者間の概念上のつながりの存在を見出すことができる。埋め込まれた資源という定義は，ミクロレベルの分析とマクロレベルの分析の両方において操作化可能だ，ということはこれまでも

指摘されてきた。ミクロレベルの理論や測定方法は，マクロレベルの分析にも適用することができるのだ。非公式・公式な組織といったよりマクロなレベルでは，組織内部に埋め込まれた資源（内部的社会関係資本）の評価を行うために地位想起法を応用することは可能であるし，同じことは当の組織と他の組織に埋め込まれた資源（外部的社会関係資本）の評価についてもいえる。地位想起法により，マクロレベル分析における焦点組織の内部的社会関係資本と外部的社会関係資本を測定することができる（Lin 2006）。最近の研究では，理論と測定方法におけるこの一貫性は，自発的アソシエーションへの参加の測定についても有効であることが確かめられている（Son, J. and Lin 2007）。組織内に，そして組織間の関係（組織間紐帯）に埋め込まれた資源はマクロレベルにおける社会関係資本として概念化・測定されるものと考えることができる。

社会関係資本の活用――戦略的行為と見返り

　これまでに述べた定義，理論，測定法は社会関係資本の一般的な可能性についてのものであったが，社会関係資本が特定の社会的出来事やエピソードにおいてどのように動員されるのかという問題も重要な研究分野となるものだ。ミクロレベルでは，社会関係資本の労働市場における動員を調査するなかで，求職活動において接触相手と資源が実際にどのように利用されているかについての研究が数多くなされてきた（第6章およびグラノベッター（Granovetter, M. 1995），マースデンとゴールマン（Marsden, P. and Gorman, E. 2001）によるレビューを参照のこと）。最近の研究には，雇用者が新しい被雇用者を見つける際にどのように社会関係資本を動員しているか（Fernandez, R. Castilla, E. and Moore, P. 2000），求職者のための接触者の尽力がどれくらい結果に差を生むのか（Smith, S. 2005），接触者の活用だけではなく，社会的ネットワークに伝わる仕事についてのインフォーマルな情報を活用することが社会関係資本の別の働き方になっていること――社会関係資本の見えざる手（Lin 2008）などがある。研究は将来的に，組織が見返りをうむためにいかにして埋め込まれた資源を動員するか，というマクロレベルまで拡張されるべきだろう。埋め込まれた

資源は，組織内部と組織外部の両方について，地位想起法に修正を加えた測定方法をもって，様々な見返りのタイプ——集団の連帯や市場での競争——に応じて，図序.1に示したような形で評価される必要がある。

結び

　本書を世界中の日本人読者に向けて翻訳してくれた日本の同僚に感謝したい（すでに2004年に簡体字中国語版が上海人民出版社より，2005年に繁体字中国語版が台湾の弘智社より出版されており，韓国語版もソウルのCommunication Booksより近刊予定であり，日本語版もこれに加わることになった）。私は，社会関係資本は重要で尊重すべき社会学理論であると信じている。しかしその理論および研究活動としての未来は，様々な場所にいる社会科学者の関心の共有，討議，探索の営みにかかっている。最後に本書が日本の研究者や学生達の手に届き，彼らが社会関係資本の適切な評価と研究努力に貢献する機会となることに，感謝の意を表したい。

Nan Lin

Oscar L. Tang Professor of Sociology

Duke University

January 2007

参考文献

Bourdieu, Pierre. 1983/1986. "The Forms of Capital." Pp.241-258 in *Handbook of Theory and Research for the Sociology of Education.* edited by J. G. Richardson. Westport, CT: Greenwood Press.

Coleman, James S. 1990. *Foundations of Social Theory.* Cambridge, MA: Harvard University Press.

Fernandez, Roberto M., Emilio J. Castilla and Paul Moore. 2000. "Social Capital at Work: Networks and Employment at a Phone Center." *American Journal of Sociology* 105(5): 1288-1356.

Granovetter, Mark. 1995. "Coase Revisited: Business Groups in the Modern Economy." *Industrial and Corporate Change* 4: 93-130.

Lin, Nan. 1982. "Social Resources and Instrumental Action." Pp.131-45 in *Social Structure and Network Analysis,* edited by P. V. Marsden and N. Lin. Beverly Hills, CA: Sage.

———— 2005. "Social Capital." Pp. 604-12 in *Encyclopedia of Economic Sociology,* edited by J. Beckert and M. Zagiroski. London: Rutledge.

———— 2006. "A Network Theory of Social Capital." In *Handbook on Social Capital,* edited by D. Castiglione, Jan van Deth, and G. Wolleb. London: Oxford University Press.

———— 2008. "The Invisible Hand of Social Capital." In *Social Capital: An International Research Program,* edited by N. Lin and B. H. Erickson. Oxford: Oxford University Press.

Lin, Nan and Mary Dumin. 1986. "Access to Occupations Through Social Ties." *Social Networks* 8: 365-385.

Lin, Nan and Bonnie H. Erickson, eds. 2008. *Social Capital: An International Research Program.* Oxford: Oxford University Press.

Marsden, Peter V. and Elizabeth H. Gorman. 2001. "Social Networks, Job Changes, and Recruitment." Pp. 467-502 in *Sourcebook on Labor Markets: Evolving Structures and Processes,* edited by I. Berg and A. L. Kalleberg. New York: Klower Academic/Plenum Publishers.

Putnam, Robert D. 2000. *Bowling Alone: The Collapse and Revival of American Community.* New York: Simon & Schuster.

Smith, Sandra S. 2005. "Don't Put My Name On It: Social Capital Activation and Job-Finding Assistance Among the Black Urban Poor." *American Journal of Sociology* 111(1): 1-57.

Son, Joon-mo and Nan Lin. 2008. "Social Capital and Civic Action: A Network-Based Approach." *Social Science Research* 37(1): 330-349.

ソーシャル・キャピタル

目　次

序　文 ……………………………………………………………… i
日本語版への序文——社会関係資本論の展開における重要な課題—— ……… v
　　　定義と理論——整理して説明する　　測定——標準化に向けて　　ミクロ—マクロ・パースペクティブ——統合的アプローチ　社会関係資本の活用——戦略的行為と見返り　　結び

第 I 部　理論と研究

第 1 章　資本の理論——理論的基盤—— …………………………… 3
　古典的理論——資本に対するマルクスの見解 ………………………… 4
　新資本理論——人的資本 ………………………………………………… 9
　文化資本——その論点 ………………………………………………… 17
　新資本理論の解説——構造に制約される行為 ……………………… 21

第 2 章　社会関係資本——社会関係を通じて得られる資本—— …… 24
　なぜ社会関係資本が機能するのか …………………………………… 25
　観点の相違と概念の収束 ……………………………………………… 26
　問題と明確化 …………………………………………………………… 33

第 3 章　資源，ヒエラルキー，ネットワークと同類性 ………… 38
　　　——構造的基盤——
　資源とその社会的配分 ………………………………………………… 38
　資源のマクロ構造——ヒエラルキーと社会的地位 ………………… 43
　　　社会構造　　ヒエラルキー構造　　ヒエラルキーにおけるピラミッド
　　　複雑な社会構造における取引
　相互行為と同類性——ネットワーキングと社会関係資本 ………… 49
　結　　び ………………………………………………………………… 52

第 4 章　資源，動機，相互行為——行為の基盤—— ……………… 53
　「何を知っているかではなく誰を知っているか」——資源のミクロ構造 … 53
　　　人的資本としての個人的資源　　社会関係資本としての関係的資源

xii

資源への動機——目的的行為 …………………………………… *58*
　　　相互行為の同類性と異質性 ……………………………………… *60*
　　　相互行為を導く行為——予測の形成 …………………………… *61*
　　　資本化における構造的な制約と機会 …………………………… *66*
　　　結　　び ……………………………………………………………… *67*

第5章　理論と理論的命題 …………………………………… *71*
　　　社会関係資本の理論 ………………………………………………… *71*
　　　仮　　定 ……………………………………………………………… *72*
　　　理論的命題——構造的に埋め込まれた資源と目的的行為 ……… *76*
　　　　　社会関係資本への見返り　　社会関係資本へのアクセス
　　　行為の効果の構造依存性 …………………………………………… *94*
　　　結　　び ……………………………………………………………… *97*

第6章　社会関係資本と地位達成——これまでの研究の流れ—— ……… *100*
　　　黎明期の研究と理論的基礎 ………………………………………… *102*
　　　関係的資源と社会関係資本——二つの理論の収斂 ……………… *104*
　　　研究モデルと証拠 …………………………………………………… *105*
　　　　　社会関係資本の動員　　社会関係資本へのアクセス　　社会関係資本
　　　　　の獲得と動員の複合効果
　　　残された課題と研究の方向性 ……………………………………… *119*
　　　　　非公式および公式の求職経路　　紐帯の強さか？　　ネットワーク上の
　　　　　位置か？　　地位想起法のさらなる展開　　社会関係資本の不平等
　　　　　採用と社会関係資本　　社会関係資本　対　人的資本
　　　結　　び ……………………………………………………………… *126*

第7章　社会関係資本における不平等——研究課題の所在—— ……… *127*
　　　理論的考察 …………………………………………………………… *127*
　　　調査について——サンプル，およびデータ ……………………… *131*
　　　人的資本，制度的資本の損失 ……………………………………… *133*
　　　社会関係資本の尺度——地位想起 ………………………………… *136*
　　　女性の社会関係資本の損失 ………………………………………… *138*

社会関係資本損失のさらなる検討 …………………………………… *142*
　　　　　親族の紐帯と非親族の紐帯との比較　　資本損失のパターン
　　社会関係資本の見返り ………………………………………………… *147*
　　まとめと議論 …………………………………………………………… *156*

> ### 第Ⅱ部　概念上の展開

第8章　社会関係資本と社会構造の創出——合理的選択理論——…… *161*
　　社会学的理論化 ………………………………………………………… *163*
　　行為の原則——損失の最小化と利得の最大化 ……………………… *165*
　　認知と利潤——相互行為の原則 ……………………………………… *166*
　　資源の相続と移譲——原初的集団の優位性 ………………………… *168*
　　個人的資本，社会関係資本，社会的ネットワーク ………………… *169*
　　構造の発生 ……………………………………………………………… *173*
　　集合体と公共的資本 …………………………………………………… *174*
　　社会契約 ………………………………………………………………… *176*
　　社会システムにおける緊張関係の原因 ……………………………… *177*
　　結　　び ………………………………………………………………… *179*

第9章　名声と社会関係資本——社会的交換の合理的基盤——……… *182*
　　交　　換——社会的要素と経済的要素 ……………………………… *182*
　　取引的合理性と関係的合理性 ………………………………………… *191*
　　関係的合理性の精緻化 ………………………………………………… *193*
　　ま　と　め ……………………………………………………………… *197*
　　さらなる分析 …………………………………………………………… *200*
　　　　　個人的・集団的資本としての名声　　合理性の制度化　　誤認と悪い
　　　　　名声　　社会関係資本と経済資本のあいだの相補性と選択

第10章　ヒエラルキー構造のなかの社会関係資本 …………………… *210*
　　構造パラメータとその効果 …………………………………………… *213*

　　　　　階層レベルの違い　　成員数の違い　　資源量の違い　　成員と資源
　　　　　の全体量
　　構造と個人への理論的示唆 ……………………………………………… *222*
　　構造からの制約 対 社会関係資本 ……………………………………… *222*
　　個人の行為 対 社会関係資本 …………………………………………… *228*
　　移動と連帯——いくつかの政策的示唆 ………………………………… *229*

第 **11** 章　制度，ネットワーク，形成資本——社会の変化—— ……… *234*
　　制度的環境と組織—社会の同型化 …………………………………… *238*
　　資本の流れ ………………………………………………………………… *241*
　　制度化組織と社会的ネットワーク——信用付与主体と強制主体 …… *243*
　　制度的変化の媒体としてのネットワーク ……………………………… *247*
　　内部からの変化——アメリカにおける女性学の事例 ………………… *249*
　　オルタナティブな制度化の構築——中国の共産主義革命 …………… *255*
　　要　　約 …………………………………………………………………… *262*
　　結　　び …………………………………………………………………… *264*

第 **12** 章　サイバーネットワークとグローバルビレッジ …………… *266*
　　　　　——社会関係資本の登場——
　　インターネットとサイバーネットワーク——社会関係資本の発生 … *268*
　　法　輪　功——社会関係資本と社会運動のケース・スタディ ……… *275*
　　　　　法輪功の組織　　弾圧と抵抗運動　　サイバーネットワークと法輪功
　　考　　察 …………………………………………………………………… *286*
　　研究議題 …………………………………………………………………… *288*
　　結　　び …………………………………………………………………… *301*

　　　　　　　　　　　　第Ⅲ部　エピローグ

第 **13** 章　理論の未来 …………………………………………………… *307*
　　社会関係資本のモデル化 ………………………………………………… *307*
　　マクロ—ミクロ関係に対するインプリケーション …………………… *312*

解　　題 …………………………………………石田光規 *317*
訳者あとがき　*331*
文　　献　*335*
索　　引　*358*

第Ⅰ部　理論と研究

第1章

資本の理論
――理論的基盤――

　現在の社会学，経済学において幅広く行き渡っている研究枠組みの一つに，資本の概念がある。**資本**とは何であろうか。ここでは資本を**市場で利益を得ることを目的としてなされる資源の投資**と定義しておこう。資本は利益追求という行為目標のために投資され，活用される資源である。したがって，資本は二つの過程を踏まえる資源だと言えよう。まず最初の過程において，資本は投資のために生産，加工される資源なのであり，そうして加工された資源は次の過程では市場において利益を得るために供給される。資本は（資源に価値を生成・付加する）生産過程の結果であり，生産を行うための要素（利益を生み出すために交換される資源）でもある。このような過程が存在するのは，資源の投資と活用には時間と努力を要するからである。多様なかたち，多様な文脈においてであるが，社会関係資本はここ20年間，最も注目を集めてきた資本類型の一つと言えよう。しかしその一方で，こうした過熱ぶりは多様な見解，観点を，そしてその理論への過剰な期待は深刻な問いを呼び起こしてもいる。すなわち，果たしてこれは一時的な流行にすぎないのか，あるいは，新たな知的企ての幕開けを告げるような永続的な性質をもつものなのか，という問いである。

　本書の目的は社会関係資本の理論を提示することである。すなわちそれは，資本を社会関係のなかからとらえ，それによって行為者の行為・選択のみではなく構造的な制約や機会を抽出することに主眼を置いた理論の提示である。この理論は，一般的な資本の理論に深く根ざしており，ヒエラルキー構造，社会的ネットワーク，行為者を要する資本化過程を理解する一助となることを目論んでいる。そして，この理論およびそれに基づく調査研究によれば，社会的ネ

ットワークに埋め込まれた資源を投資としてとらえるメカニズムや過程を検討することが，社会関係資本を理解する最もよい方法である。これらのメカニズムおよび過程こそが，個人と構造のあいだのミクロ-マクロ・リンクへの理解を促し，それにより両概念の間にある溝を埋める架け橋となるのである。

この章では資本の基本的な性質を明らかにするために，資本理論について幅広く検討を加えていく。社会関係資本概念の提示および分析に直接必要な理論的背景については，次章以降で論じていくことにしよう。

古典的理論
――資本に対するマルクスの見解――

社会関係資本を理解するには，まず資本という観念を明確にする必要がある。そこで，商品の生産と消費の過程においてブルジョワ（資本家）と労働者のあいだに結ばれる社会関係から，いかにして資本が生み出されるかということを検討したマルクス（Marx, K. 1849/1933, 1865/1935, 1867/1995; Brewer, A. 1984）の分析まで遡ってみよう。マルクスは資本をさらなる利益を生み出す剰余価値（それは商品の生産と交換の過程を通じて生み出される）の一部とみなしている（Marx 1867/1995, Vol.1, Chap.4 and Vol.2, Chap.1）。商品の生産には労働，土地，地代，材料（設備，技術，輸送手段を含む）が必要となる。こういった要素はそれぞれが生産者に使用（あるいは生産）価値をもたらす。労働者は，固定の週給または月給を支払われているものの，商品の生産に要する時間（社会的に必要とされる労働）によって生み出された価値以上の利益を生産者にもたらしている。このように商品を生産することで，生産者は労働コストをより低く抑えることができる。したがって，労働により生み出される使用価値は，労働者の最低限の生活を支える賃金という交換価値を上回っているのである。このようにして剰余価値（利益）が生まれるのである。さらに，生産者（正確に言えば資本家）は，そこで，生産した商品を他の商品（現代社会ではおもに商品を媒介するもの，すなわち貨幣）に交換する交換過程にも携わっている。その際，生産者と消費者は，直接的にあるいは貿易商や小売商を通じて

第 1 章 資本の理論

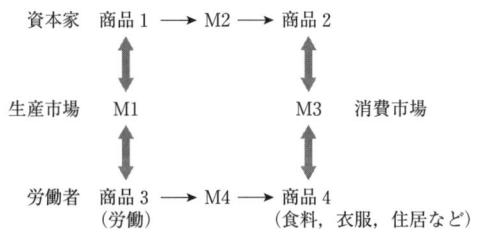

図 1.1 生産と消費の関係に関するマルクスの命題の解釈

間接的に，交換の場に携わるかもしれない。商品はこうした交換の中で市場価値を生み出すのである。もし，市場価値が使用（生産）価値またはコストを上回れば，交換を通じてさらなる剰余価値または資本が生まれる。図1.1は商品の生産と消費の過程で，資本が，資本家と労働者との社会関係からいかにして生じるかということを，マルクスの概念に沿って筆者の解釈で示したものである。

その過程は，最初から資源（資本）を所有している資本家（例えば，土地所有者，貴族出身者）が，生産過程で自身の労働を提供する労働者と交換関係を築き，商品生産を開始するところから始まる。そこで，資本家は生産された商品の価値を見積もり，労働者にその価値（**交換価値**として知られている）に見合う給与を主に貨幣で支払う。図1.1でいうと，この関係は，商品1を生産する際に，資本家と労働者の間でなされる生産のための交換関係として表される。商品1は生産の結果であり，商品3は労働者により提供された労働である。M1は商品1を生産するにあたり労働者が行った労働（商品3）に対して，資本家が支払う給与を表している。その交換価値は，生産にあたり「社会的に必要とされる価値」，あるいは労働者が行った労働（商品3）に対して支払う必要があると考えられるものを指している。

生産された商品（商品1）は取引市場を経て（商品1から商品2へ），消費市場へと移っていく（商品2から商品4へ）。その際，商品1が生産者から消費者に商品2として直接提供されるのが最も単純なプロセスである。これをより大きな視点からみると，消費者は生活必需品（商品4）を買うために，生産

5

過程（M1）で稼いだお金を使う労働者だといえる。彼らはこうした商品を得るために対価（M3）を支払っているのである。マルクス自身は次のような議論を展開している。

1．M1は価値の上では本質的にM4と同等である。つまり、労働者が受け取る労働への報酬は、彼らが生活必需品を購入するために使うものと同じ価値なのである。それは、価値の上では利益も損失も表さない交換価値である。
2．M2はM1より大きく、M3はM1より大きい。つまり、取引市場、消費市場において、商品の販売価値はその生産価値よりも大きいのである。

したがって、これら二つの過程、すなわち生産過程と取引／消費過程は、労働者と資本家それぞれにとって重要な、そして、異なった結果をもたらすのである。労働者は自らの労働（商品3）により価値を得て、その価値を生活必需品（商品4）を得るために交換する。したがって彼らはその過程で剰余価値を得ることはない（M1＝M4）。一方、資本家は剰余価値を得ることができ（M3－M1）、その一部は資本となる。(1) このように労働者が生産過程において必要となる商品（労働力）を提供するために、商品の流通によって労働者の生存は維持されているのであり、彼らはそれ以上のものを得ることができない。他方で資本家は商品の流通により剰余価値を獲得し、その一部は資本となりうる。もちろん、その過程はここであげているよりも複雑な場合が多い。例えば、これまで取り上げてきた資本家は、生産した商品を、同じように生産に携わる資本家や他の種類の資本家と取引すること、すなわち、商品1から商品2への変換を通じて剰余価値を得ることが可能である（M2＞M1）。そして、他の種類の資本家（貿易商、小売商）は、商品を消費市場に流通させることで自らにとっての剰余価値を生み出している（M3＞M2）。したがって、流通システムには、生産に直接携わっていない資本家も存在するのである（C－M－C，M－C－Mといった連鎖形態をとる商品流通のラインの中でノードの役割を果たす貿

（1） 剰余価値は二つの構成要素をもつ。それは収入（一部は生産過程の繰り返しのために使われ、一部は贅沢な余暇やライフスタイルを維持するために使われる）と資本（価値ある資源の増加）である。

易商や小売商)。資本家とは概ね貨幣というかたちで資本を維持している人を指すのである。

このような商品流通システムと，資本家および労働者とのあいだの社会関係は，(1) M1が最低水準(社会的に必要とされる価値)で保たれ，M4と常にほぼ等しく，(2) M3がM1よりも常に大きい限り(あるいはM2＞M1，M3＞M2)維持される。なぜなら，そこに剰余価値(つまり資本)が生み出されるからである。このシステムが維持される限り，労働者から資本家への社会移動はないと考えられる。というのも，第一に資本家が生産手段(組み立てる材料，道具，労働)をコントロールしており，さらに労働者は資本を蓄積できない一方で，資本家は資本を蓄積し続けるからである。ここでの資本とは，市場での有用な商品の生産に投資したことによって得られる利益(剰余価値)である。資本は，貨幣，生産手段をコントロールする能力，あるいは，より有用な商品を生み出すためのさらなる投資という形態を取りうる。剰余価値の生産過程に焦点を当てると，**資本は市場の中で利益を生むことを期待してなされる投資と定義付けられるだろう**。

要約すると，マルクスの分析において，資本は資本家やブルジョワ，つまり生産過程と消費過程のあいだで商品と貨幣の流通を通じて生産手段をコントロールしている者により独占された剰余価値の一部である，ということになる。そして資本主義社会のこの枠組みのなかでは，資本は，関連しているが異なった二つの要素を表している。資本は，一方では資本家(加えて「守銭奴」，いうならば貿易商や商人)により生み出され蓄積される**剰余価値**を表す。他方，資本は，資本家が市場での利益を期待して(商品の生産や流通のために)行う

＊ 社会的ネットワーク分析では，人と人あるいは組織と組織などの相互関係を点と線を使ったソシオグラムによって表現する。その際，点は「ノード」と呼ばれネットワークを構成する個々のメンバーを表し，線は「紐帯」と呼ばれノード間に関係が存在することを表している。本文のC-M-Cの場合，C，M，Cがノードであり，CとMのあいだにあるラインが紐帯である。なお，ネットワーク分析において，ノードは人間でも組織でもあるいは国家でもかまわないのだが，本書においてはノードという用語が出てきたときには概ね他者とのネットワークの中に埋め込まれた個人を表している。

投資をも意味している。資本は，剰余価値としてとらえると，一連の過程のなかで生み出されるものと解釈される。しかしその一方で資本は，剰余価値を生み出し独占する投資過程そのものでもある。投資とそこから生み出される剰余価値は，投資過程の繰り返しとさらなる剰余価値の再生産とも読み取れる。そして，投資を行い，剰余価値を独占しているのが支配階級である。つまり，マルクスの理論は二つの階級の搾取的な社会関係を基盤として成り立っているのである。

　この理論の中心には，資本についての重要な観念がいくつかある。第一に，資本は商品の生産，交換と密接に関連するというものである。マルクスの理論のなかで商品といえば，おもに生産過程でも交換過程でも，値札をつけることのできる物質的な財のことを指している。労働，労働力，労働価値は値札のつくものの一つであり，商品生産の際に「社会的に必要とされる」とみなされている。しかし，生産と交換を経て資本を生み出すのは商品である。労働は商品を生産する過程で必要な要素であるが，商品そのものに従属しているのである。

　第二に，資本は，最終的な形態として商品というかたちをとるにせよ，単なる商品や価値ではなく，過程を意味している。資本は，資本家が行う投資過程，すなわち，生産のために必要な労働，土地／地代，装置，施設などの集積，組織化といった過程を表している。そこには初期資本の投資，企画，調整や説得などの社会活動が含まれているのである。そうした経過を経た商品が利益を得るために交換されるとき，資本には市場での過程も含まれてくる。

　第三に，資本は，こうした過程を経て最終的に価値（剰余価値または利益）を増殖する性質をもっている。資本が存在するということはすなわち，商品の市場価値がその生産価値あるいは生産コストを上回るということを表している。もし市場価値が生産コストと同等またはそれよりも低ければ，その商品から資本は得られず，実際には赤字や負債を被るであろう。

　第四に，資本は本質的に社会的な観念である。資本には社会活動の過程が含まれている。先述したように生産過程には社会活動が含まれる。例えば，マルクスは，商品の使用価値を「社会的に必要とされる労働」に依るとはっきり述

べている。なぜなら，労働の価値やコストを計算するための客観的価値基準など存在しないからである。交換過程も定義からして社会的であるといえる。

　第五に，資本は，商品の生産と交換，資本の蓄積のサイクルを通じて，商品が流通するなかで資本家または生産者に独占される。資本とは定義上，生産手段をコントロールする人々の掌中にある一連の過程であり，その最終的な結果でもある。生産手段は，資本という形式を身にまとって生み出され，蓄積されていく。翻って，資本は生産手段に対する資本家のコントロールを強化する（例えば商品の流通と資本の流通（Marx 1867/1995, Vol.1, Chaps.3-5 参照））。マルクスの定式化では，労働者は生計を維持するのに必要な賃金しかもらうことができない。つまり資本は，資本家が生産のために行う投資から生じ，資本家に独占される剰余価値なのである。

　ここでは，マルクスによって示された資本の観念とその特徴を**古典的資本理論**と呼んでおこう。資本が利益を生み出すことを目的として行われる資源の投資であるという基本的な考え方は，その後に続くすべての資本理論でも踏襲されている。しかし，マルクス主義者の図式では，投資と利益はいずれも資本家のみに与えられている。したがって生産過程に投入された労働が，労働者に資本の生成・蓄積をもたらすことはない。古典的資本理論は，階級分化が資本主義社会の土台であるという主張に基づいている。資本主義社会においては，搾取する側の階級が生産手段をコントロールし，搾取される側の労働から生み出された剰余価値をすべて収集しているのである。しかしここ40年において資本理論は**新資本理論**と呼ばれるものに展開していき，階級的な説明枠組みは理論的必要性に応じて修正もしくは取り除かれていった。人的資本，文化資本，社会関係資本は，古典的理論に代わって現れた資本の解釈として注目すべきものである。

新資本理論
――人的資本――

　人的資本は，資本が労働者個々人に内在しうると想定するものであり，その

起源は一国の中で有用な能力を身につけた人々を資本の一部に含めたアダム・スミス（Smith, A.）にまで遡ることができる（Smith 1937）。この観念は，19世紀の終わりから20世紀の初期にかけて，経済学の文献で時折用いられてきた（von Thunen, H. 1875; Fisher, I. 1906）。現在の人的資本の解釈はジョンソン（Johnson, H.），シュルツ（Schultz, T. W.），ベッカー（Becker, G.）の研究に依拠したものだ（Johnson 1960; Schultz 1961; Becker 1964/1993）。ジョンソン（Johnson 1960）は，労働者が資本家へと変貌を遂げたのは，資本家側が主張するように企業の株式所有権が拡散したからではなく，労働者が経済的な価値を有する知識と技術を獲得したからだと述べている。つまり，知識と技術をもつ労働者が，自らの提供する労働に対して，交換価値以上の支払いを資本家に要求することができるようになったのである。おそらくそのような人々は自らの知識と技術を通じて，そうした知識や技術をもたない人々よりも，自身の労働の時間的価値を高めることができるのである。

とはいえ人的資本の議論を最初に体系的に提起したのはシュルツであり，1960年のアメリカ経済学会の会長講演でのことであった（Schultz 1961）。後に強い影響を残すことになった「人的資本への投資」という講演のなかで，彼は痛烈な批判を展開している。「人的資源を，明確に資本の一形態として，すなわち生産された生産手段あるいは投資の産物として扱わなかったことが，労働を知識や技能をほとんど必要としない筋肉労働の能力，その意味では労働者に等しく与えられた能力とみる古典的な労働観を残存させる原因となったのである」(p.3)。さらにベッカー（Becker 1964）は教育の点から，後には様々な要因から，人的資本の議論を極めて力強く展開した。[2]

シュルツの試みと提案は，人的資本理論の基礎を形づくり，他の経済学者によって精緻化されていった。ベッカー（Becker 1964）はその中心人物の一人で

（2） 例えばシュルツは，技術と知識だけではなく健康と移住も付加的な経済的価値を生み出すだろうと述べた。ベッカーはそこにさらに多くの要因を加えたのである。しかし，生活それ自体を人的資本ととらえ，すべてのものを包摂するのは危険である。そこで私は，人的資本論の当初の目的に焦点を当てることにする。

ある。人的資本は物的資本と異なり，労働者自身に付加される価値である。それは，労働者が生産過程，交換過程のなかで，雇用者または会社にとって有用な知識，技術，その他の価値を身につけることで生まれる。したがって物的資本と人的資本のあいだの重要な違いは，人的資本が労働者自身に備わった付加価値だということにある。典型的には，人的資本は教育，訓練，経験によって操作化されたり，測定されたりする。労働者の人的資本への投資は，会社／生産者だけでなく，労働者自身にとっても好ましいものである。人的資本は労働の価値を上げ，付加された価値は労働者自身の意思によって，賃金や便益に変換することも，そのまま保持し続けることも可能となる。それにより労働者は最低限の生活欲求を満たす以上の賃金や便益を手にすることができるのである。

　このように考えると，人的資本は，商品生産の過程の中で価値（M1）を増加させる労働者にとっての投資とみなされるかもしれない。シュルツによるとこの価値は三つのタイプの支出を可能にする。その三つとは，(1)消費，(2)投資（人的資本），(3)消費と投資の両面である。しかし，支出の第三のタイプを前二者から分けることは難しいため（例えば，これら三つの支出という点からM4を分解するのは困難である），人的資本の効果は，そのコストではなく収益から見積もるほうがよい，とシュルツは提案した。つまり，「その結果生ずる収入の増加は投資の産物にほかならない」(p.8)と述べたのである。結局のところ，資本の定義という点において人的資本はマルクス主義の観念とほとんど変わっていない。相変わらず資本は市場の中で利益を得ることを目的とした投資を意味しているのである。ただしマルクス主義の観点からすると，資本家（雇用者または会社）はこの付加価値（知識，技術）によって労働生産性を向上させることができるのである（例えば，労働力（Marx 1867/1995, Vol.1, Chap.6））。その結果として商品あるいは生産物の市場価値は（量，質のどちらか，あるいは共に）増加していくのである。そしてそういった能力の増加に応じて付与される賃金の上昇率が，そこで活用されている能力の使用価値よりも低い限り，利益は増加していき，資本家の資本は増えていくであろう。このように考えると，人的資本は，マルクス主義者の分析の理論枠組みと矛盾するも

のではないとみなされうる。人的資本理論では，商品の生産と交換を行う資本家，雇用者あるいは会社の観点から資本がとらえられているのである。

しかしながら，古典的資本理論に対する大きな問題も提示された。それは資本家と労働者を分けていた階級の固定性がもはや存在しなくなったということである。労働者が自らの時間単位の労働価値を増加させられるような技術，知識，その他の資本を身につけることができれば，以下の二つの出来事が起こりうるのである。

1. 労働者にとってM1は，もはや単なる交換価値でなくなる可能性がある。それは熟練労働への支払いが，非熟練労働の社会的に必要とされる価値を上回る可能性があるからだ。技術や知識を身につけた労働者は，組み立てラインで交換可能なもののように振る舞うのではなく，自らの労働をより高い価値をもつものだと主張し，それに見合った報酬を請求することができるのである。というのも彼らは同じ労働単位（時間）でより多くのものを生産することができるからである。したがって，M1は労働者にとっても資本家にとっても使用価値をもつことになる。
2. M1はもはやM4——生活を維持するために必要な収入——と同等ではない。それどころかM1はM4よりも大きくなっているのである。つまり，M1は資本をもつ労働者にとっての労働の剰余価値なのである。したがって，生活必需品（商品4）を購入した後でも，労働者には，(1)収益（それは資本を生み出す活動をするため，または，余暇やライフスタイルの欲求を充足するために使うことができる），(2)資本（例えば貯金，その他の価値ある資源の蓄積）として使うことのできる残余の価値が存在しているのである。

ここから人的資本理論は，資本の定義という点で古典（マルクス主義的）理論から本質的に外れることはないものの，誰が資本を得られ，誰が得られないかという点については古典的理論に対立すると言える。両者のあいだでは社会構造に対する視点が変わっているのだ。人的資本の理論では，誰もが資本を投資し手に入れることができる。こういった社会は同質的社会とはかけ離れてお

り，人的資本を獲得するための機会，その動機も個人によって多様であり，したがって商品としての労働の価値も個々人で異なっている。とはいえ，階層がなくなったというわけではない。社会構造はもはや固定的な二大階級システムではないにせよ，広範囲な社会移動の可能性をもちつつも，多くの資本家の階層のヒエラルキーとして考えられているのである。

　この第二の見解は，古典的資本理論の基本的立場，すなわち生産のための資源をコントロールし，技術をもたない交換可能な労働者から資本を搾取するものとして資本家を描く立場に疑問を唱えている。シュルツとジョンソンは，経済的生産力を持つ技術や知識に投資することで労働者自身の資本の蓄積が可能になると述べ，それにより労働者を潜在的な資本家の位置に置き直し，階級分化と階級闘争というマルクス主義の前提を転倒させたのである。しかしながらこの試みは，剰余価値を生み出す資源の投資という資本の主要観念を侵すものではない。むしろ，技術と知識を資源に組み入れることで，技術をもち知識をもつ労働者自身がそういった資本を保有できるということを主張しているのである。

　要約すると，人的資本理論は古典的マルクス主義理論といくつかの点で一線を画している。第一に，マルクス主義理論は商品の生産と交換に焦点を当てている一方で，人的資本は**労働者**がそこに関与する過程に焦点を当てている。この焦点の変化は非常に重要である。古典的理論において価値は労働者個々人よりもむしろ労働のコストと関連付けて見積もられていた。それは労働者が，生産において社会的に必要とされる最低限の，平凡なスキルを用いた労働を提供する，争って仕事を求める多数の交換可能な存在として考えられていたからだ。その際資本は，生産にかかるコストと商品を交換するときの価格をうまく計算することから生み出されるものである。一方，人的資本理論では，労働者が行った労働ではなく労働者自身が資本の計算において重要な役割を果たすことになる。ここでは資本が労働や商品の付加価値ではなく，労働者自身にとっての付加価値とみなされており，計算されているのである。これは，理論的方向の大転換と言えよう。労働は，資本家と労働者のあいだの搾取関係を押し進める

要因として扱われるのではなく，労働者自身に対して資本を生み出すものとして扱われるようになったのである。その中で資本家と労働者の社会関係も変化している。労働者はもはや交換可能な商品として扱われるのではなく，彼らが生産を行うために用いる資本――人的資本――に応じて異なった価値と給与を手にする存在となったのである。では，一体どこで労働者は人的資本を身につけられるのだろうか。それは，教育，企業内教育（OJT）あるいは仕事経験によって，身体的に健康であることによって，より豊富な需要が存在する場に移住することによって，である。こうした立場は，資本を資本家のみが手にしうる生産手段のコントロールであるとみなす古典的理論の中核を完全に覆してしまうのである。

　第二に，これは第一の指摘と関連することだが，労働者はいまや**投資家**，あるいは少なくとも投資計画の参加者だとみなされうる。もともとのマルクス主義の分析における労働者は，最低限の生活欲求を満たすために自らの労働と賃金を交換する存在であった。もし利益が自らの生活維持費を差し引いた剰余価値と定義されるならば，人的資本理論は，労働者が利益を得る立場にいることを明確に想定している。マルクスの見立てでは，再投資や贅沢品またはライフスタイルの追求といった行為は，資本家のみに属するものとされていた。しかし今では，そういったことは，おそらく労働者の努力次第で手の届くものとなったのである。言い換えると資本は，生産され交換される過程において，生産過程に従事する資本家，労働者いずれにとっても意味をもち，獲得可能なものとなったのである。

　人的資本の概念とマルクス主義の観念との乖離の三点目は，労働者が，賃金の上昇やその他の利潤というかたちで潜在的に見返りを得ることができるようになるため，技術と知識を獲得しようという**動機**をもつようになったことである。マルクスは労働を目的的行為だと認識していた（1867/1995, Vol.1, Chap.7）。しかし彼はその目的は資本主義システムにおいては資本家によって「与えられる」，あるいは押しつけられるものだと論じた。労働者の目的的行為は，生産の目的に適合させられていた。そのため労働者の側の行為は，彼らの自由意志

第1章　資本の理論

を表すものではなかった。一方，人的資本理論の観点から見ると，技術と知識を獲得するための投資は，労働者自身の費用便益計算によって動機付けられている。彼らはこのような計算をもとに，技術と知識を獲得するための投資を行う。つまりそれは合理的選択なのであり，実際に行われている行為は，労働者自身の利害関心と一致する目的的行為なのである。

　最後に，古典的理論において資本は生産過程，交換過程と結びつけられている。資本は，投資とコストのバランスに配慮しつつ，生産過程，交換過程を経た結果，最終的に剰余価値または利益となる。この定式化においては，労働への投資はコストとして計上される。しかし人的資本理論において，生産過程と交換過程に関連付けられている概念は存在しないし，労働が単なるコスト（支出）として計算されることもない。むしろ労働は成果につながる取り組みや投資として考えられているのである。実際に人的資本理論では，人的資本は労働者が手にする**収益**あるいは**利益**の関数として計算されるとはっきり定式化されている。すなわち「結果として生ずる収益の増加は投資の産物にほかならない」（Schultz 1961, p.8）と述べられているのである。人的資本は，経済的価値をもたらす技術や知識を身に付けることで培われ，労働者が資本家へと変貌を遂げることを可能にするのである（Johnson 1960; Schultz 1961, p.3）。

　知識，技術の生産を通じた労働者への投資というかたちで，分析視覚をミクロ構造に移したからといって，古典的理論で展開された資本家の剰余価値の生産というマクロ構造の過程を必ずしも否定しているわけではない。よりよい人的資本をもつ労働者の価値が高まるのは，労働市場の中でこのような人々を雇い，この人的資本を勝ち取ろうとする資本家や経営者がいるからである。しかしそのようにして手に入れた労働は，もはやマルクスが想定するように生産過程の中で容易に置き換え可能な要素ではない。それぞれの労働者に備わっている人的資本は異なるので，生産者と資本家は，雇用した労働者それぞれがもつ人的資本の付加価値と彼らの相対的コスト（賃金と便益）を計算する必要が出てくる。おそらく資本家は，労働者のもつ人的資本が，彼らの生活の維持・存続に必要とされる以上の賃金を支払うほどに価値があるとみなせば，それより

も安い代替労働力が見つからない限りその価値に相応する賃金を支払うだろう。魅力的な賃金と便益があれば，よりよい人的資本をもつ労働者がとどまるようになり，彼らは生産された商品の市場価値に対して量的および質的に貢献するようになる。よりよい人的資本をもつ労働者を雇うことでもたらされた便益によって，労働者たちも，余暇を楽しむことや，自らの資本をさらに増やすための投資をする（さらなる教育やトレーニングを行う）ことが可能となるのである。

　古典的理論をこのように乗り越えることの意味は，人的資本研究がもたらした二つの認識論的示唆にも見出すことができる。第一は，労働者が自らの労働から剰余価値を得ることで資本家となりえることから見出せる。このことはつまり，二つの階級の区分が不明瞭になったということを表している。人的資本を得た労働者が資本家になり，あるいはそこまでいかなくとも，生産および交換の際に資本家と労働者が（不平等ではあるが）資本を共有するようになったのである。そのため，働く人々の人的資本の獲得は，今や，資本家，労働者双方の関心事となり，階級間の対立と闘争は共同事業になったのである――「会社にとってよいことは働く人にとってもよいことであり，その逆もまたしかりである」。

　このような議論を踏まえて，現在の研究は労働者の人的資本の獲得と投資に焦点を当てている。生産過程とその資本家にとっての（資本家が操作する）生産過程の効用は後景に退いている。人的資本理論では，労働者も自身の利益関心に基づく目的的行為を行うととらえられている。そのため，商品の生産と交換という文脈から独立して，単純な投資―利益の計算が，労働者自身にも適用されるようになったのである。したがって，労働者と資本家の関係が意味をもつのは，労働者に付与された人的資本の供給とそのような人的資本への需要によって交換が生まれる労働市場においてのみとなる。そのため分析の焦点も，利益を得ようとする資本家による労働の領有から，人的資本の需要と供給の均衡についての検討に変わっている。労働力の価格や価値で利益を得たり損失を被るのは，経営者や資本家ではなく労働者なのである。例えば，労働の価値が

低いのは，資本家による剰余価値や資本の搾取のせいではなく，人的資本の不足のせいなのである。

人的資本理論がもたらす第二の示唆は，教育と賃金の結びつきに関する研究が中心領域となったことから見出せる。教育達成は技術と知識への投資を表す主要な指標とみなされるようになり，労働市場にいる個々人にとって最も重要な資産となった。人々がよりよい企業に入りより高い賃金を得られるのは，良い教育を受けた結果なのである。古典的資本理論で中心にすえられていた何らかの資本の所有という視点は，人的資本論のこの公式には含まれていないことに注意してほしい。マルクスが労働の搾取と所有の理論で用いた重要な分析ツール——資本家による生産手段のコントロール——は，今や労働者自身の自由意志と自己利益のための生産を分析する手段となっているのである。

この人的資本理論を新資本理論と呼んでおこう。というのも，その理論が提示する生産および消費市場における**社会関係**の解釈は，古典的資本理論で想定されていた基本構造と全く異なるからである。

文化資本
——その論点——

新資本理論のすべてが，人的資本を，働いている人々の自由意志または自己利益に基づいて生産されると解釈しているわけではない。人的資本を説明するその他の理論として特徴的なのが文化資本理論である。ブルデュー（Bourdieu 1990; Bourdieu and Passeron, J. 1977）は文化を象徴化と意味のシステムとして定義している（Jenkins, R. 1992, p.104）。彼によれば，社会の支配階級は教えを授ける行為（例えば教育）に携わることで自らの文化を押しつけ，支配者が持つ象徴と意味を次世代に内面化し，それにより支配的文化の優位を再生産しているのである。このようにブルデュー（Bourdieu 1972/1977, 1983/1986）において文化資本とは，象徴と意味の社会的実践と社会的再生産という現象を分析するために考えられた概念である。ここでは議論の目的上，社会的再生産に関するブルデューの研究に焦点を当てていく。彼の言う社会的再生産は，実践と

いう概念およびその過程に本質的に関連するものである。

ブルデュー（Bourdieu and Passeron 1977）にしたがえば，社会的再生産とは，支配階級から被支配階級に課される「象徴的暴力」である。象徴的暴力は，支配階級の価値と文化が社会における「客観的」価値と文化として正統化されている教育的行為の中で生じる。したがって彼らは，それらが支配階級を支え維持する文化や価値だとは全く気づかない。言い換えると，支配階級の文化と価値は，教育的行為を通じて，社会全体の文化や価値と「誤認される（misrecognized）」のである。そのような教育的行為は家族などのインフォーマルな集団およびインフォーマルな場面，そしてさらに重要なのは教育，とりわけ学校教育（制度化された教育）を通じてなされている。教育システムの執行者（教員と経営者）は，支配的な文化と価値を身につけ，それこそが普遍的で客観的なものだと誤認しているだけでなく，支配的文化と価値を継承している学生をとりたてることで次世代へ「知識」を伝達していくのである。[3]

文化の再生産の結果，内面化された永続的な性向である**ハビトゥス**が生まれる。誤認を通じた象徴的暴力と社会的再生産の過程は，労働市場（社会的「場」）にも引き継がれていき，教育のなかでの報酬を強化するのに役立つ（Bourdieu 1990）。そのような文化と価値を自らのものとして身につけ誤認している学生は，労働市場において，支配階級にコントロールされた組織に採用されることで見返りを与えられる。このようにして教育システムのなかの誤認は強化され，それにより他の学生も伝達された文化と価値を身につける必要性とメリットを誤認し続けるわけである。

このように考えると，象徴的暴力の最も重要な特徴は，支配的な文化と価値が，抵抗されることも意識されることもなく受け入れられていく教育の過程に

（3）ブルデュー自身は折りに触れて自分は構造主義者でもマルクス主義者でもないと述べている。ここでの解釈が彼の研究と一致しているかどうかということは彼の書いたものを読むことにより判断可能である。ブルデュー自身も勧めているように，学者については彼らが主張することよりも，実際に行ったこと（著述）を信頼するほうが正確なようである。

ある，ということがわかる。支配的な文化とその価値（正統化された知識）の獲得と誤認こそが文化資本と呼ばれるものである。それは社会的再生産——支配階級の価値の再生産——の魔法なのである。

　ある人にとって人的資本となりうる教育または訓練も，他の人にとっては文化資本とみなされるということはブルデューも承知していた。観点の相違は，同じ経験的事象（例えば教育）に対する認知の相違以上のところ，すなわち理論的説明の根本的な違いにある。ブルデューの象徴的暴力と社会的再生産という概念は，マルクスの理論的立場と一致している。両理論とも，一方の階級（資本家あるいは支配階級）による他方の階級（労働者あるいは被支配階級）への価値の強制を表したものだ。前者の便益のために後者の労働を領有することは，この価値システムの中で正当化されているのである。さらにブルデューは，利益（資本）を，社会または社会的場における絶え間ない闘争により獲得されたり失われたりするものととらえている（Wacquant, L. 1989）。事実ブルデューは，経済的資本，社会関係資本（重要な他者との関係），文化資本，象徴的資本（威信，名誉）といった様々な形態の資本を，闘争対象として考えていたのである（Bourdieu 1980, 1983/1986）。その一方でブルデューは，社会の中で上位を占めている支配階級がこれらの資本の大半を有している，と考えていたことも明白である。

　そこで，このような資本概念の解釈の系譜をたどるため，マルクスにまで遡ってみよう。マルクスが示した社会関係には，ある階級，すなわち生産手段をコントロールする資本家——（家庭内，学校内などの）教育的行為あるいは教育機関——の存在も想定されている。生産（学校教育）過程において，労働者（学生または子どもたち）は教育過程に投資し，支配階級の文化を内面化する。この文化を獲得することによって，労働者は労働市場に参入し，収入を得て，自らの生計を支えることが可能となる。一方，資本家あるいは支配階級は，経済的資本を補強する文化資本を獲得し，商品（教育された大衆）の流通と生産手段（教育機関）の占有を通じて，文化資本と経済資本の双方を蓄積していくのである。

とはいえブルデューの文化資本研究は，シュルツやベッカーの人的資本研究とも共通する性質をもっている。ブルデューはマルクスと異なり，労働者自身と，労働者が手にした資本と市場との関係に注目していた。彼は，象徴的暴力と社会的再生産の過程にとって外的な社会構造（例えばある階級とその階級が保有する文化および価値の支配）がもつ重要性，そして教育の執行者と労働者に誤認を作り出し，押しつけるために用いられる教育的行為がもつ重要性を強調していた。しかしブルデューにとって，支配集団は分析の前面にでてくるわけでなく，常に後方で暗に示される潜在的な勢力のままであった。つまり文化資本の分析はマクロ構造よりもミクロとメゾの構造を採用していたのである。

ブルデュー（Bourdieu 1972/1977）は目的的な行為や行動の選択を考慮していないわけではない。明らかに彼は，社会行動と相互行為（実践）の分析の際，機会と制約，望ましいこと（主観的期待）と起こりそうなこと（客観的可能性）との間の計算（戦略）に目を向けている（Bourdieu 1990）。また，ブルデューは搾取する側とされる側の境界についてマルクスほど硬直的に考えていない。なぜなら彼は，社会（単一の場あるいは複数の場）を人々がよりよい地位を得ようと闘争している，そういった地位のネットワークととらえているからである（Wacquant 1989）。実際に，支配されるグループのメンバーでも，支配的価値を誤認し獲得することで，資本を備えている地位を勝ち取り，占有している人もいるかもしれない。このような特徴は文化資本理論の新資本理論的立場を表すものであり，マルクスの古典的資本理論と異なるものである。

マルクスとのもう一つの違いは，ブルデューが，経済的資本の蓄積と文化資本の蓄積は完全に一致するものではないと想定しているようにみえる点である。経済資本家の中には文化資本をもたない人もいるし，文化資本家の中には経済的に恵まれない人もいる。経済的資本の蓄積と文化資本の蓄積のあいだに不一致が存在することにより，労働者にも，文化的ハビトゥスの活用を通じて支配的階級への足がかりを構築する道が開かれているのである。労働者は自らの文化資本を通じて教育制度に加わり，それによって労働市場で利益を得る，ということも考えられる。ブルデューはここまで分析を踏み込んでやっているわけ

ではないが，社会移動の可能性を開かれたものとみていたようである。

図1.1に関連付けると，ブルデューが扱った誤認・再生産される象徴と意味とは，必要とされる労働，または商品 3 の構成要素となる。この枠組みに沿えば，労働が剰余価値と資本を構成する仕組みは，文化の再生産と自らの支配のために労働を利用できる文化的エリートまたは資本家が，自らの支配する生産市場の中で，労働を雇用と給与に交換することから成り立つ。しかし同時に，労働者は，文化的再生産のための労働をエリートに提供することで，その代償を手に入れ，労働者にとっての剰余価値と資本を生み出しているのである。というのも，労働者自身も，文化的象徴と意味の蓄積を目的とした再投資を通じて，エリートとの関係を発展させることが可能となり，その結果，社会における自らの相対的地位を改善することができるようになったからである。このように解釈すれば，ブルデューの文化資本を，古典的理論の要素をもつ新古典的理論とみなすことができる。

新資本理論の解説
――構造に制約される行為――

ここで，これらの新資本理論に共通する二つの重要な要素を簡単に要約しよう。まず一つには，古典的なマルクス主義理論によりなされたマクロ分析的レベルから，新資本理論で用いられたミクロ分析的レベルへと説明の焦点が明確に推移していることである。新資本理論では，社会における階級的搾取の過程の一側面として資本をとらえることよりも，労働者個々人が行為者として，市場で自らの労働の剰余価値を得るにあたり，必要な投資をいかに行うのかというミクロレベルの解釈に焦点を定めている。

もっともミクロレベルに説明の焦点が推移したからといって，資本化過程でのマクロレベルまたは構造の影響力が度外視されるわけではない。文化資本理論は資本化過程の背後にある支配階級の「見えざる手」の存在を明確に強調している。しかし，分析の焦点は個々の行為者，労働者あるいは潜在的労働者であるということは指摘しておきたい。

第二に，新資本理論では，行為や選択が重要な要素として用いられている。古典的理論では，行為をするのは資本家のみであり，労働者は資本家の剰余価値を生み出す存在として，生産体系の中でなすすべもなく交換可能な部品となるしかなかった。したがって労働者には，生産過程において，自らの生計と引き替えに安価な労働を提供する以外の選択肢はなかったのである。一方，新資本理論における労働者は，自らの労働からいくらかの剰余価値を得て，蓄積することが可能となった。労働者個々人は生産過程で労働の剰余価値をより多く得るために，生産者に知識・技術を「販売する」ことができるようになった。それにより彼らは，有用な知識，技術を身につけるための努力や投資を行うかどうか，またはどの程度の努力や投資をするかということを決められるまでになった。この選択的行為は，人的資本の理論の中で展開される主要な時には唯一の説明枠組みとなっている。

　確かに，選択肢の幅やその利用可能性は，個々人のあいだで異なっている。個々人の出自がどうであれ，それらの人々の心身の健康は異なるし，それは資本化に際しての選択肢が個々人で異なっていることの原因となっている。人的資本理論は家族やその他の個人特性（ジェンダー，民族）までも考慮に入れている。文化資本理論は社会に存在する階級構造の役割とそれが個人の行為に及ぼす影響を強調している。文化資本理論で特に重要なのは，構造上または階級上の地位によって市場で価値をもつ資本のタイプが決められることよりも，そうした地位関係を通じて，恵まれない人々が価値あるとされる技術と知識を身につけるよう仕向けられていることなのである。

　つまり，新資本理論は資本化の過程で展開される個々人の行為と構造的な地位との相互作用を強調しているのである。それぞれの理論は，行為と構造のどちらかをより強調することもあるが，資本化の過程を説明するのはこの相互作用，言い換えると構造的な制約の中でなされる選択行為だ，という認識は共有されている。

　しかし，人的資本論，文化資本論のいずれにおいても，この相互作用の大部分は背景に置かれたままである。人的資本理論は，明らかに，資本化過程にお

ける選択行動に焦点を当てる方向を選んでいる。一方文化資本理論は，支配階級が資本のなかに見出す既得権益，そしてそういった資本を教化過程において強制的に身につけさせることを強調した。しかしこうした説明の多くは，あくまで想定によるものであり，実証によるものではない。どのような社会にも存在する支配的な価値や文化は（文化のない社会は存在しない），支配階級に押しつけられたものだと想定され，そして，これらの価値と文化の教育的な教化と誤認は，学校教育の過程によるものだと想定されたのである。

　もう一つの新古典資本理論――社会関係資本の理論――は構造と行為の相互作用に関して，より明確な説明枠組みをもたらしてくれる。社会関係資本理論の確立とその応用こそが，本書の主眼である。次章ではその理論的展開について考察していく。

第2章

社会関係資本
——社会関係を通じて得られる資本——

　社会関係資本理論の背後にある前提は，単純でわかりやすいものである。その前提とは，**市場の場で見返りを期待して社会関係に投資することである**。この基本的な定義は，社会関係資本研究の発展に貢献してきたすべての学者に共有されている（Bourdieu 1980, 1983/1986; Lin 1982, 1995a; Coleman 1988, 1990; Flap, H. 1991, 1994; Burt, R. 1992; Putnam 1993, 1995a; Erickson 1995, 1996; Portes, A. 1998)。分析対象となる市場には，経済的市場も，政治的市場も，あるいは労働市場やコミュニティも含まれている。そうした市場において諸個人は，利益を生み出すべく相互行為とネットワーキングを行っているのである。これは資本理論全般の大幅な拡大と，新資本理論の理論的発展を示唆するものである。第1章で論じた新資本理論——人的資本と文化資本——はいずれも，資本を，利益創出を目的とした個人による資源の投資とみなしていた。それらは生産（技術と知識 対 価値と規範）と利益（個々人の経済的利益 対 支配的文化の再生産）の性質は異なっているが，資本を，行為者個々人が投資し，行為者個々人に付与される資源として力説する点では共通している。資本は行為者個々人の投資またはその生産物とみなされているのである。それは，人的資本理論のように，個人が社会の中にランダムに配置され，独立し原子化された要素とみなされている場合でも，文化資本理論のように，支配者の価値を受け入れることで教化される存在とみなされている場合でも同様である。

　この人的資本理論と文化資本理論の「個人」からみた視点は，新資本理論のさらなる進展，すなわち社会関係を通じて資本をとらえる社会関係資本理論の進展に伴って，大きく拡張されてきたといえる。社会関係資本アプローチにお

いて，資本は，行為者が属するネットワークやグループにおける成員同士のつながりと，そのネットワークやグループ内に存在する資源へのアクセスからなる社会的資産とみなされるのである。

なぜ社会関係資本が機能するのか

なぜ社会的ネットワークに埋め込まれた資源が，ある行為によりもたらされる成果を高めるのかという疑問に対しては，一般的に四つの説明が考えられるだろう。第一の理由として，**情報**の流れを促進する効果から考えられる。通常の不完全な市場状況において，特定の戦略的位置またはヒエラルキーのなかのある地位に配置された（つまり市場の必要や需要に関する情報を提供してくれる）社会的紐帯は，そういったつながりがなければ手に入らないような機会や選択肢に関する有用な情報を諸個人にもたらしてくれる。さらにまた，こうした紐帯（彼ら自身の紐帯）のおかげで，（生産または消費市場に存在する）組織とその運営主体，あるいはコミュニティは，その関係がなければ気づかないような人々の有用性と利益関心に気づけるかもしれないのである。そのような情報は，組織にとっては，（技術や技能的・文化的知識の面で）よりよい人物を採用するための取引費用を減少させる効果をもち，個人にとっては，自らの資本を活かし，十分な報酬を手にすることができるよりよい組織を探す際の取引費用を減少させる効果をもつのである。第二に，このような社会的紐帯は，行為者も含め，雇用や昇進といった決定の際に重要な役割を担うエージェント（組織の採用担当者など）に**影響**を及ぼすこともある。社会的紐帯の中には，特定の戦略的位置（例えば構造的隙間*）または地位（例えば権威的能力や監督

---

*　構造的隙間とは，ネットワークを構成するメンバーのあいだに直接的なつながりがないことによって生じる関係の隙間を指す。例えば，行為者Aとその知人B，Cの3人の関係を考えてみよう。仮にAの知人B，Cも互いに知り合いであれば，そこには見えない関係のつながりがあるため，Aの知人ネットワークには構造的隙間がないことになる。一方，B，Cが知り合いでない場合には，そのあいだにつながりがなく，関係に隙間が

能力）にいるおかげで，組織のエージェントの意思決定に，より価値のある資源をもたらし，より強力な力を発揮できる紐帯も存在する。「口添えする」ことにより，ある人の意思決定手続きに影響を与えることもできるのである。第三に，社会的紐帯，すなわち諸個人の知人関係は，その人が社会的ネットワークや社会関係を通じて利用できる資源——彼／彼女の社会関係資本——を表すものであり，組織やそのエージェントから，個人の**信用証明**とみなされている。こうした紐帯を通じて個人の「背後に存在する関係」は，その人が個人的に有する資本以上の資源を提供しうるものであり，その一部は組織にとっても有用かもしれないので，組織（とそのエージェント）への信用証明となるのである。最後に，社会関係はアイデンティティと承認を強化すると考えられる。人は，似たような関心や資源を共有する社会集団のメンバーとして存在価値を認められると，情緒的なサポートだけでなく，特定の資源への公的権利を得ることができる。このような**補強**は，メンタルヘルスの維持と資源に対する権利を主張するために不可欠なものである。なぜ社会関係資本が，経済的資本や人的資本といった個人的形式の資本では説明できない道具的行為と表出的行為において機能するのかということは，この四つの要素——**情報，影響力，信用証明，補強**——から説明できるかもしれない[1]。

観点の相違と概念の収束

社会関係資本研究が盛んになったのは，比較的最近のことである。初期の研

　　生じる。そうするとAの知人ネットワークには構造的隙間が存在することになる。バートは構造的隙間の利点として「情報の利益」と「統制の利益」の二つをあげ，その位置付けの戦略的優位性を指摘した。
（1）　一般にはコントロールという要素も，社会関係資本の有用性を示すものと考えられている。私の見解では，コントロールはネットワーク上の位置とヒエラルキー上の地位を反映したもので，社会関係資本自体の定義の核をなすものだ。したがって情報，影響力，社会的な信用証明，補強はすべて，社会関係資本が機能する，つまりコントロール力をもつことを説明する要因だと考えられるわけである。

究者たち（Loury, G. 1977, 1987; Ben-Porath, Y. 1980）も社会関係を通じた資源または資本の存在を指摘し，時には**社会関係資本**という用語を取り入れていた。しかし，社会関係資本が研究の世界で注目されるようになったのは，ブルデューやコールマン，リンなどの複数の社会学者が，それぞれ独自にその概念を詳細に探求した1980年代に入ってからであった。

社会関係資本理論には，どのレベルで利益をとらえるべきかという問題に対して，二つの観点が存在する。すなわち，利益が集団のために生じるとみなす観点と，個人のために生じるとみなす観点である。一方の観点では，個人による社会関係資本の利用――すなわち，（よい仕事を探すなど）道具的行為から利益を得るために，あるいは表出的行為を通じて得たものを守るために，個人はいかにして社会的ネットワークに埋め込まれた資源にアクセスし，それを利用するのか――に焦点を当てている。したがって，このレベルでの社会関係資本は，投資を自らの利益を期待する個人によってなされるものと想定する人的資本に類似したものとみなしうる。個人の利益を集積すれば，その集合にも利益をもたらすことは十分に可能である。にもかかわらずこの観点に立脚した分析は，(1)個人がどのように社会関係に投資を行い，そして(2)利益を得るという目的のもと，個人がどのように関係に埋め込まれた資源を獲得するか，ということに注目した研究がほとんどである。

例えば，リン（Lin 1982）は，個人がアクセスし活用できる資源には，個人的資源と関係的資源の二つがあると論じた。個人的資源とは個人が保有する資源であり，物質的な財や象徴的な財（例えば学位）がある。関係的資源とは，個々人の社会的なつながりを通じてアクセスできる資源である。個々人は自らの社会的なつながりの広さと多様性に応じて，異なった関係的資源を有する。

さらに，関係的資源を利益を生むために「借用する」ことも可能である。関係的資源活用の例として，引っ越しのために友人から車を借りることや就職のために父親の同窓生に口添えしてもらうことなどがあげられる。本書の後半で明らかにするように，関係的資源が個人に対してもつ潜在的有効性は，その人が有する個人的資源よりも，質的にも量的にもはるかに勝っている。

フラップ（Flap 1988, 1991, 1994）の研究では，ある目的のために活用される関係的資源も社会関係資本に含まれている。フラップは社会関係資本の構成要素として以下の三つをあげている。それは，(1)ある社会的ネットワークの中で，「あなたが助けを求めたときにそれに応じてくれる」人の数，(2)援助の意思を表明してくれる人との関係の強さ，(3)これらの人々の有する資源，の三つである。つまり，フラップにとっての社会関係資本とは，自らと強い関係をもつ他者から提供される資源である。したがって，社会関係資本は，関係的資源の利用可能性と，そうした資源を提供しようという他者の援助の意思により生み出されるのである。

バート（Burt 1992）の研究にも個人レベルの観点が反映されている。バートによれば，ネットワーク上の位置が競争的優位性を表すものであり，また，それをつくり出すものである。その関係がなければ入手できないような情報や資源に人々を結びつける「構造的隙間」の位置は，その場所を占有する人々にとっても，そして，その他の位置にいて彼らにアクセスする人々にとっても貴重な資本となる。

もう一方の観点は，集団レベルに焦点化して，社会関係資本をとらえるものである。この観点に基づく研究は，主に，(1)ある集団が集合財としての社会関係資本をどのように創出し，そして維持していくか，(2)そのような集合財は集団成員のライフチャンスをどの程度増やしているのかということを論じる。ブルデュー（Bourdieu 1980, 1983/1986）とコールマン（Coleman 1988, 1990）はこの点について幅広く論じ，パットナムの実証研究（Putnam 1993, 1995a）はその好例を提供している。社会関係資本から得られる利益を増やすために，個々人の相互行為とネットワーキングが不可欠であることは認めつつも，集団レベルの観点に立つ人々は，集合財の創出と維持に必要な要素およびその過程の探求を主たる関心としているのである。

ブルデュー（Bourdieu 1983/1986）は資本を経済資本，文化資本，社会関係資本の三つの側面からとらえていた。彼にとっての社会関係資本は，「社会的義務あるいは社会的なつながりから形成される」ものであった。それは「制度

化された相互認知関係と相互承認関係からなる永続的なネットワークの所有――すなわち，ある集団のメンバーであることと関連する実際のあるいは潜在的資源」(p.248)の集積を意味していた。その集団は，メンバーに対して，集合的に保有されている資本，すなわち，集団のメンバーであるという信用証明を与える。このような資本は，ネットワークのサイズと，その人とつながりをもつ人々が有する資本（経済資本，文化資本，あるいは象徴資本）の量によって表すことができる。言い換えると，ブルデューにとっての社会関係資本は，ある人のもつ関係の量と，それらの人々がもつ資本の量に規定されるのである。その一方で，社会関係資本は，明確な境界，交換の義務，相互認知により限定された集団のメンバーがもつ集合財なのである。

　さらにブルデューは，社会関係資本を集団のメンバーが生み出す生産物であるともみなしている。資本の集合性と資本に対する各メンバーの所有権を確定，再確定するには，相互認知と集団の境界を強化する交換を繰り返し行う必要がある。加えて，ブルデューにとっての社会関係資本は，経済資本が姿を変えたものにすぎなかった。彼は最終的な分析で，「経済資本は他のすべての資本の根源である」と述べ，また「いかなるタイプの資本も分析上は経済資本に還元できる」(pp.252-253)と述べた。そこには社会関係資本も含まれている。結局のところ，ブルデューは社会関係資本を社会的ネットワークあるいは社会集団のメンバーが所有する資本の一形態とみなしていたのである。社会関係資本はメンバー間のつながりを通じて，メンバーの信用証明として使われる。この意味で，社会関係資本はメンバーに信用を付与する集合財ということができ，その有効性はメンバーが関係に対して継続的に投資をすることで維持，強化される。

　コールマンは社会関係資本を二つの構成要素からとらえた。すなわち，社会関係資本を，社会構造の一側面であり，構造の中にいる個人に特定の行為を促すものと考えた (Coleman 1990, p.302)。ある構造が資本であるかどうかは，個人が特定の活動に従事する際に，その構造が機能しているかどうかに左右される。したがって，社会関係資本は個人やその活動を横断して持ち運べるような

ものではない。社会関係資本は，現実に得られたものにせよ潜在的なものにせよ，関係からのみ得られる資源なのである。コールマンは，社会的行為に関する分析枠組みの中で，行為者が利益を見込む資源をコントロールする方法，他の行為者によって少なくとも部分的にコントロールされたイベント（またはイベントの結果）から利益を得ようとする方法について説明している。彼の分析枠組みによれば，行為者はイベントの結果から利益を得るために資源の交換と譲渡を行う。これらの社会関係は個々人の行為を可能にするという重要な機能を果たしており，これこそが社会関係資本の基盤を形成するのである。

コールマン（Coleman 1990）はその点を，韓国の学生が形成する秘密の集団，または革命前のロシアの共産主義運動支部といった事例から，いかにしてこれらの集団が個々の参加者に社会関係資本を提供し，またそれ自体が革命運動のための社会関係資本となったのかを示した。その他の例としては，親と生徒の個人的な目標達成を手助けする一方で，学校およびそれに関連する管理職，教育，学生，両親すべてに資源を提供しているPTAのような社会組織があげられる。コールマンは，ある集合体――コミュニティ――における社会関係資本への行為者の適応を示すもう一つの事例として，子どもが一人で公園や学校に行くときに安全だという理由でデトロイトからエルサレムに引っ越した母親をあげている。このようにコールマンやブルデューにとっては，緊密なあるいは閉じたネットワークこそが集合的資本の維持と集団の再生産を可能にする手段なのである。

アメリカのような民主社会におけるボランタリー組織への参加についてのパットナムの研究は，集団レベルで社会関係資本をとらえる観点の有用性を明確に表している。彼は，ボランタリー組織のような社会的連帯の存在とそれに対する参加の度合いが，ある社会に存在する社会関係資本の量を表していると論じた。このような連帯と参加によって集合的な規範と信用が高まり，それにより全体の幸福が生成，維持されていくのである（Putnam 1993, 1995a）。

上述の二つの観点では，社会関係資本の利用またはその結果に関して，異なったレベルから検討されている。しかし，いずれの研究者も，社会関係資本の

第2章 社会関係資本

維持，再生産を可能にするのはメンバーの相互行為であるとしている点では一致している。この見解の一致部分が，社会関係資本を新資本理論の一潮流たらしめているのである。(2)したがって，ブルデュー，コールマン，リン，フラップ，バート，エリクソン，ポルテスやその他多くの研究者は，社会関係資本が社会関係と社会構造に埋め込まれた資源から成り，何らかの目的実現を目指して行為する人々が，成功の可能性を増やしたいときに用いるものであるという理解を共有している。行為者の側からとらえれば，社会関係資本は人的資本と同様に，目的的行為の成功率をあげる投資である。人的資本が技術，知識，証明を得るための訓練や実践プログラムへの投資であるのに対し，社会関係資本は他の行為者がもつ資源へのアクセスや借用を可能たらしめる社会関係への投資で

（2）　集合財としての社会関係資本の研究には二つの重要な，異なった立場が存在する。ブルデューの社会関係資本は，支配階級にいる人々が互いに認め合うことで，様々な資本（経済的，文化的，象徴的）をもつ特権的なグループを強化し，再生産していく過程を表していた。そのため，威厳と肩書きがそうしたグループとそこにいるメンバーを特徴付けていた。したがって社会関係資本は支配階級を維持，再生産する方法の一つであった。この理論的立場を階級（特権）財としての社会関係資本としておこう。集合財としての社会関係資本のもう一方の立場は，コールマンやパットナムの研究によって示されている。コールマンは社会関係資本を，ある行為をしようとする人に有用な構造特性または構造的資源から成り立つと定義し，公的財*としての側面を強調した。これらの集合的資産は，ある社会集団やコミュニティのメンバーがそうした資源の増加，維持に実際に貢献していようともいなくとも，グループのメンバーならば全員に利用可能である。社会関係資本は公的財という性質上，フリーライダーとならずにそのために貢献しているメンバー個々人の善意のおかげで維持されている。したがって，社会関係資本の維持には，規範，信頼，制裁，権威などの構造特性が重要になるのである。もし，この二つの説明枠組みの起源を理論的にたどろうとするならば，特権財の見解は，主として，マルクスの資本理論で展開された社会関係の拡大および精密化に求められ，公的財の見解は，主として，社会関係の統合について論じたデュルケム（Durkheim, E.）的な見解の拡大および精密化に求められる。

＊　原語の"public good"には，(1)公益，(2)公共財（経済学）の二つの意味があるが，ここではこのどちらにも当てはまらないため，公的財と訳してある。参考までに，公共財とは「非排除性」と「非競合性」の性質を併せもった財という厳密な定義があるため，ここでの訳語としては使用できない。

ある。その概念は非常に広範な行為（例えば，子供にとって安全なコミュニティへの引っ越し，社会運動への参加者の動員（Coleman 1990 を参照）），すなわちマクロレベルの研究（ボランタリー組織やコミュニティへの参加者の数と参加の範囲，社会のグルーピング（Putnam 1993, 1995a））からミクロレベルの研究（求職，昇進（Lin, Ensel and Vaughn, J. 1981; Burt 1997））まで応用できるのだが，理論構築にあたり社会関係資本を概念化する際には，社会的ネットワークの文脈を想定するべきであるという点で一致がみられる（ポルテス，バート，リン）。例えば，バートならばネットワークの中で戦略的に有利な位置を占める社会的紐帯から得られる資源として，リンならば組織の中で重要な位置を占める社会的紐帯から得られる資源として概念化している。本書でもこのような概念を用いていく。

　このように概念化すると，社会関係資本は**人々が何らかの行為を行うためにアクセスし活用する社会的ネットワークに埋め込まれた資源**と操作的に定義される。そしてこの概念は二つの重要な要素から成り立っている。それは，(1)個人ではなく社会関係に埋め込まれたものとして資源を表していること，(2)そのような資源へのアクセスや資源の活用は行為者によってなされることである。資源が社会関係に埋め込まれているという第一の特性のおかげで，社会関係資本とその他の資本の同時並行的な分析が可能になる。例えば，人的資本は，経済学者（シュルツ，ベッカー）が思い描くように，ある市場（例えば労働市場）において役立つ技術や資格の獲得という個人投資を表している。一方，社会関係資本は市場で役立つ対人関係への個人投資とも考えられる。社会関係資本の第二の要素は，行為者が彼（女）の関係またはネットワークのなかの資源に気付いており，特定の資源を得るために選択を行う必要があるということを示している。そのため，行為者の認知マップに現れず，その存在に気付かれない紐帯や関係もあるかもしれない。諸個人は，彼らの存在に気付き，そして，彼らがもっているあるいはアクセスできる（彼らもエゴと同様に自らのネットワークをもっている）資源を認知している時のみ，そのような紐帯と資源を資本化できるのである。このような概念の体系化は次の章から行っていく。

第2章　社会関係資本

問題と明確化

　概念の提起を行う前に，検討して明らかにしておくべきいくつかの問題がある。特に観点の不一致は，理論的にも分析的にも混乱を生み出す原因となる。さらに，分析の水準を無分別に行き来する議論がもたらす混乱もある。例えばブルデューは社会関係資本の説明を，支配階級と貴族集団の再生産に触れつつ，構造的観点から行っていた。彼によれば社会関係資本は，(1)集団またはネットワークのサイズ，(2)メンバーがもつ資本の量の集積として表される（Bourdieu 1983/1986, p.248）。この説明は，すべてのメンバーが強く互恵的な関係（全メンバーが緊密に結ばれている，あるいは制度化されているネットワーク）で結ばれている時にのみ意味をもつので，関係の強弱を考慮する必要はない。しかしその一方でブルデューは，ネットワークあるいは集団のメンバーとして，諸個人がどのように相互行為を行い，お互いの認知を強めていくかということも記述している。コールマン（Coleman 1990, Chap.12）は，諸個人が自らの行為からよりよい結果を引き出すために社会構造的資源をどのように利用しうるかという点を強調している。しかしその一方で，社会関係資本の概念を形成するものとして，信頼，規範，制裁，権威，閉鎖性を強調し，社会関係資本の集合的特性の議論に多くを費やしている。社会関係資本の理論を一本化していく前に，これらの見解を類型化し，ある程度の理解を得ておくのは重要なことである。**表2.1**はこの問題のいくつかを類型化したものである。

　マクロレベルの視点から——関係に対して——なされる最大の議論が，社会関係資本は集合財か個人財かということである（Portesの1998年の評論を参照）。多くの研究者は集合財でもあり個人財でもあるという見解で一致している。制度化された社会関係のなかに資源が埋め込まれていれば，その集合も，集合のなかにいる人々もそこからの利益を期待できるのである。集団レベルにおける社会関係資本は，相互行為を行うネットワークのメンバーがもつ（社会的つながりのなかで，経済的，政治的，文化的，社会的）価値ある資源の集積ととら

第Ⅰ部　理論と研究

表 2.1　社会関係資本の議論

きっかけ	争　点	問　題
集合財，個人財（Coleman, Putnam）	集合財としての社会関係資本	規範，信頼との混同
閉鎖的ネットワーク，開放的ネットワーク（Bourdieu, Coleman, Putnam）	集団の閉鎖性・緊密性の強調	階級的社会観，移動の欠如
機能（Coleman）	社会関係資本を特定の行為に対する効果として提示	トートロジー（原因が結果により規定される）
測定指標（Coleman）	量的ではない	発見的（Heuristic），検証不可能（not falsifiable）

えられる。問題が生じるのは，社会関係資本が信頼や規範などとともに集合財あるいは公的財として論じられる時である。そのように論じている文献では，それらのいくつかが社会関係資本の代替用語，または代替指標として扱われている。そうすると社会関係資本は，個々人の相互行為やネットワーキングからもたらされるという理論的ルーツから切り離され，社会統合や連帯の構築といった幅広い文脈で使用される単なる流行語の一つとなってしまう。後述するように，本書は，社会関係資本を関係財として文化，規範，信頼などの集合財と区別しなければならないという視座に立っている。後に因果的命題（信頼のような集合財が関係やネットワークを促進し，埋め込まれた資源の有用性を高め，その逆の図式も成り立つ（第13章参照））を定式化しているが，それは信頼，規範などの集合財が社会関係資本を代替するということや，一方が他方により定義される（例，信頼は資本である（Paxton, P. 1999））ということを想定しているわけではない。

　社会関係資本の集合的側面に関する研究では，もう一つの論争がなされている。それは，集合的側面の議論が社会関係や社会的ネットワークの閉鎖性または緊密性を要求・想定していることからくるものだ（Bourdieu 1983/1986; Coleman 1990; Putnam 1993, 1995a）。ブルデューは，自らの階級観から，社会関係資本を（集団あるいはネットワークとして）支配階級にいる人々が行う投資とみなした。支配階級の人々は，集団の連帯を維持・再生産し，集団の支配的位置付けを守るために相互認知を行っている。その集団の所属資格は，部外者を

排除する明確な境界（例，身分，称号，家族）を基盤として成立している。そのため集団の閉鎖性や緊密性が要求されるのである。コールマンはそのような階級観を想定しているわけではない。しかし彼もまた，閉鎖的なネットワークが社会関係資本に固有の利点を生み出すと考えている。それは，閉鎖的なネットワークが信頼，規範，権威，制裁などを維持，増幅するからである。このような結束をもたらす力は，ネットワーク資源の動員を確実なものとするのである。

　私自身は，社会関係資本を活用するために，緊密なまたは閉鎖的なネットワークが必要であると必ずしも思っていない。社会関係資本の研究では，情報や影響力の伝達という点から，ネットワーク内のブリッジを重要視する議論もある（Granovetter 1973; Burt 1992）。したがって，社会関係資本の要件として閉鎖的または緊密なネットワークを想定すると，ブリッジや構造的隙間，弱い紐帯の重要性を否定してしまう。緊密なあるいは閉鎖的ネットワークを指向する背後には，特定の物事への関心が存在している（Lin 1986, 1990, 1992a）。緊密なネットワークは，**資源の維持**（例，表出的行為）にあたり優れた効果を発揮する。したがって，すでに資源を手にしている特権階級にとっては，資源の維持，再生産ができる閉鎖的ネットワークをもつことが重要なのである（Bourdieu 1983/1986）。それは子どもたちの安全を確保するために凝集性の高いコミュニティに引っ越す母親にとっても同様である（Coleman 1990）。一方，職探し（例えばリン，マースデン，フラップ，バート）のように現在もっていない**資源を探索したり獲得する**ためには，ネットワークのなかのブリッジにアクセスしたり，ブリッジを構築したりするほうがはるかに効果的である。したがって，閉鎖的ネットワークか開放的ネットワークのどちらか一方の重要性を主張するよりも，(1)緊密なネットワーク，あるいは開放的ネットワークがよりよい利益をもたらす状況はどのようなもので，その結果はいかなるものかを概念化すること，(2)実証研究のために演繹的な仮説を導くこと（例，緊密なネットワークほど資源の共有が進みやすく，そのため集団や個人の資源は維持しやすいだろうし，開放的なネットワークほど有利な地位や資源にアクセスしや

第Ⅰ部　理論と研究

すく，そのため付加的な資源を得る機会が増えるだろう）のほうが理論上はるかに重要である。

　明確にしておくべき第三の論点は，特定の行為をしている個人にリターンをもたらす「社会構造的資源」はすべて社会関係資本であるというコールマンの陳述にある。彼は「社会関係資本はその機能によって定義される」と述べ，続けて「それは単一のものではなく，次の二つの属性を共有する非常に多様なものである。(1)社会関係資本はすべて社会構造のある側面からなる。(2)社会関係資本は構造内にいる個人が特定の行為を遂行することを可能にする。」(Coleman 1990, p.302) と述べている。この**機能的**見解はトートロジーであるように思える。なぜなら，社会関係資本は機能することで初めてその存在が特定される，社会関係資本の潜在的因果はその効果が顕在化することで初めて説明される，あるいは，社会関係資本の投資側面は特定の行為を通じて個人が得た利益に規定される，などと考えられるからである。つまり，原因となる要素が結果となる要素に規定されているのである。しかし，原因と結果を一つの機能に落とし込んで理論を構築することは明らかに不可能である。このことは，機能的連関の仮説化（例えば社会的ネットワークに埋め込まれた資源がよりよい仕事の獲得に寄与する）を否定しているわけではない。ただ，原因と結果という二つの概念は，それぞれ独立に測定し，切り離して扱う必要があるのである（例えば，原因である社会関係資本は社会関係への投資から測定し，結果であるよりよい仕事は職業的ステータスや管理的地位から測定する）。なぜなら，結果となる変数によって原因となる変数を明確化するのは，正しいことではないと考えられるからである（例えば，行為者Ｘにとって，親族の紐帯が社会関係資本となるのは，彼らがＸによりよい仕事をもたらすからである。行為者Ｙにとって親族の紐帯が社会関係資本とならないのは，彼らがＹによりよい仕事をもたらさないからである）。仮説として提示された因果関係は，その理論をより精密なものにしていく際に必要な他の要素に条件付けられるかもしれない（例えば，家族特性は人的資本や社会関係資本を構築する機会に影響するかもしれない）。しかし，条件となる要素を主要概念に組み込んでいくと，理論は倹約

性を失い冗長的になっていくだろう。そうやって条件要素を取り込んでいくことで，すべての事象を説明することを期待するならば，そもそもそれが理論と呼べるのかどうか疑問である。

　おそらく，社会関係資本自体と，社会関係資本から生み出される結果との明確な区別は不可能であるという見解——集合財としての社会関係資本が信頼，規範，制裁，権威といった多様な形態からとらえられているのもこの見解によるものであろう——と関連付けてコールマンは以下のような疑問を呈している。「金融資本，物的資本，人的資本のように，社会関係資本が社会科学における有用な計量概念となるかどうかは今後を見守らなければならないが，目下の価値は，主として社会システムの計量的分析と，定性的指標を用いる定性的分析にとっての有用性にある」(Coleman 1990, pp.304-305)。このような混乱が生じたのは，社会関係資本の理論の根幹である社会関係や社会的ネットワークをはるかに越えたところ，すなわち，すべての個別事例を予測するという到達不可能なところにまで社会関係資本の観念を拡大したからだと考えられる。したがって，この問題を解決すれば，社会関係資本の概念は測定可能となるにちがいない。

第3章

資源,ヒエラルキー,ネットワークと同類性
——構造的基盤——

　社会関係資本とは,それを市場での見返りを期待した社会的な関係においての投資であるととらえた場合,**目的的行為によってアクセス・動員される社会構造に埋め込まれた資源**と定義すべきであると提起してきた。この定義は,分析すべき三つの構成要素を含んでいる。一つめに「資源」であり,二つめに「社会構造に埋め込まれた状態」であり,三つめに「行為」である。資源こそはあらゆる資本理論,とりわけ社会関係資本において,核となるものだ。社会関係資本の理論では以下の三つの課題を解決しなければならない。

　第一に,いかにして資源が価値を帯びるに至るかということ,そしてその価値ある資源が社会でどのように分布しているのか——資源の構造的埋め込みの問題,第二に,そうした構造的に埋め込まれた資源に対して,個人が相互関係や社会的ネットワークを通じてどのようにアクセス可能になるかということ——機会構造の問題,第三に,そうした関係的資源へのアクセスがいかにして利益を生むべく利用されるかということ——活用のプロセスの問題である。

　本章では第一,第二の課題に焦点を当てる。すなわち社会の中の価値ある資源の埋め込まれの問題と,それらの資源に対する機会構造の問題である。なお第4章で行為について議論することで,理論的説明が完成することになる。

資源とその社会的配分

　資源は,本理論での基礎的な概念のひとつである。資源とはここでは**物質的あるいは象徴的な財**として定義される(Lin 1982)[1]。すなわち,人々の生活を

維持し,高めるのに必要となる基本的な物質的資源という意味にとどまらず,個人または集団によって意味を与えられた資源についても考慮される。意味や意義がどのように資源に割り当てられるのかについて,ここでは仮説的に三つの原理を紹介しておきたい。

第一に,あらゆる集団やコミュニティにおいて,資源の相対的な重要度をメンバーに知らしめるために,**合意,または影響力によって資源に個別の価値が付与される**(Lin 1982)。資源への価値付与は,需要・予想需要に応じた希少性から部分的に影響を受ける(例えば,ある社会では金貨がそれにあたるし,別の社会では貝殻がそれにあたる)。それは当然,固有の歴史や,地理的条件や,それぞれの集団の集合的経験によっても異なってくる。

資源への価値付与は,次の三つのプロセスのうちの一つを通じて達成される。それは説得,請願,強制である(Lin 1973,ならびに Kelman, H. C. 1961 や Parsons, T. 1963 の議論を参照のこと)。**説得**とは,コミュニケーションや相互行為を通じて資源の利点を信じさせ,結果的にその資源の価値を内在化させるプロセスである。それにより集団の成員は資源の価値を,その資源に本来備わっているものとしてみるようになる。説得は脅しや外的制裁・罰の強制を伴うことなしに,資源の価値付与をもたらすことができる。**請願**はある集団による訴えや圧力運動であり,規範的な圧力を表すものである。個人はある資源の価値を受け入れる。なぜなら,その個人は集団にとどまること,または集団との一体化を望んでおり,そのために個人はその資源本来の価値を充分に理解していなくても,集団が付与した価値を喜んで受け入れるのである。**強制**は資源の利点を認知することを強制され,そのために制裁や罰が伴うようなプロセスである。個人は資源に本来備わった価値を認めたり,集団に同一化したいがためにその価値を自発的に受け入れたりするわけではない。そうではなく,個人は権

---

(1) シーウェル(Sewell, W. H. 1992, p.9)は,構造内の二つの資源を区別している。すなわち,非人的資源と人的資源である。非人的資源は物質的資源と同一であるが,人的資源は物質的(肉体の強靱さや器用さ)な資源に加え,象徴的(知識,感情的コミットメント)な資源も含んでいる。

第Ⅰ部　理論と研究

威による価値付与を認めるか，さもなければ好ましくない結果（例えばそれは肉体的，または精神的な害）を受けるかという選択に直面させられるのである。

　資源に付与された価値は，内部的な圧力（内戦，革命，社会変動，災害，権力者の方向転換，数々の発見，流行の変化等）と外部的な圧力（貿易，戦争，侵略，征服，情報交換等）によって変化することがある。例えば女性のステータスは世界的に見ても時代や地域によって異なっている。中国では清王朝の時代，纏足*に高い価値がおかれた。小さい足の女性こそが，より淑女であるとみなされたのである。同様に20世紀半ばのヨーロッパと北アメリカでは，ハイヒールは高い社会的ステータスの象徴であった。その時代の文脈においては，どちらの資源も他の価値ある資源をもつ仲間を惹き付けるために，女性自身にとって有益なものであったろう。どちらの資源も時代的な限界があるが，中にはより恒久的で，世界共通の資源も存在している。例えば通貨であったり，民族・人種的序列やボディピアスなどは，纏足や男性のキルトスカート着用，裁判官や高僧のかつらなどに比べて，より一般的であると言える。

　第二原則として，**すべての行為者はチャンスがあれば，価値ある資源を維持・獲得することによって，自己の利益を高める**と仮定する。ここでの**行為者**とは一個人の場合もあるし，集合的なグループの場合もある。集合体，言い換えればコミュニティでは，価値ある資源を所有する個人に対し，高い社会的地位を付与することを通じて自己利益を高める。集合体が個人に対して高いステータスを与える，つまり「権力付与」（Sewell 1992）することにはちゃんとした理由がある。そうすることによって，資源の価値についての集合体の社会的合意――コミュニティ感覚――が強化されるのである。ある個人に地位を与えることは，その個人が価値の割り振り方についての社会的合意に対して支持を表明したことへの見返りである。社会的地位の授与は集団の一体性，そして集合体の生存や持続を促進する。授与された社会的地位は，価値ある資源を保有する個人の，集団への忠誠心を強化する。なぜならそれは，資源の価値を裏

　＊　纏足とは，古来中国社会で行われてきた風習である。幼児期から足に布を巻くことで足の形を変形させ，足が大きくならないようにした。

付け,保護するからである。そのために,価値ある資源を保有する者に地位を授与することは,コミュニティや参加する個人の相互利益にかなうものなのである。

コミュニティの存続と,価値ある資源を有する個人の行為者に地位を与えることとのあいだの互恵的な関係は,集合的行為にとって重要な意味をもっている。個人の行為者が価値ある資源を所有し,そしてそれゆえに高い地位であったなら,集合体のために,もしくは集合体の名の下に意思決定する機会も与えられるだろう。そこには価値ある資源を割り当てたり,分配する行為も含まれている。そのような機会は,個人に集団内で意思決定する地位が割り当てられることで生じる。この構造的な機会については,資源のマクロ構造について論じた次章でさらに検討する。いずれにしても結論は,価値ある資源を保有する個人の行為者は,資源(例えば価値ある財産)に関する権限(使用,移譲,分配)の決定に参画することが多い,ということである。[2]意思決定権をもつ行為者は,コミュニティの合意を強化することが予想される。なぜなら彼らは,コミュニティ内での彼らの地位を維持・強化するインセンティブをもつからだ。このように個人的な利害と集合的な利害が一致しているので,彼らの個人的利益も報いられるわけである。このような権力をもった個人の行為者は,より価値ある資源を獲得したり,彼らが保有またはアクセスできる資源の価値が高まるように,価値に関する合意を操作したりすることで,彼らの立場をさらに強化することができる。集合体のなかでの地位が高いほど,その個人が自己利益を強化する機会は広がる。

他方で,低い価値の資源しか持たず,それゆえにコミュニティ内で低い地位にある個人は,構造的制約をより強く受け,革新のための機会もあまり与えられない。こういった個人がとることのできる行動のタイプは2種類である。よ

---

(2) 所有権についての議論は,Alchian, A. (1965), Alchian and Demsetz, H. (1973), Gilham, S. (1981),および Willer, D. (1985) などを参照。所有権と階級構造については,Dahrendorf, R. (1959), Bourdieu (1983 = 1986),および Kornai, J. (1992) を参照のこと。

り価値ある資源をなんとかして手に入れるか，資源へ割り当てられた価値を変化させるかである。価値ある資源の獲得は，コミュニティによって合法化・認可された方法，例えば教育システムなどの制度化されたチャンネルを通じて行うことができる。または，コミュニティが合法的と認めていない，認可されていない方法，つまり逸脱行為をもって行うこともできる。マートン（Merton, R. 1940）は，社会構造とアノミーについての著作の中で，個人の行為者が個人的な目標達成のためにどのように集団規範を違反するのかについて理論化している。

　資源の価値を変えるには，個人の行為では無理である。同様の要求をもつ他の行為者を動員することが必要になる。動員といっても，様々なものがある。資源の価値を刷新するために社会的ネットワークを形成することから，コミュニティの意思決定者を据え換えるための革命にまで及ぶ（これについては第11章での議論も参照のこと）。

　むろん，このような逸脱行為にはコミュニティから制裁措置を受ける危険性が伴う。制裁の方法にはコミュニティ内での地位降格（投獄，もしくは価値ある資源や高い地位の剝奪）から，コミュニティからの追放に至るまで様々である。これは個人の行為に責任をもたせる構造的な制約であると位置付けることができる。けれども拘束と機会とは，構造的に互いに関連し合っている（Merton 1995）。いずれにしても個人とコミュニティにとって重要なのは，価値ある資源を巡る争いであり，行為はそうした資源の獲得と保護によって自己利益を促すために行われる。

　日常，行為や相互行為が滞りなくなされている場合には，制約と機会の相乗作用の意義は行為主体自身にとって不明確である。なぜなら決定はすべての成員の幸福のために，集合体の見えざる手によってなされているように見えるからである。それはコミュニティの存続が危ぶまれるときに明確となる。外部から危機が訪れた場合に，コミュニティは，最も価値ある資源をもつ人を保護し，価値の低い資源をもつ人を犠牲にする戦略をとる。例えば，外部からの脅威に直面した場合に，集合体は意思決定権をもたない者を最初に，あるいは多めに

排除していく。一方，このような排除を決定する権限をもっている支配者はといえば，集合体が崩壊直前にならない限り生き残る傾向にある。第二次世界大戦が終結に向かいつつある時期，日本は地位の低い若いパイロットをカミカゼ作戦に送り出した。地位の高い熟練したパイロットは逆に，本土最終決戦に備えて呼び戻された。コミュニティの維持と，価値ある資源を保有している個人の行為者の維持は，持ちつ持たれつの関係なのである。

　価値ある資源についての第三の原則を述べておく。それは，**価値ある資源の維持と獲得は行為の主要動機であり，かつ前者の動機は後者の動機に優先する**（Lin 1994a），という仮定である。コミュニティも行為者もまず最初に，保有する，またはアクセス権をもつ資源を維持しようとする。そして，既存の価値ある資源が保障されている時だけ，行為者は新たに価値ある資源の探索を行おうとするのである。二次的で周辺的な行為の動機もいくつか考えることができる。しかしこれら二つの動機は最優先のものであり，人々の行為のほとんどの部分を説明するものだ。この原理とその帰結の重要性については，次の第4章でさらに詳しく述べることにする。

資源のマクロ構造
──ヒエラルキーと社会的地位──

　ここまで，資源の定義ならびにその価値と意義について述べてきた。続いて，資源はどのようにして集合体に埋め込まれているのかについて考察したい。ここでは下記のトピックに焦点を当てる。それは，(1)社会構造の性質，(2)社会構造のヒエラルキー，(3)ヒエラルキーのピラミッド構造，(4)複雑な社会構造と資源の交換，である。

社会構造

　社会構造とはここでは以下のように定義する。すなわち，(1)ひとつ以上の多様な種類の価値ある資源を保有するまとまった社会的単位（**地位**）であり，それは(2)**権威**（資源のコントロールやアクセス）についてヒエラルキー的関係を

もち，(3)その資源の使用に際してのある程度まとまった**ルールや手続き**が共有されており，なおかつ，(4)それらのルールや手続きに従って**地位を占める者（行為者）**に付託がなされていることである（関連する議論については Sewell (1992) を参照のこと）。

第一の要素は，社会的地位に埋め込まれた資源と関連している（構造に関する地位的な視点についてはバート（Burt 1992）の議論を参照）。地位の占有者は入れ替わる。しかし資源はその地位に付着している。このため，構造に埋め込まれた資源は，個人の行為者によって所有された資源とは区分される。その埋め込まれた資源をもつ地位が続く限り，構造は保たれる（Weber, M 1947）。

第二の要素は，地位間の関係についてのものである。**権威**は権力のひとつの形であり，価値ある資源への統制力とアクセス可能性として定義でき（この定義に関する議論は，Emerson, R. 1962; Cook, K. and Emerson 1978; Bourdieu 1983/1986; Coleman 1990, pp.780-782 を参照のこと），これにより任意の地位の間の序列が規定される。また権威は，明確な法律上の制裁を伴った強制でもある。地位間の権威に格差があるほど，構造がヒエラルキーに近づいていく。

第三の要素は，地位（およびその行為者）が，価値ある資源の使用や操作をどのように行うか，あるいはどのように相互行為を図るべきかという，手続きやルールの共有についてのものである（構造内でのルールについての議論は Sewell (1992) を参照）。ルールや手続きは社会的地位の中で，統一的な行動や相互行為を導く。そうすることで資源の価値は受け入れられ，そのような資源の保持・拡大という集合行為の目的は保たれるのである。

最後の要素は，地位の占有者がルールや手続きと一致する行動を期待されているという事実に焦点を当てたものである。つまり，社会構造はルールや手続

---

(3) ルールや手続きは社会構造を越えて存在していることが，ここで示されている。巨大な社会では，共有され，理解され，広く合意を得ている「ものの考え方や行動の仕方」や「ゲームのルール」が文化や制度を形作る（Bourdieu 1972/1977; Meyer, J. and Rowan, B. 1977; North, D. 1990; Scott, R. and Meyers 1994; Lin 1994b を参照）。第11章も参照のこと。

きによって原則を表わしており、そして、地位を占有する個人は、そのルールや手続きを執行する権限が与えられた、エージェントなのである。これは極めて重要な原則であると共に、矛盾でもある。一方では、ルールや手続きの制定は、その社会構造の持続に重大な意味を持っているので、地位の占有者の選抜においては、ルールや手続きを順守するように社会化され、訓練された者が有利になる。しかし他方では、そのルールや手続きを実施する立場にあるがゆえに、その地位にある個人の行為者は、彼ら自身の解釈に従って行動する機会を得ることになる。この占有者は、彼らのスキルや知識、またコミュニティを維持するルールや手続きを彼らが実行することへの期待ゆえに厚遇されるのだが、他方でこのエージェントは――ルールを「適切に」解釈し、効果的・創造的に行動する能力や意欲への信頼から――ある程度自由に行動する機会をも許されている、というところに矛盾は存在しているのである。このエージェンシー原理（構造内のエージェントとエージェンシーの議論はSewell（1992）を参照）が、地位を占める者がルールの解釈によって集合体以外の利害に配慮するリスクや、またはルールや手続きを実際の状況に適用する際に犯す誤りにつながっているのである。

　これら、**地位、権威、ルール、およびエージェント**の四つの要素は総体的に、価値あるひとつ以上の種類の資源を維持・獲得する調整システムとしての社会マクロ構造を規定する。

ヒエラルキー構造

　概して、社会構造とそこにある資源は、資源・地位・権威・ルールおよびエージェントにおける、異なる明示性の連続上で分類される。社会構造の形式化は、これらの要素が明示化されている度合いによって規定されるものであり、価値ある資源・地位・権威・ルールや手続き・占有者によって、包括的か排他的かの基準が明確に理解される。形式性の点から社会構造の類型を完全に把握

（4）　理論的には「内包も排除も基準がない」という特定の基準にある社会構造を考えることもできる。このケースは、ここでの議論の目的からすると、形式的で厳密な基準をも

第Ⅰ部　理論と研究

することは不可能である。一般的に，そして型どおりに言えば，社会構造の形式化の程度は，公式組織と呼ばれるもの，言い換えればヒエラルキー構造（例えば企業や各種団体，機関）から，ボランタリー組織やクラブ，非公式な社会的ネットワークにまで及んでいる(5)。ここではより公式的に組織化し，ヒエラルキー化した社会構造について取り扱いたい。公式組織と，社会的ネットワークのようなあまり公式化していない構造との差異は，議論の中で明らかにしていきたい。

　ヒエラルキー構造では，地位は権威的な命令の連鎖と結びついている。そこでは，より地位の高い権力的な地位にいる者は，低い地位の占有者の行動に対してルールや手続きの解釈の仕方を指導し，社会化するだけではなく，明示的なルールや手続きによる命令やその解釈によって，低い地位を整理したり，そこにいる者を解雇したり，埋め込まれた資源を再配分したりする。このルールや手続きは，原則的には，より大きなコミュニティ（例えば国）による承認や，さらには強制をも伴い，強制力のあるものとして合法化されている。違反や逸脱行為に対しては刑罰を課すことができる。また，その占有者は契約によって指名された者であり，ルールに従って解雇されることもある（Weber 1946, 1947）。

　このため，単純な公式構造は，価値ある資源の統制と使用に関する権威（合法的な強制力）の関係（命令系統）に結びついた，地位の集合からなるヒエラルキー構造として定義できる。価値ある資源へのアクセスにおける地位のランキングは，権威ヒエラルキー内の垂直的な関係によって決定される。ヒエラルキー内の上位的な地位は，当然ながら，下位的な地位へ権威を行使できる。同時に重要なことは，上位的な地位は，価値ある資源のヒエラルキー内での位置情報――どこに特定の種類・量の資源が埋め込まれているのか――を，より豊富にもっているということである。言い換えれば，ヒエラルキー構造の中での

　　たない組織，ということになる。
（5）　本書では，制度とは様々な社会構造で用いられているルールや手続きのセットとして定義される（第11章参照）。

地位が高ければ高いほど，構造内の資源に関する情報をより多く得ることができるのである。

水平的な地位とは，単純な社会構造において，同じくらいの量の資源を扱える権威を与えられた地位として定義できる。この地位は互いに関係を形成することがある。なぜなら彼らは異なる地位がもつ資源の位置や意義について，お互いに情報交換する機会があるからだ。このような情報はそれぞれの地位が受け持つ資源のよりよい制御や操作を助け，資源を保持・獲得する可能性を最大限に保証する。水平的な地位間の資源の交換は，それが権限として認められている場合，あるいはルールや手続きがそのような交換を妨げず，かつ命令系統内のより高い権威に反しないと認識された場合に，実行される。集合的行為が構造内の資源を結集させたり組み合わせるために行われる場合には，水平的なつながりがきわめて重要な意味をもつことになる。

ヒエラルキーにおけるピラミッド

資源のマクロ構造については，地位分布はピラミッド型をとりやすい，というもう一つの想定が存在する。すなわち，命令系統内の階級が高くなればなるほど，地位やその占有者の数がより少なくなるのである（Lin 1982）。地位の数と他の地位へ命令できる数が反比例の関係にあると，大部分の社会構造では想定されている。しかしながら発展途上の構造においては，ここでイメージされるよりも底辺階層の数は小さくなることがよくある。なぜなら，工業化と技術発展により資源の価値が定義・再定義され，地位の再分配が行われるからである。例えば，工業化した社会ではたいてい，命令系統の最下層となる農業生産部門は，小さいものに過ぎない。

ピラミッド型のヒエラルキー構造の重要な特徴は，権威が極めて少数の地位とその占有者に集中していることである。最上部では，極めて少数の地位とその占有者のみが，絶対的・相対的に最大量の価値ある資源を自由にできるだけでなく，構造内の資源の位置にかんして最も包括的に情報を得ている。

複雑な社会構造における取引

あらゆる既存の社会構造は，非常に多様な価値ある資源を有する複数のヒエラルキー構造を含んだ複雑性を反映したものとなっている。大部分の集合体においては，価値が高い資源は，経済的，社会的，あるいは政治的な側面と結びついている。例えばウェーバー（Weber 1946）は，コミュニティ内における「権力」配分について，3次元に区分している。すなわちそれは，**階級，ステータス集団，政党**である。同書においては，社会や個人間での資源配分について別の用語も用いて説明しているので，これらの用語を本書でどのように定義するか，または使用するかについては明確にする必要があるだろう。

価値ある資源は3次元（社会的・経済的・政治的）に配分されており，そしてそれは構造上の地位と個人の行為者を特徴付けるものとなる。この特徴付けについては**表3.1**に明記している。

例えば，社会的に高いと見なされる構造上の地位は，高い社会的ステータスをもつ「集団」と特徴付けることができる。集団に対応して，個人は高い，あるいは低い名声をもっているとみなされる。(6)経済的に価値ある資源を所有する地位は上流階級と見なされるし，その地位を占める個人は裕福である。ヒエラルキー的な構造の中で上位の地位はより権限があると見なされ，その地位を占める個人は権力者として扱われる。(7)

いずれにせよこの理論では，多様な価値ある資源の不均等な分配がヒエラルキー構造の基礎を形成し，それぞれの価値ある資源がヒエラルキーを特徴付け

---

(6) 社会学的な文献においては，**威信**とは地位上のステータス（例えば職業威信）と個人のステータスの両方を表している。こうした混乱を避けるため，さらにはより重要な理論的な理由（第9章を参照）から，ここでは個人の社会的な位置を示す用語として**名声**という語を用いた。

(7) **権力**はあいまいにとらえられてきている。ウェーバーによれば，それは構造内での，資源の一般的な支配を意味している。またエマーソンとクックのように権力を，ある個人が他の人に比べて別の資源の調達源を余計にもっている度合いを示す，という考え方もある。混乱を避けるために，本書では権力とは個人の行為者や占有者の特徴として扱う。

表3.1 構造上の地位と個人を特徴づける価値ある資源の次元

次元	地位	個人
社会的	ステータス（威信）	名声
経済的	階級	富
政治的	権威	権力

るが，そうしたヒエラルキーは互いに一致・移行可能なものになる傾向があると仮定する。すなわちヒエラルキー上の地位は，資源あるいは地位の次元を横断して一致する人々である傾向がある。ある資源にかんして相対的に高い水準にある者は，別の資源にかんしても相対的に高い地位を占めることが多いのである。例えば，職能構造の中で相対的に高い水準（社会的地位）にある者は，階級や権威の次元においても高い地位にいる可能性が高い。

このような対応性（一対一の関係性）が完全に機能しない場合は，次元を横断した資源の交換が可能になるだけではなく，多くの社会ではそれがあからさまに期待されるようになる。例えば権力資源をもつ者は，資源に富む者に対して権力を与える代わりに，富のいくつかを受け取れるよう，交渉や取引をすることができる。このような移譲の計算は通常，社会構造の中で（個人によって理解・実践されているルールと手続きを伴って）制度化されている。

相互行為と同類性
―― ネットワーキングと社会関係資本 ――

社会的ネットワークとは，より非公式的な社会構造のことで，そこでは地位やルールの線引き，さらには参加者への権威の配分が，公式的にほとんど存在しない。社会的ネットワークの中では，占有者，地位，資源，ルールや手続きは流動的な性格をもつ。権威や強制ではなく説得による相互的な合意が個人の参加と相互行為を規定しており，境界や参加者（ノード）の位置（地位）を定義する。あるネットワークは自然に発達することもあるし，ある資源にかんしての共通の関心や利害（例えば環境保護や女性の権利）のために社会的に構築されていくこともあるだろう。しかしながら一般的には，社会的ネットワーク

は，異なる領域の様々な利害関心によって構築される——異なる利害関心はネットワークの別の場所にある結節点と結びつく——ものである。社会的ネットワーク内において，ネットワークの結節点にいる者は，他の結節点（行為者）へつながる可能性を，直接的にせよ間接的にせよ，持ち合わせている。これらの結節点に埋め込まれた資源こそが，行為者の社会関係資本である。すでに指摘したように，社会関係資本はネットワーク内の結節点における単なる個人的な資源ではない。個人は複数のヒエラルキー構造とネットワークに埋め込まれているため，彼らはこれらのヒエラルキーの地位に埋め込まれた資源も同時に持ち出してくる。こういった資源は，相互行為の第一の理由であった焦点の資源を超えたものである。例えば，銃規制や妊娠中絶といった共通の関心から相互行為を始めたとしても，個人は同時に個人的資源や自分の社会的地位に付随する地位的資源をそのネットワークに持ち込むであろう。例えば仕事や権威的な地位，富，宗教組織や政党への所属，配偶者，親類，友人，同僚のネットワークと資源などである。

　それゆえに，相互行為は個人や結節点のあいだの関係性のパターンとしてだけでなく，それと結びついた資源のパターンとしても分析・理解されることが求められる。ここで重要となるのは，相互行為やネットワークを通じて，いかなる資源連関のパターンが想定されるのか，ということである。

　相互行為を理解するための理論的な基礎は，ホーマンズ（Homans, G. 1950）の小規模な第一次集団についての研究にみることができる。彼は，次の3要因のあいだに相互に正の関係があることを原則的な前提としている。その要因とは，相互行為，感情，そして行為である。個人同士が相互行為すればするほど，感情を共有し，集団行為に従事する可能性が増す。同じように，個人同士が感情を共有すればするほど，彼らはより相互行為・集合行為に従事する可能性が高くなる。ここで重要なのは，感情と相互行為のあいだには正の関連があることだ。すなわち，相互行為の基礎には感情——愛着，尊敬，同情，相思相愛——があるのであり（Homans 1950, pp.37-40），逆もまた真なのである。言い換えれば，相互行為はなによりも感情の共有に根ざしている，ということである。

第3章　資源，ヒエラルキー，ネットワークと同類性

```
           資　源
          ↗     ↖
         ↙       ↘
行為／相互行為 ←――――→ 感　情
```

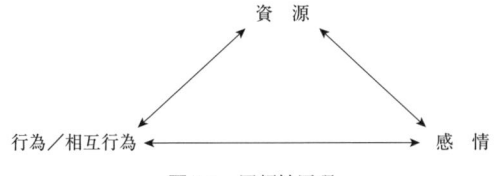

図 3.1　同類性原理
（出典：Homans 1950; Lazarsfeld and Merton 1954 を修正し作成）

　感情と相互行為の関係についての仮説を拡張させると，同類性仮説へと行き着く。**同類性**の原理は，友人関係のかたち（Lazarsfeld, P. and Merton 1954）と団体（Laumann, E. 1966）にかんする調査結果から主に導出されており，**自己愛仮説**としても知られている。その仮説とは，**社会的な相互行為は，ライフスタイルや社会経済的特徴が似た個人間で行われる**，というものである。こうした研究は，相互行為が，よく似た，またはあまり変わらない社会的地位にある行為者同士で行われることを示している。

　もし社会経済的特徴やライフスタイルが，個人や，そのヒエラルキー上の地位，ネットワーク上の位置に埋め込まれた資源を反映したものだとすれば，相互行為の同類原理から，似たような資源をもった人々のあいだでは相互行為の量が増すことがいえる。なぜなら，社会的な地位・位置が同等であるということは，資源の種類・量が同じであるということだからだ。資源の面から見ると，これは，相互行為はヒエラルキーの中で同じ，あるいは近接する地位にいる個人のあいだで起こりやすい，ということを意味している。

　したがって，ホーマンズの感情―相互行為仮説は，感情―相互行為―資源仮説へと発展させることができる。つまり感情と相互行為と資源は三者相互関係にあるということだ。相互行為は感情の共有だけでなく，資源の相似性にもつながっている（図3.1参照）。感情―相互行為仮説と同類性仮説は，三つの要素間の因果関係を主張するものではないけれども，社会構造の中でお互いに近い状況にある地位間の個人は交流をより密にする傾向にあることは，これらの仮説の重要な結論である。

　さらにこの同類性の原理は，複数の資源構造（権威，社会的地位，階級）に

おいて似た地位にある者の場合に広げて考えてもかまわない。なぜなら資源の一致性・移行可能性のルールによって，異なる種類の資源をもつ者とのあいだにおいても，その資源の価値が同等である限り，相互行為は行われるからである。例えば，銀行員と代議士は互いに異なった資源をもっているが，彼らは両方ともその資源構造においては高い地位であり，それゆえに銀行員とファーストフード店の店長とのあいだよりも，相互行為を行う可能性を高くもっているはずである。

結　び

　この章では社会関係資本の構造的基礎について概説してきた。社会関係資本は**目的的行為によってアクセス・動員される社会構造に埋め込まれた資源**と考えることができる。資源というものを定義した上で，資源が社会の中でどのように価値を与えられるかについての概念的な説明を行った。このような価値ある資源が，地位・権威・ルール・エージェントの公式化の程度によって異なる，ヒエラルキー的・ネットワーク的な構造の中にどのように埋め込まれているのかに言及した。機会構造が異なるのは，以下の理由による。すなわち，行為者が社会構造に埋め込まれた資源にアクセスする際には，各々の社会関係の網の目を通じてアクセスすることによる機会の違いが生じるし，また同類性の原理が規範的な期待として存在するからである。このように定式化してみると，社会関係資本はヒエラルキーやネットワークに埋め込まれた資源として，構造的な特徴をもっていることがわかる。それは少なくとも部分的には，相互行為の規範的原理，つまり同類性によって規定された機会構造によって説明される。次章においては，この社会関係資本の構造的基礎を行為と選択の要素を組み込むことで補完し，それをもって社会関係資本の理論を完成させようと思う。

第4章

資源,動機,相互行為
――行為の基盤――

　前章で理論化したように,社会関係資本は社会的ネットワークと社会関係に根ざし,そしてそれは目的的行為からアクセス・動員された,社会構造の中に埋め込まれた資源として考えられるものである。この想定から社会関係資本は,構造と行為を横切る三つの構成要素を含むと考えられる。それは第一に構造(埋め込み)であり,第二に機会(社会的ネットワークを通じたアクセス可能性)であり,そして第三に行為(使用)である。前章においては社会関係資本の構造と機会の側面を取り上げ論じてきた。本章ではそれらに加えて行為について論じ,概念的基礎の完成を目指したい。

「何を知っているかではなく誰を知っているか」
――資源のミクロ構造――

　「何を知っているかではなく誰を知っているかが重要だ」という言い習わしは,何かをしようとしている個人に対して,社会関係資本が便益を与える様を適切に表現している。ここでは相互行為は行為の目標に達する手段と考えられる。ここで必要なのは,行為がどのように相互行為に結びついているのかを理解することであり,さらには目的的行為における社会関係資本の動員過程で,行為の作用がどれだけ重要であるのかを理解することである。まずは行為者に埋め込まれた資源についての議論から始めたい。

　個人はグループや組織と同様に,自らの満足のために価値ある資源を獲得・維持する。彼らはさらなる資源を得るための目的的な行為において,そのような資源を動員し,使用することができる(第1章の資本にかんする新古典派理

論の議論を参考)。同様に重要なのは資源の所有やアクセスが，社会構造の中での個人の地位を保護し，発展させることである。社会的な認知はアイデンティティと名声を与え，認知された個人に対してより多くの資源や価値，そして構造内での安全を提供してくれる。一般的に，個人にかんする資源は二つのタイプに分類できる。それは個人的資源と関係的資源である。

人的資本としての個人的資源

個人的資源とは，特別の承認を受けたり，他の者や社会的地位に対する説明がなくとも，所有者として使用・移譲・処分できる，個人の所有物である[1]。個人的資源の獲得は複数の経路を通じて達成される。主たる経路のひとつに，継承・帰属を通じた獲得をあげることができる。資源はその所持者の親，親族，その他の者から移譲される。コミュニティの制度的なルールによって，それらはある人から別の人へと渡される。資源獲得の別の経路としては，個人のもつ資源を投資したり努力を傾けることによるものがある。例えば教育は，親や本人の資源を投資し，本人が努力することによって獲得される資源の例としてあげることができよう。教育への投資は，他の価値ある資源の獲得（例えば権力，富，名声）をもたらすと考えることができる（第1章の人的資本や文化資本としての教育を参照）。

個人的資源を獲得する第三の方法は，交換を通じてのものである。ある個人から別の者へ資源が移譲させられる際に，直接的な支払（金銭）か，資源同士の交換（物々交換）によって個人的資源が獲得されることがある。支払や交換を遅らせることもできる。その場合には，クレジット・スリップ（将来的な支払の約束）が有効となることを見越して，個人的な貸付や負債に双方が責任をもつことになる。にもかかわらず，純粋な交換においては負債それ自体の支払を越える義務は想定されないし，それ以上の交換も想定されない。個人的な所

---

(1) とはいえ，より大きな，あるいは外部のコミュニティ（国家など）による認可が，個人が自分の資源を使用・占有する際には必要になる。第3章の脚注(2)，とりわけWiller (1985) の所有権にかんしての法的認可についての記述を参照してほしい。

有物，商品，金銭，そして労働力はこのように交換される典型的な資源である。

　ある種の個人的資源は，個人の行為者が自由に使用でき処分できるという意味で，完全にその個人の行為者に属している（例えば教育や富など）[2]。しかし通常，個人的資源は社会的契約に基づいて「所有されて」おり，それは個人の行為者を特定の資源の使用者として位置付ける——典型的な所有権の規定（Alchian（1965）と Alchian and Demsetz（1973）の所有権の定義を参照）である。その契約が効力をもつ限りにおいて，個人は資源の使用に力を行使することができる。例えばヒエラルキー構造の中である地位を占める者は，その地位に付属する資源を自由に使用できる権利をもちうることになる。こうした所有者の権利は，個人がその地位から離れたときに失効する。それゆえにこうした地位的資源は，完全に所有される個人的資源とは区別した方がよい。

　地位的資源はあまり恒久的ではないが，自由に使える他の資源に比べ，より強力であると言える。権威とつながりをもったヒエラルキー構造の部分であることによって，地位の占有者は他の地位の占有者へとアクセスし，そこから資源を交換・貸与できるようになる。言い換えれば，構造的なコネクションを通じ，ヒエラルキー構造内の地位はその地位に割り当てられたもの以上の資源を自由に使用することを可能とする。個人的資源を越え，社会的コネクションを通じアクセスされる資源について考察する必要が出てくるのは，まさにこの文脈においてである。

社会関係資本としての関係的資源

　すでに示したように，個人が使用可能な資源のすべてが，彼が個人的に所有するもの（契約で所有権が認められたものを含む）とは限らない。それどころか，ほとんどの個人の行為者にとって，個人的資源とは極めて限られたものである。多くの場合，個人の行為者は社会的な紐帯を通じて資源へアクセスする。

（2）　ある種の資源には処分することが困難なものがある。例えば教育は，資格喪失（資格所有権の放棄）が条件を満たせば可能・合法になることもあるとはいえ，一度習得し認定されれば恒久的なものとなろう。

第Ⅰ部　理論と研究

社会的コネクションを通じてアクセス可能なそれらの資源のことを**関係的資源**，または**社会関係資本**と定義する。社会関係資本には直接的，あるいは間接的に社会的な紐帯を通じて個人がアクセスできる他の主体の所有する資源（例えば富や権力，名声などであり，また社会的ネットワークも同様である）が含まれる。それらは個人のネットワークの紐帯に埋め込まれた資源である。関係的資源には個人的資源のように，土地，家屋，車，金銭といった物質的な財も含まれるし，教育，クラブの会員権，名誉的な称号，貴族的あるいは組織的な階級，家名，名声，有名といった象徴的な財も含まれる(3)。

個人が社会的ネットワークを通じてつながることのできる資源(4)は，個人がもつ資源のレパートリーとなる。たとえ個人がこれらの資源を使用・動員できなくとも，資源は実質的に象徴的有用性を持ち合わせている。ある人の社会関係

---

(3)　関係的資源を次の二つに分類することは重要である。すなわち社会関係資本と文化資本である。社会関係資本は社会的ネットワークや社会的コネクションを通じて獲得される資源であるが，文化資本は社会的帰属や互恵的認識を通じて獲得される資源である。ただし，関係的資源を帰属（ある民族集団の成員であること）と社会的ネットワーク（その民族集団内の他の成員とのつながりによって）の両方を通じて獲得する人もいるだろうが，帰属か社会的ネットワークのどちらか一方を通じて獲得する人もいるだろう。これら二つのタイプの資本をさらに明確に区分したり統合したりすることは本書の射程から外れることとなる。ここでの焦点はあくまでも社会関係を通じて獲得される関係的資源——社会関係資本——についてのものである。

(4)　個人の行為者は，自分の紐帯に埋め込まれた資源について，社会関係資本の本当のタイプ・総量のほんの一部しか把握していないものである。これには二つの理由がある。まず個人は，他者（直接の紐帯）が持つ資源についてすべてを知っているわけではないこと，次にその他者のネットワークの中にある紐帯や資源についてもすべてを知っているわけではないことである。それゆえに個人的行為者の社会関係資本は二つの部分に分けることができる。それは(a)個人が気付いている部分と，(b)いまだ気付いていない部分である。個人の自己申告に頼れば，社会関係資本の潜在的なレパートリーの総量は，不完全で控えめなものとなる。自己申告はソシオメトリー（sociometric methods）による見積もりと異なったものになるだろう。もし社会関係資本が個人の認知地図の中に入っていないのであれば，それは彼らにとってアクセスも使用も不可能であろうし，そのために正確な見積もりとならないのである。

資本について他者が知っているというだけで，その人の社会的地位が押し上げられることもある。象徴的有用性が生じるのは，このような情報が連想作用によって個人に潜在的な力を帰属させるためである。大富豪の友人を知っているという情報を広めることは，各々の交際圏内でよりよい社会的認知を得ることにつながる。なぜならその個人は，必要なら自分のつながりを発動させ，資源を引き出すことができる潜在性があるということだからだ。

象徴的有用性は，個人のこういったコネクションが，個人の社会的・文化的地位を反映していることからも生じる。ある個人が映画スターの知人をもっているという情報は，その者になんら権力的な力を付与するわけではないが，しかしその情報は個人への社会的認知をよくする。なぜならその人は，映画スターとの相互交流によって，個人の交際圏のなかで賞賛されるたぐいのライフスタイルを身につけているかもしれないからだ。紐帯に言及するだけで（「誰それと友人なの」「昨日，誰それと話したんだけど」），十分に個人の社会的地位を高めることができる。むろん社会関係資本は象徴的な力を越えた有用性をもっている。社会関係資本を実際に目的的行為のため用いることについては，第5章で取り扱う。

社会関係資本の重要な二つの特徴について，さらに明確化しよう。それは，(1)直接的，間接的なつながりによってアクセスできる資源であり，(2)その資源は他者の所有物（彼らの個人的資源）または他者の社会的地位（彼らの地位的資源）に帰属した資源である。第一に，間接的な紐帯によってアクセスされる資源も社会関係資本には含まれる。直接的なつながりから得られる資源は，個人の社会関係資本のごく一部に過ぎない。社会関係資本は複数の主体の連鎖を活用することが多いのである。ある資源へのアクセス（例えば，ある職業に関する情報）を可能にするために個人は，その情報そのものは知らないが，誰がそれを知っているかを知っている他者に接触するだろう。この場合，最初の接触相手のもつ社会的ネットワークが個人にとっての資源になるわけである。このように，社会関係資本は単に直接的なコネクションや単純な二者関係からのみ得られるのではない。直接的コネクションと間接的なコネクションの両者が

資源へのアクセスを可能にするのである。直接的・間接的な紐帯を通じて，社会関係資本は社会的ネットワークの限界まで広がっていく。社会関係資本は直接的・間接的な紐帯に埋め込まれた資源と，それらの紐帯を通じたアクセス可能性に依拠しているのである。

　第二に，社会的紐帯を通じてアクセスできる資源には，多かれ少なかれ永続的に所有できる資源と，組織と呼ばれるヒエラルキー構造内での彼らの地位を通じて使用できる資源——地位的資源とがある。一般的に，社会的紐帯による地位的資源は，個人的資源よりも個人にとってずっと有用である。なぜなら地位的資源からは組織内での地位に埋め込まれた資源のみならず，組織それ自体の権力や富，または名声を引き出すことができるからである。優秀さは互角だが，一方はアイビー・リーグの大学に所属し，一方は4年制の州立大学に所属する二人の教授や，やはり同じくらい優秀なのに一方はマイクロソフトに勤め，一方は地方の小規模なソフトウェア会社に勤める二人のプロフェッショナルなプログラマーは，たとえ知識・収入といった彼らの個人的資源が等しくとも，各々の同僚がもつ地位的資源と個人的資源が質の面で極めて異なっていると考えられるので，各々の地位的資源は極めて不均等なはずである。個人は他者との直接的なつながりを通じて，恒久的・地位的な資源へのアクセスを得るだけでなく，組織内の彼らのコネクションを通じた潜在的な資源へのアクセス，そして組織自体のもつ権力や富，ステータスをも得るのである。

　さらに，それぞれの組織は組織同士のネットワークのなかにあるので，個人の社会関係資本は組織の境界を越えて広がっていく。直接的，間接的な他組織とのつながりを通じ，または他組織の地位占有者とのコネクションを通じて，個人の社会関係資本は他組織の中に埋め込まれた資源をも包含したものとなる。

資源への動機
——目的的行為——

　個人の行為者による所有物の確保や，価値ある資源へのアクセスについて明確になれば，人々の行為の動機および異なった行為類型から生じる帰結を理解

することは難しくない。第2章で述べたように，集団ならびに個人はその行為について，主に二つの動機をもっている。それは既存の資源の維持と，さらなる資源の獲得である。つまり行為は合理的であり，生存と持続のための価値ある資源の維持・獲得に動機付けられていると想定される。第一の動機はすでに個人が所有している価値ある資源を保持するための行為を規定する。第二の動機はいまだ個人が支配していない価値ある資源を手に入れることに働きかける。

　価値ある資源を維持する動機は**表出的行為**を促進する，と仮定される。個人の資源を維持するには，他の者にその資源についての所有権を法的に認めさせるか，感情に訴える必要がある。もちろん，個人の行為には目的があり，共感と支援を引き出すための行為は道具的であると考えることもできる。しかしながらその期待される反応は，主として表出的なものである。それは個人の所有権の承認や，個人の感情への理解である。この公的な認知や他者からの承認はそれ以上の行為を必要としない。例として，母親が他の母親にわが子への愛情を語り聞かせること，女性が母親に夫はテレビでフットボールの試合をみてばかりだと不平を漏らすこと，男性が憧れの女性への思いを友人に打ち明けること，夫が妻に上司の愚痴をこぼすことなどをあげることができる。これらのケースにおいては，コミュニケーション行為は手段と目的の両方の機能を果たしている。話を聞く他者には同情したり共感したりすること，そして話し手の感情を理解し，それに反応することが期待されている。このようにして個人の資源についての主張が承認され，正当化され，共有されるのである。

　また，さらなる価値ある資源を探索・獲得する動機は**道具的行為**を引き起こす，と仮定される。こうした行為は，個人により多くの資源をもたらしてくれるであろう，他者の行為や反応を引き出すことを目論んでいる。このためその行為は，利益（さらなる資源）を生み出すためといった，何らかの目的を達成するための手段としてとらえることができる。加えて，道具的行為には表出的な要素も含まれる。というのは，他者が自分のために行動したいという感情をもつ必要があるからだ。しかしながら，他者の側の行動も必要になるにせよ，最終的な結果は自分の利益となることが期待されている。例えば求職活動がそ

うであるし，昇進，昇給，ボーナス増加，融資なども含まれる。さらにはベビーシッターを探すことや，自分の息子の職を探すこともそうである。

　動機が行為を引き出すのであるから，資源維持動機と資源獲得動機のそれぞれに基づいた表出的行為も目的的行為も，ともに目的や行為作用を表したものだ。行為の二つの動機——資源の維持と獲得——においては，資源を維持しその存続を保守する動機の方が，原動力としてはより重要であると想定される。個人がすでに所有する資源を喪失することは，新たな資源が獲得できなかった時よりも，精神的にも肉体的にもより大きな脅威をもたらす。このため表出的行為——共感とサポートを求める行為——は，道具的行為に先行して行われると考えることができる。

　行為に対するこれらの動機は二つの行動上の帰結をもたらす。よりよく資源を保持，あるいは獲得できるように独自に行為に従事するか，互いに資源を活用し合うか，である。社会関係資本論にとって重要なのは後者のケースである。そのため目的的行為とは，その目的のために行為者が他者の資源にアクセスし，それを利用することを可能にする相互行為として理解されねばならない。次に，相互行為の2類型——同類的相互行為と異質的相互行為——の分析と，目的的行為を行う際のその有用性について検証したい。

相互行為の同類性と異質性

　前章で詳細に論じたように，社会的相互行為には複数の行為者が従事し，したがってそこでは各々の行為者の地位と社会的ネットワークに埋め込まれた資源が交互に行き交う。交差する資源の質・タイプ・量がどの程度同類的なのか，あるいは異質的なのかについては，全く同一な部類から完全に異なる部類まで多岐に渡る。単純化のために，相互行為を同類的なものと異質的なものの二つのタイプに分けて考えてきた。前者は富や名声，権力，ライフスタイルといった資源を同程度にもつ二人の行為者の関係の特徴である。後者は同程度ではない資源をもった二人の行為者の関係性を説明する。このうち同類原理に基づく

相互行為のほうが発生しやすい。というのも第3章で述べたように，同類原理によって，互恵的関係の中に生じる感情・相互行為・資源の同類性は，互いに関連性をもっているからである。

同類的相互行為は十分に分析・検証されてきたが，異質的相互行為についてはこれまであまり関心をもたれてはこなかった。異質的相互行為はただ単に，同類的相互行為と連続線上の対極にあるという認識しかされてこなかった。相互行為は同類性を帯びやすいという一般的な認識があったために，異質的な相互行為はあまり生じ得ないという論理的な演繹がなされていた。共感と相互行為の間に関連があるという仮説のために，異質的相互行為が共感を促進しない，また共感は異質的相互行為を導かない，と演繹的に説明されていたのである。

さらに異質的な相互行為では，次のような努力が要求される。すなわち，運用可能な資源が均等ではないことを互いに知っている状況で，互いに交換に従事する意思があるかどうかを確認する必要がある，ということである。資源に乏しいパートナーには，他者が自分の資源を活用してくれる意図や能力について気を遣う必要がある。一方，資源に富む者は，すでに富んでいる資源のレパートリーと比べて他者のそれが有意義か否かを判断する必要がある。したがって異質的相互行為においては，双方のパートナーには，同類的相互行為よりも大きな努力が求められる。このため異質的相互行為は比較的生じにくいのである。

この分析が正しければ，異質的相互行為を行おうとすれば，そこでは資源の差異や感情の共有不足があるために，おそらく多大なコストを伴うより大きな努力が要求されると考えることができる。同類的相互行為を通常の日常的な相互行為とするならば，異質的相互行為は異常な非日常的な相互行為であるといえよう。それでは，異質的相互行為の動機とはどんなものなのだろうか。

相互行為を導く行為
――予測の形成――

異質的相互行為の動機の説明については，個人は社会的地位が自分よりもや

や高い人と関係をもちたがる、というすでに述べた知見が手かがりとなる。**威信仮説**（Laumann 1966）は、若干高い社会的なステータスをもつ者が相互行為相手として好まれることを示している。実証的に、そのような行動は**威信効果**として広く知られている。そこから導かれる含意は、相互行為はやや不利な行為者の威光を高めるということである。しかしその効力については、威信仮説が一種の後光効果であることを示唆しているだけにとどまっている。高いステータスをもつ個人の威信は、その人と一緒にいる人にも波及する。このような後光効果（例えば映画スターやノーベル賞受賞者を知っていることであがめられること）は、それ自体は永続的な利益とはならない。相互行為が終了すれば後光は失われる。したがって考慮に入れるべきことは、自分よりよい資源をもった相手との相互行為は何を表すのかということである。

適切な説明はこうだろう。すなわち、**行為者は目的的行為を促進するため、相互行為を通じて社会関係資本にアクセスする**。このため目的的行為と相互行為のパターンの分析においては、相互行為によってアクセスする埋め込まれた資源の性質が決定的に重要になる。これは、**表4.1**に示した、行為と相互行為の類型化についての仮説によって明確となる。

この類型化では、行為への二つの動機が行に示されている。すなわち、資源の維持と、資源の獲得である。二つの列に示された相互行為は、同類的相互行為と異質的相互行為である。前者ではパートナー間で同様な資源が共有されており、後者では異なった資源が共有されている。もちろんこれは、現実には複雑なグラデーションをなすものを単純化したものだ。しかしここでの議論の目的には十分である。各欄には特定の目的的行為と相互行為の組み合わせの結果が示されている。二つの変数はそれぞれ、相互行為のためにどれだけの努力が必要なのか、そして目的的行為に関連してどれだけの見返りあるいは支払いが生じるかを説明するものである。

社会的相互行為の観点からすれば、同類原理とは感情・相互行為・資源の共有のあいだにある三角関係を示すものだ。それは**最小限の努力**による相互行為についての構造的な説明となっている。つまり相互行為は感情と資源共有を促

表4.1 目的的行為と相互行為への努力と見返りの当初期待（構造的制約を考慮しない場合）

行為動機	相互行為相手の資源	
	近似性（同類的）	非近似性（異質的）
資源の維持 （表出的）	努力小／見返り大	努力大／見返り小
資源の獲得 （道具的）	努力小／見返り小	努力大／見返り大

進する傾向にあり，逆に感情と資源共有も相互行為を促進する，ということである。そのため同類的相互行為は好まれ，よくある相互行為であると考えられる。最小限の努力による同類的相互行為は，実際の相互行為において最もよくみられるパターンなのである。

それゆえに表出的行為の目的は，この同類的相互行為のパターンと一致する。この行為は，同類の資源や利害関心をもっている他の行為者を，その資源の維持や防御のために探すことへとつながりがちである。パートナーの資源が似ていればいるほど，彼らは資源の維持と防御についての理解と関心を共有する傾向が強くなる。共感と共通の関心は相互行為を促進する。そのうえ，相手の資源が自分の資源と同類的であればあるほど，二人の社会的な立場はより対等となる。したがって相手が自分の資源を不当に流用する意図や能力をもっているかどうかについてあまり心配をせずにすむ。資源を保護し防御するコストを抑えることができるわけである。行為の動機に関連した見返りについても，より期待ができる。

個人の資源を守るためには，同じ社会的グループに属する者や，ヒエラルキー構造の中で同等の地位（階級など）にいる者からの共感や支援が必要になる。言い換えれば，資源を保護・維持する行為は，相互行為の規範的パターンと一致したものとなる。そのため極端な場合には，規範的相互行為は，行為要素の強調を必要とせずに，個人間の諸資源を維持させる働きをもつのである。

他方，資源の獲得においては相互行為のタイプが異なってくる。資源獲得行為では，行為者が異質的相互行為——異なる資源をもった行為者の探索——に従事する場合に，よりよい見返りを得ることができる，と考えられる。第3章

でのマクロ構造の議論において指摘したように，社会的地位はその人々が自由に使うことができる資源によって決まる。つまり相互行為においては，二人の行為者が結びつくだけでなく，その行為者たちが占める二つの地位が結びつくのである。より多くの資源をもった行為者と相互行為をするということは，より多くの資源を伴った社会的地位にある者と相互行為を行う，ということだ。ヒエラルキー構造の中でより高い地位にある者は，より多くの資源を操作し制御できるだけでなく，その構造内の他の地位に対してより強い支配権をもち，またそういった地位をよりよく見渡すことができる。そのような地位の者へアクセスすることによって，その者の支配力や視界を拝借する可能性が生まれる。もし行為者が得たい資源が社会構造の中に位置している（構造内にある地位を占める誰かの手中にある）場合，そのヒエラルキー内でより高い地位を占める他者との相互行為によって（相手の構造上のよりよい見通しを通じて），その地位を見つけ出すことや，相手から命令を発動してもらって行為者がその地位とのつながりをつけたり，場合によってはその地位を占めることが可能になるのである。

　そのうえ，この便益は，相互行為の相手が有利な地位にあるそのヒエラルキー構造だけにとどまるものではない。異なるヒエラルキー構造に渡った互換性と移行可能性のルールによって，他者は行為者に，他の構造上の地位にかんする情報を提供する。また，他の構造内で有利な地位にある別の行為者とつながりをつける。これらのことによっても，影響力が行使されるのだ。このときその第三の行為者は，個人が資源を手に入れ，求める地位に就くことができるよう権限を行使するのだ。

　異質的相互行為は，道具的行為を行う者が望むような目的の達成に役立つ社会関係資本をもたらす可能性が高いが，ただしその分，余分なコストがかかる。というのも，よりよい資源を手に入れるには，他の（よりよい）相手との直接的または間接的つながりが要求されるからである。そうすることで人々はより多くの情報，権限，影響力を得ることができるだろう。これは本人とは違う社会的地位にいる相手を探し出すことを意味する。この作業をより困難にしてい

第4章 資源，動機，相互行為

る二つの要因がある。それは第一に，同類原理から，同様な資源をもった行為者同士が相互につながる規範的な傾向があるからだ。異なる資源をもつ他者を見つけて関わりをもつことは例外的なことであり，より大きな努力を必要とするのである。

　第二に，すでに明らかにしているが，異質的相互行為は単なる同類的相互行為の裏返しではないということである。つまりそれは異なった行為者による相互行為，というだけのものではない。行為者の視点から見れば，見返りは単なる異なった行為者とのやりとりからではなく，より優れた資源をもつ行為者とのやりとりから生み出されるのである。行為者はヒエラルキーにおいて特定の地位を占めている者であり，それゆえ個人はより価値ある資源をもつ人と接するだけでなく，より高い地位にいる人と接することが必要になる。そしてこの場合，後者のほうが重要であることが多い。次章でより詳しく説明されることであるが，このように異質的相互行為では，もしそのパートナーが行為者と比較してより高い（低くはない）ヒエラルキー上の地位を占めている場合に，よりよい見返りを得ることができるのである。こうした非対称的相互行為においては，その資源を探している行為者は得るところが大きいだろうけれども，もう片方のパートナーにとっての見返りについて見た場合，深刻な疑問が提起されることになる。行為者はよりよい資源をもつ他者に対して，どんな恩恵を与えることができるのだろうか。あるいは，なぜ他者は社会関係資本としてその資源を行為者に提供しようとするのだろうか。異質的相互行為が帰結する非対称的交換については，さらなる分析が必要である。この問題の続きは第9章で扱いたい。ここでは異質的相互行為は大きな負担を必要とすること，そして例外的なものであると述べるにとどめたい。

　要するに異質的相互行為においては，個人のもつ交際圏を越えることに多大な努力が必要であり，さらに相互行為を取り交わし，最終的に他者の資源を得るに至るにはよりコストがかかる。にもかかわらず，行われるものであるということだ。端的に言えば，道具的行為は相互行為の規範的な同類性パターンを乗り越えるために，かなりの労力を必要とするのである。

65

第Ⅰ部　理論と研究

資本化における構造的な制約と機会

　表4.1では行為と相互行為に基づく必要な努力と見返りについての単純な予測を行ったが，この予測はしかし，構造上の地位とネットワーク上の位置を考慮に入れることで調整する必要がある。特に，ヒエラルキー構造と構造的制約を考慮せずには，異質的相互行為それ自体の道具的報酬を十分に考察することはできない。銀行の頭取を例にとってみよう。彼はその地域社会で高い位置の地位にあり，そして他の高い地位にいる行為者と交流している。これは同類原理が予測するところである。類似の資源をもった他者との相互行為は，表出的行為により，ヒエラルキー内での彼・彼女の地位を固めることにつながる。しかし，銀行の頭取が道具的行為を行う際には，異質原理が予測するように，頭取は異なる資源をもつ他者とやりとりする必要が出てくるのであろうか。もし資源が移行可能性（第4章の複雑な構造内での取引についての議論を参照）をもつのであれば，銀行の頭取は異なったタイプの資源（例えば富ではなく権力）をもった他者と相互行為をする際には，その他者はコミュニティの複雑なヒエラルキー構造の中で，同レベルの地位を占めている——すなわち同類的相互行為——ことが予測される。

　さらに，最も低い地位にいる行為者もまた，高い位置にいる行為者と同じく，異質的相互行為からの見返りを期待することができない。ピラミッド構造内での地位とその地位にある者の分布をみればわかるように，底辺にいる者たちは同類的相互行為に従事することが多い（つまり構造内には彼らと同レベルの行為者が多くおり，そのために同類的相互行為の機会が多くなる）。また，彼らが自分よりも高い地位にある他者と関わる機会を見つけることは，極めて困難である（つまり，より高い地位にいる者が与える恩恵に見合った見返りを提供できることはそれほど多くはない）。このため低い地位にいる者の道具的行為においては，異質的相互行為は表4.1で期待されたような多大な見返りを生み出す可能性が低いのである。

このように，ヒエラルキー・構造上の次元を考慮に入れることは大切である。表4.1で示した予測は一般的には通用するだろうが，構造の中でエリート的地位にある者についてはおそらくあてはまらない。彼らにとっては，もしも複数のヒエラルキーによって異なったタイプの価値ある資源が同時に取り扱われている場合，異質的相互行為は同類的相互行為よりも大きな見返りをもたらすものではなくなる。構造は，ある者に対しては機会を与え，またある者に対しては制約を与えるのである。

結　び

　本章では，行為への動機や，異なるタイプの相互行為における目的的行為の努力と見返りについて詳細に論じ，さらには行為の側面と構造の側面を同時に取り上げることによって，次章において社会関係資本の理論を正式に説明するための準備を整えた。ここでは社会関係資本化の過程，すなわち構造的資源が社会関係資本に転換する過程における，行為対構造の議論を明確化した。つまり社会関係資本化は行為者の側の目的的行為を表すのか，それともただ単に行為者に提供された構造的な機会を反映したものなのか，という問題である。

　古典的な資本理論と文化資本論（Bourdieu 1972/ 1977; Bourdieu and Passeron 1977）の双方において，構造的な制約や機会は規定力のあるものと考えられている。行為は優位な地位にある者の側に想定される。ブルデューによれば，構造的な強制とは，支配階級が（例えば教育を通じて）エリートの価値や規範に則って社会の構成員を社会化することを表している。そうすることで構成員は，価値観や規範を自らのものと誤認するのである。個人は価値や規範を採択，獲得するために戦略的な行為をとるが，しかしそのような行為は単に，すでに支配的な地位にある者を特権化する構造的再生産を強めるに過ぎない。

　たいていの人的資本の理論家たちは，社会関係資本のいく人かの理論家と同じように，行為者によって開始された目的的行為こそが資本としての資源への投資とその動員の背後にある推進力となっていると考える。目的的行為を行う

者は構造上の地位やネットワーク上の位置によって制約されているが，しかしこのような考え方では，有利な地位や位置にいる者でさえも，彼らが望む結果を得るために行為を開始しなければ，彼らの地位／位置から便益を得ることができないことになる。

　コールマンによれば，社会関係資本は特定の目的や特定の行為者にとって役に立つ機能として定義される（Coleman 1990, Chap.12）。もし構造内に埋め込まれたある要素が，ある個人が特定の行為を行うために作用するならば，それは社会関係資本だ，ということになる。その同じ要素は，別の行為，別の行為者においては社会関係資本であるとは限らない。それは機能として役立っていないかもしれないからである。この社会関係資本概念は，パットナム（Putnam 1993, 1995a, 1995b）その他の研究者によって，ボランタリー組織・社交クラブ・その他の社会集団への参加を示すものとして拡大されてきた。彼らは社会関係資本を，社会的機関に対する信頼を意味し（Hardin, R. 1998），したがって社会の厚生につながっているものととらえたわけである。

　グラノベッター（Granovetter 1974）は，弱い紐帯とブリッジを通じて有利な情報を得る過程に注目した。ただし彼は，行為者によるその優位性の認識や，弱い紐帯やブリッジを使用する際に必要な努力については特に言及していない。しかしながら，規範的には相互行為は個人が属する交際圏内（強い紐帯の中の人々）とのあいだでより頻繁に生じるものであるから，弱い紐帯やブリッジの使用は特別な努力を要する行為――つまり目的的行為――を指し示しているとみてよいだろう。

　バート（Burt 1992）の構造的隙間の理論では，行為については触れられていない。けれども，構造的隙間の有用性の中核をなすものは，行為者による利益計算である。それはすなわち，構造的機会によって表される投資と「収益率」とを含んだ関数である。バートは，構造的隙間と構造的自律性の観点から構造的機会について分析している。構造的機会に恵まれた人が利益を生み出すための行為（投資）をすれば，資源と資本を活かすことができると想定される。このためバートの議論では，行為者による積極的な資源の操作が想定されている。

第 4 章 資源，動機，相互行為

事実，バートはこの点を強調するために，**行為者**ではなく**プレイヤー**という言葉を好んで使う。

これらの理論家たちは，行為について，ほのめかしてはいるものの，それらを中心的に論じるのではなく，理論の中で暗示するにとどまっている。本書やその他（Lin 1982）の社会関係資本の理論においては，こうした行為の側面についてよりはっきりと論じている。資源の観点から言えば，行為の重要性は無視できないものであり，構造と同様の重みを与えられてしかるべきである。動機付けられた行為は相互行為を導く。とりわけ，道具的行為は関係的資源へのアクセスを可能にする関係とコネクションにおいて，投資――探索と動員――を動機付ける。グラノベッターとバートが示唆した目的的行為に関する暗示をはっきりと浮かび上がらせることで，社会関係資本理論では，よりよい関係的資源へのアクセスと動員を獲得するための行為性向に重要性が置かれることとなる。ただし投資と動員についての努力は，行為者が属する社会構造の中での，資源の入手可能性や，異質性の程度に制約されることとなる。さらに行為者は，ヒエラルキー構造上での地位や，ネットワーク上での位置からも制約を受ける。既存の社会構造を鑑みれば，この制約は巨大で重要なものとしてとらえられる。そのため，あらゆる実証的研究は構造的効果を無視したり過小評価してはならない。とはいえ，実際に因果関係を特定しようとするとき，社会関係資本へのアクセスにおいて行為と構造のどちらがより作用しているかを特定することは不可能だろう。第 8 章では，行為が関係的資源・社会関係資本の動員によって社会構造に至る理論的可能性を提起する。

ここで触れなくてはならない難問は，いかにして個人は社会構造のなかの資源を，社会構造自体のためにではなく，自分の利益のために利用することが可能なのか，ということである。すでに言及したように，行為者は，社会構造のなかのエージェントとして，構造的資源を維持・促進する行為を執り行うことを期待されている。そうだとすれば，では行為者／地位占有者はいかにしてそういった地位的資源を彼ら自身の利害のために用いることができるのだろうか。

一般的には，社会構造と個人の行為者はお互いを強化する関係にある。構造

は個人の行為者がその価値ある資源を支援し，認知することに対して見返りを与えるし，個人の方もその構造内でのステータス・地位を獲得するために，構造的資源を認知・強化することに邁進する。しかしながら行為者／エージェントは，その社会構造の中でルールや手続きを解釈し，資源を動員する権限をもっているため，構造的変化を引き起こすことが可能だし，実際にそのような動機をもつことがある（Sewell 1992）。ルールの認識と解釈，および資源の入手可能性とニーズについての評価は，社会化や専門職化の経験の差異により，エージェント間で異なったものとなる。これらのバリエーションは，既存の構造のルールと手続きが転置された新しい構造だけでなく，社会構造の内部においても変化を引き起こしたりする（Sewell 1992）。

　そのうえ，その社会構造が価値を置く資源と，エージェントが価値を置く資源は，完全に同じであるわけではない。集合体とエージェントとしての個人の両方がそれぞれの利益を得ようとし，また集合体がエージェントにルールと手続きを解釈し資源を動員する権限を与えているのだから，個人は自分の利益を増す機会をもっているわけである。自己利益を得るひとつの方法は，行為者の占める地位に受託された資源を動員し，操作することである。もうひとつの方法は，別の地位との，そしてその地位を占める者とのつながりを利用して，彼らの資源をも動員・操作することである。社会変化に直接的に関係するこれらの問題については，第11章で取り扱う。

　行為者／占有者――エージェント――に対して，自分たちの利益のために構造的資源へとアクセスを獲得する機会が与えられているのは，地位とそこに埋め込まれた資源とのあいだに，構造的に権限づけられた関係があるからだ。つまりそれらの構造的機会は，その行為者／占有者にとっての社会関係資本となるのである。

第 5 章

理論と理論的命題

　前の三つの章で述べた社会関係資本の構造的，相互行為的，行為的側面についての議論は，研究遂行のための特定の命題に対して土台を提供するものであった。本章では，これまでに示された主要な原理を要約し，重要な理論命題を紹介しよう。

社会関係資本の理論

　社会関係資本の理論は，個人のもつ社会的ネットワークに埋め込まれた資源，それへのアクセス，そして資源の利用が個人にもたらす便益について着目するものである。必ずしも万人の合意は得られないだろうが，資源とは，社会における価値ある財，として定義されよう。それをもつことにより，生存および維持のための自己利益を守ったり，増大させたりすることができる。ここで価値とは，財に与えられる規範的判断をいう。ほとんどの社会では，それは富，名声，権力などに対応する。社会関係資本の理論は，価値ある資源の維持あるいは獲得を目的とした行為に焦点を当てるものなのだ。

　資源には，帰属的なものもあれば，獲得的なものもある。帰属的資源とは，ジェンダーや人種のように，人が生まれつきもっているものである。生得的に継承される他の資源の例としては，カーストや宗教などがあげられるほか，親の資源を含めてもいいだろう。他方で，教育や威信ないし権威の高い仕事のように，獲得される資源というものもある。市場にて期待収益を求めて投資されることによってはじめて，その資源を社会関係資本としてみることができる。

資本は，次の2種類に分類することができる。一つは個人的資本*であり，もう一つは社会関係資本である(1)。自由に，代償を払う心配なく使用・処分することが可能な個人保有の資源が，個人的資本である。他方，社会関係資本とは，当該個人のネットワークあるいは交友関係の中に埋め込まれた資源をいう。本書の焦点は社会関係資本に当てられる。それは，個人の保有する財ではなく，直接および間接的な紐帯を通してこそアクセスできる資源である。行為者自身はそれらの資源をもっていないので，ある意味それらへのアクセス・使用は「一時的に借りたようなもの」ともいえる。ある者にとっては，友達の自転車が，社会関係資本の一例となろう。なぜならその者は，自分の目的達成のために自転車を用いることができるが，自転車はいずれ友人へと返さなければならないものだからだ。社会関係資本を使用すると互恵や代償の義務が発生するということである。

仮　定

社会関係資本の理論は，社会のマクロ構造，メゾ構造，ミクロ構造にかんする幾多の仮定から構成される。マクロ構造については，以下の三つの仮定がある。まず，階級，権威，地位のように何らかの規範的に価値付けされた資源に応じて序列化された地位の集合によって社会が構成されているとみる社会構造のイメージが出発点となる。さらにこの構造は，資源に対するアクセス，資源のコントロールの点で，ピラミッド型になっていると仮定される。つまり，高い地位であるほど該当する人の数がより少なくなること，高い地位にいるほど

---

(1) 第4章の脚注(2)で述べたように，文化資本も関係的資源に含まれるように思われる。

＊ ここでの "human capital" は，経済学者であるベッカーの提唱する「人的資本」の概念とは異なり，「個人のもつ資本」という，より一般的な概念を意味している。以前の章ではリンは同じ言葉で「人的資本」を意味しているが，ここでは異なった意味で使用されている。そこで混乱を避けるために，本書ではこれ以降，「個人のもつ資本」の意味で用いられるときに限り "human capital" を「人的資本」ではなく「個人的資本」と訳している。

社会構造全体が見えやすくなる(とりわけ自分より「下」に関して)とされる。占有者数にかんしても,よい地位へのアクセスの容易さにかんしても,頂点に近い地位ほど有利になることが,このピラミッド構造から示唆される。

社会構造の頂点に近い地位は,もともとそこに割り当てられる資源が多いという理由だけでなく,他のランクの地位(相対的に下の地位)へとアクセスしやすいこともあって,価値ある資源についてアクセス・制御が容易である。多くの地位にアクセスすることが容易であることから,高い地位についている人は社会関係資本をより自在に扱うことができるのである。

社会構造と埋め込まれた資源についてこのように考えておけば,ヒエラルキー構造の中で高いレベルの地位をもつことが,他の(低い)地位に対するより大きな「影響力」に,そして構造に埋め込まれた資源の場所についてのよりよい「情報」に結びつくことは,自然に理解できよう。このうち「影響力」は,高い地位にいる者は低い地位の者よりも効率的に資源を蓄積する能力があることから生じている。地位の低い人から高い人へよりも,高い人から低い人への提案のほうが通りやすいのだから,高い地位の者から世話してもらったほうがより大きな見返りを期待できる,というわけである。「情報」が意味をもつことは,レベルの異なる地位を結ぶネットワーク関係が非対称的であることから説明できる。高い地位にいるほうが低い地位の者よりもふつうは多くの情報を得ることができるし,構造全体をより的確に把握することができる。つまり高い地位にいるほうが,必要な資源が構造のどこに埋め込まれているかをうまく見つけることができるのである。

第二に,各ヒエラルキー構造の基盤をなす多様な資源があり,個々の資源によるヒエラルキーができているとき,そういったヒエラルキーのかたちは相似しやすく,また転化可能なことが多い,と仮定する。つまり,往々にして資源のもついろいろな次元によってヒエラルキー上の位置が決まっている。ある資源の次元で比較的高い地位にある人が,また別の次元においても高い地位に位置付けられるのはよくあることである。一つ例を挙げるなら,職業構造において相対的に高い地位にある人が,やはり多くの富,大きな権力をもつことが多

いことがそれにあたる。こういった対応関係が完全ではないとき（資源配分が同型的ではないとき）でも，諸次元を横断する資源交換は可能であるし，そういった交換はたいていの社会ではあからさまに行われ，また期待されもする。例えば，権力資源の所有者は富の所有者とのあいだで，富をいくらか得る代わりに権力を貸し与えることで，交渉や資源の交換ができるわけである。

　第三に，この理論は「ピラミッド型」，すなわち高い地位ほど占有者が少ないヒエラルキー構造をなすと仮定する。実際に観察してみると，構造が「ピラミッド型」にはなっていないこともあるだろう。構造は進化するし，再構築されたレベルに合わせて変動しているからである。産業化の進行（近代社会に共通する技術発展過程として定義される）にともなって，農業セクターから非農業へと人々が移動し，職業構造が「ピラミッド型」から離れていくことは，その一例といえる。農業人口が減少して低レベルの非農業の人口が増えることによって，職業構造は「つぼ型」へと近づく傾向がある。同様に，ある社会で教育レベルが高まっていくと，最も学歴の低い個人から成る「残余」集団が最下層にしっぽのようなかたちで形成される。

　メゾレベルおよびミクロレベルの構造については，この理論は相互行為と行為にかんして二つだけ仮定をおく。最初の仮定は，社会的な相互行為はヒエラルキーの中で似たようなレベルにある人どうし，あるいは隣接するレベルにいる人どうしのあいだで起こりやすい——同類的相互行為の原則——である。資源の次元間で相似しやすく，転化可能であるとする構造的仮定から導かれるのは，期待通りのフェアな交換を行うには，資源を受け取るだけでなく，与えてくれるパートナーが必要だ，ということである。したがって，相手の社会的地位が近い，あるいは似ているほど，相互行為が生じやすいのである。次にこの理論は，**二つの主要原動力**が個人の行為のほとんどを説明するという仮定を置く。主要原動力とは，資源の維持と資源の獲得の二つである。前者は，すでに分配された価値ある資源を保持，防護するために成される行為の原動力である。一方，後者はまだ分配されていない資源を追加する行為の原動力である。それぞれ，表出的行為，道具的行為として特徴付けられよう。

表出的行為は，同類原理に沿った相互行為となることが予想される。類似した資源をもっているという認知，そういった類似資源を互いにやりとりし，また一緒に守っていこうという認知が，満足のいく相互行為の基盤となる。このことは，社会経済的地位・生活様式・態度が類似した参加者間では，相互行為の頻度が多いだけでなく，満足感も高いという観察結果と整合的である(Homans 1950; Lazarsfeld and Merton 1954)。この類似性は，ヒエラルキー構造における社会的地位の近接性に対応したものだ。多少なりとも価値のある資源がヒエラルキーの全てのレベルに行き渡っている（つまりシステムのなかのすべての個人が価値のある資源を最低限でももっている）ような社会システムでは，同類的相互行為もすべてのレベルに渡って行われていると考えることができる。たいていの社会では実際にこのパターンになっているといっていいだろう。

対照的に道具的行為については，同類原理や構造的に予想できる相互行為パターンは生まれないだろう。当然といえば当然だが，資源を新たに獲得しようとするならば，他の社会的地位（特により多くの資源があるところ）へとアクセスすることが必要になる。すなわち新たな資源獲得のためには，自分と似ていない（おそらくよりよい）資源をもつ人に働きかけることが効果的になるはずだ。これはむしろ，異質的相互行為の原理というべきものだ。[2]

以上のように，個人を構造につなぐ理論は，まずは2種類の行為を区別しなければならない。道具的行為と表出的行為である。道具的行為とは，何らかの目標を達成しようとする目的のためにとられる行為をいう。この類の行為に独特の特徴は，手段と目的が別個のものであるということだ。典型的な例は，求

（2）道具的行為は，低い地位の占有者に対して高い地位の占有者がとることもまたできる。なぜなら，地位の高い者は地位の低い者が必要とするサービスを豊富に提供しうるからである。高い地位は低い地位よりも資源を獲得しやすく，それをうまく使うことができる。それゆえに低い地位の者は，報酬を期待しつつ，高い地位の者が行った行為に応じることが義務となるのが普通である。本章においては，よりよい資源を求める個人へと焦点をあてた。第9章では，非対称的交換の理論的根拠をさらに展開することになる。

職あるいは求人活動である。表出的行為とは，それ自体が目的となる行為をいう。表出的行為は手段であると同時に目的でもあり，それらは分離不可能である。自分の感情を打ち明けること，などはその典型例である。社会関係資本理論の命題は，それが道具的行為についてのものか，それとも表出的行為についてのものかによって異なってくるのだ。

　第二に，この理論は行為と相互行為のあいだの整合性や緊張関係を考慮に入れるものでなければならない。表出的行為は，自分と似た特徴や生活様式をもつ他者を見つけるように個人をし向ける。期待できる利益，共感，理解や助言などが得られるよう他人と気持ちを共有し，打ち明けあうためである。同類的相互行為は相互行為の中で規範的な種類に属するため，表出的行為は規範的相互行為（同類的相互行為）を引き出す。すなわち，提供する労力とその見返りは規範的に調和したものとなる。他方で，道具的行為は特徴や生活様式が似ていない他者を見つけるよう個人を動機付ける。なぜなら，より多くの，あるいはよりよい資源といった，報酬を獲得するための情報や影響力に接近するためにそうする必要があるからだ。この異質的相互行為は，異常な，あるいは「規範から外れた」働きかけとそれにより期待される利益とのあいだに潜在的なミスマッチがあることを示している。

　道具的行為と相互行為の規範的パターンのあいだでのミスマッチがあるゆえに，社会関係資本の理論は，道具的行為が社会関係資本を通して成功に至るそのプロセスについては，特に注意を払うべきであろう。

理論的命題
――構造的に埋め込まれた資源と目的的行為――

　ここで特定された理論は，他の行為者を仲介者として利用するような行為のみに適用される。ある種の条件下では，仲介者を通すことなく，行為をなしうることがある。例えば，完全労働市場システムにおいては，すべての求人枠とそこで必要な能力をあらゆる求職者が知っており，応募者の採用は必要な能力と候補者のもつ能力とのマッチングで完全に決まる。そこでは仲介者に頼る必

要はほとんどなく，直接応募ですべての目標を達成できるであろう。同様に，もしある者が社会システム内にいるすべての者を知っているならば，媒介接触者を通して他の誰かを探し出す必要などない。探そうとしている者が見つけたい人を直接に知らないときにだけ，仲介者が必要になるのである。つまりこの理論は，目標についての情報伝播が完全ではない不完全市場においてこそ意味をもつものだ。すべてではないにしても，現実のほとんどの市場状況にこの条件があてはまると仮定してもよいだろう。

社会関係資本と行為のつながりに関する理論においては，七つの命題が特定される。

1．社会関係資本の見返りについて
（命題1：社会関係資本命題）
2．社会関係資本へのアクセスについて
　○構造的地位（structural positions）の有利さ
　　（命題2：地位の強み命題）
　○社会的紐帯（social ties）の有利さ
　　（命題3：強い紐帯の強み命題，命題4：弱い紐帯の強み命題）
　○ネットワークにおける位置（locations）の有利さ
　　（命題5：位置の強み命題）
　○ネットワークにおける位置と構造上の地位（structural positions）との交互作用
　　（命題6：位置と地位の交互作用命題）
　○構造上の地位とネットワーキング（紐帯または位置）との交互作用
　　（命題7：ネットワーキング効果の構造依存命題）[3]

最初の命題は，社会関係資本の期待収益についての中枢的命題である。その命題から，良好な社会関係資本を得てそれを用いるとよりよい結果を得ること

（3）　本理論の初期バージョンといくつかの命題はリン（Lin 1982）で，またその後のバージョンと改訂版は他のいろいろな論稿においてすでに整理した（Lin 1986, 1990, 1992a, 1995a, 1999a）。

ができるという仮説を立てることができる。他の五つの命題は、よりよい社会関係資本の獲得および使用をしやすくする要因についての仮説につながるものだ。地位の強み命題とは、もともとの社会的地位が高いほど、よい社会関係資本の獲得・使用が可能になる、というものである。紐帯の強み命題では、弱い社会的紐帯を用いること（より異質的な相互行為）は、社会関係資本の獲得と使用に対して、正の効果があると推測する。地位の強み命題は、道具的行為に対しての構造の効果を示すものであり、それに対して紐帯の強み命題は行為の効果を表すのである。そしてまた、地位、紐帯、位置のあいだでの交互作用効果についても仮説にすることができる。一般に、構造効果は行為効果よりも強いことが予想される。ヒエラルキー構造の頂点付近あるいは底辺付近になると、行為効果と比べての構造効果の相対的な強さはより顕著になる。以下の節ではこれらの命題をより詳細に説明していきたい。

社会関係資本への見返り

命題1　社会関係資本命題

社会関係資本と行為の成功とのあいだには、正の関連がある。この理論の最も基本となる命題は、よい社会関係資本を獲得し、それを使用すると、より行為が成功しやすくなるということ、すなわち社会関係資本の見返りについての命題である。目的的行為を成し遂げるための単純な戦略の一つは、高い価値をもつ資源を多くもっているか、もしくはそれにアクセスできる行為者へと、アクセスすることである。これにより、第2章で述べたような社会関係資本の利点をいくつか活用できるようになる。第一に、この仲介者が行為者本人のために発揮してくれる影響力を利用することができる。仲介者の地位が高いほど、そして埋め込まれた資源が良好なものであるほど、そうした影響力は行為者本人を利するだろう。第二に、仲介者が構造を見渡すのに有利な地位にいる者である場合、行為者本人にとってよりよい情報をもたらしてくれるかもしれない。第三に、埋め込まれ用いることができる資源の面で良好な地位にある仲介者は、よい社会的信用となる。その結果、その人が仲介者となってくれること自体が、

第5章 理論と理論的命題

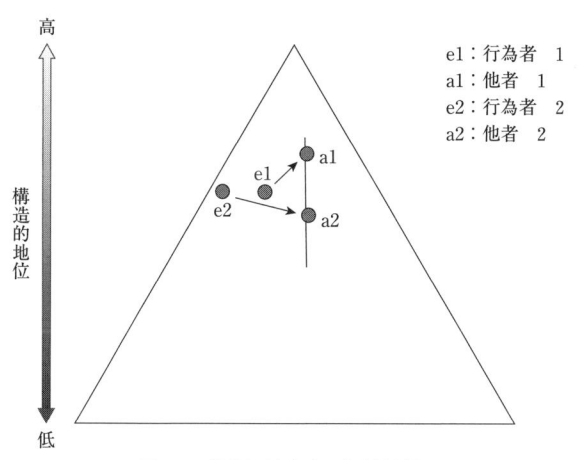

図5.1 社会関係資本の相対的効果

e1：行為者 1
a1：他者 1
e2：行為者 2
a2：他者 2

行為者自身の信用を保証したり，高めてくれるわけである。それから最後に，よい地位の仲介者にアクセスできる能力そのものが，その他の行為（就職面接での振舞いなど）の面でも，目標達成するために必要となるかもしれない本人の自信や自尊心を高めてくれる。以上のように社会関係資本理論にとって最優先・最重要の命題は，ここで述べた**社会関係資本と行為の成功とのあいだには，正の関連がある**というものなのである。表出的行為，道具的行為のいずれについても，この関連を同じように適用できる。

この命題を図示すると，**図5.1**のようになる。社会構造のヒエラルキー的特徴が「ピラミッド型」によって表されている。価値ある資源の保有の程度に応じて変化する地位のレベルは，垂直軸に沿ってプロットされている。ここでだいたい同程度の構造的地位にいる二人の行為者（e1，e2として図中で示されている）に注目してみよう。上述の第1命題にしたがって仮説を立てると，e1はe2よりも競争上で有利になると考えられる。なぜなら，e2がアクセスしているa2よりも，e1のアクセスするa1のほうが相対的に高い地位にあるからである。

直接および間接的な紐帯を通して，個々の行為者は様々な資源へとアクセスする。社会関係資本の指標としては，どんな尺度を用いるべきか，ここで考え

第Ⅰ部　理論と研究

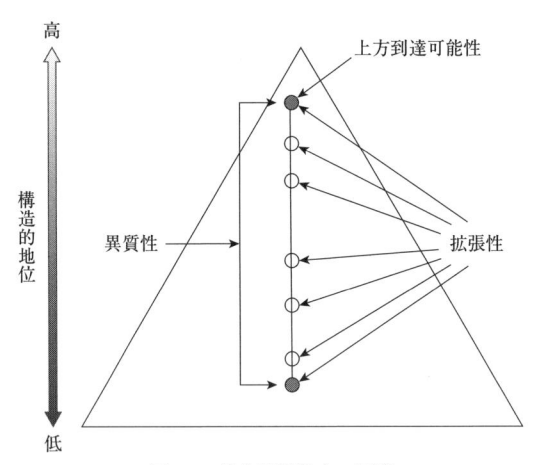

図5.2　社会関係資本の尺度

てみたい。以下のウェーバーの議論にしたがって，社会関係資本の具体的内容として，アクセスされる社会的紐帯がもつ資源を三つの類型に分けることを提案したい。(1)富（経済的資産），(2)権力（政治的資産），(3)名声（社会的資産），である。それら三つの次元について，次のような基準を設けることができる。すなわち(1)上方到達可能性（紐帯を通してアクセスできる最上位の資源），(2)異質性（紐帯を通して到達可能な資源をもつ地位の範囲），(3)拡張性（到達可能な地位の数），である。これらの基準を，図5.2に示した。

　第1基準の上方到達性は理解しやすいように思われる。ヒエラルキー構造内で，紐帯を通して行為者本人が到達できる地位のうち，最上位の資源である。図5.2で確認しよう。行為者本人は構造内で複数の他の地位とつながっているが，その中で本人が到達できる地位で最も高いものが，その行為者本人にとっての関係的資源の上方到達可能性を代表する。その地位は保有している資源の価値で特徴付けられる。たいていの場合，構造あるいはコミュニティの中における相対的なステータスや，階級，権威で表される。

　第2基準である資源の異質性とは，ヒエラルキー構造の中で，本人が紐帯を通して到達しうる資源の垂直的範囲を意味する。図5.2からわかるように，こ

れは行為者本人のもつ紐帯を通して到達できる資源の，最も高いものと最も低いものとのあいだの範囲によって代表される。資源異質性基準はそれほど明確ではないが，重要である。例えば，アプリケーションソフトを実行させるためコンピュータのメモリを増やす方法を知らない人がいるとしよう。その者は，高レベルのプログラマーに連絡をする必要はなく，すぐに手伝ってくれる友人の誰かを呼びさえすれば十分であろう。また，行為者本人が予定間際になってベビーシッターを必要とするときに，多くの資源をもつ隣人をあえて呼ぶ必要もない。ゴミ箱を空にすることや床掃除をすることは，上司に頼むことではなく，顔見知りの用務員に頼むであろう。そのように，高い地位の者と社会的紐帯をもっていても，多くの生活上のニーズが満たせないこともありうるわけだ。よって，紐帯を通して提供される資源の種類・レベル・量において異質性があるというのは，社会関係資本へとうまくアクセスするための重要な基準の一つとなるのである。第3基準の拡張性とは，単に，紐帯を通して行為者本人が到達可能な地位とそれらに埋め込まれた資源の多様性を意味する。

　これら経済的，政治的，社会的地位についての実際の尺度は，社会あるいはコミュニティごとに異なる。それゆえ，ある社会において意味をもつ社会関係資本の尺度が何であるかは，経験的に調べていかなくてはならないことである。ローカルな場所で意味をもつ尺度として特定・検証されることができれば，ここで提示された命題は有効と仮定されよう。

　社会関係資本の様々な尺度間の相関は一般に強いと仮定することができるだろうが，これもやはり社会やコミュニティにより異なるものである。研究対象とした社会それぞれにおける対応関係を評価すること，尺度間の収斂または差異の程度を反映するために適切な方法論的制御を施すことなどもまた，経験的な課題となるところであろう。そのうえ，社会関係資本の尺度の相対的効用は行為の目的，動機に依存するかもしれない。先に述べたとおり，行為は表出的な理由（資源の維持）か道具的な理由（資源の獲得）により引き起こされるものと考えられる。行為の種類の違いにより，社会関係資本尺度のあいだでの相対的優位が変わるのか否かも，社会やコミュニティにより異なるのかもしれな

い。社会関係資本の三つの尺度が大きく重なり合う（よく対応する）ような社会においては，それらの効用は行為の種類にかかわらず収斂するであろう。これらの資産が分かれている（独立した）ような社会では，相対的効果を評価する際に，行為の種類が重要になるのかもしれない。

社会関係資本命題は，それが証明されない限りは他のすべての命題が意味を失うという意味で，理論にとって最も重要な命題である。他方でこの命題が立証されたならば，さらなる他の命題および命題の精緻化への局面が開かれるのだ。本章の残りの部分においては，よりよい社会関係資本を獲得しやすくさせる決定因は何であるか，社会関係資本の原因もしくは要因にかんする他の命題群について焦点を当てていく。

社会関係資本へのアクセス

それでは，社会関係資本へのアクセスがうまくいきやすいのはどのような人なのだろうか？　考えられる三つの要因を挙げてみよう。(1)ヒエラルキー構造における行為者本人の地位，(2)本人と他行為者とのあいだに結ばれる紐帯の性質，(3)ネットワークにおける紐帯の位置，の三つである。さらに，これら三つの要因をもとに，社会関係資本へのアクセスにかんする四つの理論的命題を導き出すことができる。すなわち，(1)行為者本人の構造的地位の強み，(2)紐帯の強み，(3)紐帯の位置の強み，(4)地位・紐帯・位置の結合効果（交互作用），である。

構造的な有利さ　規範的で表出的な相互行為パターンを説明する際には，同類原理が用いられてきた。この原理が意味することは，人々は表出的な理由から自分たちと似たような他者と相互行為する傾向がある，ということである。良好な社会関係資本を獲得しやすいのは誰か，という問題へとこの原理を適用すると，社会構造において初期地位が相対的に高い者たちがそれ以外の人々よりも有利であろうことは明らかだと思われる。初期地位は親から相続されるかもしれないし，自身で獲得したものかもしれない。ひとたびそのような初期地位に位置付けられると，規範的相互行為パターンによって，

第5章 理論と理論的命題

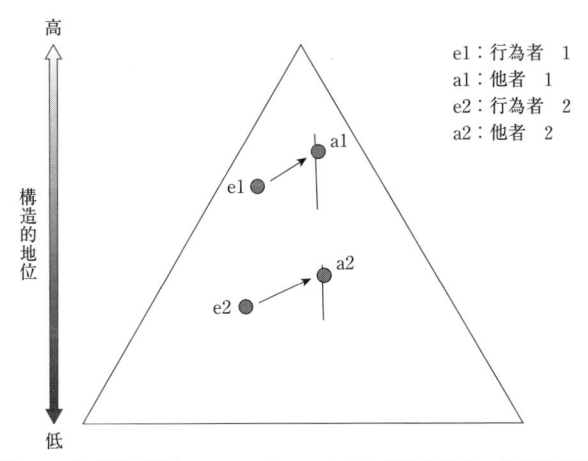

図5.3 社会関係資本へのアクセスにおける構造的地位の相対的有利

同レベルもしくはより高い地位にいる他者とのつながりができる。初期地位が高いほど，その占有者はより高く価値付けられる資源へとアクセスしやすくなる。そのようにして，初期地位のレベルは接触相手を通じて到達しうる社会関係資本とプラスに関連するという仮説を立てられる。これは，地位の強み命題として知られる。

　命題2　地位の強み命題

　初期の地位がよいほど，行為者はよりよい社会関係資本を獲得しやすく，またそれを用いやすい。図5.3は，ヒエラルキー構造の中で相対的地位を占めるe1とe2の，二名の行為者本人の状態を示している。どちらも，自分より高い地位にある異なる他者へとアクセスするものと予測される。すなわちe1は，e2以上に社会関係資本へのアクセスにおいて，地位上，つまり構造上有利であるといえる。

　この命題は，社会関係資本においては構造効果があると予測する。よい資源をもつ社会的紐帯の獲得および活用において，よい社会的地位にある人々は有利であるだろう。**初期の地位**には，行為者本人の帰属的地位と達成的地位がある。**帰属的地位**とは，行為者本人がたいていの場合は親からだろうが，相続し

た地位をいう。**達成的地位**とは，行為者本人自身が獲得，占有した社会的地位と役割のことである。つまり，地位の強み命題は，よりよい帰属的および達成的地位にある人々は，よい資源につながる社会的紐帯の獲得および使用にかんしても恵まれていると予測する。この命題は従来の構造理論と完全に整合的である。すなわちこの命題は行為者に構造がもたらす有利さを意味しており，この構造的効果を社会関係資本へと拡張するものである。いわゆる「もてる者たち」は，さらに多くをもつことになることだろう。この関係は，表出的行為でも道具的行為でも有効であるといえる。

　地位の強み命題は，同類原理を超えてアクセスされる資源にも適用できる。ある者が高い地位にいるほど似た地位の者との社会的つながりをもちやすいだけではない。そこでつながった者たちは，それぞれがまたつながりをもつのである。そのように，行為者本人がアクセス可能な社会関係資本が拡がるのだ。やはり同類原理により，これらの地位と社会関係資本は，本人が直接つながる者のそれと似たものになるであろう。つまり，これらの間接的なつながりは，本人がより広く資源へとアクセスする傾向をさらに強めるのである。ゆえに地位の強み命題は，個人自身の地位が高いほど，よりよい社会関係資本を獲得しやすくなることを示唆する。

ネットワーキングの有利さ　　地位の強み命題の要点は，初期の地位が比較的高い者ほどよい社会関係資本に到達する構造的な機会に恵まれる，ということにある。次なる問いは，初期の地位が低い者でもよい社会関係資本へと到達可能にさせるメカニズムがあるのかどうか，になる。もしくは，構造においてだいたい同程度の地位を占める二人の行為者がいるとして，彼らの行為が結果において差を生み出すのかどうか，という問いである。

　ここで提案するのは，社会関係資本へのアクセスは，行為者本人が社会的ネットワークの中で他者と結ぶ関係によってもまた影響されるということである。しかし，これから述べるように複数の原理があって，それぞれが別の命題を導くことが考えられる。これらの命題について，構造の観点を出発点として，機会の観点，選択の観点を経て，この三つの組み合わせの観点へと，論理的な順

序にしたがって検討していくことにしたい。

命題3　強い紐帯の強み命題

　紐帯が強いほど，社会関係資本は表出的行為を成立させやすくする。構造的な原理は単純である。つまりアクセス可能な資源は，行為者本人が感情的に強く結ばれている他者との紐帯と，プラスに関連している。ゆえにこの原理を，**強い紐帯の強み命題**と呼ぶことができよう。紐帯をもつ者同士の関係の強さは，関係の強度，親交の頻度（信頼感），互恵的相互関係，認知された義務感によって表される（Granovetter 1973）。関係が強いほど，資源の共有や交換をしやすくなるのである。

　相互のサポートと認知は，行為者本人および他者の名声をも含めた資源の促進と連動する。つまり，そのような関係は，互いに対する寛容さを高め，場合によっては社会的な貸し借りの関係を活性化することもあり，かつその負債の免除を伴うこともある。コールマン（Coleman 1990）は，貸し借りの義務関係が平均よりも強い社会構造は，常に**閉鎖的**だと述べた。この強い紐帯の強み命題は，行為者本人が他者との関係の強さゆえに他者のもつ資源に対してアクセスしやすくなる点に焦点を当てるものである。すなわち，他者がよりよい資源をもっているとしても，もし彼らとの関係が規範的な互恵性，信頼，相互の義務に裏打ちされたものでなければ，その他者は行為者本人のアクセスの望みを受け容れないかもしれない，ということだ。親密な関係は，社会関係資本へとアクセスするための必要条件なのである。行為参加のための資源としての，濃密で，凝集していて，双方向で，相互依存的で，信頼できるネットワークの有効性については，多くの議論が重ねられてきている（Bourdieu 1980, 1983/1986; Coleman 1990; Portes and Sensenbrenner 1993）。

　これらの分析結果は，資源や生活様式の共有，感情，信頼などに基づいた強い紐帯が既存資源の維持ないし補強——表出的行為と整合的——を後押しすることを示している。命題としてまとめるならば，次のようにいえる。**紐帯が強いほど，得られた社会関係資本が表出的行為の成功に影響しやすくなるだろう。**

　しかしながら，同類原理の修正版（図3.1）によれば，相互行為，感情，それ

から保有資源の類似性は，正方向に関連し合うことになる。つまり，強い紐帯がアクセス可能にする社会関係資本は，行為者本人のもつものと似ているか，少し異なる程度の範囲になる。これは，地位の強み命題による予測とぴったり一致する。同類原理を資源にまで拡張すると，強い紐帯のアクセス効果を説明することができる。強い紐帯の強み原理は，構造的な有利さを反映したものなのである。

相互行為とネットワークの興味深い側面は，社会変動（第11章で扱う）でも起きない限り多かれ少なかれ固定している社会的地位とは異なり，紐帯の強さとネットワークにおける資源の位置が変動しやすいことである。ある個人が相互行為する相手に対し，強い感情と弱い感情を同時に持ち合わせることがあるし，これら相手がそれぞれ有する他者との関係の強さもまた変わりうる。さらにまた，直接の紐帯と間接の紐帯が変わりうるものであるため，ネットワークにおける行為者本人の置かれた位置が変わることさえある。このように紐帯の強さとネットワーク上の位置の変動があるため，このような変動が個人の社会関係資本へのアクセスにいかに影響しうるかにかんしては，命題をさらに発展させなければならない。言い換えると次のようになる。紐帯が比較的弱い場合にでも，また本人の地位が周辺的なものである場合でも，行為者本人にとって便益はあるのだろうか？

命題4　弱い紐帯の強み命題

<u>紐帯が弱いほど，道具的行為にとってよい社会関係資本へのアクセスがしやすくなる</u>。グラノベッター（Granovetter 1973, 1974）は，いち早く，弱い紐帯の強みに関する問題の理論的検証をした。ホーマンズの定式化と同類原理にしたがい，グラノベッターは交際圏が密度の濃い，互恵的な相互行為を行う人々からなる，と考えた。ある交際圏に埋め込まれた個人は，交際圏内の他メンバーと同質的な特徴をもつことが多い。この類似性は情報面にまでおよんでいる。それに加えて，交際圏の外のより広い社会構造についての知識もその交際圏メンバーの中では同じようなものになる。もしそれとは別の情報が必要なら，自分のいる交際圏ではなく，他の交際圏の中でのほうが見つけやすいかもしれ

ない。自分とは別の交際圏へ到達するためには，行為者本人はその二つの交際圏をつなぐ紐帯を見つけることが必要となる。異なる交際圏を結ぶ紐帯のうち，特にその紐帯がなければ二つの交際圏に接点が全くなくなってしまうような紐帯をブリッジと呼ぶ。

グラノベッターはさらに，ブリッジは異なる交際圏に属する二人を結ぶものであるから，それはより弱い紐帯になると主張する。グラノベッターははっきり述べていないが，次のような示唆も得られる。ブリッジで結ばれた個人は，それぞれの交際圏内では周辺的位置にいることが多いだろう。他の交際圏との紐帯を維持していることがその裏付けとなる。そして，おそらく自身の交際圏内の他者との相互行為の強さはさほどでもないだろう。より強い紐帯は強度，親密さ，接触頻度，認知された義務，互恵的サービスの提供などで特徴付けられる。したがって，紐帯からよい情報を得ようとするならば，他の交際圏とのブリッジを探す手段となる弱い紐帯のほうが，強い紐帯よりも有力であろう。グラノベッターはこのような戦略と便益を「弱い紐帯の強み」と呼んだわけである。[4]

---

(4) 弱い紐帯の関係的特徴は，別に新発見というわけではなく，相互行為の同類原理から直接に演繹されるものである。同類原理の内容が，特徴・生活様式が似た行為者のあいだでは相互行為が起こりやすい，ということであったことを想起されたい。その言明を裏返せば，特徴・生活様式が似ていない行為者のあいだでは相互行為が起こりにくい，となる。もし社会集団や交際圏が密な相互行為を含むのなら，同類原理から，メンバー間では特徴・生活様式，それから情報についても，皆で共有されていると推測できる。他の集団とのつながりは希薄（ブリッジでつながっているだけ）であるので，同類原理は，二つの集団の成員同士を，その特徴，生活様式，情報によって区別できるとも予測する。「弱い紐帯の強み」の重要性はむしろ，希薄な関係ゆえに二集団間の情報交流に貢献するという，弱い紐帯の果たす役割を指摘した点にこそある。1920年代，1930年代の社会心理学の出現から数十年のあいだ，強い紐帯が凝集性，満足度，態度や意見の調和を高めるとの前提のもと，強く結合した集団（第一次集団，準拠集団，小集団，親密な関係）に焦点が当てられ，同類原理が理論研究と実証研究の大きな発展を導いたのは事実である。これら凝集性などの特性は，グループ維持のためだけでなく，メンバーの関係維持のためにも望ましいものとみなされた。つまり，「強い紐帯の強み」が焦点だ

第I部 理論と研究

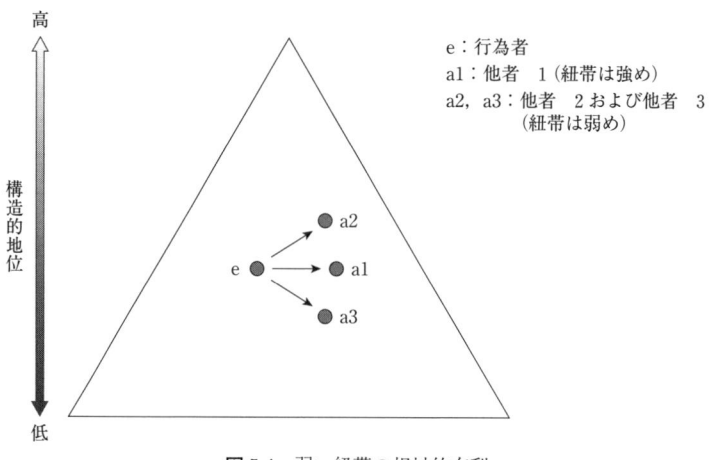

e：行為者
a1：他者 1（紐帯は強め）
a2, a3：他者 2および他者 3
　　　（紐帯は弱め）

構造的地位　高 ↕ 低

図5.4　弱い紐帯の相対的有利

　弱い紐帯から得られる便益は，同様に社会関係資本にも拡張できる。修正版の同類原理は，資源が非類似であると相互行為の減少，感情の低下をもたらすことを示唆する（図3.1）。そうして，強度が弱く，親密さが低く，接触頻度は低く，義務が少なく，そして互恵的サービスを提供することも少ないことで特徴付けられる弱い紐帯というものは，弱ければ弱いほど，保有資源の類似性が低くなるだろう。図5.4に示したが，行為者本人が弱い関係の紐帯を通して接

ったわけだ。このような展開の中では，ブリッジや弱い紐帯のことは，社会集団の好ましい特徴すべてを有した強い紐帯とは正反対のものであることから，ほとんど顧みられなかった。グラノベッターの提唱した「弱い紐帯の強み」の議論は，いかにして弱い紐帯が情報交流へと貢献するのかについて指摘した。ブリッジを通して，ある集団の成員は他集団に関する情報を学んだり，獲得することができる。そしてそれは，おそらくブリッジのみが可能にすることである。もしそこで得られる情報が役に立つものであれば，ブリッジへアクセスしその情報を用いる人なら誰でも，同じ集団内の他の成員よりも優位に立つことができることだろう。集団もまた，ブリッジを通して流れてくる他集団の情報から便益を得ることができるものと思われる。もっともこのことは，グラノベッター（Granovetter 1973, 1974）がもともと述べていたことには含まれてはいないのであるが。

触する際には,弱い紐帯の強みについての仮説によれば,行為者本人がヒエラルキー構造の上端(2番の他者)あるいは下端(3番の他者)へと向けて到達すると考えられる。ゆえに,紐帯が弱いほどアクセスできる資源の異質性が大きくなるのだ。すなわち,**紐帯が弱いほど異質的な資源へのアクセスがしやすくなる**として,弱い紐帯の強み命題の修正版を再提示できる。

　しかし,弱い紐帯の議論それ自体からは,弱い紐帯が常に本人とよりよい資源資源とをつなぐものであること(上方到達可能性[他者3より他者2]と拡張性)までは引き出すことができない。結局,資源の異質性は,よい社会関係資本の一つの基準(行為者本人の情報レパートリーに加えられる新たな異質的情報)というだけにすぎない。より批判的にいうと,社会関係資本へのアクセスについての上方到達可能性基準とつなげるために,もとの弱い紐帯の強み仮説を修正する必要があるといえよう。ここでは同類原理を拡張して適用してみることにする。

　経験的な観察によれば,人はいくらか高い社会的地位にいる他者と付き合うことを好む傾向がある(Laumann 1966)。ラウマンはこれを威信原理と呼んだ。もちろん,どういった相手と付き合いたいかにかんする選好は,現実にどういう人と相互行為をしているかということとはもちろん一致しない。だが威信原理は,社会経済的地位が自分と同程度かやや高いくらいの他者との相互行為を求める傾向がなぜ経験的にみられるのかの説明になっている(5)。すなわち,図5.4の他者2と他者3とでどちらと付き合うか選択肢が与えられた場合,行為者本人においては他者2と相互行為するのを好む傾向があるだろう。そこで,以下のように弱い紐帯の強み命題をさらに修正できると思われる。**紐帯が弱いほど,よい社会関係資本へのアクセスがしやすくなる**(少なくとも,**資源の異質性と上方到達可能性にかんして**),というものがそれである。

---

(5) 現実の行為では,個人は低い社会経済的地位にいる他者とも相互行為を行っている。好ましい他者(より高い地位の人)と誰かが相互行為するときには,そこでの「他者」は自身よりも低い地位の行為者と相互行為するのであるから,これはある意味当然のことである。それでは,低い地位にある他者との相互行為を維持する動機は何であろうか? このことについては,第9章で論じることにする。

弱い紐帯の強みについてはこれで明らかになった。残る問題は，社会関係資本へとアクセスする際にネットワーク上の位置が強みになるということを理解するために，弱い紐帯の強み仮説が必要かどうか，ということである。この問いを検討するために，新しい概念枠組みについて考察することとしよう。

命題5　位置の強み命題

　ネットワークにおけるブリッジの近くにいる個人ほど，道具的行為にとって有効な社会関係資本へとアクセスしやすい。グラノベッター（Granovetter 1973）の「ネットワークにおけるブリッジ」の議論は，ある交際圏から別のそれへと情報が流れる際のネットワーク上の位置の効能を指摘したものであった。それが，弱い紐帯の強みの定式化へと至ったわけである。しかしそれから，彼の議論の焦点はネットワークでの位置から紐帯の強さへと移った。すでに説明したことだが，紐帯の強さは，親密さ，強度，接触頻度，互恵的サービスで測られる（親族，友人，知人といった役割関係のような他の代理指標が用いられる）。そのような尺度は回答者の自己評定による回答がすぐに得られるため，紐帯の強さならば標本調査によって容易に研究できるという長所があった。いかにして個人が社会的ネットワークにおける紐帯を形成するかにかんしては，データを集めるのがよりいっそう困難であったわけだ。そうなると，そのような尺度，さらには紐帯の強さという考えが，果たしてブリッジのようなネットワークでの位置の重要性をとらえるものであるのか，ということが疑問となる。

　社会的ブリッジとは，ネットワークにおける二人の行為者間のつながりのうち，そのつながりがないと，二人がそれぞれ別々に属する集団のあいだが隔てられてしまうものをいう。つまりブリッジは，二つの行為者集団を結ぶただ一つのつながり，とも言い換えられる。なお，二つの集団間に一つではなく少しの数だけ存在するつながりをブリッジとして認めるように，定義を少し緩めることもできる。ブリッジは，二つの集団に埋め込まれた資源へのアクセスを可能にさせる重要な機能を提供するのである。

　ブリッジという考えがより明示的に探索されたのは，バート（Burt 1992）の**構造的隙間**の理論においてである。彼のいう構造的隙間とは「重複しない接触

第 5 章　理論と理論的命題

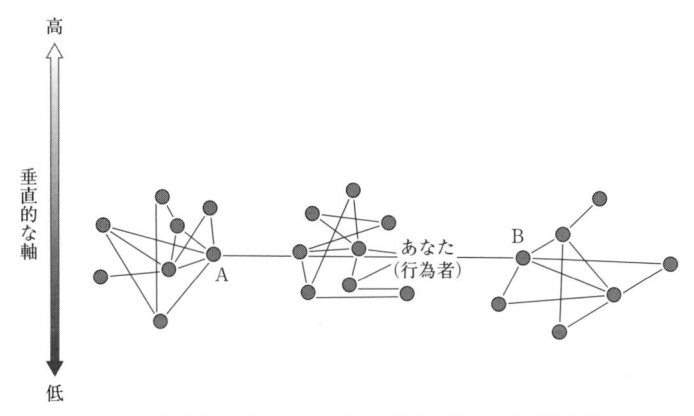

高 ↑
垂直的な軸
↓ 低

図 5.5　構造的隙間（ブリッジ）と紐帯の強さ（水平的な群）
（出典：Burt 1992, p.27 を基に著者作成）

相手の間が隔てられている」ことと，「二人の接触相手の間では重複のない関係になっている」こととして定義される。さらにバートは「隙間は電気回路の絶縁体のようなもので，緩衝となるものである。隙間がある結果，二人の接触相手から提供されるネットワークによる便益はそれぞれ独立した（重複による無駄がない）ものになる」（Burt 1992, p.18）と特定する。構造的隙間の一つの例を，図5.5に示した。ここでは三つの隙間が表現されている。行為者Aのまわりの紐帯群と本人のまわりの群とのあいだが一つめで，本人の群と行為者Bのまわりの群のあいだが二つめ，それから行為者Aの属す群と行為者Bの属す群とのあいだが三つめの隙間となっている。構造的隙間は群間でのつながりが重複しないこと，あるいは無きに等しいことを示す。このような状況下で，もし本人とA，本人とB，AとBとのあいだにつながりが存在するならば，それらはブリッジとなる。構造的隙間の概念は，群間でのアクセスの欠如に焦点を当てているが，その一方で，ブリッジは隙間で分かたれた群のあいだのアクセスを強調するものである。つまり，構造的隙間とブリッジは，類似したネットワーク特性とある特殊な位置のもつ戦略的重要性とを記述する二つの方法なのである。

　ブリッジは，ある群にいる行為者が，そのブリッジがなければ到達できない

第Ⅰ部　理論と研究

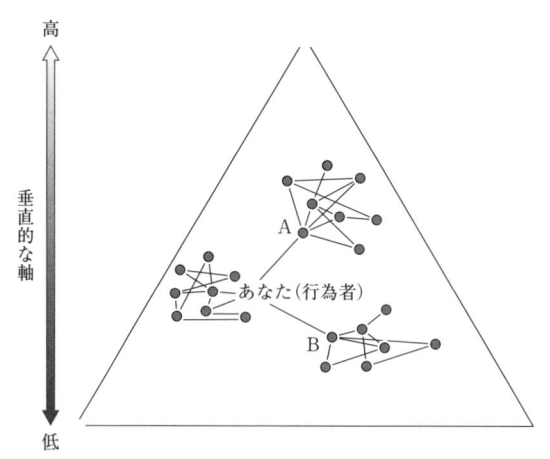

図 5.6　構造的隙間（ブリッジ）のもつ有利さの違いとヒエラルキー構造中の弱い紐帯

別の群にいるノード間に埋め込まれた資源へとアクセスできるようにする。構造的隙間にかかるブリッジの便益は，それらが情報の流れを制御するところにあるとバートは主張した。これはグラノベッターの議論と大変似ているといえる。そこで，一般性を損なうことなく，すべての社会関係資本へのアクセスを含めるように便益を拡張して考えることにする。ここから位置の強み仮説と呼ばれる議論が導かれる。それは，**ネットワークにおけるブリッジの近くにいる個人ほど，よりよい社会関係資本へとアクセスしやすくなる**というものである。

　このように考えれば，弱い紐帯の強み命題は，位置の強み命題の代理命題としてとらえることができる。ブリッジは二群間の弱いつながりになる傾向があるので，弱い紐帯を用いるということはブリッジへとアクセスする可能性を高めるのである。ネットワークの全体像をつかむのに，行為者本人の認知に頼るのが困難なときに，この代理命題は有用である。行為者本人のネットワークにおける可能なブリッジすべてを厳密に調査する代わりに，行為者本人のもつ弱い紐帯を探すことで，行為者本人の決定戦略を単純化できる。この代理命題はまた，研究者の仕事をも単純化してくれる。行為者本人それぞれのもつネットワーク全体図を作成するのではなく，紐帯の強さの尺度を用いることでそれに

92

代えられるからだ。ただし言うまでもないことだが、代理指標を用いる以上、この方法により得られた結果を位置の強み命題の検証とみなす根拠は弱いものになる。

　命題6　位置と地位の交互作用命題
　道具的行為にとって、位置の強み（ブリッジへの近接性）はブリッジでつながれる集団間の保有資源の違いにより変わってくる。構造的隙間の観点は、社会的ブリッジの定式化を、グラノベッター流の「紐帯の強さ」からネットワーク上の位置へと変えるものである。だがその一方で、構造的隙間の理論もまた修正をする必要がある。ここで図5.6の縦軸を構造的ヒエラルキーとして考えてみよう。すると、本人の行為者Aに対してのつながりは、行為者Bに対してのそれよりも、行為者本人の属する集団成員にとって便益の多いものになることは明らかである。なぜなら、Aの属す群は行為者本人の群と比べて資源をより豊かにもつ地位から構成されているが、Bの群は相対的に資源に乏しい地位からなっているからだ。この状況は、三つの群がヒエラルキー上で同程度のレベルにある図5.5で示された状況とは、全く異なる。三つの構造的隙間とブリッジがあるのはどちらでも同じだけれども、三つのブリッジを通して得られた資源の相対的な便益については、図5.6の状況下ではごく小さなものになる。

　このように、社会的ネットワークにおけるブリッジのような戦略的位置のもたらす便益は、それによってアクセス可能になった資源に依存する。ブリッジに近い位置にいたとしても、そのブリッジからつながるノードの保有資源が自分と同じかそれより少ないような場合、アクセスできたとしてもその資源はあまり役立たないだろう。言い換えれば、ネットワーク上でブリッジに近い位置にいることが有利になるのは、そのブリッジによってアクセス可能になるノードの資源の多寡次第なのである。このことを、交互作用命題と呼ぶことができる。つまり、**位置の強み（ブリッジとの近接性）はブリッジでつながれる集団間の保有資源の違いに依存する。**

　個々の行為者間の保有資源の違いは、ヒエラルキーにおける各々の置かれた地位によって最もよくあらわされるので、この交互作用命題をさらに細かく特

定することもできよう。すなわち，よりよい社会関係資本へとアクセスしやすいのは，相対的に高い地位にある行為者とつながるブリッジに近い位置にいる行為者である。位置による有利があるかどうかは，アクセス可能なネットワーク中の資源次第ということである。定義上，ここではよりよい資源はヒエラルキー構造中の高い地位に埋め込まれていると仮定しているので，このことは，ネットワークの位置による有利はアクセスできる地位の垂直的レベルに依存するということを意味している。

この位置と地位との交互作用命題は，上位群だけではなく下位群に対しての垂直的なブリッジの重要性を否定するものではない。図5.6に示したように，行為者本人からAが属する群とBが属する群の両方に対してブリッジをもつことは，行為者本人のいる群の成員にとって，資源の異質性を増加させることになる。しかしながら，地位の強み命題は上方への到達可能性のみならず資源の異質性（高い地位ほど，紐帯やネットワークを通してアクセスできる資源の垂直的範囲もまた大きくなる）を含むから，他の行為者Bが行為者本人との関係を維持する結果，Bのいる群の成員にかんしての資源の異質性が，行為者本人のいる群やAのいる群へと拡がるのである。

要約すると次のようになる。ブリッジとしてとらえるのか，紐帯の強みとするのかはともかく，ネットワーク中の位置の重要性は，ブリッジとなったりつながりをもったりする相手の構造的地位に依存する。ブリッジないし弱い紐帯をもつ有利さの度合いは，紐帯間の垂直的距離の関数である。[6]

行為の効果の構造依存性

先ほど述べた命題では，とりわけよりよい社会関係資本へと導く要因につい

---

(6) ここで留意すべきは，個々の行為者の数で表されるようなネットワークの大きさが，よりよい社会関係資本の規定要因であるという前提をとっているわけではない，ということである。よい社会的地位，資源が豊富なネットワーク，異質的なネットワークが，大きな規模の構造やネットワークと関連するであろうとの推測には，何の根拠もない。

第 5 章　理論と理論的命題

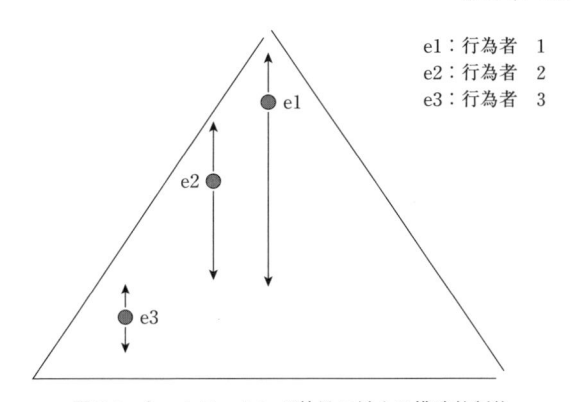

e1：行為者 1
e2：行為者 2
e3：行為者 3

図 5.7　ネットワーキング効果に対する構造的制約

て，二つの効果が識別される。一つは，構造における初期の地位による効果であり，もう一つは，ネットワーキングすなわち紐帯・位置の効果と，それらの複合効果である。地位の強みにかんする命題は明らかに構造効果を表している。ネットワーキング命題は機会と選択を含んだものだ。機会と選択は目的的行為につながっているのか，そうだとすればどの程度そうなのかということについては，さらなる検討を要する。

　第 4 章で述べた弱い紐帯の強みについての議論，位置の強みについての議論のいずれも，機会と選択に基づいて行為が生じるとするものである。だが，構造が機会と選択に制約を加えることは，ほぼ疑いない。弱い紐帯の強みの議論を例に考えてみよう。ヒエラルキー構造（図5.7を参照）の頂点に向かうほど，ヒエラルキーの上限への垂直的到達はますます難しくなる。高い地位にいる者にとって，垂直的なつながり（弱い紐帯）は，上に向かうよりも下に向かうものとなるのである。実際に，非常に高い地位においては，あらゆる垂直的なつながりは下方向のつながりにしかならない。すなわち，弱い紐帯（垂直的紐帯）よりも強い紐帯（水平的紐帯）のほうが，よい社会関係資本を獲得するのにより効果的になるだろう。別の言い方をすると，ある者のヒエラルキー構造中の地位が上限へ近づくと，異質性原理よりも同類原理がより効果的になってくるといえよう。

95

そのうえ，ネットワーキングの強みの効果は，下位においてもまた制約されるのかもしれない。ヒエラルキー構造の下位には多くの占有者がいるだけでなく，多くの地位があると仮定できることはすでに述べた。ブラウ（Blau, P. 1977）により提唱された構造理論によれば，相互行為の発生確率は集団規模の関数である。つまり，もし皆々が相互行為する傾向を等しくもっていると仮定するならば，地位数と占有者数が大きくなるほど，同じ立場の人々のあいだで相互行為が起きやすくなる。そのため，集団の規模が大きくなるにしたがい，社会的ネットワークはより同質的になり多様性は減ずると考えられる。そこから，社会のヒエラルキーの最下部では，ネットワークが同質的になるため，強い紐帯による相互行為が起きやすくなり，弱い紐帯による相互行為は起きにくくなる，という仮説が導かれる。それゆえに，よりよい社会関係資本獲得の手段となるはずのネットワーキングの効果が，機会構造の不足によって減少させられると推測できるのである。

したがって，ネットワーキングの強みの効果が期待できるのは，ヒエラルキー構造における中位レベルということになる。隣接する社会的地位の相対的規模が似ていたり，機会構造が開かれているときには，垂直的なつながりによって上昇する確率が高まるだろう。もしこの命題が妥当ならば，行為者本人の地位がヒエラルキー構造の中位にあるときに，行為は最も有意義かつ効果的になるものと予測される。ヒエラルキー構造中で下位におかれた行為者は有意義な行為を行う機会がほとんどない。上位にいる行為者はといえば，構造効果に逆らうような行為（例：波風を立てる）を行うインセンティブがない。結局，理由は異なるものの，下位と上位ではネットワーキングの強みの効果がみられないという結果は同じである。このようにして，以下の命題が導かれる。

命題7　ネットワーク効果の構造依存命題

ネットワーキング（紐帯あるいは位置）の効果は，行為者がヒエラルキーの頂上付近にいるか，底辺付近にいるかといったヒエラルキー構造により制約される。図5.7は，構造と行為の交互作用を説明するものである。上限に近いところにいる行為者1にとっては，もし彼または彼女が垂直的にアクセスしよう

とすれば，上昇の機会は限られていることがわかる。下限近くの行為者3も，上下どちらの方向についても垂直的にアクセスする機会は構造的に制約されている。ところが，ヒエラルキーの中位のある箇所にいる行為者2は，上昇到達の可能性は大きく，垂直的にアクセスする機会も十分開かれており，両方の利点を有しているのである。

結　び

さてここで，仮定と命題の集合としての社会関係資本理論の主要なポイントを，以下に要約しよう。

1. 構造的仮定（第3章）：価値ある資源は社会構造内に埋め込まれている。社会構造は，資源の分布，地位の数，権威のレベル，占有者（個人）の数にかんしてピラミッド型のヒエラルキー構造をなす。ヒエラルキーのレベルがより高くなるほど，価値ある資源が集中するようになり，地位の数は少なくなり，権威をより駆使できるようになり，また占有者の数は少なくなる。
2. 相互行為の仮定（第3章，第4章）：相互行為はたいてい，資源や生活様式が似た行為者のあいだで起こる。つまり，同類原理に従う。保有する資源特性が似ているほど，相互行為をするのに必要な労力が小さくなる。
3. ネットワークの仮定（第3章，第4章）：社会的ネットワークにおいて相互行為する行為者は，直接的にまた間接的に様々な資源を運んでくる。これらの資源の中には，個人で保有するもの（個人的資源または個人的資本）もあるが，ほとんどは接触する他者またはその人の構造的地位に埋め込まれたものである。
4. 定義（第2章～第4章）：これらの構造的に埋め込まれた資源が，ネットワークにいる行為者にとっての**社会関係資本**となる。
5. 行為の仮定（第4章）：社会的行為において，行為者は保有する資源を維持または獲得するよう動機付けられる。資源維持のための行為は，表出

第I部 理論と研究

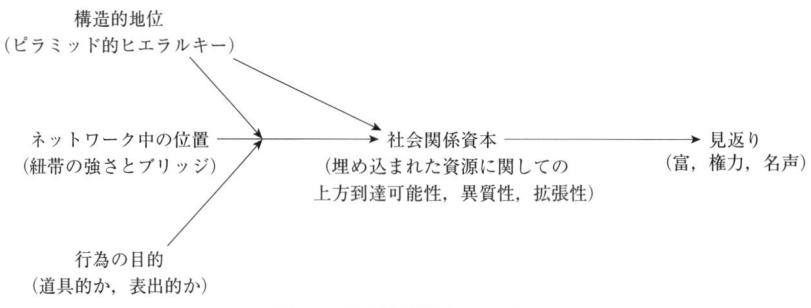

```
構造的地位
(ピラミッド的ヒエラルキー)
                    ↘
ネットワーク中の位置 → 社会関係資本 ────→ 見返り
(紐帯の強さとブリッジ)  (埋め込まれた資源に関しての    (富,権力,名声)
                    ↗  上方到達可能性,異質性,拡張性)
行為の目的
(道具的か,表出的か)
```

図5.8 社会関係資本のモデル

的行為と呼ばれる。また資源獲得のための行為は道具的行為と呼ばれる。資源の維持は行為の主要な動機となる。それゆえ,表出的行為こそ第一義的な行為の形態である。

6. **社会関係資本命題**:社会関係資本と行為の成功とのあいだには,正の関連がある。

7. **地位の強み命題**:初期の地位がよりよいものであるほど,よい社会関係資本へのアクセスと使用がしやすくなる。

8. **強い紐帯の強み命題**:紐帯が強いほど,そこから入手した社会関係資本が表出的行為の成功に影響しやすくなる。

9. **弱い紐帯の強み命題**:紐帯が弱いほど,道具的行為にとってよりよい社会関係資本を入手しやすくなる。

10. **位置の強み命題**:個人がネットワーク内で置かれている位置がブリッジに近いほど,道具的行為にとってよりよい社会関係資本を入手しやすくなる。

11. **位置と地位の交互作用命題**:道具的行為にとっての位置の強みは,ブリッジによってつながれる資源の違いに依存する。

12. **ネットワーキング効果の構造依存命題**:ネットワーキング(紐帯と位置)の効果は,行為者がヒエラルキーの頂上付近にいるのか底辺付近にいるのか,ヒエラルキー構造により制約される。

図5.8に,これらの命題に基づいたモデルを図示した。

第 5 章 理論と理論的命題

　これらの仮定と命題から明らかにされることは，社会関係資本理論が次の四つの特徴をもつことである。第一に，そこで扱われる概念は本質的に**関係的な**ものであって個人レベルや心理レベルには還元できないものである。第二に，この理論は，**ヒエラルキー構造**内で内在的に絡み合うということである。実際，ヒエラルキー構造の文脈においてのみ意味をなすのである。第三に，この理論は，個人による**行為**を想定している。すなわち，ミクロレベルの分析を要求する。第四に，**理論化と経験的研究**相互の統合に基づいて，この理論は発展してきた。すなわち，理論からの無限に続く抽象的演繹や，思慮不足の経験主義に陥ることを避けている。これらの特徴ゆえ，社会関係資本理論は，マクロとミクロのギャップを埋め，社会学の発展を担う独自の地位に位置付けられるのである。

　最後に，これらの仮定は理論的命題を特定するためだけに置かれたものだ，ということに注意されたい。すなわち，これらの仮定は理論に対し外生的なもの（与えられたもの）でしかなく，経験的に妥当かどうかは保証されていない。理論が発展するにつれ，命題の妥当性についてだけでなく，仮定の妥当性についても研究されるようになるだろう。つまり，検証手段が可能になれば，仮定それ自体も経験的検証の対象にならねばならない。仮定にかんして聖域などは存在しない。仮定が妥当でないときには，理論そのものも，修正が施されるか，論駁されるようなことさえある。理論は研究を導くものであって，絶えず検証および修正がなされなければならないものなのだ。

第6章

社会関係資本と地位達成
―これまでの研究の流れ―

　本章は,社会関係資本と道具的行為とのあいだの関連を示す研究の伝統について述べるものである。とりわけ,いかにして社会関係資本によってよりよい仕事が得られるようになるかを調べることが,その中核となる。すなわち,**地位達成過程**として知られる一般的研究パラダイムの範疇に入るといえよう。

　地位達成とは,個人が社会経済的地位における報酬を得るために資源の活用や投資をする,その過程として理解することができる。地位達成過程を理解,評価するための理論的および経験的研究は,ブラウとダンカン(Blau and Duncan, O. 1967)による独創的な研究に,その源流をみることができる。帰属的地位(親の地位)の直接効果と間接効果の両方を差し引いても,獲得的地位(学歴,本人の以前の職業的地位)こそが個人の最終的な地位達成を説明する最も大事な要因である,というのがそこでの主要な結論であった。この研究はさらなる修正や拡張のための理論的ベースラインとなった。その後のあらゆる理論的改訂・拡張は,ブラウ-ダンカンのパラダイムにより説明された地位達成の説明を越えているかどうかという面で評価されなければならない(Kelley, J. 1990; Smith, M. R. 1990)。社会心理学的変数を追加するアプローチ(Sewell and Hauser, M. 1975),地位の代わりに階級を用いて再検討するアプローチ(Wright, E. 1979; Goldthorpe, J. 1980),地位へと寄与するものおよび達成された地位として「構造的」実在と地位を取り込むアプローチ(Baron, J. and Bielby, W. 1980; Kalleberg, A. 1988),発展の相対的な差や制度の影響を特定しよう

---

(1) 本章の大部分は,許可を得た上で,リン(Lin 1999b)をもとに加筆修正をしたものである。

とするアプローチ（Treiman, D. 1970）など，後の一連の研究のうちいくつかは，ブラウとダンカンの「相対的に影響が強い**個人的資源**は，帰属的なものではなく獲得的なものである」という結論を，変えるのではなく著しく拡張する方向に発展してきたのである。

　この30年のあいだに，地位達成に対する社会関係資本の効果に焦点を当てた研究伝統が形成されてきた。個人的資源によって説明される部分以上に，社会関係資本は重要かつ大きな効果を及ぼす，というのが主要命題である。この命題は次のような形で系統的に研究がなされてきた。すなわち，(1)理論的な説明と仮説の開発，(2)社会関係資本を測る尺度の開発，(3)仮説を検証する経験的研究の実行，(4)地位達成過程において個人的資源と比べての関係的資源の相対的重要性の評価，である。これらの研究は，北アメリカ，欧州，アジアにおいて，いろいろな政治経済体制のもとで，様々な国や文化的背景をもつ学者たちにより担われてきた。理論と実証研究の蓄積および前進は，地位達成，それから社会階層と社会移動にかんする社会学的分析の地平拡大に大きく貢献するものであった。また，道具的行為に役立つ社会関係資本にかんする理論と方法の，体系的応用と分析がなされる最も顕著な研究領域となったのも，この地位達成についての研究においてであった。社会関係資本理論それ自体の発展に対しても，この地位達成の研究の伝統が直接的にかなり大きな貢献をしてきたといえるだろう。

　本章の目的は，以下に述べる三点である。第一に，これら一連の調査研究の理論的，経験的基礎について概説すること。第二に，いくつかの調査とその結果とを要約すること。そして第三に，将来の研究の課題と方向性を示すことである。以上の作業に進む前に，本章の概説がもつ限界を確認しておきたい。まず，地位達成において獲得され用いられる，ネットワーク中の資源である社会関係資本へと焦点を当てていることである。つまり，社会的ネットワーク自体の特性（密度，中心性，ブリッジなど）の効果については，それらがアクセスされた資源（埋め込まれた資源の獲得や使用に対してこれらの特徴が影響を与える）と関わっていないのであれば，概説の対象とはしない。次に，このよう

に焦点を絞ったために，結果変数は，求職が成功したかどうかではなく，達成された地位となることである。求職に関してはそれ自身多くの文献があるものであり，また上手に要約された概説がすでに存在する（Granovetter 1995）。そこで本章では，求職の中でも「達成された地位への影響」という側面に限ってみていくことにしたい。最後に，英語で書かれた文献だけを概説の対象としたことである。欧州においてたくさんの文献が出てきていることは知っているけれども，残念ながら言語的限界に阻まれ，本章では対象とすることはできなかった。

黎明期の研究と理論的基礎

地位達成研究に対する社会的ネットワーク分析は，グラノベッター（Granovetter 1974）による独創的研究に端を発する。マサチューセッツにあるニュートンという町で，282名の専門職，管理職の人々に対してインタビューがなされた。そのデータからわかったことは，対人的関係を経路として用いた人たちのほうが，より成功しており，（高賃金などの）良好な条件の仕事を得ていることだった。この経験的研究と求職研究のレビューに基づいて，グラノベッターは情報の流れにかんするネットワーク理論を提唱した（Granovetter 1973）。弱い紐帯の強み仮説が述べるのは，弱い紐帯は個人と他の交際圏とをつなぐブリッジとなりやすく，自身の交際圏では得られない情報がそこを通して得られやすいことである。そのような情報はもちろん，入手した当該個人にとって有利に働くことだろう。[2]

（2）　表面上では，この仮説は，かねてから知られていた次のような仮説を単にひっくり返したものにすぎない，とみられるかもしれない。すなわち，強い紐帯は似た特性やライフスタイルを共有する者たちのあいだで形成されるという，同類原理またはライク・ミー（like-me）仮説（Homans 1950; Lazarsfeld and Merton 1954; Laumann 1966; Lin 1982）として知られる仮説のことである。しかしながら，弱い紐帯の強み仮説の意義は，当たり前と思われてきた強い紐帯の価値，同類原理――強い紐帯は集団の連帯をもたらすから社会的に価値があるものだ，という考え方――に対して異論を唱えるこ

第6章 社会関係資本と地位達成

 だが，グラノベッター（Granovetter 1995, p.148）は，強い紐帯よりも弱い紐帯のほうが，それへのアクセスやそれから得られる支援により，高地位の仕事獲得という結果を生むと論じたわけではまったくない。紐帯の強さと達成された地位とのあいだのつながりにかんする手がかりは，ニューヨーク州北部にある隣接する3都市部におけるスモールワールド調査（Lin, Dayton, P. and Greenwald, P. 1978）から間接的に得られたものだ。その調査の参加者に与えられた課題は，目標となった人についての情報が書かれた小包を，最終的に目標となった人に届くように，ファーストネームで呼び合う程度に親しい知り合いに転送していく，というものであった。その研究では，うまくいった連鎖（小包が最終的に目標となった人まで届いたもの）においては，うまくいかなかった場合と比べ，最後のノードに至るまで地位の高い人を媒介して（ヒエラルキーの上から下に向かって）いったということが見出された。うまくいった連鎖ではまた，ノードの接触相手がより広範囲に及んだり，最近では会っていない（弱い紐帯にある）誰かへと小包が転送される傾向がみられた。こうしてこのスモールワールド調査は二つの意味で有意義なものであった。第一に，ヒエラルキーにおける地位へのアクセスは地位達成過程での重大な要因となりうることである。ここにみられるように，紐帯の強さと地位達成のあいだのつながりは間接的なものとなる。弱い紐帯は，道具的行為を有利にする高い社会的地位へとアクセスするときにこそ強みを発揮するものである，ということだ。第二に，質問紙調査ではなく実際の行動において結果が得られたことだ。小包を転送する段階で，参加者各々は実際に行動することが求められた。この研究の結果により，質問紙調査による地位達成研究の結果は行動に関しても妥当であると証明されることとなったわけである。

 これらの研究に基づき，関係的資源の理論ができあがってきた（Lin 1982, 1990）。この理論は，富・地位・権力といった規範的に価値が認められた資源

とにあったのだ。グラノベッターは弱い紐帯に注意を向けることで，異質で新しい情報へのアクセスを促進する弱い紐帯もまた社会的に価値があるものなのだということを教えてくれたのである。

の量に応じて序列化された地位からなるとするマクロ社会構造のイメージを描くことから出発する。この構造は，そうした資源へのアクセス可能性とコントロール可能性に応じてピラミッド型になっている。高い地位ほど，数は少なくなる。また，地位が高いほど構造の全体像が見えやすくなる（特に自分よりも下のほうについて）。ピラミッド構造のもとでは，占有者の数の少なさと他の多くの地位へとアクセスしやすさという二つの点において，頂上に近くなるほど地位の有利さが増す。これらの構造的制約と機会の中で，個人は表出的目的や道具的目的をもって行為をする。後者（最重要例となっている社会構造のもとでの地位達成など）については，ヒエラルキーの中でより高い地位にある相手に接触することがより優れた戦略となる。高い地位にいる接触相手は（例えば採用担当者など）行為者本人の利益にとってプラスになる地位にある者に対して影響力をより強くもっているかもしれない。高い地位にある者に手を伸ばすことは弱い紐帯によって実現することが多いといえる。というのは，あるヒエラルキーの本人の位置からみて，水平ではなく垂直（特に上方向）に伸びているのは弱い紐帯である可能性が高いからである。

そのようなわけで，ここで三つの命題を定式化することができる。一つめは，「関係的資源」命題である。関係的資源（社会的ネットワークの中でアクセスされる資源）は道具的行為の成果に影響を与える，ということを内容とする。二つめは，「地位の強み」命題である。関係的資源は行為者本人の初期の地位（親の資源や前職の資源）による影響を受ける，とする。それから三つめは，「紐帯の強さ」命題である。これは，関係的資源が強い紐帯だけではなく弱い紐帯の使用によっても影響を受けることを述べた命題である。

関係的資源と社会関係資本
―― 二つの理論の収斂 ――

関係的資源と社会関係資本の関連性についての理論的展開は，1970年代終わりから80年代初頭にかけてみられた。これは平行して，しかし独立に社会関係資本についての論述（Bourdieu 1980, 1983/1986; Coleman 1988）が現れた時期

である。社会関係資本という概念は様々な学者によって社会構造の多様な特徴を指して使われたが（コミュニティの規範（Coleman 1990），集団の連帯（Hechter, M. 1983, Portes and Sensenbrenner, J. 1993），ボランティアと市民団体への参加（Putnam 1995a, 1995b）），その過程において，社会関係資本とは何よりも社会的ネットワークの中でアクセスされる資源だ，ということが結果的に明らかになっていったのである（Lin 1982, 1995a; Flap 1996; Tardos, R. 1996; Burt 1997; Portes 1998）。それに加え，理論はそのような資源の道具的有用性（投資あるいは動員されるものとしての資本）に焦点を当てるものであった。関係的資源と社会関係資本という二つの理論の収斂は，ネットワークに埋め込まれている，アクセスされ動員される資源の道具的効用に焦点を当てた社会理論の発展を，補完し，強化するものとなった。これにより，社会関係資本についての広範な理論的文脈の中での関係的資源の重要性が提起され，研究概念としての社会関係資本の定義と操作可能性が磨かれた。後に他の命題も提唱されたが（第5章参照），ここまでに述べた三つの命題（社会関係資本命題，地位の強み命題，紐帯の強さ命題）は，社会関係資本の枠組みにおいてもそのまま当てはまる。以下は，社会関係資本と関係的資源とをあわせた考えから導かれたもので，それは次の三つの命題を検証する研究となる。繰り返しになるが，三つの命題とは，(1)社会関係資本命題（第5章の命題1）：ネットワーク中に埋め込まれたアクセスする資源が良好なほど，よりよい地位達成が可能になる，(2)地位の強み命題（第5章の命題2）：もともとの構造的地位がよいほど，よりよい地位達成が可能になる，(3)弱い紐帯の強み命題（第5章の命題4）：紐帯が弱いほど，よりよい地位達成（求職における道具的行為）が可能になる，である。実証研究レベルでは関係的資源が，理論レベルでは社会関係資本のほうが用いられる傾向がある。

研究モデルと証拠

関係的資源と地位達成の関係についての研究では，図6.1に示した二つの過

第I部　理論と研究

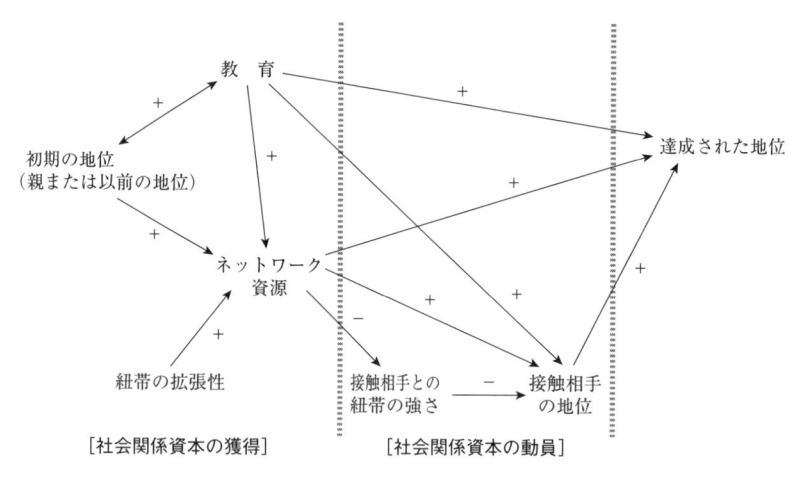

図6.1　地位達成についての社会関係資本のモデル

程が検証される。一つめの過程は社会関係資本——行為者本人の社会的ネットワークの中でアクセスされる資源——の獲得に焦点を当てるものである。この過程においては，人的資本（学歴，経験），初期の地位（親の地位や，本人の以前の地位），行為者本人の社会的紐帯（紐帯の拡張性）が，つながりを通してアクセスできる資源（ネットワーク資源）の程度を決めるという仮説が立てられる。さらに，ネットワーク資源，学歴，初期地位は，職業的地位，権威ある地位，セクター，収入といった達成される地位に影響すると予想される。そこで，このモデルを，**社会関係資本の獲得モデル**と呼ぶことができる。

　もう一つの過程は，地位達成過程において社会関係資本の動員に焦点を当てるものである。すなわち求職過程での接触相手の活用と，接触相手により供給される資源の活用である。図6.1にあるように，用いられる接触相手の地位は，地位達成過程において動員される社会関係資本としてみることができる。学歴や初期地位と並んで接触相手の地位も達成される職業的地位に対して重大な効果をもつ，という仮説が立てられる。また同じく，接触相手の地位は，学歴，ネットワーク資源，行為者本人と接触相手間の紐帯の強さの影響を受ける。紐帯の強さは，認知された強さ（例えば関係の親密さ）や役割カテゴリー（親族，

第 6 章 社会関係資本と地位達成

表 6.1 社会関係資本と地位達成に関する調査研究および知見の要約

調 査 研 究	(結果変数に対する)関係的資源の効果	地位の効果	紐帯の効果
社会関係資本の動員モデル			
Lin, Ensel, and Vaughn (1981, USA)	Yes	Yes	Yes
Marsden and Hurlbert (1988, USA)	Yes	Yes	No
Ensel (1979, USA)	Yes	——	——
DeGraaf and Flap (1988, the Netherlands)	Yes	——	——
Moerbeek, Utle, and Flap (1995, the Netherlands)	Yes	Yes	——
Wegener (1991, Germany)	Yes	——	——
Requena (1991, Spain)	No	——	——
Barbieri (1996, Italy)	Yes	Yes	No
Hsung and Sun (1988, Taiwan)	Yes	——	——
Hsung and Hwang (1992, Taiwan)	Yes	Yes	No
Bian and Ang (1997, Singapore)	Yes	——	Yes*
Volker and Flap (1999, East Germany)	Yes	Yes*	No
Bian (1997, China)	Yes	——	No
社会関係資本の獲得モデル			
名前想起法			
Campbell, Marsden, and Hurlbert (1986, USA)	Yes	——	——
Sprengers, Tazelaar, and Flap (1988, the Netherlands)	Yes	Yes	Yes*
Barbieri (1996, Italy)	Yes	Yes	——
Boxman, De Graaf and Flap (1991, the Netherlands)	Yes	——	——
Boxman and Flap (1990, the Netherlands)	Yes	——	——
Burt (1992, USA)	Yes	——	——
Burt (1997, 1998, USA)	Yes*	——	——
地位想起法			
Lin and Dumin (1986, USA)	Yes	Yes	Yes*
Hsung and Hwang (1992, Taiwan)	Yes	——	——
Volker and Flap (1999, East Germany)	Yes	Yes	Yes
Angelusz and Tardos (1991, Hungary)	Yes	No	——
Erickson (1995, 1996, Canada)	Yes	——	Yes*
Erickson (1998, Canada)	Yes	——	——
Belliveau, O'Reilly, and Wade (1996, USA)	Yes	——	——
獲得と動員の複合モデル			
Boxman (1992)	Yes	——	——
Flap and Boxman (1996, 1998, the Netherlands)	Yes	——	——
Volker and Flap (1997, East Germany)	Yes	——	——
Lai, Lin, and Leung (1998, USA)	Yes	Yes	Yes

—— 報告されていない。
* 条件付きの確認，詳細については本文を参照のこと。

友人，知人など）で測定される。こちらのモデルは，**社会関係資本の動員モデル**と呼ぶことにしよう。

どちらの分析タイプでも，その他の要因は統制変数として，あるいは機会ないし制約要因としてこの基本モデルに加えられることになる。他の要因の候補となるのは例えば年齢，性別，人種または民族，仕事経験や在職期間，セクター，産業や組織などである。さてこれから，先行研究を簡潔に概説することとしよう。まず，初期に研究関心を集めていた社会関係資本の動員モデルについてまとめて，その後に社会関係資本の獲得モデル，そして獲得過程と動員過程の両方を組み込んだモデルという順に述べていきたい。なお表6.1に，これまでの調査と知見の要約を整理した。

社会関係資本の動員

社会関係資本の動員モデル初期の実証研究は，リンたちによって担われた[3]（Lin, Ensel, and Vaughn 1981; Lin, Vaughn, and Ensel 1981）。その研究では，ニューヨーク州アルバニー都市部における代表性のある標本データ（ただし被雇用男性のみを対象）を用い，接触相手の地位が達成された地位に対して効果があることを確証した。しかもそれは，親の地位と学歴以上に説明力があり，それらを統制してもなお有効であった。また，父の地位が高いほど接触相手の地位も高くなるという正方向の関連があることと，行為者本人と接触相手間の紐帯が強いほど接触相手の地位が低くなる負の関連があることも明らかにされた。

（3） この論文での推定手続きには，選択的バイアスにかんする懸念がある。なぜなら，求職の際に個人の接触相手を用いた労働力だけを調査対象としたデータであるからだ。コミュニティの労働力人口調査の結果によれば，求職の際にパーソナルな接触相手を使用した者は20％から61％超ということであった（要約については，Granovetter 1995, pp. 139-141 を参照されたい）。だが選択バイアスの研究によれば，求職において個人的つながりを用いた者と公的な経路や直接応募を用いた者とのあいだで大きな特徴の違いはないことが明らかにされている。あるとすれば，比較的若い労働者や経験の少ない者が個人的つながりを用いる傾向が，わずかに強い程度である。そのようなわけで，バイアス調整のために，統制変数として年齢と労働経験を含める研究がほとんどである。

第6章 社会関係資本と地位達成

これらの結果から示唆されるのは,初期に開発された社会関係資本理論の三つの命題すべてが確証されたということである。エンセル (Ensel 1979) はさらに,ニューヨーク州の被雇用成人を対象とした調査を行った。男性と女性の両方を調べることで,検討の範囲を拡大したのである。そこでも接触相手の地位が達成された地位に影響することを確証すると同時に,接触相手が男性であるほうが高い地位の接触相手へと達しやすいことが発見された。さらに女性は求職において女性の接触相手を用いやすいこと,男性は圧倒的に男性の接触相手を用いていたことも明らかにされた。高い地位の接触相手へと達することにかんして,女性は男性よりも不利であったが,女性が男性の接触相手を用いたときには,その不利は大きく減少した。この調査は,ヒエラルキーの中で有利な地位にある男性が,女性よりもよい社会関係資本をもつことについての直接的な証拠を見出した最初の調査の一つであった。第二に,男性の接触相手を動員する際の女性の不利,その結果としての社会関係資本へのアクセスにみられる女性の不利は,部分的には女性の地位達成が男性のそれに及ばないことによって説明される。このモデルは,マースデンとハルバート (Marsden and Hurlbert, J. 1988) によってさらなる追試と拡張がなされた。彼らは1970年の「デトロイト・エリア調査」の456名の男性サンプルにかんして,現在の職業への移行を分析した。これにより,接触相手の地位(職業威信とセクター)が,本人の達成した威信およびセクターそれぞれに対して強い効果をもつことが確証された。彼らはまた,接触相手の威信と中核セクターでの地位が,本人の以前の職業の威信およびセクターと関連することも見出した。すなわち,地位の強み命題をも確証したわけである。その一方で,紐帯の強み命題については確証されなかった。接触相手の地位は,行為者本人と接触相手とのあいだの紐帯の強さとは関連しないという結果が得られたのだ。

それからすぐに,このモデルを他の社会に応用する研究がなされた。デグラーフとフラップ (De Graaf, N. and Flap 1988) は,1980年の西ドイツにおける調査(628名の男性対象),1982年オランダの調査(462名の男性対象)のデータを分析し,関係的資源命題を支持する結果を得た。ただし彼らは,地位

の強み命題や紐帯の強さ命題の検証は行わなかった。1992年のオランダ家族調査のデータは，社会関係資本の効果を男女間で比較できるものであった。モアビークらは，接触相手として父親が挙がったときの社会関係資本の指標として父の職業を用いて分析した。その結果，男女ともに，初職の地位および現職（または前職）の地位に対して社会関係資本（この場合は父の職業）が有意な正の効果を及ぼすことが明らかにされた（Moerbeek, H., Ultee, W. and Flap 1995）。ウェゲナー（Wegener, B. 1991）は，1987年のドイツで収集された42歳と32歳の男女604名のデータを分析して，見つけた仕事の威信に対して，接触相手の地位が有意に影響することを見出した。すなわち，関係的資源命題を確証したのである。しかし，これにおいてもまた紐帯の強さ命題と地位の強み仮説の検証はなされなかった。イタリア，ミラノの行政部門に新たに雇用された500名にかんする調査報告から，バルビエリ（Barbieri, P. 1996）は，接触相手の地位が現在の職業的地位に有意に影響すること，父の地位，学歴，初職および以前の職業的地位，これらすべての効果が接触相手の地位によって説明されることの二点をもって，関係的資源命題が確証されたとしている。さらに彼は，父の地位が教育を通して間接的に接触相手の地位に影響することを発見して，これを地位の強み命題をいくらか支持する結果とみなしている。バルビエリは強い紐帯を用いた者と弱い紐帯を用いたものにサンプルを分割して，接触相手の地位と本人が達成した地位とのあいだの関連を検討した。だが，弱い紐帯を用いたものが有利になっているとする結果は得られなかった。実際には，むしろ強い紐帯のほうが，接触相手の地位と初職や以前の職業的地位との関連は大きくなるという証拠がいくらかみられた。レケナ（Requena, F. 1991）のスペインでの調査では，関係的資源命題を反証する結果のみ得られた。関係的資源は所得達成には影響するけれども，それが多くなってもよりよい仕事には結びつかないことが明らかとなった。なぜ関係的資源の効果がみられなかったのかと

＊　このあと「関係的資源命題（social resources proposition）」という言葉が続くが，それは「社会関係資本命題（social-capital proposition）」と同じ内容である。著者は実証研究の結果については前者の言葉を用いている。

いうと，部分的には，スペインの雇用政策や雇用慣行が厳密に官僚制的になっていることがあるのではないかと，彼は推測している。

　アジアでも同様に，理論の体系的な検証が行われてきている。資本主義国家である台湾では，シュン（Hsung, R.）ほかによる一連の調査研究が行われた。ある調査（Hsung and Sun, C. 1988）では製造業における労働力を，別の調査（Hsung and Hwang, Y. 1992）では大都市部（台中）の労働力を調べた。どちらの調査でも，接触相手の地位は初職や現職に有意に影響しており，関係的資源命題を支持する結果であった。それは，父の学歴，父の職業，本人学歴，現職がある場合には前職の地位を統制しても，同様の結果であった。シュンとホァン（Hsung and Hwang 1992）はまた地位の強み命題についてもある程度の証拠を見出したが，父の学歴と職業は初職に就く際の接触相手の地位に対してわずかな効果しかなく，現職に就くときの接触相手の地位に対しての効果については有意な効果が見出せなかった。紐帯の強さについては，合成された尺度（接触相手との親しさ，訪問頻度，電話の頻度，関係の内容）より測定されたが，初職に就く際の接触相手の地位とのあいだにわずかな負の関係がみられたにすぎず，現職のときの接触相手の地位とは何の関係もみられなかった。さらに，1994年にはビアンとアンがシンガポールで512名の男女を調査して，関係的資源命題を強く確証する結果を得た（Bian, Y. and Ang, S. 1997）。つまり接触相手の地位は，その後に獲得した地位へと有意に影響していたのである。年齢，学歴，前職の地位と並び，助力者の地位は現在の職業的地位と強く関連していた。しかしながら，最も弱い紐帯（ほとんど親しくない）は接触相手の地位に対して効果がなかった。この知見は1988年の天津調査のそれと似たものである。間接的に助力者に接触した人については，紐帯の強さが強いほど接触相手の地位は低くなるという，負の関係がみられた。だが，仲介者と助力者とのあいだでの強い紐帯は，むしろ高い地位の助力者へと達しやすいことが明らかにされた。

　この研究パラダイムは，社会主義のような異なる政治経済体制のもとで命題の検証を行うことで，さらに拡大した。ビアン（Bian 1997）は，中国の天津において1988年に行われた1008名の男女の調査に基づき，学歴や前職の地位と並

んで，助力者の地位（職場単位の階層的レベルによって測定される*）が転職により獲得された職場単位での地位と強く関連することを明らかにした。行為者本人と助力者間の紐帯の強さが助力者の地位に対してもつ全体的効果は，有意ではなかった。さらなる分析によって，紐帯の強さが中程度だと，よりよい助力者が得られやすいことが明らかになった。これは行為者本人と仲介者との紐帯についても，仲介者と助力者との紐帯についても同様にあてはまるものであった。さらに，フォルカーとフラップ（Volker, B. and Flap 1999）によって旧東ドイツのライプツィヒとドレスデンで行われた回顧的パネル調査では，初職および1989年時点の職業威信の両方に対し，接触相手の職業威信が有意に強い効果をもつこともわかった。つまり，関係的資源命題の確証がなされたのである。しかし，紐帯の強さ（行為者本人と接触相手の関係の親密さで測定）は，接触相手の地位にも達成した職業的地位や所得にも，何ら効果をもたなかった。父の学歴と父の職業威信もまた，1989年に求職したときの接触相手の地位に対し，影響がなかった。ただし，本人学歴は接触相手の地位に対して有意な効果がみられた。父の地位は本人学歴への直接効果をもつので，これらの結果は，学歴を媒介した地位の強みの間接効果を検証したものとみることができる。

社会関係資本へのアクセス

社会関係資本へのアクセスを測定するための方法は，二つある。名前想起法と地位想起法である。**名前想起法**のほうがより一般的な方法であり，ネットワーク分析の文献で広く用いられてきた。行為者本人とつながる接触相手にかんして，役割関係（近隣，仕事），援助内容（仕事に関わる事項，家事），親密さ（秘密，最も親しい交流）など，一つかそれ以上の質問をするという一般的な技法である。このような質問によって，3人から5人の範囲で，または行為者本人が挙げる数だけの，接触相手のリストが作られる。このリストから，行

---

* 職場単位：英語の原文は work unit で，中国では「単位」と呼ばれている。単位とは一般的な意味ではなく，中国特有の表現で，人々の所属する職場といった意味である。ここでは「職場単位」と訳している。

第 6 章 社会関係資本と地位達成

表 6.2 獲得した社会関係資本を測定するための地位想起法の質問例

ここにお仕事のリストがあります（カードを提示）。それぞれのお仕事に就いている方（ファーストネームで呼び合う方 [訳注]）を知っていらっしゃるかどうか，お答えください。	
仕　事	1．誰かこの仕事に就いている方を知っていますか？＊ 2．その方と知り合ってから，どれほど経ちましたか？ 3．その方とあなたとは，どのようなご関係ですか？ 4．あなたはその方と，どのくらい親しいですか？ 5．その方の性別 6．その方の仕事
仕事A	
仕事B	
仕事C	
⋮	

＊該当者が 2 人以上いる場合は，知り合ったのが最も古い方のことをお答えください。
訳注：やや日本の文脈には合わないかもしれないが，この補足説明のねらいは，ある程度以上親しい人に限定させることである。

為者本人と接触相手との関係，接触相手間の関係，さらに接触相手の特性などがデータ化される。社会関係資本の尺度は，接触相手の多様性や，資源（教育，職業）および特性（性，人種，年齢）の範囲をとらえるよう構成される。社会関係資本を測定するために名前想起法を使用することについては，いくつかの問題がある。例えば質問する内容や役割によって，また挙げてもらう名前の数によって，接触相手の分布に偏りが生まれるということがある。結果的に，得られるデータは強い紐帯，強い役割関係，地理的に限定された紐帯ばかりを反映しがちになる（Campbell, K. and Lee, B. 1991）。

　地位想起法を最初に提唱したのはリンとその共同研究協力者たちである（Lin and Dumin 1986）。地位想起法では，社会の主要な構造的地位（職業，権威，職場単位，階級，セクターなど）のリストが用意され，それぞれの地位にかんして，（例えばファーストネームで呼び合うほどの仲ならば）印を付けさせる。さらにそれぞれの地位の接触相手との関係を尋ねる。そのようにして，内容または役割領域を抽出する代わりに，地位想起法では階層的地位を抽出する。こうして得られる結果は関係の内容には影響を受けず，役割関係や位置について中立になる。特定個人の名前を想起してデータを集計したり，計測する

のではなく,地位想起法では構造的地位へのアクセスを集計,計測するのである。**表6.2**には,地位想起のための質問文の例を示している。

　名前想起法は,長い時間をかけて研究がなされてきた。他方で,地位想起法はより最近の調査において行われるようになった方法である。以下の節では,社会関係資本へのアクセスと地位達成にかんして,それぞれの方法に基づく調査と結果を報告していくことにしよう。

名前想起法による研究成果　キャンベルらは,1965年から1966年にかけて行われたデトロイト・エリア調査にて名前想起法で収集されたデータを用いて,ネットワーク資源と社会経済的地位との関連を検証した(Campbell, Marsden, and Hurlbert 1986)。その結果,ネットワーク中にある資源の構成(学歴の平均値と最大値,威信の平均値と最大値)が,職業威信や世帯収入といった達成された地位と有意に関連することを発見した。またバルビエリ(Barbieri 1996)もミラノの調査で,名前想起法データから得られた社会関係資本の三つの指標を構成して,親の地位,経験,人的資本(教育年数),初職と前職の地位を統制した後でも,社会関係資本の諸指標が現在の職業的地位に影響するという知見を得た。さらに,社会関係資本が父の地位に影響されることを発見した。これは地位の強み命題を確証したということである。

　労働人口の中での特定部分を対象にした社会関係資本と達成した地位とのあいだの関連を検討する研究も存在する。失業者による社会関係資本へのアクセスは,スプレンゲルスらにより実施された調査の焦点であった(Sprengers, M., Tazelaar, F., and Flap 1988)。1978年に,あるいはそれ以前に失業していた40歳から45歳のオランダ人男性242人を調べたところ,よい社会関係資本をもっている者は失業後1年以内に仕事を見つける傾向がみられた。これはとりわけ,弱い紐帯を通して社会関係資本へとアクセスする者に顕著にみられた傾向であった。よい社会関係資本をもつとそれだけ再雇用時に高い職業地位,高い収入が得られるというわけではない。が,よりよい社会関係資本は職業機会について楽観的な気持ちを抱かせ,それが求職活動を積極的に行うことにつながり,

ひいては多くのよりよい仕事にありつくようになるというわけである。さらに，労働市場が厳しい時ほど，社会関係資本に恵まれた者のほうがより求職活動を精力的に行う傾向にある。強い紐帯（親戚）でつながれた良好な社会関係資本をもつ者の失業の1年後をみると，やはり次の1年後から3年後のあいだに再雇用されるチャンスが高い傾向がある。それからまた，学歴や以前の職業がよい者，収入が高い者はよい社会関係資本を得る傾向があり，地位の強み命題が裏付けられた。オランダの大企業の最高経営者1359名を対象として，ボックスマンらは，学歴と社会関係資本（他の組織の接触相手，クラブや専門職協会の会員資格，で測定）の両方が収入への直接効果をもつことを見出した（Boxman, E. A. W., De Graaf, and Flap 1991）。同じくオランダにおいては，職業訓練を終えた365名の求職活動もボックスマンとフラップ（Boxman and Flap 1990）によって1989年に調査されている。求職中の人たち，雇用主のほか，求職者が用いた接触相手に関するデータが収集された。予備的分析によれば，収入にかんするより重要な予測要因は，性（男性のほうが高い），社会関係資本，キャリアについての見通し，会社特定のスキルであることが明らかにされた。

　バート（Burt 1992）は，大型電子部品・計算機器会社の管理職について，昇進の早さと賞与の額を結果変数とした分析を行った。社会関係資本の尺度として，行為者本人がネットワークに埋め込まれている程度（接触相手の少なさ，より密な関係，一人の人間とつながっている人間の多さ）を用いて，構造的制約と早期昇進とのあいだに負の関連があることを発見した。すなわちネットワークのなかの多様な資源へのアクセスは，有用な情報を得る機会を増やし，企業内での昇進を促すと提唱したのだ。アメリカの大手金融機関の投資銀行部門における男性上級職についても，制約されたネットワークと賞与とのあいだに似たような負の関連が見られることが報告されている（Burt 1997）。

地位想起法による研究成果　リンとデューミン（Lin and Dumin 1986）は，ニューヨーク州アルバニーで次のような調査を行った。まず1960年センサスの職業リストから職業威信スコアで序列化された20の職業を抽出した。その際，職業威信尺度スコアで等間隔になるように職業が

選ばれた。各々の職業グループの中から，最も人口が多い職業が選ばれた。回答者には，それぞれの職業において接触相手（ファーストネームで呼び合う程度の仲の人）がいるかどうか質問された。もし同じ職業に二人以上の接触相手がいる場合には，回答者はそのうち最も親しい一人に絞るよう求められた。回答者はそれらの接触相手との関係（親戚，友人，知人）を答えた。データ行列から，リンとデューミンは関係的資源アクセスの尺度を二つ構成した。一つは，アクセス可能な最も高い地位（最高の威信スコアの地位）であり，もう一つはアクセス可能な地位の範囲（最高の地位と最低の地位との差）である。分析の結果，これら二つの尺度が現在の職業的地位と有意な正の関連があることがわかった。さらなる分析によって，回答者の出身の地位（父の職業威信スコアや，ホワイトカラー—ブルーカラー，高—低といった職業カテゴリー）とこれら二つの尺度が有意な正の関連を示すことがわかった。要するに，地位の強み命題が確証されたのである。リンとデューミンが3タイプの紐帯（親戚，友人，知人）とアクセスの尺度との関係を分析したときには，アクセス可能な最も高い地位と地位の範囲の両方に対して最上の効果を生むのは，友人および知人の紐帯を通してであることが明らかにされた。

　シュンとホァン（Hsung and Hwang 1992）もまたすでに述べた台中の調査において，ネットワーク資源の項目を含めていた。20の職業について地位想起法を適用したが，アクセス可能な最高の地位，地位の範囲を従属変数としたところ，有意な効果を見出すことはできなかった。しかしながら，アクセスできる職業すべての威信スコア合計に基づいた「ネットワーク資源総量」で測った初職の地位に対しては，有意な効果がみられた。だがこのネットワーク資源総量の尺度は，現在の職業的地位に対しては全く効いていなかった。フォルカーとフラップ（Volker and Flap 1999）はドイツにおいて，33の職業にかんして地位想起法を使用した調査を行った。それらの職業に就いている人を誰か知っているか，もし知っているならば，どんな関係（親戚，友人，知人）の人かを尋ねた。父の学歴と職業，さらに本人学歴と性，初職威信を統制しても，1989年時の職業的地位に対して，アクセス可能な最高の地位の有意な正の効果がみられ

第 6 章　社会関係資本と地位達成

た。アクセスできる最高位地位はまた，他の説明変数群に1989年現在の職業威信を加えたとしても，1989年の収入に対する有意傾向（$p<.10$）を示す正の効果があった。この結果は，関係的資源命題を確証するものであったとみてよいだろう。さらにフォルカーとフラップは，友人との紐帯よりも，親戚や知人との紐帯のほうがよりよい職業（上層ホワイトカラーや高い威信の職業）へとアクセスしやすくなることを明らかにした。他方で，アクセスする職業の範囲（威信でみて最高のものと最低のものの差）を大きくするのは，親戚や友人ではなく，知人との紐帯であった。アクセスできる職業威信の最高値が達成する地位を最もよく説明しうる要因になりがちで，弱い紐帯の効果はみられなかった（高い威信の職業へのアクセスのしやすさにかんしては，親戚と知人ではほとんど同程度であった）。親戚，友人，知人を通してアクセスされる職業グループのいずれについても，一般に，父の職業威信はアクセスする職業威信の最高値とのあいだに正の関連がある。すなわちこれによって，地位の強み命題が確認された。1989年間近（1987-1988年）のハンガリーで，アンジェラスとタルド（Angelusz, R. and Tardos, R. 1991）は，弱い紐帯でつながれた関係または資源を調べるために，地位想起法を用いた。その結果，性，学歴，居住地，年齢の効果を統制しても，弱い紐帯と賃金とのあいだに有意な関連がみられた。

　エリクソンは，1991年から1992年にかけて，トロントにおいて保安警備産業（警備会社など161社）の調査を行っている。彼女は19の職業を選ぶ際，ライト（Wright 1979）の階級次元（財産，組織，熟練のコントロール）を用いた（Erickson 1995, 1996）。155名の被雇用者，46名の監督者，80名の管理職，それから112名の企業オーナーからデータが回収された。エリクソンは，社会関係資本（様々な地位にアクセスできること）は得られた仕事の自律性と権威を高め，結果的によりよい報酬へとつながることを明らかにした。主要な結論は，第一に，アクセスされる社会関係資本はより高い地位（管理職と下級の被雇用者，オーナーと被雇用者という対比において）へと出世する際に役立つこと，第二に，仮に仕事を得るのに接触相手を用いないとしても社会関係資本は利益を生むこと，の二つである。それとは別の社会関係資本にかんする調査では，

エリクソン（Erickson 1998）は社会関係資本の二つのタイプを区別している。その二つとは，グローバルなものとローカルなものである。ローカル環境とは，地理的領域（近隣），民族的領域（民族コミュニティ，飛地経済），組織（学校，自発的組織，社会運動体，企業）などをさす。トロントのローカル雇用・通商システム（Local, Employment, Trading, System の頭文字をそれぞれとって，LETSと呼ぶ）での352名の電話調査において，エリクソンはそのLETSシステムの内外に存在する30の職業をリスト化して，それぞれの職業に就いている接触相手がいるかどうかを尋ねた。分析によれば，LETSシステム（ローカル経済）の中ではローカルな社会関係資本と収入とのあいだには関連がみられるが，一般の経済においてグローバルな社会関係資本が収入と関連するわけではないことがわかった。このことから，グローバル経済システムの下では，社会関係資本の効果はより不確かであるという事実を指摘することができる。

社会関係資本の獲得と動員の複合効果

地位達成過程には二つのタイプの社会関係資本があるのだから，獲得される社会関係資本と動員される社会関係資本を一つの調査において検証するのが次の手順だ，ということになる。獲得された社会関係資本はどの程度社会関係資本の実際に利用を促進するのかが，ここで提起される理論的な問いとなる。すなわち，社会関係資本を多く獲得することによって，よりよい社会関係資本の動員がもたらされるのかどうか，ということになる。構造的な機会と優位性によってこの仮説がある程度説明できることは，当然である。しかしこれらの対応関係が完全というわけではないこともまた予想できる。構造的に豊かな社会関係資本を得ているすべての人が，望ましい社会経済的地位を得る目的でそれらの社会関係資本をうまく利用することができているわけではないのだ。構造だけではなく，行為と選択の部分も意味をもっている，ということである。複数の研究が，この仮説を裏付けている。

例えば，ボックスマンとフラップが行った職業訓練校卒業者の調査においては，接触相手の地位（動員される社会関係資本）が達成した職業的地位へと影

響を及ぼすことが明らかにされた（Boxman 1992; Flap and Boxman 1996）。だがその一方で、獲得された社会関係資本については、影響はみられなかった。獲得される社会関係資本と動員される社会関係資本のどちらも測定したもう一つの調査には、ドイツでのフォルカーとフラップによる調査がある（Volker and Flap 1999）。それにおいては、地位想起法を使用してアクセスされる最も高い職業威信をとらえ、それと1989年に求職した折に用いた接触相手の地位とのあいだに有意な正の関連がみられることが発見された。ではアクセスできる最高位の地位が有する1989年時の職業威信に対する直接効果はというと、符号の向きは同じく正であるけれども、統計的検定の結果は有意傾向（p＜.10）にとどまった。接触相手の威信のほうがはるかに強い効果があったわけである。事実、初職の威信をモデルに含めたときには、1989年時の職業威信に対する接触相手の威信の直接効果は学歴のそれ以上に強かったのだ。

　レイとリンおよびレオン（Lai, Lin, and Leung, S. 1998）もまた、アルバニーのデータ（Lin, Ensel, and Vaughn 1981）を用いて、地位達成に対する獲得された社会関係資本と動員された社会関係資本との複合効果を検証した。地位想起法により測定されたネットワーク資源（Lin and Dumin 1986）と接触相手の資源（求職で使用した接触相手の地位）の両方を変数として含めて構造方程式モデルによる分析を行い、現在の職業的地位に有意で直接的な影響を及ぼす要因が、本人学歴（達成された資源）と接触相手の地位であることを明らかにした。さらに接触相手の地位に影響する要因群を検討したところ、親の地位（帰属的地位）、本人学歴、ネットワーク資源、接触相手との弱い紐帯が影響力をもつことが確認された。このように、動員された社会関係資本が地位達成の結果に直接の影響を与えること、獲得された社会関係資本は、帰属地位、獲得地位と並んで動員された社会関係資本への効果をもつことは、明白といえる。

残された課題と研究の方向性

　社会関係資本は、関係的資源の形をとって、個人的資源を超えて地位達成へ

と大きく貢献するものである。実証研究ではその命題を支持する結果が一貫して得られてきた。つまりどのような社会においても，地位達成と社会関係資本との関連がみられるのだ。例えば産業化や経済発展のレベルが異なっても，労働市場での立場（近年の学卒者，新規採用者，転職者など）が異なっても，経済セクター（産業，組織，組織内の地位など）が異なっても，現在の地位（職業，権威，セクター，昇進，賞与など）が異なっても，どの状況下でも同様なのである。地位達成と社会関係資本との関連は，概念化（獲得される社会関係資本か，動員されるものか），測定方法（名前想起法か，地位想起法か）にかかわらず有意味な結果が得られている。だが，将来に概念化や研究をより進めるべき重要な問題が残されている。以下では，これらの諸問題の中からいくつか重要な点を簡潔に確認し，議論をしたい。

非公式および公式の求職経路

これまでのところ，地位達成においては，非公式の経路の使用が他の経路に比べて有利である，というわけではないことは明らかだ。実際のところ，非公式の経路は，女性，学歴の低い者，熟練度の低い者など，社会的に不利な立場にいる者によって用いられる傾向がある。それゆえに，非公式の経路を使って入職した者の地位は低くなりがちである。しかしながら，非公式の経路を用いた者の中では，関係的資源（接触相手の地位）が大きな違いを生み出すのだ。まだいくつか問題が残っている。第一に，人的資本を多くもつ者たちは，高い地位へと直接に応募することが可能であるので，そのような有利な者は非公式の経路など使う必要がないのではないか，という点である。その実証的知見は様々である。特定の要件（例：技術・ハードウェアを扱えるなど）が必要となるような仕事にかんしていえば，正規の応募において，資格や訓練の証明があればその地位を獲得するに十分であろう。重要な仕事のなかには（上級管理職，対人調整役など），職務をうまくこなすのに不可欠な社会的スキルや資源を有していることの証明として，公的資格があるというだけでは不十分なものがよくある。そのような情報をもたらすのに必要な非公式経路は，社会調査の現在

の道具立てではいまだ発見されておらず，方法上の重要課題として残されているといえよう。第二に，不利な立場にいる者は，社会関係資本が制限されてしまうということがある（地位の強みにかんする議論より）。アクセス可能な資源の範囲が限られているため，不利な地位にいる者が最適な資源を動員する段階においても不利になっているのかどうか——もしそうなら二重に不利になっていることになるが——についても十分な情報がないのである。有利な者たちと不利な者たちの行為選択にかんするこれらの知識が得られれば，構造的制約と選択的制約を選り分けることができるようになるだろう。

紐帯の強さか？　ネットワーク上の位置か？

　関係的資源命題と地位の強み命題は一貫して確証されてきた（表6.1参照）。その一方で，紐帯の強さ命題に関する実証分析結果は実にあいまいである。紐帯の強さそれ自体が結果に対して直接効果を及ぼすとは考えるべきでないし（Granovetter 1995），ほとんどの知見は直接的な関連がないことを裏付けるものだった（例えば，Bridges, W. and Villemez, W. 1986; Marsden and Hurlbert 1988; Forse, M. 1997）。紐帯が弱いほどよりよい関係的資源へアクセスしやすくなる，とする修正命題もまた，一貫した支持が得られているわけではない（表6.1参照）。だが社会関係資本の理論には，構造の効果と行為主体の効果との両方がある。構造的制約の中でのネットワークや紐帯の選択の様子を細かく観察していけば，意味のある知見が導ける可能性はある。いくつかの調査が手がかりを与えてくれている。例えば獲得された関係的資源あるいは動員された関係的資源に対する紐帯の強さの効果は，初期の地位に依存するのかもしれないという議論がある。紐帯の強さには天井効果があることを指摘する研究もある。ヒエラルキーの頂上付近においては，職業達成を成功に導く傾向があるのは強い紐帯であった（Lin, Ensel, and Vaughn 1981; Erickson 1995, 1996）。また，強さがまるでない紐帯には交換の誘引が存在しないため，最も弱い紐帯は明らかに有用ではない（Bian 1997; Bian and Ang 1997）。他方，同様の理由から，最も強い紐帯はアクセスできる資源の範囲を制約するにもかかわらず有用であるかもし

れない。定義上，紐帯とは関与・信頼・義務を意味するものであり，それゆえ相手を助ける動機を最初から含んでいるものだ。これらの強い紐帯を用いて他の紐帯を探す意欲と努力は，不安定で制約された制度的環境のもとでは（例えば，国家社会主義の状況下（Rus, A. 1995, Bian 1997）や競争の厳しい市場状況下（Sprengers, Tazelaar, and Flap 1988）），極めて重要なものになる可能性がある。組織的な制約と機会もまた，弱い紐帯や強い紐帯の効果に影響するだろう（Lin 1990）。

考えられる別のアプローチは，ネットワーク論の観点から紐帯の強さの概念を修正してみることだ。例えば，紐帯の強さは行為者本人と資源の入手先となる他者の間のつながりの長さ*を反映しているのかもしれない。もしノード間の個々のつながりが同じ強さであるとすれば，行為者本人と他者との紐帯の強さはつながりの長さの逆関数になるだろう。つまりつながりの連鎖が長ければ長いほど，紐帯はより弱いものとなる，というわけである。中継地点が多くなると自分と最終到達者とのあいだの義務・信頼・互恵性が必然的に弱くなるのだが，そのかわりそうやってネットワークが伸びていくと，自分に近いところでは得ることができなかった資源に手が届くようになる。資源の異質性や豊富さがネットワークの離れたところに存在するとすれば，それだけ連鎖の長さや弱い紐帯が役に立つ可能性がある。この方向での分析（例えば，Bian 1997 など）を進めていけば，ブリッジ効果と紐帯の強さ効果がより明らかになるだろう。

社会的ネットワーク内の位置に注目する着想もある。紐帯の効果は，紐帯の強さそのものではなく，ネットワークあるいはヒエラルキー構造の中での行為者の位置に影響されるのではないか，とするものである（例えば，Lin and Dumin 1986; Angelusz and Tardos 1991; Burt 1997）。異質で豊かな資源にアクセスしようとする行為者にとっては，ブリッジや構造的隙間のような戦略的に優位な位置の近くの地位にいることが，競争において有利に働く可能性がある。

こういった知見と着想は，第5章でみてきたように，社会関係資本理論の命

＊ つながりの長さとは，「本人から資源をもつ他者までを仲介する人数」の意味である。

第❻章 社会関係資本と地位達成

題をより明瞭に磨きあげてきたものだ。ネットワークでの地位は、構造的地位とあいまって、ある道具的行為がよりよい社会関係資本をもたらすかを予測する鍵となるものである。

地位想起法のさらなる展開

　社会関係資本と地位達成との因果関係を確定するためには、接触相手と知り会った時期を特定することが必要になる。例えば、「あなたはいつ最初の仕事をみつけましたか？　あなたはその種の仕事をしている人を誰か知っていましたか？」と尋ねることなどである。また、調査を行う当の社会で通用しているヒエラルキーから地位を選び出すことも重要である。職業的地位あるいは威信のほか、職場単位、セクター、権威、自律性などが重視されている社会もあるだろう。そのように当該の社会において意味のある地位や階級にあわせることが、地位想起法で選択肢としてどの地位を選ぶべきかを考える上で重要なことである（Erickson 1995）。

社会関係資本の不平等

　社会関係資本へのアクセスに格差があるということには、もっと多くの研究上の関心が集まってもいいはずだ。社会的集団（性、人種）ごとに、構造的地位とネットワークにおける有利・不利があるゆえに、社会関係資本へのアクセスが不平等になることは十分に考えられる。例えば社会関係資本の不平等によって、女性やマイノリティは、よりよい関係的資源を動員する機会や、キャリアの獲得や昇進の機会が少なくなってしまう。不利な立場にいる者が良好な地位を得るためには、戦略的行動をとって、自分たちの通常の交際圏を超えて資源へとアクセスすることが必要になる。女性についていうと、男性との紐帯（Ensel 1979）を用いることで会社への出資者を探すことや（Burt 1998a）、男性が多数を占めるクラブへと入ることがそれにあたる。他にも、黒人が自身の近隣居住者や仕事仲間の外側にある紐帯を探すことや、メキシコ出身の学者がメキシコ出身ではない人との紐帯を探したり、教師やカウンセラーといった制

度的職員との紐帯を作ることなどもそれに含まれるだろう（Stanton-Salazar, R. and Dornbusch, S. 1995; Stanton-Salazar 1997）。社会関係資本の不平等にかんする体系的なデータは，社会階層と社会移動における不平等についての説明枠組みを提供するほか，そのような不平等を克服するための行動選択肢をも与えてくれる。実際に，次章でそのような試みの例を一つ述べることになる。

採用と社会関係資本

社会関係資本と地位達成との関係は，労働市場の供給側と需要側の双方に適用できる問題である。これまでの研究文献では，供給側，すなわち求職者の観点からの地位達成過程が主に注目されてきた。組織の観点からみた採用過程といった需要側のモデルは，まだ登場したばかりである（Boxman and Flap 1990; Boxman, De Graaf and Flap 1991; Erickson 1995, 1996; Burt 1997; Fernandez and Weinberg, N. 1997）。企業というものは社会的スキルとネットワークが取引や交換で重要な役割を果たす環境のもとで運営されるので，社会関係資本が企業の採用選抜において重要だと信じるに足る理由はいろいろある。それはある種の地位については特にそうである。つまり，社内には他の地位以上に社会関係資本をより多く要求される地位があるわけだ。第一に，トップレベルの経営幹部は豊富に社会関係資本をもっていることが期待される。例えば経営幹部ともなると，社内でも社外でも多くの人々と付き合ったり，管理したりする必要がある。実際に最高級の管理職では，人的資本よりもはるかに社会関係資本のほうが重要になると仮定することができよう。そうしたわけで，IBMとかマイクロソフトなどのような大企業では，最高経営責任者を採用するにあたり，コンピュータの専門技能よりもむしろ社会的スキルのある経験豊かな管理職を採用する傾向があるという仮説を立てることができる。また，一流大学で学長に要求されるのは，教員・学生・保護者・同窓生と交渉することや，資金を調達することなどの社会的スキルであり，際立った研究業績をあげることではない。第二に，機械や技術を扱う地位（プログラマーなど）よりも，人を扱う地位（看護師など）のほうが，よい社会関係資本をもった人物が採用されやすいと

期待される。第三に,企業で外と接する地位(営業,広報,支店長など)についても,よい社会関係資本をもった人が採用されやすい傾向がある(Burt 1997)。ゆえに,そのような地位の必要性が高い企業では,採用においてより大規模に非公式情報源が用いられるものと思われる。そのような仮説が,経験的な特定と検証の役に立つのではないだろうか。

社会関係資本 対 人的資本

社会関係資本と人的資本のあいだの関係は,理論的に重要である。人的資本を作るのを,社会関係資本が後押しするとみる立場の学者もいる(Bourdieu 1983/1986; Coleman 1990)。実際,縁故に恵まれた親と社会的紐帯は,よい教育や訓練,スキル,知的資格を獲得する機会を増加させることができる。他方で,人的資本が社会関係資本を生み出すことも明らかである。よい教育を受けた個人,およびよい訓練を受けた個人は,資源の豊かな交際圏やクラブに入る傾向がある。ここでひとつ,難しい問いがある。人的資本と社会関係資本の両方が与えられたときに,地位達成を促進するものとしてはどちらがより重要だろうか? 本章で引用したいくつかの研究では,地位達成においては,社会関係資本は人的資本(教育と仕事経験)と同程度もしくはそれ以上に重要であるとしていた(Lin, Ensel, and Vaughn 1981; Marsden and Hurlbert 1988)。それに対して,反対する立場の研究もまたあった(Hsung and Sun 1988; De Graaf and Flap 1988; Hsung and Hwang 1992)。前者のグループはアメリカで行われた調査であり,後者はオランダや台湾での調査によるのだが,おそらく,それらの違いは産業化の違いでは説明されないだろう。それよりむしろ,特定の教育制度と仕事配分や求職の方法とのあいだに関連がみられる。クルイムコースキー(Krymkowski, D. 1991)が行った1970年代アメリカ・西ドイツ・ポーランドの3カ国データの比較分析によれば,出身と教育との関連,教育と職業配分の関連ともに,アメリカよりも西ドイツとポーランドのほうが強かった。だが,台湾の教育システムがアメリカのそれよりも西ドイツやオランダのシステムに似ているという明らかな証拠があるわけではない。これらの国々から得られた相

異なる結果は，説明されるべき課題として残されている。

いっそう魅力的なのは，人的資本と社会関係資本の交互作用の可能性についてである。ボックスマンらは，社会関係資本が高いときに所得に対する人的資本の効果が最小になることを発見した（Boxman, De Graaf and Flap 1991）。さらにオランダの管理職を対象とした調査において，フラップとボックスマンは，高級管理職ではどの人的資本レベルでも社会関係資本が高い所得を生むことにつながるが，社会関係資本が高いレベルにあると人的資本の報酬は減少することを見出した。もしこれらのパターンが確証されるならば，それは地位達成において人的資本が社会関係資本を補完することを示唆するといえるだろう。すなわち，社会関係資本が高いときには，人的資本のレベルにかかわらず達成される地位は高くなるだろう。だが社会関係資本が低いときには，人的資本は地位達成に対して強い効果を発揮するのである。あるいは，人的資本と社会関係資本がだいたい最低レベルにあると仮定したときには，地位達成を説明する要因としてより重要なのは社会関係資本のほうである。

結　び

本章では，社会関係資本と地位達成にかんする豊富な研究成果の簡潔な見取り図のみを示した。世界のあちらこちらで今なお多くの研究が行われているが，ここでそれらをカバーすることはできなかった。それでもなお，社会関係資本の理論の検証と進化のための詳細で多様な経験的データを提供するとともに，理論それ自体の発展にも，この研究伝統が大きく貢献してきたことが明らかになったのではないだろうか。理論と実証研究のあいだで，相互のフィードバックが絶えず繰り返されることは重要であり，また実りあることである。この研究領域は，それをよく示した例であるといえる。

第7章

社会関係資本における不平等
——研究課題の所在——

　本章では，社会関係資本研究における重要な課題——社会関係資本の不平等，言い換えれば，コミュニティや社会における集団間において，社会関係資本の分配がどの程度，不均等であるかについて検討する。まず，あらゆるタイプの資本における不平等の分析に関する，一般的な議論やアプローチを考察する。これらの考察を行うことにより，調査課題が構築される。そして中国の都市のデータによってその課題は明らかにされる。最後に将来的な調査課題にふれてこの章を締めくくることにする。

理論的考察

　社会的不平等は重要な調査課題であり，その原因論は注目を集めている。資本理論の観点から，まず初期命題を次のように設定しよう。それは，人的資本や社会関係資本のような様々なタイプの資本の不平等が，社会経済的地位や生活の質などの社会的不平等をもたらしている，というものである。この命題においては，資本の不平等が導かれる過程についても，考慮に入れるようにしよう。この作業を通じて，資本の不平等が生まれ，そしてそれが社会的不平等に影響を与える特有のメカニズムが明らかにされる。このため，本調査で行う作

（1）　この分析でのマーク・マギー（Marc Magee）の支援に感謝を述べたい。ここで報告する調査研究はチャン・チンクオ財団（the Chiang Ching-Kuo Foundation）の助成支援の成果の一部である。また，調査結果の早期段階のものは，1999年6月12日から14日にデューク大学で開かれた第28回中国・アメリカ学会大会で報告済みである。

業は次の二つである。第一に資本の不平等を導くメカニズムの検証および証明であり，第二に社会集団間の資本の不平等と社会的不平等との関係についての実証である。初期命題（資本の不平等と社会的不平等との関連）は，様々なタイプの資本（第1章から第6章）にかんする指針となる理論である。本章では社会関係資本を含む資本の不平等に関する形成過程を明らかにしたい。

　資本の不平等は二つの過程から起因すると考える。資本の損失と見返りの損失である。**資本の損失**は，投資や機会が異なることによって，あるグループでの資本の（量的，または質的な）相対的不足がもたらされる過程から帰結する問題である。例えば，親が娘よりも息子に人的資本や社会関係資本を投資することなどがあげられる。すなわち，それぞれの社会集団は，異なる社会的ヒエラルキーや社会的ネットワークに埋め込まれており，それによってその集団に属する成員の資本獲得が容易になったり，抑制されたりするのである。**見返りの損失**は，異なった社会集団に属する成員のあいだでは，もっている資本の量や質が，異なる見返りや成果をもたらす過程から起こる問題である。例えば，男性と女性とが同じ質や量の社会関係資本をもっていても，組織での地位や職業的威信，収入といったステータスの獲得において結果的に異なることがあげられる。

　社会集団間の資本の不平等は，資本の損失や見返りの損失，あるいはその両方によっておきると考えられる。労働市場におけるジェンダー不平等の問題を考えてみよう。多くの文献が，多様な職種における男女の収入の差異について，ジェンダーで分断された労働市場の問題として言及している（Treiman and Terrell, K. 1975; Bose, C. and Rossi, P. 1983; Bielby and Baron 1986; Jacobs, J. 1989; England, P., Farkas, G., Kilbourne, B., and Dou, T. 1988; Reskin, B. 1988, 1993; Kilbourne, England, Farkas, Beron, and Weir 1994; Reskin and Roos, P. 1990; England 1992a, 1992b; Tomaskovic-Devey, D. 1993）。けれども，ジェンダー労働構造の実証的な知見を洗練させた理論や研究はほとんど見られないし，また構造的地位の配分における集団間の差異の原因となるメカニズムや，その結果生じる社会集団間の成員への見返りや報酬の差異（タム（Tam, T. 1997）の競合

第7章 社会関係資本における不平等

する議論を参照）について，体系的に検討しているものも同様にほとんど見られない。資本理論的な観点から，これらの関係性について，二つの可能な解釈が提示されよう。

　資本損失の議論では，資本獲得の差異に焦点が当てられる。第一の過程は投資の差異である。家族による投資は，男の子か女の子かで異なっていると仮定される。多くの社会では，男性と女性では労働市場や経済活動における見返りに格差があると家族は見なしているため，娘よりも息子により資本を投資しようとする。そのため，男性は女性よりも教育（人的資本）や社会的ネットワークの拡張性（社会関係資本）の面で恵まれることになる。第二の過程は機会の差異である。広く行き渡った社会構造と制度（ルールと習慣，あるいは文化。第11章参照）は，男性と女性では異なる資本形成の機会を提供する。男性は社会的紐帯についての拡張性と異質性を促され，そこから報酬も得る。しかし女性では同様の行為は抑制され，ときには罰せられることもある。これらの二つの過程により，結果として資本損失の違いがもたらされる。女性が獲得するのは，質的にも量的にも劣った資本に限られてしまう。このように考えていくと，資本の損失が男女間での就職と収入の格差を説明すると予測される。

　一方，見返り損失の議論は，資本に対する見返りに焦点を当てるものである。労働市場の例で説明するならば，男性と女性との資本による報酬の差異が問題となる。これは，男性と女性の資本が（量的，あるいは質的に）同等程度であったとしても，彼・彼女らが労働市場から得る地位の結果は異なってくるケースをさす。つまり，資本からの報酬に労働市場では男女格差が見られるのである。同様な質，あるいは量の資本をもっている場合，労働市場において男性は組織での地位，仕事内容や威信，収入などの面で，女性よりも優れた報酬を受け取ることができる。このシナリオには次の3種類の説明の仕方があるだろう。一つめに，女性は，労働市場での目的達成のための道具的行為に適切な資本の使用や動員をしていないのではないか，という説明がありうる。例えば，彼女らは最良の社会的紐帯やもっとも有効な社会関係資本について認知していない，もしくは良好な見返りを得るための資源や能力についての知識が不足している

ために社会関係資本の動員をためらっているのかもしれない。そのために，達成の過程において彼女らは最良の社会的紐帯や，最も有効な社会関係資本を使用していないのではなかろうか。二つめの説明として，適切な社会的紐帯が動員されても，現実的または想像上の理由から，これらの紐帯が個人の（女性の）利益になる資本に投資することを惜しんでいる可能性がある。雇用主は女性の志願者を拒みがちであり，また女性からの推薦や影響力も深刻に受け止めないなどの事情が，これらの紐帯についてもあるのではないかと疑われる。このような役に立たない影響力では，投資をしても利益よりもコストの方が高くつく。「締め出す」わけではないが，文化的に，または制度的に想定される理解があって，女性や，その家族でさえ，社会的紐帯が味方となってくれることは期待薄であると認識してしまうのである。そして見返りの損失についての三つめの説明として，労働市場の構造自体からの反応の差異があげられるだろう。雇用主は男性と女性の就職／昇進候補者に対して，たとえ彼・彼女らの人的・社会関係資本が同様に見えても，異なる対応をする。これは制度的環境において組織的に共有された偏見である（制度的環境とは，ひとそろいの支配的な価値観や習慣を共有する，諸組織における社会的コミュニティである（第11章，ならびにリン（Lin 1994b）を参照））。

　要約すると，資本理論の見解からは，社会的不平等にかんする以下のメカニズムを提起することができる。
 1．資本の損失は，(a)投資の差異，あるいは，(b)機会の差異によって起きる。
 2．見返りの損失は，(a)認知不足や動員への難色からくるしかるべき資本の動員における差異や，(b)中間エージェントの努力の差異，あるいは，(c)資本の動員に対する組織や機関からの反応の差異によって起きる。
 3．見返りの損失は資本の損失から独立していたり，そうでなかったりする。ある種の社会的不平等は異なる社会集団の中で配分された資本の損失のためであるだろうし，別のタイプの不平等は主に見返りの損失のためかもしれない。社会集団間で似かよった質，または量の資本をもっていても，異なった見返りがもたらされることもある。さらに別のタイプの不平等とし

て，資本の損失と見返りの損失の両方がその社会集団間の不平等に影響している場合もあるだろう。コミュニティや社会が異なれば，これらのメカニズムも異なるであろう。

上記のことは，多様な資本のタイプ（例えば人的，制度的，社会関係的）における，多様な社会集団間（例えばジェンダー，人種／エスニシティ，宗教）での，多様な労働市場（例えば経済，政治，教育）や多様な社会についての，不平等にかんする仮説とみなすことができる。本章の以下の節では，中国の都市から近年集めたデータを用いて，男女間の社会関係資本の不平等を解明するために詳述と分析をしていきたい。ここでは社会関係資本に焦点を当てるけれども，データは二つの集団の人的資本と制度的資本を分析することも可能にしている。これまでに言及されているすべてのメカニズムの可能性を特定，分析することにデータを用いることはできない。しかしながらこの分析，いわば「分解」アプローチによって，社会関係資本の不平等と，それが中国の都市の労働市場における男女の達成に及ぼす影響についての，重大な問題を解明することができるのであり，それがどれほど有益であるかを示すものとなると考えている。

調査について
―― サンプル，およびデータ ――

この探索的な調査研究では，以下の三つの研究目的を立てている。すなわち，(1)男性と女性では所持する社会関係資本に差異が見られるのか。(2)もしそうであるならば，その差異は資本の損失によるものなのか，見返りの損失によるものなのか，それとも両方なのか。(3)男女の労働市場での成功に社会関係資本の不平等はどんな影響を与えるのか，である。今回使用するデータは，1998年に行われた18都市を対象にした調査によるものである。そのうちの15の都市は，すべての都市から層化確率サンプルとして抽出されている。層化は，地域（沿岸部，中間部，内陸部），経済的地位（高，中間，低）に基づく。残りの3都市は例外的な地域である（平涼，格爾木，塔城）。**別表7.1**はこれらの都市とそのサン

第Ⅰ部　理論と研究

別表7.1　1998年中国都市調査においてサンプル抽出した諸都市ならびに回答者数

都　市	サンプル	1996年労働力人口（単位：万人）
北　京	300	326.58
太　原	150	144.09
瀋　陽	300	304.36
丹　東	150	113.11
上　海	400	560.02
南　京	150	160.92
安　慶	100	33.73
南　昌	150	44.29
文　登	100	34.99
懐　化	100	30.81
広　州	200	240.23
南　充	100	96.79
重　慶	300	324.18
玉　渓	100	21.78
西　安	150	165.21
平涼（甘粛省）	100	19.71
格爾木（青海省）	100	4.62
塔城（新疆ウィグル自治区）	100	7.66

プルサイズを示したものである。都市規模のデータはマルチレベル分析のために集められた。しかしながら本研究においては，その準備段階の位置付けの分析として，個人レベルでのデータのみ用いている。

サンプルは回答を得た3050人であり，18歳から69歳までの，調査時点において18の都市で就業している，あるいは就業した経験のある者である。これらの回答者の基本的な特徴については**表7.1**に示したとおりである。サンプルのうち，男性は43.5％であり，女性は56.4％であった。平均年齢は41歳である。性別による年齢の差は有意には見られなかった。10人中9人は結婚しており，6.7％は未婚で，3.3％は離婚や死別していた。約半数（52％）の回答者は16歳の時に大都市に居住していた。女性の回答者の方が男性に比べてやや大都市に住み続けている傾向にあった。

第 **7** 章 社会関係資本における不平等

人的資本,制度的資本の損失

　本研究では 3 タイプの資本について検討している。人的資本,制度的資本,社会関係資本である。人的資本の指標となるのは教育,職業経験年数,同一職場での在職期間,および企業内教育（OJT）である。教育は,教育を受けた年数によって測定した。表7.1を見てほしい。およそ 3 分の 1 の回答者が中等教育を受けていない。回答者のうち41％が高校まで進学しており, 4 分の 1 が大学やそれ以上の,高等教育を受けている。男性は女性よりもよい教育を受けている。男性は女性よりも職業経験がいくらか長い（男性の平均22.3年,女性は21.1年）が,現在の職場単位での在職期間については差異はない。男性はまた,女性よりも職場内教育を受けた経験を有している（受けた教育の種類数と,教育によって取得した免許資格の数）。このため,男性は女性に比べ,人的資本の面で相当な優位性を示していたと言える。

　制度的資本は普及しているイデオロギーや権力への帰属や所属と結びついた資本である（Lin 1994b, 1995b,第11章も参照のこと）。これは中国共産党の党員資格,職場単位の所有形態,現在の地位の高さによって測定される。党員資格については,以下のようにコーディングした。すなわち,(1)党員ではない,(2)現在の職に就いた時から党員,(3)初めての職に就いた時から党員,である。表7.1に示したように,男性（36.2％）は女性（19.9％）よりも有意に高い割合で党員であった。また男性は女性よりも党員である年数は比較的長い。

　近年まで,職場単位の所有は中国の二元的な労働市場の中で,労働者を区別するものであった（Lin and Bian 1991; Bian 1994）。しかしながら1990年代には,より多様で市場化した労働市場が現れ始めた。小さな,しかし拡大しつつある重要な市場は,合弁企業（ただしそれらの企業でのほとんどの中国側のパートナーは,国有か郷鎮（集団所有制）の企業または機関である）や,私企業,家内（自営）企業によって形成された。これらの職場単位のタイプの中でも郷鎮企業は,国有のような安全性やステータスも,合弁企業のような経済市場的な

133

第 I 部　理論と研究

表 7.1　サンプルの特徴

(N=3,050)

変　数	パーセンテージまたは平均			ジェンダー 有意差の検定
	サンプル	男　性	女　性	
性別（男性）	43.5%			
年　齢	41.3	42.0	40.9	n.s.
婚姻状況				
未　婚	6.7%	7.5%	6.2%	n.s.
既　婚	90.0	91.0	89.1	.08
離婚または死別	3.3	1.5	4.7	.00
16歳時の居住地				.00
大都市	52.0%	48.6%	54.6%	
中規模都市	22.7	23.8	21.9	
町	11.4	11.5	11.3	
田　舎	13.9	16.2	12.2	
教　育				.00
高校未満	33.4%	31.4%	35.0%	
高　校	41.4	37.4	45.0	
大学以上	25.2	31.3	20.4	
職業経験（年数）	21.6	22.3	21.1	.00
同一職場での在職（年数）	14.7	15.0	14.4	n.s.
職場内教育				
種類数				.00
な　し	67.4%	64.0%	70.0%	
1	28.0	30.5	26.1	
2	3.7	4.5	3.0	
3	.9	.9	.8	
4	.1	.1	.1	
資格の数				.03
な　し	71.7%	69.3%	73.6%	
1	25.1	26.7	23.8	
2	2.9	3.5	2.4	
3	.4	.5	.3	
共産党籍				.00
な　し	73.0%	63.8%	80.1%	
現在の職に就いた時	21.3	28.16	16.0	
最初の職に就いた時	5.7	8.06	3.9	

第 7 章　社会関係資本における不平等

変　数	パーセンテージまたは平均			ジェンダー 有意差の検定
	サンプル	男　性	女　性	
現在の職の状況				
労働単位の所有形態				.00
国　有	80.8%	81.8%	80.0%	
郷鎮企業	12.7	9.2	15.5	
合弁企業	2.7	3.8	1.7	
私企業	1.2	1.4	1.1	
自営業	2.6	3.8	1.7	
地位の肩書き				.00
な　し	75.6%	64.7%	84.1%	
班　長	5.2	6.4	4.2	
係長級	2.05	2.4	1.8	
係　長	2.2	2.9	1.6	
課長級	6.3	9.3	3.9	
課　長	6.1	9.9	3.2	
部長級	1.5	2.4	.8	
部　長	1.0	1.8	.4	
局　長	.1	.2	.0	
業　種				
専門職	27.8%	25.8%	29.9%	.00
管理職	2.2	2.3	2.2	n.s.
事務職	17.5	18.4	16.8	n.s.
営　業	7.0	6.0	7.7	n.s.
サービス業	4.7	2.9	6.1	.00
農　業	.1	.2	.1	n.s.
工　業	21.4	26.1	17.8	.00
月　収	663.7	739.2	603.1	.00
年末賞与	1,114.4	1,231.5	1,024.1	.00

n.s.：有意差なし。

便益ももっていないため，極めて不利な立場にある。また現在，私企業や家内企業は規模的にも経済的にも小さなものにとどまっている。表から分かるとおり，女性（15.5%）は男性（9.2%）よりも有意に高い割合で郷鎮企業に雇われている。

　回答者の90%以上が働く国有企業と郷鎮企業でも地位によって異なる資源を所有しているので，現在の地位の高さは制度的資本のもう一つの尺度となる。

135

ここでも男性と女性では占める地位の高さに有意な差異がみられた。何の肩書きももたない者は，男性では3分の2足らず（64.7％）であったのに比べて，女性においては5分の4を越える（84％）者が該当した。また課以上のレベルにおいて役職に就いているのは女性が10分の1以下（8.3％）であるのに比べて，男性は4分の1近く（23.6％）であった。

以上，まとめると，男性は全体的に女性よりも制度的資本の面で優位に立っていた，ということになる。

社会関係資本の尺度
―― 地位想起 ――

研究対象である第三のタイプの資本は社会関係資本である。その測定には地位想起法を用いている（この方法にかんするレビューは第6章を参照のこと）。社会関係資本は二つのタイプから構成されている。一般的社会関係資本と，政治的社会関係資本である。調査に用いた項目は**別表7.2**に掲載している。

一般的社会関係資本の分析のため，すべての職業のリストから社会経済的地位（socioeconomic status＝SES）の異なる13の職業を抽出した（社会経済的地位尺度の開発と中国における多様な職業の地位スコアについてはBian（1994）やLin and Ye（1997）を参照のこと）。それは，大学教授（SESスコア91点），市長（83点），政府高官（76点），法律家（72点），ジャーナリスト（68点），社長（67点），部課長（60点），小学校教師（58点），労働者（45点），管理職員（45点），電気技術者（44点），農業従事者（30点），家政婦（11点）となっている。この地位想起法による質問は，「あなたの親族，友人，知人の中で，下記に並んだ職業に就いている人はいますか？」であった。もし回答が「はい」であったならば，その回答者にさらに，回答者が現在の仕事を探していたとき，回答者はその人物を知っていたか尋ねた。もし再び肯定的な回答がなされれば，回答者はその地位のスコアで1点を得る。そして同様に，回答者と地位の占有者との関係についての一連の質問を回答者に行った。もし回答者がその地位について二人以上の占有者を知っていたなら，思い浮かんだ最初の占有者のことを想定するよ

第7章　社会関係資本における不平等

別表 7.2　社会関係資本の地位想起

あなたの親族，友人，知人の中で下記に並んだ職業に就いている人は誰かいますか？「はい」ならば，その人とあなたとの関係を教えて下さい。「いいえ」ならば，その職業の人を見つけるにはいちばん誰を通じて探すことができそうですか？　その人とあなたとの関係を教えて下さい。

職　業	このポジションの人を知っていますか？ 1．はい 2．いいえ	あなたはその人のことを，あなたが現在の仕事を探している時から知っていましたか？ 1．はい 2．いいえ	その人とあなたのご関係は何ですか？	もしそのような人を知らない場合，一番誰を通して探すことができそうですか？	その人の職業は何ですか？	その人とあなたとは知り合ってどれぐらいですか？	その人とは親しい仲だと考えますか？
小学校教師							
ジャーナリスト							
行政・企業の管理職							
電気技術者							
部課長							
行政・企業の長							
大学教授							
農業従事者							
政府高官							
法律家							
家政婦							
市　長							
省や市の書記							
政府党書記							
工場の党書記							

う求めた。また，間接的な接触（媒介者を通じた接触）にかんする情報も得たが，今回の研究では使用していない。

　これらのデータから三つの変数が構成された。それは，(1)アクセスできる地位の数，(2)アクセスできる最も高い地位の威信スコア，(3)アクセスできる地位の威信スコアの範囲（アクセスできる地位の中で最も高い威信スコアと最も低い威信スコアの差）である。これらを一般的社会関係資本へのアクセスを示す指標とした。

　社会主義国家である中国では未だに政治的なコネクションが重要な意味をもち続けている。このため質問項目には三つの共産党幹部の地位を記載した。第

一に市町村の共産党書記，第二に政府の共産党書記，第三に工場や機関の共産党書記である。これらの地位は政治的な権力ヒエラルキーを形成している。さらに，三つの変数を加えている。(1)アクセスできる地位の数，(2)アクセスできる最も高い地位のスコア，そして(3)アクセスできる地位のスコアの範囲，である。三つのスコアのばらつきはきわめて限定的ではあるけれども，結果的にはそのようにしたことが意義あるものであったことが示唆されている。

女性の社会関係資本の損失

　表7.2は，社会関係資本の2類型における，変数の基本的な統計量を表している。まず一般的社会関係資本について要約したい。表を見てわかるように，アクセスできる地位の数の平均は，抽出された13地位のうちの6.7であった。男性は平均7の地位にアクセスしており，女性は平均6.5にアクセスしていた。この差異は統計的に有意であった。アクセスされた地位の中で最も高いスコアの平均値は75（およそ官僚の長の地位）であり，これもまた男性が女性に比べて有意に優れていた（76対74.2）。アクセスしていた地位のうち最も高い威信スコアともっとも低いスコアの差，すなわち範囲は40であり，男性が女性よりも優れていた（41.3対39）。三つの指標すべてにおいて，男性が女性よりも優れた一般的社会関係資本をもっていることは明確であった。

　最もアクセスしやすい地位は労働者（回答者の94％がアクセスありとした）であり，次いで部課長（82％），電気技術者（79％），小学校教師（75％），農業従事者（72％），管理職員（71％），社長（62％）となっていた。続く職のアクセス可能性は回答者の過半数から3分の1以下へと急落していた。アクセス可能性に関する次なるクラスターには，法律家（28％）やジャーナリスト（27％），家政婦（26％），そして政府高官（24％）が含まれていた。もっともアクセスされていなかった地位は市長であり，わずか10％の回答であった。この回答パターンは，中国都市部の代表的標本における他者との接触傾向を示すものであるが，特に驚くべきものではないといえる。なぜならヒエラルキーの

表7.2 2つのタイプの社会関係資本へのアクセス

変数	サンプルジェンダー	パーセンテージまたは平均		有意差
		男性	女性	
一般的社会関係資本				
アクセスされた地位の数	6.7	7.0	6.5	.00
アクセスされた地位で最も高い威信	75.0	76.0	74.2	.00
アクセスされた地位の威信の範囲	40.0	41.3	39.0	.00
アクセスされた地位（威信得点）				
大学教授（91）	34.8%	39.4%	31.4%	.00
市長（83）	9.7	12.5	7.6	.00
官僚の長（76）	23.8	29.0	20.0	.00
法律家（72）	28.0	32.6	24.6	.00
ジャーナリスト（68）	27.4	31.2	24.6	.00
行政・企業の長（67）	61.5	65.3	58.6	.00
部課長（60）	81.7	85.5	78.8	.00
小学校教師（58）	75.1	74.6	75.5	.56
労働者（45）	94.4	95.1	93.9	.18
管理職（45）	70.8	72.8	69.3	.04
電気技術者（44）	79.5	83.6	76.3	.00
農業従事者（30）	72.3	73.9	71.0	.09
家政婦（11）	25.5	24.7	26.1	.39
政治的社会関係資本				
アクセスされた地位の数	.62	.72	.55	.00
アクセスされた地位で最も高い威信	.59	.69	.52	.00
アクセスされた地位の威信の範囲	.11	.15	.08	.00
アクセスされた地位（威信得点）				
市党書記（3）	4.0%	5.5%	2.8%	.00
政府党書記（2）	8.4	11.5	6.1	.00
工場の党書記（1）	49.9	56.1	45.2	.00

中位の位置はもともと接触相手が多いところであるし，自分と似ているもしくは自分よりもわずかに高いか低い地位にある他者とはより接触しやすいであろうからである。

女性と比べての男性の優位性は，大半はサンプルの地位を反映したものである。表7.2を見てわかるように，男性の回答者は，威信スコアの順位が半分より下に位置する小学校教師，労働者，農業従事者，家政婦を除き，その他の地位すべてにおいて，女性よりもアクセスしていた。このため男性は威信的なヒエラルキーにおいて，自分と似ている，もしくは自分よりも上位の地位へと到

達するのに有利であるといえる。

　政治的社会関係資本について（同じく表7.2を参照）も，3変数すべてにおいて男性は女性よりも有利な立場にあった。男性のほうが，より多くの幹部的な地位へ，より高い地位の幹部へ，そしてより広い範囲の幹部へとアクセスしていた。すべてのヒエラルキー上のレベルにおいて，男性はよりアクセスしていた。3変数が示すそれぞれのタイプの社会関係資本は，クラスターとしてとらえるべきか，それとも「社会関係資本へのアクセス」と呼べるような単一次元指標としてとらえるべきなのかを判断するために，この3変数について因子分析を行った。一般的社会関係資本と政治的社会関係資本それぞれについて，分析（主成分分析およびバリマックス回転）を実施した。3因子解の結果は**表7.3**に示すとおりである。

　一般的社会関係資本については，第1因子が固有値2.47であったのに対し，第2，第3因子は極めて小さな固有値であった。この結果は，三つの変数が単一次元を構成していることを強く示すものである。また，固有値1以上の因子解に限定して求めると，単一の因子への3変数の因子負荷量はすべて，極めて高い値であった（.84，.96，および.92）。さらに，範囲の変数が最も重くなるように3変数に異なる重み付けが与えられ（アクセスされた地位の数が.13，範囲の変数が.63，アクセスされた地位のうちの最も高い威信スコアが.25である），因子得点は構成された。男性と女性とを個別に分析したところ，似たような傾向がみられた。このため，すべての回答者に対して，一般的社会関係資本の得点を構成するのに同じ重み付けを使用することにした。

　政治的社会関係資本についても同じく，3因子解においては説明される分散が第1因子に集中しており，また男女の解のパターンが類似していた。3変数から構成される第1因子の因子得点もまた，男女でほとんど同一のパターンであった。しかしながら，一般的社会関係資本については範囲の変数に，得点の中で最も大きな重みや係数がつけられていたのだが，政治的社会関係資本の場合は，アクセスできる地位の数と最も高いランクが高い係数を示した。これは，範囲の変数は0から2の値しかとり得ないように極めて限定されており，また

第 7 章　社会関係資本における不平等

表 7.3　社会関係資本へのアクセスの因子構造

変　数	サンプル	男　性	女　性
一般的社会関係資本	($N=2,713$)	($N=1,147$)	($N=1,566$)
因子の固有値　因子Ⅰ	2.47	2.46	2.48
因子Ⅱ	.00	.01	.00
因子Ⅲ	−.08	−.08	−.08
因子Ⅰの因子負荷量*			
アクセスされた地位の数	.84	.83	.85
範　囲	.96	.96	.96
最高位	.92	.92	.91
因子Ⅰの因子得点*			
アクセスされた地位の数	.13	.11	.14
範　囲	.63	.64	.62
最高位	.25	.25	.25
政治的社会関係資本	($N=2,811$)	($N=1,188$)	($N=1,623$)
因子の固有値　因子Ⅰ	2.44	2.52	2.36
因子Ⅱ	−.01	−.01	−.01
因子Ⅲ	−.03	−.02	−.03
因子Ⅰの因子負荷量*			
アクセスされた地位の数	.98	.98	.98
範　囲	.73	.77	.67
最高位	.98	.98	.98
因子Ⅰの因子得点			
アクセスされた地位の数	.51	.54	.47
範　囲	.03	.03	.03
最高位	.46	.42	.50

＊主成分分析，因子の固有値1以上，バリマックス回転。

他の二つの変数と大幅に重複しているためとして，理解可能である。

　1998年時点での中国都市部における男女間の社会関係資本の不平等は，少なくとも部分的には資本の損失によるということは明らかである。この女性の資本の損失は，人的資本，制度的資本，社会関係資本の3類型すべてに渡っていた。

第Ⅰ部　理論と研究

社会関係資本損失のさらなる検討

　では，社会関係資本は他の二つの資本——人的資本と制度的資本——とどのような関連があるのだろうか。どのような関係が女性の社会関係資本の相対的な損失を説明するのであろうか。すでに概念提示したように（第2章を参照），人的資本と社会関係資本とは関連していることが想定される。男女で異なる関係性が見られるかどうかについて分析することは興味深いだろう。別のところで詳しく述べるが（第11章），労働市場における組織や個人にとって制度的資本は，より大きな社会で広く行き渡っている価値や習慣と調和し，相互行為をしようとする場合に意義あるものである。中国社会では1990年代においてもなお，共産党が人々を凌ぐ強大な価値ある資源と行使可能な権力を握っている。このような制度的資本が男女のもつ社会関係資本，特に政治的社会関係資本と関連しているのかどうかは，研究上，注目するに値する。

親族の紐帯と非親族の紐帯との比較

　これらの資本の二つのタイプに加え，社会関係資本へのアクセスを引き出す社会的紐帯の性質についても考慮されるべきである。ここで提起される質問は，社会的紐帯のタイプが異なれば，社会関係資本へのアクセスが異なるのか，である。ネットワークの研究者たちが想定していた（第3章，第5章参照）のは，紐帯はネットワークにおけるブリッジとして，社会構造内のよりよい埋め込まれ資源への接近に役立つのではないかということであった。本調査ではそれぞれのアクセスされた地位が，共有されたネットワークの中でブリッジとなったかどうかを測定する直接的尺度は用意していなかった。ただし本調査では，回答者とアクセスされた地位（別表7.2参照）の占有者との関係性を確認している。それは単純に親族と非親族との区分で行っている。この尺度を用いることで，強い紐帯と弱い紐帯の対比を示したいと考える。中国の文脈では，親族との紐帯は広範囲でありながらも，強い結びつきであることが知られている（Lin

1989)。ただし，親族の紐帯だけが強紐帯ということではない。中国においても，その他の社会的紐帯（例えば同僚，学校の同窓生，地域の紐帯）にも強固さは見られる（Bian 1997; Ruan 1998)。このため今回の測定は，比較的弱く，控えめな紐帯の強度の推計となる。ここでの第一の仮説は，グラノベッターの議論（Granovetter 1973, 1974）に沿い，**弱い紐帯（ここでは非親族の紐帯）が，よりよい一般的社会資本資本への接近に寄与する傾向があることとする。**

しかしながら中国社会の文化的な文脈からは，また別の考慮も必要であることが示される。多くの者が，中国での家族の結びつきの重要性について言及している（Fei 1947/1992)。家族の紐帯は中国社会で重要な核となる社会構造を構成している，と断言している者もいる（Lin 1989)。中国人の家族の定義は直系の核家族を越えて，複数の世代や複数のクラン（氏)，そして婚姻関係をも含んだものとなっている。このため，そのような大規模なネットワークは，おそらく社会の大部分へのアクセスを十分に提供するであろう。そのうえ，公的な制度が，多くの正当な形での資源へのアクセスを拒む社会なので，実利的な目的のために個人間の関係をとりかわす際には，信頼が最も重要になるのである。求職において有効な助力を求める場合，弱い紐帯よりもむしろ強い紐帯のほうが用いられるという証拠もある（Bian 1997)。したがって，国家が社会主義体制をとっている中で権力的な地位（党幹部）に接近することによって，公式的な経路と過程からではアクセスできない資源への非公式な接近が可能になるかもしれない。そのような関係性が非公式で「見えない」ままであれば，それはより有効なものとなるだろう。その結果，制約された構造の中での交換が続けられていく。たいがいこのような非公式的なつながりを維持するには，通常通りの交換や取引にとどまらず，関係性への積極的関与が求められる。そのため強い紐帯はよりよいネットワークとなるのだろう。これらの問題を考えて，中国社会では政治的な交換において，親族の結びつきがある種の優位性を確保すると述べることができよう。このため第二の仮説として提示するのは，**親族の紐帯は非親族の紐帯に比べて，政治的社会関係資本によりアクセスできる**である。

第Ⅰ部　理論と研究

表7.4　親族による社会関係資本へのアクセス

	サンプル	親族の紐帯を使った割合		ジェンダー有意差
		男性	女性	
一般的社会関係資本				
アクセスされた地位（威信得点）				
大学教授（91）	34.5%	33.2%	35.7%	.41
市　長（83）	15.1	14.8	15.6	.85
政府高官（76）	22.4	19.2	25.8	.04
法律家（72）	15.0	12.4	17.5	.04
ジャーナリスト（68）	13.4	8.6	18.0	.00
社　長（67）	11.5	8.8	13.9	.00
部課長（60）	13.3	10.8	15.3	.00
小学校教師（58）	26.1	26.4	25.9	.79
労働者（45）	19.2	16.4	21.3	.00
管理職員（45）	15.8	12.1	18.9	.00
電気技術者（44）	13.7	10.9	16.0	.00
農業従事者（30）	74.4	70.1	77.1	.00
家政婦（11）	21.1	27.5	16.6	.00
関　連	（親族の紐帯を使った割合）			
アクセスされた地位の数	−.26***	−.20***		−.29***
威信得点の範囲	−.16***	−.11***		−.18***
最も高い威信得点	−.20***	−.17***		−.21***
政治的社会関係資本				
アクセスされた地位（威信得点）				
市党書記（3）	13.6%	14.1%	13.0%	.88
政府党書記（2）	11.4	7.3	17.2	.02
工場の党書記（1）	5.4	3.8	6.9	.01
関　連	（親族の紐帯を使った割合）			
アクセスされた地位の数	.05*	.04		.08*
威信得点の範囲	.05*	.05		.07*
最も高い威信得点	.07**	.05		.10**

$^*p<.05$；$^{**}p<.01$；$^{***}p<.001$。

　表7.4は，地位に接触する場合に，親族の紐帯と非親族の紐帯とを比較して，相対的に有利か不利かを検討したものである。一般的社会関係資本においては（表7.4の最初の13の職業），女性は男性に比べ，より親族の紐帯を使用して多くの地位に接近していた。例外は，小学校教師と家政婦であった。これらへの

接近には男性も女性と同じくらい親族の紐帯を使用していた。言い換えれば，男性は地位に接近する多くの場合において，女性よりも非親族的な紐帯を使用する傾向にあったということになる。男性は，小学校教師と家政婦に接近することになった場合にのみ，親族——それはたぶん彼らの配偶者——の紐帯を使用するのである。社会関係資本へアクセスする際には，男性のほうが有利であることがすでにわかっている。このためこれらのデータは，非親族の紐帯がよりよい社会関係資本へアクセスしやすくすることを大きく示すものとなる。親族の紐帯の使用と，一般的社会関係資本の3変数とのあいだの0次相関関係を調べることで，この推測が確認できる。表7.4を見てわかるように，すべての係数が負の値であり，これはアクセスされた地位の数や，アクセスされた地位のなかの威信得点の範囲や，アクセスされた地位のうちで最も高い威信得点が，親族の紐帯の使用と負の関係であることを示している。このため非親族の紐帯は，一般的社会関係資本にアクセスする際により役に立つと結論付けることができる。もし非親族の紐帯が弱い紐帯を意味するのであれば，この結果は，グラノベッターが提起した弱い紐帯の強み理論を裏付けるものとなっているといえる。

　表7.4の下段は，親族との紐帯の使用と，政治的社会関係資本へのアクセスとの関係を検討した結果である。市共産党書記へのアクセスにおける親族の紐帯の使用においては，男女間の差異はまったくみられなかったが，局と工場の共産党書記へのアクセスにおいては，再び女性のほうが親族の紐帯をより使用する傾向にあった。しかしながら，親族の紐帯が一般的社会関係資本とのあいだに負の関係性がみられたのとは対照的に，政治的社会関係資本との関係性はポジティブなものであった。これは男性よりも女性に顕著な傾向である。親族の紐帯が強い紐帯を表すものであるならば，おそらく女性については，政治的社会関係資本へのアクセスの面で，強い紐帯は弱い紐帯よりもやや有利に働くといえる。

表7.5 社会関係資本へのアクセス決定因(偏回帰系数。カッコ内は標準化系数)

外生変数	一般的社会関係資本へのアクセス		政治的社会関係資本へのアクセス	
	男 性 (N=1,004)	女 性 (N=1,393)	男 性 (N=997)	女 性 (N=1,389)
年 齢	.10 (.06)	.05 (.03)	.01** (.10)	.01** (.12)
婚 姻	.79 (.02)	.98 (.02)	.03 (.01)	.07 (.05)
世帯規模(登録)	−1.26 (−.04)	2.79** (.08)	−.03 (−.02)	.00 (.00)
教 育	2.84*** (.21)	3.1*** (.19)	.10*** (.19)	.10*** (.19)
党員資格	1.01 (.04)	1.67 (.06)	.04 (.05)	.05 (.06)
紐帯を通じたアクセスの割合	−7.28*** (−.11)	−11.36*** (−.20)	.11 (.04)	.21** (.11)
定 数	27.92	28.24	.39	.31
R^2	.07	.09	.05	.06

**$p<.01$, ***$p<.001$。

資本損失のパターン

次に,社会的ネットワーク(社会関係資本へのアクセスにおける親族との紐帯の割合),人的資本(教育),制度的資本(党員資格)が同時に社会関係資本へのアクセスに与える影響を調べるために,重回帰分析を行った。社会関係資本の2類型(一般的と政治的),および男性と女性とで異なる回帰式を推定した。それぞれの回帰式には,年齢,婚姻状態(既婚),世帯規模(登録上)といった変数それぞれの影響を統制している。表7.5に示すように,社会関係資本へのアクセスは男女ともに,人的資本(教育)からの影響を予想通り受けていた。制度的資本(党員資格)は社会関係資本に正の影響をごくわずかに与えていた。ネットワークの影響は有意ではあるものの,それは先に見たように,より複雑なものである。親族との紐帯の使用は,政治的社会関係資本には正の影響を与えていたが,一般的社会関係資本には負の影響を与えていた。また,ネットワークの効果がより重要なのは男性よりも女性のほうにおいてであった。

社会関係資本の男女への分配——資本損失の問題——にかんして,ここまでに得られた知見をまとめておきたい。女性には多大な資本損失がみられた。男

性には，より多くの職業的または政治的地位への，ヒエラルキー上でのより高い地位への，そしてより幅広い地位へのアクセスがみられた。また，社会関係資本は人的資本と有意に関連していることが明らかとなった。男性は女性よりも高い教育を受けているので，それに伴って男性の社会関係資本はより有利なものとなっていた。一方，制度的資本（党員資格）による社会関係資本への影響には，男女間の差異はそれほどみられなかった。さらに，弱い紐帯（非親族の紐帯）は一般的社会関係資本へのアクセスを容易にしていたのに対して，強い紐帯（親族の紐帯）は政治的社会関係資本へのアクセスをよくする効果があるようだ。女性は男性に比べ，社会資本にアクセスするにあたり，こうした親族ネットワークの結びつきを頼りにしていることがうかがわれた。このような社会関係資本への異なるアクセスが，労働市場で見返りがもたらされる際の有利ないし不利へと変換されるのかどうかについて，次に検討していくことにする。

社会関係資本の見返り

次に行った分析では，地位達成にかんする社会関係資本の効果を明らかにすることを目的とした。達成の変数には次の4種類を使用した。すなわち，(1)労働部門（職場単位の所有形態），(2)地位の高さ，(3)職業的威信，ならびに(4)月収（対数変換値）である。表7.1からわかるように，回答者が雇用されている領域には，国有部門，郷鎮部門，合弁企業，私的企業，そして自営業が含まれている。国有部門での労働には際だった優位性 (Lin and Bian 1991; Bian 1994) があり，仕事や収入というよりもむしろ，そこで働くこと自体が多くの者にとって地位達成の第一目標と考えられている。1980年代後半以降の社会階層システムと国有企業再建における急速な変化は，労働者の職業の選好に影響したかもしれないが，国有部門，特に国家が支配する機関・組織・施設においては，台頭する私的部門や合弁部門よりも，雇用保障，住宅割引，保健医療，年金の面でいまだ勝っているようである。

地位のランク（再び表7.1を参照）は，ヒエラルキー構造に沿った地位の序列を反映させたものである。本分析においては，これらの地位を肩書きのない「1」から，局長もしくはそれ以上の「9」までの順序付けられた値に変換している。また，表7.1に示している職業類型についても，ダミー変数を用いて検証された。多項ロジスティック回帰分析と（二項）ロジスティック回帰分析のいずれにおいても，これらの類型の順序は他のキー変数（例えば部門，ランク，収入）との間で，昇順と降順のどちらかで（推定値で）直線相関が認められており，農業と製造業は交互に最も低い係数であった。それゆえにモデルを単純化するため，回答者の現在の職業をリンとイェ（Lin and Ye 1997）が中国研究のために開発した枠組みにしたがって職業威信スコアへと変換することにした。収入については二つの尺度を採用した。それは現在の1カ月の給与と，1カ月の収入（給与と賞与の両方を含む）である。

　これらの変数は，達成すべきひとつながりの地位の集合ととらえることができるだろう。個人はまず，ある部門に属し，組織内で格付けされた地位につき，仕事に従事し，経済的報酬を得る。本分析では，内生（従属）変数として，これらひとつながりの達成変数のそれぞれに焦点を当てる。5段階の内生変数の分析に進むにつれて，前の段階での内生変数もひとつの外生変数となる。分析の最初のセットにおいては，人的資本（教育，訓練，および免許資格），制度的資本（党員資格），および社会関係資本（一般的と政治的）が，その者が現在属する部門に入ったことに対する効果を評価する。部門（国有，郷鎮，合弁，私的，自営）は五つに分かれているため，多項ロジスティック回帰を用いて，これら外生変数を考慮した上で特定部門への所属にかんするオッズ比を推定した。表7.6に示したように，国有部門を参照カテゴリー（ゆえに表示されていない）としている。このため，これらの推定値は，国有部門と比較したときのそれぞれ他の部門への所属に，人的資本，制度的資本，社会関係資本が相対的にどれだけ影響を与えていたかを示すものとなっている。また，男女別々の分析も行っている。なお年齢と16歳時の居住地域もまた統制している。

　職業経験と現職在職期間には，年齢との間に高い相関関係がみられた（.94

表7.6　現在の職業部門の決定因
（国有部門を比較グループとした多項ロジスティック回帰係数）

外生変数	部門							
	郷鎮		合弁		私的		自営	
	男性	女性	男性	女性	男性	女性	男性	女性
年　齢	-.08	-.02*	-.02	-.09**	-.08*	-.02	-.05*	-.06*
都　市	.09	.04	1.21**	1.36	1.67	1.52	.88	.84
教　育	-.44**	-.57**	.11	-.41	-.68*	-.73	-.30	-.57*
訓　練	.12	-.09	.34	.80	.97	-18.12**	-19.53**	.52
資　格	-.45	.16	-.33	-.47	-1.59	——	——	-1.13
党員資格	-.24	-.20	-.06	-.10	.33	——	-1.14*	-.59
一般的社会関係資本	.00	-.01	-.00	.02	.00	-.01	.01	.00
政治的社会関係資本	-.42*	-.13	.08	-.24	.38	.02	-.41	-1.15*
定　数	.82	2.47	-3.49	-.49	.29	-.80	-.29	1.01

*$p<.05$, **$p<.001$。

と.54）。中国の文脈では，ほとんどの労働者はいまだ終身雇用を享受している。一方，「年齢」によって表されるように，職業経験と現職在職期間はいかなる追加資産も加えていない。なお，年齢，訓練，および資格はすでに回帰式に含まれており，そこに職業経験と現職在職期間を含めると推定値に多重共線性のバイアスが生じる可能性があるため，それらは除くことにした。

　ほとんどの回答者は国有部門か郷鎮部門で働いており，そのため残された部門（合弁企業，私的企業，自営業）は推定値が信頼できなくなってしまうほど小さなサンプルサイズになってしまっている。にもかかわらず，傾向は一貫しているようにみえる。予測していたように，国有部門に対して，他のあらゆる部門に所属するのについては，教育が負の影響を与えていた。この影響は郷鎮部門において最も顕著にみられた。また訓練も，国有部門と対比して私的企業や自営業には負の影響がみられた。しかしながらサンプルサイズが小さいものであるため，これらの効果にかんしては信頼できるものではない。党員資格も，わずかではあるが一貫して，国有部門を比較基準として他の部門に負の影響がみられた。社会関係資本についてもわずかな負の影響が見られた。それは男性では特に郷鎮部門について顕著であり，また女性では自営部門で顕著であった。

第I部　理論と研究

表7.7 部門への所属, 地位のランク, 職業威信への決定因 (国有部門を参照)

外生変数	国有部門(1)		地位の高さ(2)		職業的威信(2)	
	男性	女性	男性	女性	男性	女性
年齢	1.02***	1.02**	.05***	.02***	−.15*	−.04
			(.21)	(.11)	(−.07)	(−.01)
都市	.61**	.70**	.03	.08	−2.66*	−4.78***
			(.01)	(.02)	(−.06)	(−.09)
教育	1.34***	1.60***	.52***	.27***	3.73***	5.48***
			(.28)	(.19)	(.26)	(.23)
訓練	.84	1.05	−.04	.25*	2.34	1.47
			(−.01)	(.11)	(.07)	(.04)
免許資格	1.14	.91	.37	.19	−2.69	1.92
			(.10)	(.07)	(−.07)	(.04)
党員資格	1.61***	1.49**	.93***	.75***	1.91	2.09
			(.28)	(.28)	(.06)	(.04)
一般的社会関係資本	1.00	1.01	.01	−.00	.06	.03
			(.04)	(−.01)	(.04)	(.01)
政治的社会関係資本	1.24	1.29**	.16*	.23***	.77	.22
			(.06)	(.11)	(.03)	(.01)
部門 (国有部門を参照)						
郷鎮			.29	.06	−3.00	6.20***
			(.04)	(.01)	(−.04)	(.09)
合弁			−.14	−.28	1.38	5.48
			(−.01)	(−.03)	(.01)	(.03)
私的			−.49	.01	.02	9.48
			(−.02)	(.00)	(.00)	(.04)
自営			−.13	−.13	2.59	17.66***
			(−.01)	(−.01)	(.02)	(.01)
地位の高さ					1.70***	1.02*
					(.17)	(.06)
定数			−3.33	−.97	35.24	30.93
R^2			.27	.22	.18	.11

(1) ロジスティック回帰推定値 (オッズ比)
(2) 偏回帰係数。カッコ内は標準化係数。
$^*p<.05$; $^{**}p<.01$; $^{***}p<.001$。

以上のことから, 国有部門以外の部門の所属には, 人的資本, 制度的資本, および社会資本は, あまり強くないものの, しかし一貫して負の影響を与えていることが明らかとなった。

次に, 以下のような三つの内生 (従属) 変数の分析を行う。それらは, 国有部門への所属, 地位のランク, そして職業威信である。表7.7を参照されたい。

これらの3変数は因果関係にあると考えられるため，パス解析的な戦略を用いた。つまり，まず部門に就職し，次いである地位に就く。それから特定の威信を伴う仕事が決まり，それが異なった収入に結びつくというように仮定されるわけである。ここでも分析は男女分けで行っている。

表7.7の最初の2列は，他の部門と比較しての，国有部門への所属にかんするロジスティック回帰分析の結果を表している。国有部門への所属は教育と高い関連性がみられた。訓練と資格は両方とも教育との間に相関関係がみられた（.24と.21）が，国有部門所属についての限界効果はどれも有意ではなかった。また，党員資格は国有部門への所属との間に有意な関連がみられた。女性の政治的社会関係資本を除き，社会関係資本の限界効果は正の符号ではあるものの，有意ではなかった。女性は国有部門に就職するときに，政治的社会関係資本から便益を受けていた。このため，女性が国有部門への就職にあたって，社会関係資本の見返りの損失によって不利になっているという根拠はほとんどみられなかった。

表7.7の第3列および第4列は，より高いランクの地位を得ることに対するこれら変数の影響を検討したものである。加えて，部門は回帰分析の中で外生変数として扱っている（国家部門は参照カテゴリーとして扱っている）。見てわかるように，男女ともに人的資本（教育と年齢）からの見返りを得ていたが，その便益は男性のほうが女性に比べてより強いものであった。制度的資本（党員資格）は男女に等しく便益を与えていた。政治的社会関係資本は地位のランクに正の影響を，特に女性において与えていた。

表7.7の最後の2列は，これまでの変数にさらに地位のランクを加え，それらが職業威信に与える効果を推定している。この場合も先ほどと同様に，男女ともに教育からの便益を得ていた。社会関係資本は，直接効果が全くみられなくなった。それよりもむしろ，国有部門への所属とランクを媒介して職業威信に対して間接的に影響を与えており，それは特に政治的社会関係資本において顕著であった。そしてこれは制度的資本においても同様であった。地位のランクは女性よりも男性において，より威信の高い仕事に就くのに有利に働いてい

表7.8 給与の決定因（重回帰係数。カッコ内は標準化係数）

外生変数	月給（登録された）			
	モデル1		モデル2	
	男 性	女 性	男 性	女 性
年　齢	−.00 (−.02)	−.00 (−.00)	−.00 (−.01)	−.00 (−.00)
都　市	.01 (.01)	.07* (.04)	.04 (.02)	.10 (.06)
教　育	.08*** (.14)	.19*** (.25)	.07*** (.11)	.18*** (.23)
訓　練	.04 (.04)	.06 (.05)	.01 (.01)	.03 (.03)
免許資格	.03 (.02)	.11 (.08)	.05 (.04)	.13 (.09)
党員資格	.02 (.02)	.05 (.04)	.00 (.00)	.05 (.03)
部門（国家部門を参照）				
郷　鎮	−.28*** (−.12)	−.06 (−.03)	−.29*** (−.13)	−.03 (−.02)
合　弁	.46*** (.13)	.78*** (.14)	.45*** (.13)	.74*** (.13)
私　的	.09 (.02)	.28 (.04)	.23 (.04)	.27 (.04)
自　営	−.08 (−.02)	.21 (.04)	−.08 (−.02)	.28* (.05)
地位の高さ	.04** (.11)	.04** (.08)	.04** (.12)	.04* (.07)
職業的威信	.00** (.08)	−.00 (−.01)	.00* (.08)	−.00 (−.01)
一般的社会関係資本			.00** (.09)	.01*** (.09)
政治的社会関係資本			−.04 (−.04)	.07* (.06)
定　数	5.78	5.05	5.63	4.89
R^2	.11	.15	.12	.16

*$p<.05$；**$p<.01$；***$p<.001$。

た。国有部門への所属は（郷鎮部門への所属に比べて）男性ではより威信の高い仕事を得る際には便益を与えていたけれども，女性の場合には郷鎮部門に所属しているほうがよりよい職を得るようであった。国有部門と比べると，郷鎮部門は周辺的な部門である。このため，政治的社会関係資本が職業威信へ影響

第7章 社会関係資本における不平等

表7.9 収入の決定因（重回帰係数。カッコ内は標準化係数）

外生変数	月給（登録されている給与と賞与の額）			
	モデル1		モデル2	
	男性	女性	男性	女性
年齢	−.00 (−.02)	−.00 (−.02)	−.00 (−.02)	−.00 (−.02)
都市	.01 (.01)	.08* (.05)	.03 (.02)	.11** (.06)
教育	.08*** (.14)	.19*** (.25)	.07*** (.12)	.18*** (.23)
訓練	.07 (.06)	.05 (.04)	.04 (.04)	.02 (.02)
免許資格	.00 (.00)	.12 (.09)	.03 (.02)	.15 (.11)
党員資格	.02 (.02)	.07 (.05)	.01 (.01)	.06 (.04)
部門（国有部門を参照）				
郷鎮	−.28*** (−.12)	−.08 (−.04)	−.30*** (−.13)	−.06 (−.03)
合弁	.48*** (.13)	.77*** (.13)	.46*** (.13)	.73*** (.13)
私的	.08 (.01)	.24 (.03)	.22 (.03)	.24 (.03)
自営	−.11 (−.03)	.15 (.03)	−.11 (−.03)	.22 (.04)
地位の高さ	.04** (.12)	.04** (.08)	.04*** (.12)	.04* (.07)
職業的威信	.00** (.08)	.00 (.01)	.00** (.09)	.00 (.00)
一般的社会関係資本			.01** (.10)	.01*** (.10)
政治的社会関係資本			−.04 (−.05)	.06* (.06)
定数	5.81	5.13	5.63	4.95
R^2	.13	.15	.13	.17

*$p<.05$; **$p<.01$; ***$p<.001$。

を与える際に，制度的資本は男性については有効な媒介要因となっているが，女性においてはそうなっていないことが明らかとなった。

　最後に，収入（月給および収入の対数変換値）について分析する。表7.8の最初の二つの列は，男性女性について，人的資本ならびに制度的資本が給与に

与える影響を分析したものである。女性は人的資本（教育）からより便益を受けているのに対して，男性の給与は制度的資本からより影響を受けている傾向にある。ランクと威信は女性よりも男性において，はるかに強い効果があることがわかる。合弁部門への所属は，男女の両方にもっともよい見返りをもたらしている。一方，国有部門への所属は郷鎮部門への所属と比較すると，男性にはよりよい便益を与えているものの，女性には与えていない。二つの社会関係資本変数を加えた回帰式（第3列，第4列）においては，男性も女性も一般的社会関係資本からの見返りを受け取っていた。ただし女性は加えて，政治的社会関係資本からの便益もそれほど大きくではないが得ていた。表7.9に示したのは収入全体（給与と賞与）の分析であり，給与のみの分析で得た結果とほぼ同じ結果がもたらされている。

　まとめると，国有部門への就職，高ランクの地位の獲得，または高賃金の獲得の際に，女性が社会関係資本における見返りの損失を特に被っているわけではないという証拠がいくつか見られた。実際，彼女らは政治的社会関係資本から得られる，国有部門に就職することや，より高いランクの地位，ならびによりよい賃金を獲得することなどの，わずかな見返りを享受していた。しかしこうした調査結果は，女性が地位，業務，賃金の面で平等に獲得できているということを意味するものではない。その証拠に，彼女らの階層システムの中での地位を測定したところ，男性よりもはるかに悪いという結果が出ている（表7.1参照）。したがってこれらの調査結果はただ単に，女性がこれらのギャップをいくらか埋めるためには，政治的社会関係資本を有効に動員する必要があるということを示すに過ぎない。

　政治的社会関係資本が女性に影響を与えていることをどう説明すべきか。すでに表7.2で考察したように，女性は男性に比べ，一般的社会関係資本においても政治的社会関係資本においても損失を被っている。社会関係資本は人的資本ならびに制度的資本と関連しているのであるが，それらの別タイプの資本から女性が男性よりも何らかの有利を得ているという証拠はみられなかった。それよりもむしろ，女性はその二つの資本において，資本損失を被っていた。政

第7章　社会関係資本における不平等

表7.10　紐帯関係を通じた工場と官僚機構へのアクセス

紐帯の関係性	アクセスされたポジションの割合			
	工場書記		政府書記	
	男性 (N=710)	女性 (N=759)	男性 (N=137)	女性 (N=99)
親族の紐帯				
父	.70%	.53%	.73%	4.04%
母	.00	.13	——	——
兄弟	.42	.26	.73	2.02
配偶者	.14	1.05	——	——
配偶者の親	.14	.13	——	——
配偶者の兄弟	.42	.40	——	——
兄弟の配偶者	.00	.53	——	1.01
息子	.00	.00	——	——
娘	.00	.00	——	——
義理の息子	.00	.00	——	——
義理の娘	.00	.13	——	——
父方の親族	.42	.13	2.19	2.02
母方の親族	.42	.66	1.46	2.02
息子の子供	.00	.00	——	——
娘の子供	.00	.00	——	——
他の関係	1.13	1.71	2.19	6.06
親族によらない紐帯				
同僚	10.42	5.93	9.49	6.06
上司	66.20	70.75	57.66	50.51
部下	4.08	1.98	6.57	3.03
近隣の人	2.25	3.24	2.19	6.06
親しい友人	4.37	2.90	4.38	5.05
友人	8.45	7.91	12.41	12.12
その他	.23	.26	——	——

治的社会資本にアクセスできる社会的紐帯の性質に，多少なりともこれらの損失を女性が食い止めることができる手がかりがある。すでに表7.4に示して論じたように，親族の紐帯は政治的社会関係資本にアクセスする際には正の要因となっており，そのため女性は男性よりも多く，親族の紐帯を使用するのである。

　政治的社会関係資本にアクセスするためのこれらの社会的紐帯について，さ

第Ⅰ部　理論と研究

らに分析を進めると，工場と政府機構の共産党書記へのアクセスが鍵となっているのではないかという推測が生まれる。これらの鍵となる地位にアクセスする際に，女性は男性よりも親族の紐帯を使用する傾向にあった（表7.4）。表7.10が示すデータからは，とりわけ工場の共産党書記へのアクセスにおいて，女性は配偶者ならびに兄弟姉妹の配偶者の紐帯を使用する傾向がみられる。このため，家族の紐帯が女性労働者の職場単位の中での地位を上げたり，よりよい賃金を獲得する助力となっていたように，女性がローカルな政治的資源にアクセスする際には，そのような強い紐帯を通していくらかの利得を得ていることが考えられる。

まとめと議論

　社会関係資本研究における重要な問題は，社会関係資本の不平等がどの程度，社会集団間に横たわる社会的不平等に関係しているのかである。本章では，資本の損失と見返りの損失という，資本にかんする二つの過程を分析することによって，この問題を概念化した。資本の損失とは，投資や機会の問題により，異なる社会集団が異なる質や量の資本を所有するようになることである。見返りの損失とは，動員戦略，媒介者の労力，制度的反応などが異なるために，所持している質的や量的な資本から異なった見返りがそれぞれの社会集団にもたらされることである。社会的不平等は資本の不平等が原因となっていると考えるならば，資本の不平等を理解することが重要となる。これらの定式化は，社会関係資本を含む様々なタイプの資本の不平等が，異なった社会集団においてどうみられるのか。そしてそれが異なった集団のメンバー間での社会的不平等に潜在的にどのように影響を与えているかについて，そのメカニズムを解明する一助となる。

　中国の都市居住者のデータを用いて，労働市場における男性と女性の達成についてのメカニズムを検討した。地位想起法を用いて一般的社会関係資本ならびに政治的社会関係資本の双方を測定した。その結果，中国の女性労働者は人

的資本や制度的資本と同様に，社会関係資本においても損失を被っていた。男性はより多くの職業的ならびに政治的地位や，より高いヒエラルキー上の地位，そしてより多様な地位にアクセスしていることがみてとれた。社会関係資本は人的資本と有意に関連していることも明らかとなった。男性はより高い教育達成をしているため，彼らはそれに見合った利益を社会関係資本の面で受けていた。制度的資本（党員資格）については，男女間で社会関係資本に与える影響に大きな違いはみられなかった。

　他方で，女性は国有部門への就職，高ランクの地位の獲得，または高賃金の獲得の際に，社会関係資本における見返りの損失を特に被っているわけではないという証拠がいくつか見られた。実際，彼女らは政治的社会関係資本から得られる，国有部門に就職することや，より高いランクの地位，ならびによりよい賃金を獲得することなどの，わずかな効力を享受していた。しかしこうした調査結果は，女性が地位，業務，賃金の面で平等に獲得できているということを意味するものではない。その証拠に，彼女らの階層システムの中での地位を測定したところ，男性よりもはるかに悪いという結果が出ている（表7.1参照）。したがってこれらの調査結果はただ単に，女性がこれらのギャップをいくらか埋めるために，有効に政治的社会関係資本を動員する必要があるということを示すに過ぎない。

　そのギャップを乗り越えるために，女性に何ができるのだろうか。社会関係資本にアクセスするために使われる紐帯の性質が，それを理解するひとつの手がかりとなる。女性は男性に比べ，社会関係資本にアクセスする際に，親族の紐帯をより頼りにする傾向にある。弱い紐帯（非親族の紐帯）は一般的社会関係資本へのアクセスを促進するものであるため，女性にとってはアクセスされた資本において不利となってしまう。ところが強い紐帯（親族の紐帯）は，中国ではそのような関係での信頼や積極的関与が有利に働き，政治的社会関係資本へのアクセスを強めるものとなる。このためある種の女性は，彼女の配偶者や兄弟姉妹の配偶者の紐帯に依存することによって，政治的社会関係資本へのアクセスをよりよくすることができると考えられる。そしてそれが，彼女らが

国有部門へ就職することや、高いランクの地位、ならびによりよい賃金の獲得において抱えている不利な立場の克服に役立つのである。

　第6章で言及したように、社会関係資本へのアクセスの差異は、研究的に大いに注目するに値する。構造的地位や社会的ネットワークの有利さ・不利さが影響するために、社会集団（ジェンダーや人種）によって社会関係資本へのアクセスに差異が見られることが指摘されている。よりよいステータス獲得に際して不利な立場にあるのならば、日常的な交際圏を越えて資源にアクセスしたり（Ensel 1979）、会社の中で支援者を見つけたり（Burt 1998a）、男性によって占められているクラブに加入したり（Beggs, J. and Hurlbert 1997）、近所や職場を越えたつながりを見つけたり（Green, G., Tigges, L., and Browne, I. 1995）、時には民族的境界を越えたつながりを見つけたり（Stanton-Salazar and Dornbusch 1995; Stanton-Salazar 1997）と、彼・彼女らには戦略的行動が求められる。本研究は限られた方法ではあったが、社会的不平等の分析によって、資本の観点からの行動可能性を明らかにした。

　資本不平等、資本損失、ならびに見返り損失の概念は、社会集団間に生じる資本の不平等（とりわけ社会関係資本にかんしての）と、それらの不平等が社会的不平等に与える影響についてのメカニズムを分解し、解明するのに役立つ。同時に既存の社会における、そうした不平等の文化的性質と、制度的性質とを分離し、その制度的文脈内で不利な立場に置かれた者にとっての戦略的意義（例えば、女性が政治的社会関係資本にアクセスするために、親族の紐帯を使用すること）を明らかにする一助となる。本章で行った調査課題についての議論、および実証的調査による検討からは、次のことも示唆される。すなわち、制度的および文化的多様性を明らかにするための特有の尺度やデザインを備えた体系的かつ実証的な調査研究は、異なる種類の社会的不平等について、また、様々なコミュニティや社会において異なる社会集団間に発生する資本の不平等や社会的不平等についての理解を促す点で有益である。

第Ⅱ部　概念上の展開

第8章

社会関係資本と社会構造の創出
——合理的選択理論——

　この章では，合理的な行為がいかにして社会構造を導くか，という問題に焦点を当てる。これまでのところ，社会関係資本の理論が展開され，研究がなされてきたのは，社会構造というコンテクストの内部での意味のある行動を理解するためであった。つまり，社会構造のアプリオリな存在と効果を認め，認識しながら行為の問題に取り組んできたわけだ。この章で探求してみたいのは，行為が社会構造を導く可能性についてである。資源の維持と防御，資源の獲得と拡張に基づいた合理性が，相互行為のルールと一次的社会集団（例えば原初的集団）の形成についてよりよく理解する助けとなるか，という問題に対する答えについて理論的に検討してみようと思う。さらに，個人的資本に比較した社会関係資本の有用性について考えることで，合理的選択が原初的集団を越えた社会構造の発生を導くことの理論的な説明ができるかどうかということについて検討してみよう。[1]

　この章は，行為がどのように社会構造の発生につながっているのか，ということについての理論を簡潔に整理している。私がこのプロセスを理論化しようとしたのは，行為から構造を説明することは理論的（論理的）に構造と行為のあいだの相互依存のプロセスに先行すべきだ，と考えるからだ。構造の出現を導く行為の問題を解き明かして初めて，構造と行為の相互関係（行為が構造に影響し，構造が行為に影響するということ）を語ることができるのである。社会構造の発生の問題に焦点を合わせることは，行為理論の他の重要な課題に光

（1）　この章のほとんどは Lin (1994a) から許可を得た上で転載・修正されたものである。

を当てることにもなる。合理性とは何か，行為と相互行為を導く原理とは何か，社会構造（集団や集合体）が単に成立可能であるだけでなく行為と相互行為の原理から必然的に生じてくるのはなぜか，といった問題である。

　基本的な主張は次の三つである。第一に，合理的行為は価値付けられた資源について多面的な動機をもつとみなされること。その中でも特に二つが根本的なものだ。損失の最小化と利得の最大化である。この二つは経験的には相関しているが，独立した計算であり，前者が後者よりも優先的に追求される（第4章を参照）。第二に，これらの計算，そして相続の問題が資源移譲のルールと原初的集団の優位性を生み出す。原初的集団の中での相互行為と集合的行為は，何よりも資源を保持・防御しようという感情によるものであり，資源を獲得する必要性は二次的な働きをするにすぎない。第三に，一般的にいって，社会関係資本（社会的紐帯に埋め込まれた資源）の有効性は個人的資源・人的資源のそれを凌いでいる。この計算によって，価値付けられた資源の希少性にもかかわらず，個人は原初的集団を越えて相互行為を拡張させていくわけである。いったんこういった紐帯や交換が形成されると，何らかの集団のルールが登場してくる。こういったルールは，やりとりを行う行為者の当初の意図や利害を超えて，社会構造形成のための基盤となるのである。

　この章は，原初的集団の形成とその重要性について説明するために，すでに提起した社会関係資本理論（第5章）での行為と相互行為にかんする基本命題にしたがう。次に個人的資本と社会関係資本の有効性の比較について説明し，社会関係資本の有効性が相対的に優位であることが，原初的集団の外部での行為者の相互行為と交換の動機となる，と論じている。本章では，社会構造の発生の特質にかんするさらなる議論を行って結論としている。こういった探索はその性質上思弁的になるし，ここではどうしても短いものにならざるを得ない。とはいえ，さらなる精緻化と評価が可能になるように，鍵となる論理を提示し，命題群の概略を示すことに目的が置かれている。

　説明を始める前に，この問題を社会構造と行為の理論化のコンテクストに位置付けしておくと，理解の助けになるだろう。

第 8 章　社会関係資本と社会構造の創出

社会学的理論化

　社会学理論をカテゴリー化するひとつのやり方として，構造と行為者という社会の二つのレベルをめぐって理論が原因と結果をどのように考えているか，を把握する方法がある。この二つのレベルが二分法をなすとすれば，シンプルな分類を表8.1のように示すことができる。この分類法だと，理論を四つに分けることができる。マクロ理論は原因と結果の両方を構造レベルに置くのに対して，ミクロ理論は両方とも行為者のレベルに置く。構造理論は原因となる構造的概念を結果となる行為者レベルの概念に結びつけ，行為理論は行為レベルの概念による構造レベルの帰結を仮説化する。

　原因と結果の概念を構造レベルと行為レベルの両方に置くようなもっと複雑な理論や二つ以上のレベル（個人行為者，組織，社会といったレベル（Hannan, M. 1992参照））を想定するような理論を考えることもできるのだから，表8.1で示した分類は単純化されたものである。例えば行為者の心理的な幸福（行為者レベルの結果の概念）についての理論は，当人のネットワークによるサポート（構造レベルの概念）と自身の自尊心（行為者レベルの概念）の両方の結果を想定することができる（例えば Lin, Dean, and Ensel 1986 を参照）。同様に収入レベルは，教育レベル（行為者レベル概念），企業の特性（組織レベル概念），産業部門（経済あるいは社会レベルの概念）の結果として見ることができる（例えば Kalleberg and Lincoln, J. 1988 を参照）。

　こういった留保をしておけば，表8.1での分類は特定の理論が位置する基本的な理論的プロセスとみなすことができる。私の考えでは，四つのタイプのうちでは行為理論が最も挑戦的で意見の分かれやすいものだ。挑戦的であるというのは，行為理論の原因概念は，通常は何よりも経済学，心理学，文化人類学などの他の学問領域の支配下にあるとされている概念と，明らかに混じり合っているからだ。例えば合理的選択理論は自己利益を最適化・最大化する選択という経済学の前提を広く拝借している（Coleman 1990）。心理学やパーソナリ

表8.1 ミクロ-マクロに基づいた社会学理論の分類

有効概念	原因となる概念	
	構　造	行為者
構　造 行為者	マクロ理論 構造理論	行為理論 ミクロ理論

ティの特性は，幸福（well-being）やディストレス，態度といった概念のもとになっているものだ（Elias, N. 1939/1978における羞恥の理論，Scheff, T. 1992での感情の理論を参照）。規範，価値，伝統は集合的経験，社会化の経験から分離することができない（Marini, M. 1992）。行為理論としては，これらの行為の源（Coleman 1990によれば**行為の泉**）を理論の中から手放したくはない。行為理論は，単純にこれらの要因を理論にとって外生的なものと考えているのだ。にもかかわらず行為理論は，それが他の分野によって理論的に提起されている概念の単なるバリエーション以上のものだ，ということを示す必要がある。

　行為（行為者レベルの概念）から構造に至る因果のつながりという行為理論の主要命題が，全体は相互作用し合う部分によって説明できる，ということを示しているようにみえることも，行為理論が賛否両論を引き起こすことの理由である。一般的に言って，レベルを横断する因果関係は，同レベルでの因果関係よりも理論化することが難しいものだ。しかし構造理論は，少なくとも構造が行為者よりも普遍的に広がっている，という点で有利である。ある行為者の求職行動が労働市場の厳しさによって説明される，という主張がされる場合，求職行動を労働市場という文脈の外に置いて考えることは難しいのである[2]。他方で行為理論はこういった利点を持ち合わせていない。というのも，一般的に構造は行為や相互行為の合計以上のものとして考えられているからだ（構造的・組織的頑強性についてのHannan 1992の説明を参照）。そのうえ，一端構造を措定してしまうと，構造と行為のあいだの連続的な相互作用を無視することが

　（2）　ここでは命題の妥当性に対して賛否を表明しているわけではない。

第8章　社会関係資本と社会構造の創出

理論的に困難になる。行為理論は，構造による結果を考慮した後，行為の結果がいかにして残るのかということを示していかなければならない，という困難に常に向き合っているわけである。アベル（Abell, P. 1992, p.186）は，合理的選択理論にとっての根本的な難問は，いかにして「相互に依存し合う個々の行為がシステム（あるいは集合的）レベルの結果を生み出す」のかということを明らかにすることにある，といみじくも指摘している。

行為の原則
――損失の最小化と利得の最大化――

　行為の動機について二つのシンプルな仮定を置くことから理論を組み立てよう。一つめは，行為は何よりも生まれつきの生存欲求によって駆り立てられたものであるということ。二つめは，生存は価値付けされた資源の蓄積に左右されるものであるということ。行為の動機（源泉）についてのこれらの仮定は，これ以上手を加える必要のないものである。さらに展開する必要があるのは，行為の原則――選択と，選択肢のあいだの優先度――についてである。ここで再び単純化のために，行為は資源を防御（維持）する欲望と資源を求める（拡大する）欲求によって駆り立てられるものである，と仮定する。[3] 資源の防御に動機付けられた行為は，資源の損失を（損失とコストとを比較して）最小化する計算を行う。他方で資源の拡大に動機付けられた行為は，資源の獲得を（利得とコストとを比較して）最大化する計算を行うものだ。損失と利得の相対的重要性にかんしては，既存の社会学理論（同類原理と表出的欲求の優位性）と実証的証拠（日常的行動では損失を防ぐことが利得を探し求めることよりも重要だと考えられているという知見を支持する証拠のレビューとして，Marini 1992 を参照）から示唆が得られる。それらを根拠として，資源を守ることは資源を拡大することよりも優先される，と主張しておこう。[4]

　命題1　資源の防御と維持は行為の究極の動機である。しがたって**行為の第**

（3）　この仮定は目的的行為のアプローチと矛盾しない。
（4）　このことはそもそも行為者が資源をいくらかでも所有している場合にのみ妥当となる。

一原則は(資源の)損失の最小化の計算である。

　命題2　資源を獲得し拡大することが行為の第二の主要動機である。したがって行為の第二原則は(資源の)獲得の最大化の計算である。

　これらの命題から,二つの重要な主張が提起される。第一に,損失の最小化と利得の最大化は逆関数の関係にあるのではなく,二つの独立した関数である[5]。これらは異なった選択(資源の種類や量)を含み,それゆえ異なった選好を含むものである。第二に,これら二つは二律背反ではなくランク付けされた行為を形作る。ある一連の行為が損失の最小化と利得の最大化という二つの動機を表すこともあるだろう。チャンスがあれば,両方の動機を同時に実現しようとする行為がなされる。しかし行為者がいずれかを選ばなくてはならないときは,資源の維持が優先される。損失の最小化の計算にこそ高い優先順位がつけられるのである。

認知と利潤
―――相互行為の原則―――

　この二つの行為原則からいかにして相互行為が導かれるのだろうか。まず何よりもこの行為原則からは,相互行為が第一に資源損失の最小化,第二に利得の最大化をもたらすために行われる,ということを想定することができる。損失最小化の原則にしたがった相互行為は,他の行為者に対して,資源を損失しないように懸命に防御することとなる。最もよい結果は,損失が発生しないことだ。もし両方の行為者が最小化原則を採用した場合,両者が無損失を受け入れる,という結果が一つの部分的な均衡となる。世間一般の言い方だと,この結果は各々の資源を所有する正当な資格を**相互**に認知しあうこと,つまり所有権である[6]。したがって認知は,他者のもつ資源の支配権を犯すことを放棄する,

---

(5)　経験的には,これら二つはネガティブに相関している。

(6)　信頼という言い方もあり得るだろう。しかし認知は信頼なしでも成立することがあり,信頼の方が情緒的に強い意味をもっている。認知についてのより詳しい説明は第9章を参照。

というコストを強いる。これが最小のコストとなる。

　この均衡は部分的なものである。というのは，かなり制約的な状況でのみ成立するものだからだ。第一に，この均衡は相互行為にたった二人の人間しか参加しないことを想定している。複数（三人以上）の行為者が関わってきた場合，同盟が生まれ，部分均衡を維持することが難しくなる。第二に，二人の行為者が同じ量の資源を相互行為にもち込むということはまれである，ということがある。この意味で，認知は定数というよりは変数である。つまり，認知は二者において不均等なコスト負担をもたらすことがある。行為者は，他我のもつ資源の支配権を犯さないだけでなく，第三者との相互行為の中で他我の支配権が脅かされたときには他我に味方すると約束することで，より多くの認知を他我に与えることもあるだろう。あるいは，他者に対しての資源提供に同意した後にのみ認知が維持される，ということもあるだろう。こう考えていくと，認知には最低二つのタイプがあることがわかる。一つめのタイプは，相互認知が互いに最小のコストで成立する場合であり（Pizzorno, A. 1991），このときの認知は承認あるいは社会的承認とみなすことができるだろう（Lindenberg, S. 1992）。別のタイプとして，正当化──認知を保証するための，一般的に受け入れられた行為のルール──の意味で認知を考えることもできる。均衡が制約的と言わざるを得ない第三の理由は，行為者が純粋な最小化原則を一連の行為の中で採用することはめったにないということである。認知は一人あるいは複数の行為者が利得最大化原則をもち出すまでの一時的な結果なのかもしれないのだ。

　したがって現実の状況では，認知は通常相互行為の参加者がコストを不均等に負担することの結果として生じるものである。このことについては次の章で詳しく説明することにしよう。とはいえ，認知が相互行為の根本原則であるということは強調しておきたい。というのも，認知は行為者が最低でも生き残ることを保証するものであり，行為の第一原則（命題1）に沿ったものであるからだ。

（7）　最大化原則が適用される場合，この結果は単なる膠着状態であるか，最悪の結果としてとらえられるということに注意せよ。

命題3：行為の最小化原則に従うことで，相互行為は各々の行為者の資源の
　　支配権を認知する方向に向かう。
　認知の考え方は，一部の合理的選択論者によって生み出されたいくつかの概念と矛盾しない（Pizzorno 1991; Lindenberg 1992）。ここで明らかにしたことは，相互行為における認知は行為が利得最大化ではなく損失最小化の原則によって動機付けられている際に理解可能になる，ということだ。
　利得最大化の原則に基づいた相互行為の説明はスキップしようと思う。というのは，それはたくさんの研究の中で発展してきた通常の経済的計算の反映に過ぎないからだ。この時点で研究に値するのは，これらの行為および相互行為の原則がいかにして社会構造の発生のきっかけとなるのか，ということである。

資源の相続と移譲
——原初的集団の優位性——

　人間の行為はさらに，生来的だが重大な生命につきものの事情によってややこしいものとなっている。つまり生命には終わりがあることと，生は再生産されることである。個人行為者の生存は時間の面で有限である。行為者が人生から退出するとき，すべての関連する資源を他の行為者が競争によって獲得する対象としてに還元する，ということも考えられる。しかしこの戦略をとると，行為者は資源を守り拡大してきた一生の営為（行為と相互行為）のあとで資源を完全に失うことになる。
　こういうやり方ではなく，資源を他の行為者（たち）に移譲するというやり方もある。損失最小化の原則（命題1）の優位性を拡張すると，行為者は自分の資源を，自分の代理人として最もふさわしい人物に移譲するということが想像できる。代理人としての適合性は，認知と正当性の面で当人とどれだけ自然に同一化できるかによって判断される。多くの社会では，生の再生産が代理人を特定する分かりやすいルールとなっている。したがってほとんどの社会では，原初的集団，つまり家族が行為者当人の直接的で自然な拡張形態となるわけだ。[8]
　資源の相続と移譲において原初的集団が優位性をもつことで，さらなる非経

第8章　社会関係資本と社会構造の創出

済的要素が行為に組み込まれてくる。相続を原初的集団に限定することで，代理人の選択の幅は狭くなる。相続のルール次第では，選択肢は限りなく小さくなる（例えば長男を被相続人にする場合）。こうして，認知と正当化はますます利得最大化——経済的計算——に有用な能力とスキルよりも優位なものになっていく。人類の歴史を通じて遍在する原初的集団のせいで，経済的計算のみに基づいた理論は明らかに非現実的なものとなっているのである。

　この最後の結論から，こういった行為が合理的ではない，という結論が導かれるというのは間違いだ。合理性を選択肢の計算による論理的推論のプロセスとして定義すれば，すでに論じたように，認知と利得は明らかに相互行為の選択の合理的基盤となっているのである。

個人的資本，社会関係資本，社会的ネットワーク

　損失を最小化し利得を最大化する欲求は，原初的集団を超えていく相互行為を理解するための二つの基礎単位となる。しかしここでもう一つの基礎単位を導入する必要がある。すなわち，個人的資本と社会関係資本という二種類の資本の相対的な有用性について考察しなくてはならない。

　個人的資本とは，その使用や処分についての決定権をもつ（権限を及ぼすこ

（8）　他のところでは（Lin 1989），移譲のルールと移譲される資源の類型について論じている。家族のコンテクストでの移譲のルールには多様なものがある。例えば継承のルールは社会によって多様であるし，男性優位の強い傾向は共通して存在するにせよ，一子相続，長子相続，均分相続原則と多様なかたちがある。興味深いケースとして，中国の伝統的相続システムがある。そこではルールが使い分けられており，家長の権限は長子に継承されるが，財産は息子たちに均等に継承されるのである。これにより生じる衝突と混乱，そして共同資源の減衰は，いかなる経済原則によっても説明することができない。ここでは家族集団（たいていの社会では支配的な原初的集団である）が唯一の原初的集団というわけでもないのだ。原初的集団は他の基盤（例えば民族的，宗教的，ジェンダー的同一性）をもとにして形成されうるし，そうされてきたものである。原初的集団のこういった多様性はしかし，この章の残りの説明の妥当性を損なうものではない。

第Ⅱ部　概念上の展開

とのできる）行為者に所有される資源のことを指す。所有された財を，行為者当人が適格だとみなした継承者に移譲することも可能である。社会関係資本は他の行為者に帰属する財である。他の行為者と相互行為・関係をもつことで，そういった資源がエゴの目的のために借り出される可能性が生まれる。その代わりに，拝借された資源は返却され，見返りを返さなくてはならない。最も原初的な時代では，収穫時に鎌を隣の人から借りるのが，社会関係資本へのアクセスとその利用の一つの例であろう。収穫が終わってしまえば，道具は隣人に返却される（無傷で返されるか，でなければ交換される）ことになる。より重要なことは，隣人もエゴの資源，例えば息子などを，収穫作業で働かせるために借りてもよい，という了解がなされていることである。

　関係と相互的取引を維持するのにエネルギーと資源を費やさなければならない上に，社会関係資本を利用する際には制約がついてまわるから，人は社会関係資本よりも個人的資本の蓄積を好みそうなものである。つまり，個人的資本を利用する際の相対的なコストは，社会関係資本の利用の際のそれ（一時的にしか使えないこと，返却・置き換えの義務，互恵性の約束）よりもずっと小さくて済む。ならば，社会関係資本の利用および社会関係の維持をどのように説明できるだろうか。これはもちろん，行為を構造と結びつけるいかなる理論においても決定的で重要な問題である。

　社会関係資本が利用される根拠は，主に次の二つの理論命題に立脚したものだ。

　　命題4：社会関係資本の蓄積は個人的資本の蓄積よりもずっと早い。個人的資本の蓄積は加算的であるが，社会関係資本の蓄積は指数関数的である。
　　命題5：原初的集団の外での相互行為が資源獲得を目指したものである場合，それは個人的資本の獲得ではなく社会関係資本へのアクセスに向けられる。

　個人的資本は，行為者やその原初的集団の成員による行為によって蓄積される。したがって原初的集団は，資源の産出と蓄積が加速するように，（拡大家族にみられるように）規模が大きくなる傾向がある。

第 8 章　社会関係資本と社会構造の創出

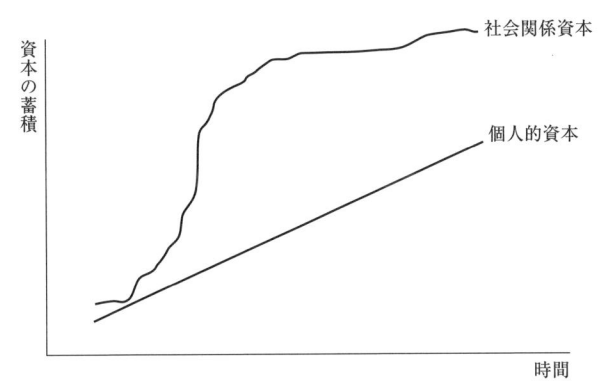

図 8.1　個人的資本と社会関係資本の蓄積率

　対照的に社会関係資本は社会的紐帯を取り結び，維持することによって生み出される。紐帯をとりもった人との関係は，その人（他我）のもつ資源とのつながり，したがってそれへのアクセスを可能にする。これがエゴにとっての社会関係資本である。さらに，他我にいったんアクセスできれば，他我の資源がエゴの社会関係資本となるだけではなく，他我のもつ社会的紐帯もさらに別の社会関係資本をもたらす可能性が生じるのである。理論的には，社会関係資本はエゴの直接的紐帯と間接的紐帯のネットワークを通じてアクセス可能となる。そのような社会関係資本へのアクセスの程度は，紐帯を結ぶ人がどれくらい資源利用の裁量を有しているかにも左右されるが，もちろん紐帯の性質と広がりと同時にも左右される。紐帯が直接紐帯と間接的紐帯の両方に及ぶにつれ，社会関係資本の蓄積量は指数関数的に増加していく。このようにネットワーキング原則を利用することで，社会関係資本は素早く増殖していく。仮説としては図8.1のように描かれるだろう。
　社会関係資本の指数関数的増加モデルを説明するためには，さらなる考慮が必要になる。図8.1に描かれた曲線は完全に推測に基づいたものだ。Ｓ字型曲線の傾斜は，相互行為とネットワークが最初はゆっくりと，おそらく同種類の資源をもつ小さな行為者集団のあいだで広がっていき，そして次に素早く，ネットワークが間接的紐帯を介して拡張するにしたがって多様でより質のよい資

171

源をもつ行為者のあいだに広がっていく、という仮定に基づいたものだ。成長は最後には頭打ちになり、上限に達する。関数が効率性の面で制限を受けているはずだからである（これは、認知・正当化とはネガティブに、相互的義務のコストおよび量とはポジティブに関係しているような間接的なつながりの数の関数かもしれない）。

社会関係資本の蓄積と利用の相対的なコストは高いのだが、そういったコストは社会関係資本が蓄積するスピードの相対的アドバンテージによって埋め合わされ、また凌駕される状態が生じる。たいていの行為者にとって、必然的に合理的計算によって社会関係資本のほうが好まれるように傾いていくのは、個人的資本の蓄積には二つの制約条件があるからだ。原初的集団のサイズが限られていること、そして資源の希少性である。

すでに述べたように、個人的資源の蓄積を加速させる一つの方法は、資源を生産し移譲する際の利害を共有する成員からなる原初的集団を拡張することだ。しかし原初的集団のサイズが大きくなるにつれ、中央集権化された資源管理の維持に問題が生じ、資源の所有権の相続の際に競争が生まれる。原初的集団の拡大路線を維持するためには、資源が成員に十分に行き渡るように次々に資源を生み出していかなくてはならない。資源生産のための原材料がふんだんに存在するときには、原初的集団は拡張を継続することができる。

しかし、複数の集団が資源を獲得して拡大していけば、いつかは資源を巡って争わなくてはならなくなるポイントに辿り着くことになる。希少資源を巡る争いは、他の原初的集団の所有物を物理的に占有し、その成員を資源を生み出す道具、つまり奴隷労働力に変えてしまうことで、初期レベルのうちに収めることもできる。とはいえ、他の集団を支配する能力が集団のサイズや手段（技術）の優位性の面で絶大であるなら話は別だが、エゴの所属する集団が逆に奴隷化されるというリスクにも常に存在する。

資源の希少性に対して奴隷制で対処するやり方の代替案が、社会関係資本へのアクセスとその利用である。もちろんそれはすでに述べたように個人的資本の利用よりも大きなコストを引き起こすのであるが。いったんそういった関係

を取り結ぶことが決められれば,原初的集団の外部にいる行為者との相互行為が行われるようになるだけでなく,社会関係資本へのアクセスを目指してそういった相互行為が活発に行われるようになる。社会関係資本へのアクセスは行為の動機(損失最小化と利得最大化)と相互行為の原則(認知と利潤)に沿ったものである。社会関係資本はこの両方の目的にかなうように利用されることができる。

構造の発生

社会関係資本へのこういったアクセスには,無視できないコストがついてまわる。認知と利潤にかんして,お返しをする心積もりをしなければならない,というコストである。見返りとして自分の資源を社会関係資本として他者に提供するというコミットメントが必須となる。社会関係資本への安定したアクセスを確保し,互恵性を示すために,相互行為はルーティン化される。つまり,社会関係が形成されるわけである。社会関係の維持は命題1と2で明示された二つの合理的原則にも基づいている。社会関係資本は何よりも,自分の資源を維持し,守るために活用される。追加資源の獲得のための利用は二次的なものである。正当化が互恵性と計算プロセスを導くガイドとなる。ルーティン化された社会関係が多くの行為者やそれぞれの原初的(および拡大された)集団を直接,間接に含み込んでいる事実により,計算は複雑なものになる。こういった関係の形成は社会関係資本へのアクセスを促進はするが,他方で関係の認知と正当化,そして義務が,すぐに計算をややこしいものにしてしまう。要するに,社会関係資本の共有と正当化ルールの必要性の増大が同時に進むのである。次に行動を起こす際に,行為者は行為をやりとりする相手の資源を維持する,あるいはそれを拡大する義務に沿っているかどうかを考慮に入れなくてはならない。

ルーティン化された社会関係の数が増大し,複雑になると,認知と正当化のルールもまた増えていかざるを得ない。これらのルールは個人的資本(財産)

の基本的権利を認め,同時に相互行為ネットワークの中の行為者が資源を提供する責任と義務を明示するものである。事実,認知は不等価交換のコストを克服する有力な方法の一つであり,高い社会的地位にいて豊かな資源を有する者がなぜ低い社会的地位にいて乏しい資源しかもたない個人と繰り返し交換を行うのか,ということの理由である。このことについては次章で詳しく論じることにしよう。

集合体と公共的資本

　いったんそういった社会関係と資源の共有が確立され維持されるようになると,集合体が形成される。**集合体**とは,社会関係資本を共有するために結束した行為者あるいは原初的集団の集まりである。集合体は,特定の行為者に属さずに集合体に帰属する資源を新たに産出することもできる。これが**公共的資本**である。集合体が持続するか否かは,行為者を他の行為者や共有資源へのアクセスとその利用にかんして管理する公式的・非公式的なルールにかかっている。こういったルールは,成員となる行為者に多様な義務と見返りを規定する。

　義務を成員ごとに多様にすることは,集合体の持続が共有資源の維持と獲得にかかっていることを考えると,必要な措置である。義務には二種類のものがある。(1)集合体とそのルールを認知し,それに(情緒的な)忠誠を誓うこと,そして(2)共有資源,特に公共的資本の生産のパフォーマンスの量およびタイプである。忠誠は公共的資本の損失を最小化し,パフォーマンスの要件は公共的資本の利得を最大化する。それぞれの行為者が集合体に対する異なった義務を果たしているとして評価されるのだから,**報酬もそれに応じて多様である必要**がある。つまり,強い忠誠を示す者,そして高いレベルのパフォーマンスを示す者にはより多くの報酬が与えられることになる。報酬は物質的であることもあるし,象徴的なものであることもある。物質的報酬は行為者―占有者に対する資源の指定と割り当てであることもあるし(個人的資本の獲得),共有資源(公共的資本)へのアクセスと利用の権限である場合もある。象徴的報酬には,

第8章 社会関係資本と社会構造の創出

行為者—占有者への公的な表彰や，行為者の子孫にそうした名誉が継承される保証が含まれる。もう一つ重要な報酬のシステムとしては，集合体において執行力のある地位を割り振る際のルールと手続きにかんするものがある。これについては後で詳述する。

　これらの義務と見返りは，集合体の存続にとって必要なものであるが，行為者が自分自身，そして原初的集団に対してもっている基本的な義務を補完することもあるし，そういった義務と競合することもある。補完するというのは，個人的資本の不足が個人の生存を脅かすことがないように，集合体での共有資源が個人的資本を補うからである。競合するというのは，共有資源生産と忠誠の約束にエネルギーを割くことは，個人にとって負担になるからだ。

　しかし不可避的に利害が衝突することもある。行為者の本来の動機は個人的資本を維持・獲得することであって公共的資本を創りだすことではないのだから，集合体や集合財のためにすすんで功績を上げ，忠誠を示すことは，次の二つの重要な要因に左右される。(1)行為者にとって公共的資本がどれほど重要か。(2)忠誠やパフォーマンスに関わる集合的な義務・見返りが行為者本来の義務・見返りとどれほど一致しているか。これら二つの点がポジティブであるほど，行為者は集合体と集合財のために功績を上げ，忠誠を示す可能性が高くなる。極端な状況では，行為者は原初的集団および集合体の共有資源を守るために，究極の犠牲を払う，つまり自らの生命を差し出すこともあるだろう。

　上記二つの要件が満たされない場合，次の二つの結果が生じるだろう。行為者が公共的資本を失うリスクを背負いつつ自分とその原初的集団の利害によりマッチした別の集合体を見つけることを期待して，今いる集合体を去る，あるいは行為者はフリーライダーとして，共有資源を個人的資本として流用するという可能性が考えられる。これら二つの選択にはもちろんリスクがつきまとう。集合体を去ることは，自分を守り，生存のための資源を見つける際の困難を大きくする。フリーライダーは集合体が定めた刑罰（個人的資本と公共的資本の剥奪）を受けるリスクを引き起こす。後者のリスクについては後に検討することにする。

集合体のサイズが大きくなるにつれ，相互行為は断片化し（ネットワークのローカル化），共有資源は分断されていく（共有された資源と特性に基づいたローカル化）。集合体のレベルでは，行為者の数，公共的資本の需要の増加をカバーすべく，義務と見返りが常に見直されなくてはならない。だが結果的には，集合的な義務・責任と個人や原初的集団本来の義務・責任とが重なり合う割合は減ることになる。そうしてルーティン化された認知と正当化は行為者を集合体に結びつける際の有用性を失うことだろう。

社会契約

集合的な義務と見返りが成員個々人の義務と見返りにマッチしているように受け止めさせ，断片化と分断化という構造的問題を克服し，忠誠と業績を引き出し，集合体からの退出とフリーライドを最小化させるために，集合体は次のような三つの戦略を展開・採用することができる。(1)集合的義務と見返りを**内面化**させるため，教育・文化適応により行為者を教化する（Bourdieu and Passeron 1977; Marini 1992）。(2)大衆に向けたキャンペーンを実施し，行為者に共有資源と集合体の魅力を**同一化**させる（Putnam 1993）。(3)**強制的に順守**するようにルールを作成・強化する。ケルマン（Kelman, H. 1961）の三つのプロセス（内面化，同一化，順守）の理論から，上記三つの戦略を二つの軸によって分類することができる。順守は最大限のスピードで達成できるが，効果は最小限にとどまる。統制が確立していれば，順守は素早く達成できる（戦争捕虜の行動など）。しかし統制が効かなくなると，順守行動は素早く変化するか，消えることにもなる。他方で内面化は達成するのに最も時間がかかるが，最小限の統制でも行動が持続することが期待される。こういった戦略について検討することは本章の範囲を超える。強調しておくべきは，これらの戦略は集合体のなかの行為者のための行動規則を生み出すということである。そして，強制執行のための執行者と機関が存在しなければならない。

執行者は集合体のルールを守らせるだけでなく，活動を運営・管理するため

に利用される。執行者はその功績の評価に応じて見返りを与えられる。執行者の登場，そしてその必要性は，新しいかたちでの行為者と集合体の関係を生み出すことになる。執行者は個人の資源よりも権威を上に見ており，集合体の利益のために行動する。執行者は個人行為者の資源を守り，増やすことを期待されてもいるが，究極的には彼らへの見返りは集合体への忠誠と公共的資本の拡張を行うことで得られるものである。

　資源の希少性が増し，集合体が大きくなるにつれ，集合体の生存がますます執行者によるルールの強制に頼るようになるため，執行者は他の成員よりも卓越した存在になっていく。資源の種類と量に応じた明確な役割のある地位（役割上の行為者）を特定し，ルールを実行し，その地位を占めるものとして行為者を決める。そのようにすることが行為者，資源，ルールを統合する重要な手段となる。したがって，行為者の間のヒエラルキーは単に義務と見返りの多様性からだけではなく，執行者となるための機会の割り振りの格差からも生じるのである。これらの義務，見返り，機会は，行為者が占める地位に関連する機関の基盤を形成する。

社会システムにおける緊張関係の原因

　執行役を担う行為者と他の自然的行為者とのあいだの関係，現実の社会システムにおける正当化と利潤ルールの形式化，社会システムへの忠誠や利潤と個々人本来の忠誠・利潤と執行役のもつそれらのあいだにある緊張関係については，より詳しく論じる余裕がない。とはいえ，社会システムにおいて発生しうる緊張の原因をいくつか指摘することはできる。最も予想できるのは，個人的資本と公共的資本の間の緊張関係だ。究極的な生存本能と公共的資本へのアクセスのコストにより，自然的行為者にとっては個人的資本を獲得する欲求の方がずっと強くなる。社会システムは，参加者に適度に個人的資本を守り獲得する機会を与えることと，公共的資本を創りだし維持するよう強制することのバランスをとらなくてはならない。

緊張の原因のうち二つめは，移動と連帯のあいだのバランスにある。移動とは社会的ヒエラルキーを上昇する機会のことで，対して連帯とは他の参加者の利害や資源について感情を共有し，正当性を認めることである[9]。移動は，行為者が社会システムの中でより多くの良質な資源を獲得するために利害と資源を共有する社会的サークルと縁を切るように働きかける。連帯は類似の資源と感情を共有する他者たちとの同一化によるものである。移動が強すぎると，社会的アイデンティティや集団の凝集性が壊れてしまう。連帯が強すぎると，構造が部分に断片化し，潜在的な階級アイデンティティと階級闘争を生み出す。そのようなわけで，これら両者のバランスをとることは社会システムの生存にとっては決定的とさえいえるのである。

　緊張のまた別の原因は，システムの規模にある。システムの規模が大きくなることの一つの帰結は，個々の成員に帰属する資源の量に比べて，共有資源の量が小さくなる，ということである。一般的な共有資源に付与された価値は，

---

(9) 私は**連帯**を，集合体に属する行為者によって表明される，他人の資源に対する感情と正当化の度合いとして定義している。この定義はヘクター (Hechter 1983) の定義といくぶん類似したものだ。ヘクターは合理的選択の観点から，集団の連帯は次の二つの要件が存在するときに可能になる，としている。(a)資源へのアクセスの際に他の選択肢があるのかどうかによって規定される，個人と集団のあいだの依存関係。(b)個人の行動を監視し，指導力を通じてサンクションを与える，集団の監視能力。ヘクターの方法は，個人を義務と互恵性に結びつける相互行為，そしてコールマン (Coleman 1986a, 1986b) が示唆はしたものの明示しなかった，個人を市場，権威，規範システムに結びつける相互行為について明示化する試みであると言える。ヘクターが指摘する最初の要件は，エマーソンとクック (Emerson 1962; Cook, Emerson, Gillmore, M., and Yamagishi, T. 1983; Yamagishi, Gillmore, and Cook 1988) によって提起された依存―権力理論を直接適用したものである。この要件は，個人間のネットワーキングの重要性と，個人にとって価値あるものとみなされる資源の問題を強調したものだ。複数の行為者との相互行為を通じて最大の資源を模索する個人についての基礎理論から導かれる。しかし，この資源依存・権力は，連帯の必要条件ではないということを言っておきたい。そうではなく，むしろ相互の感情と，したがってお互いの資源と共有資源を強化・保護しようとする成員のあいだの傾向性からくるものである，と考えたい。第二の要件，指導力を通じた集団の監視能力は，正当化プロセスに関連する構成要素となるものである。

個々の成員にとって減少していく。ここから，成員が，自分と利害と価値を同じくする他者と下位集団関係を作ろうとする傾向が生まれる。自分たちの利害にかなうルールを実現しようと競争する下位集団の行為者と集合体による特殊な利害と圧力活動は，システムが調達可能な共有資源，特に公共的な資源の分配についてのルールの正当性に影響を与える。共有資源が相対的に希少性を増すにつれて，こういった競争は，制限を課すか解決されるのでなければ，忠誠心の断片化につながる。この場合忠誠心は構造全体ではなくシステム内の集団やクラスターに重点を移していき，システムの同一性と存続を危機に陥れる。いかにして規模的に成長しながらも構造を維持し，増大する共有に対処するかということは，開かれた社会システムならば避けることのできない問題である（Coleman 1986a, 1986b における同類の論述を参照）。

結　び

この章では，資源損失の最小化と利得の最大化という行為の二つの原則を提起し，前者が後者に対して優位性をもつという主張を行った。この立場は，行為の重要性，理論における合理性の有効性を認めながら，人間行為，相互行為，社会組織の機能の唯一の基盤として経済的利潤最大化（あるいは利潤最適化）のみを想定するアプローチに異議を唱えている。非経済的だが極めて合理的な計算は，再生産や相続，財の支配権，そういった支配権の認知といった人間生活の本質に根本的に結びついた問題からも無理なく論理的に引き出されてくるものだ。こういった問題は人間社会についての理論ならば無視できないものだが，経済学的なアプローチはそれらを軽視してきた。

行為の合理性は人間の生来の本質から導かれるが，相互行為の原則は二つの種類の資源——個人的資源と関係的資源——を無視することはできない。個人的資本の取引のみを考慮したモデルは行為者と社会構造とのあいだのリンクを説明することができない。というのは，社会的ネットワークと社会関係資本はミクロ—マクロリンクの中核にあるものだからだ。権力，依存関係，連帯，社

会契約，そして多水準のシステムといった概念は社会関係資本を考慮しない限り意味をなさないものである。

　この章では，以上のようにとらえられた行為と相互行為の原則についてのいくつかの単純命題が，行為と相互行為の基盤——社会的行為の理論——からの社会構造の発生を説明する方法を示した。ここで提起された命題や理論は，さらに社会制度や組織の形成と発達を分析する際の基本的な構成要素となる，と私は考えている。例えば，多数の社会契約や，そういった契約を社会的（認知），政治的（正当化），経済的（利潤）ルールのもとに含み込ませたヒエラルキー構造について応用を効かすことができるだろう。

　いったん社会システムができあがってしまうと，必然的にそれは社会生活の支配的側面となる。社会システムは個人にとってますますあらがいがたいものになる。したがって観察可能な社会システムを記述する際，我々は構造的効果を所与と見なさざるを得ない。私は，組織は個人的行為者からすれば意図せざるもの，予期できないものとして現れるというハナン（Hannan 1992）の考えに賛成だ。しかし社会システムの**頑強性**の原則は，個人の行為や相互行為を導くものと同じ原則から説明できるとも考えている。つまり，損失最小化と利得最大化の原則，資源移譲と相続のルール，個人的資本に対する社会的資本（公共的資本，共有された資本）の優位性，これらが権威，機会，社会文化的構造のルールを作り出す制度や組織を導くのである。原初的集団の利害が個人行為者の利害に優先するように，集合体の利害は個人的利害に優先する。認知が個人行為者にとっての利潤に優先するように，見返り／罰則のルールにおいて忠誠心が功績に優先する。これらの原則は似たようなものであるが，個人に対する集合体の優位は個人の行為と相互行為からは説明できない多様な構造をつくりだすのである。

　つまるところ，有用な社会理論は個人的要素と構造的要素の両方を組み込んだものでなくてはならない。この二つの要素を含み込み，バランスよく取り扱うことは，分析的かつ記述的に有効な理論を生み出すために社会学者が受け入れなくてはならない課題である。次章ではこの章で始めた理論化の方向性を続

け，なぜ資源の獲得ではなく認知が交換における重要な要素となるのかという問題を追いかけていくことにしよう。

第 9 章

名声と社会関係資本
―――社会的交換の合理的基盤―――

　この章では，前の章で始めた行為と構造についての話をさらに続けることにしよう。すでに指摘したように，集団の中でのルーティン化された社会関係は多様で複雑なので，個人的資本（財産）の基本的な所有権を認める認知のルールと正当化がますます盛んになっていくし，同時に集団に資源を拠出する行為者に対して責任と義務を割り当てることも行われるようになってくる。また認知は，不等価交換のコスト―――なぜ高い地位にいて豊かな資源をもっている者が，低い地位で貧しい資源しかもっていない者とつきあわなくてはならないのか，という疑問―――が生じたときに，それを個々の行為者が乗り越える際の重要なプロセスでもある，ということにも触れられた。このプロセスが相互行為のレベルでどのように働いているかについてはまだ詳しく述べられていない。理解しなくてはならないのは，交換においては不平等な交換が生じうるし，実際に生じているということ，そしてそれは資源を受け取る分より多く与えている者に対して何らかの見返りがあるからであり，またそれは何らかのかたちで認知に関係している，ということだ。この章ではこの問題について考えてみよう。その際，正当化の問題は脇に置いておき，認知の社会的プロセスおよび交換―――行為者と集団の根本的構成要素とのあいだの反復的相互行為のプロセス―――における認知の重要性の話に専念することにする。

交　　換
―――社会的要素と経済的要素―――

　交換は社会学的分析において中心的な概念の一つであるが，二人以上の行為

者のあいだで資源の取引が行われる一連の相互行為として定義できる。この定義に従えば，交換は二つの中心的要素から成る。一つは，交換は行為者間の関係を必要とすること，もう一つは，交換が資源の取引に至ること，ということである。このように交換は，一人の行為者が行為するときに他の行為者の行為を考慮に入れる（Weber 1947, pp.111-115）という意味での相互行為（Simmel, G. 1950）としてみることができ，この意味で交換は社会的であるといえる。また，資源の取引は典型的な経済的行為なのだから，このプロセスは経済的なものでもある。したがって基本的な交換は，二人の行為者間の関係を生じさせ，またそれにより，資源の取引を生じさせるものであり，その意味で社会的要素と経済的要素の両方を含んでいるのである。ここでは便宜上，交換の**関係的側面**を**社会的交換**，**取引的側面**を**経済的交換**，と呼んでおこう。

交換における社会的要素と経済的要素は通常は同時に生じるため，これらのあいだの区別は学術的文献においてはあいまいになっていることが多い。**社会的交換**という言葉が使われるときには，特にその傾向が顕著である。社会的交換が単なる社会的相互行為以上のものだということは，社会的交換は資源の取引という付加的要素を含んでいるという考え方に現れている。一般的にこのように使われている結果として，社会的交換という概念は理論や研究の枠組みの中で特に経済的側面に焦点を当てる学者たちによって使われるものとなっている。

社会的交換についての論述において，経済的側面に焦点を当てるやり方はウェーバーにまで遡ることができる。行為の四類型（目的合理的行為，価値合理的行為，情緒的行為，伝統的行為）を提示しつつウェーバーは，ある目的を達成するための手段の計算に基づいた合理的行為（すなわち目的合理的）の分析に注力した（Weber 1968, p.25）。価値合理的行為とは，何らかの倫理的，美的，宗教的価値，その他，実現の見込みを度外視したタイプの行動への自覚的な信念に規定された行為のことである。目的合理的行為も価値合理的行為も，意識的に調整された比較と選択に，つまり合理性に基づいた行為である（Misztal, B. 1996, p.54）。このようにして，行為の合理性についての理論に，交換の取引

第Ⅱ部　概念上の展開

的側面が埋め込まれたわけである。

　ジョージ・ホーマンズはこの議論の流れを強調する。ホーマンズははっきりと次のような立場をとる。「人と人との間の相互行為とはすなわち，物質的，非物質的財の交換である。交換理論の立場をとることで付随的に得られるメリットは，社会学を経済学——最も進んでいて最も応用力に富み，知的には最も孤立した科学——に近付けることができる，ということだ」(Homans 1958, p.597)。ホーマンズにしてみれば，社会的行動，つまり交換にとって肝心なのは，人が取引を行ううえでの利得（価値）とコストとにつきる。「基礎的社会学にとっての課題は，個々の行為者の価値とコストのばらつきと複数の選択肢から選ばれる行動の分布との関連について命題を述べることにある。行為者自身が有する選択肢から採用される（数学的意味での）価値が，部分的とはいえ他者にとっての価値をも規定すること，これがその命題の内容になる」(p.598)。したがって，二人の行為者が相互行為あるいは関係を続けていくかどうかは，取引において双方に相対的効用，見返りが存在するかどうかにかかっている。関係に対する関心は，相対的見返り（限界効用）が減少するに従って失われていく。こういうわけで，ホーマンズにとっては以下のように論じることはしごく当たり前のこととなる。「基礎的経済学の原理と基礎的社会的行動の原理は，おのおのが依拠する特殊な条件を説明できさえすれば，完全に両立可能なものである」(1961, p.68)。

　ブラウ（Blau 1964）の交換にかんする業績もまた，経済的側面を強調する。社会的交換が外生的に与えられる心理的傾向としての社会的な魅力から生まれることもあることを認めつつも，ブラウの分析の理論的焦点は交換における取

（1）　ホーマンズは社会的行動を「少なくとも二人以上の人間のあいだでの，目に見える，あるいは目に見えない活動，多かれ少なかれ見返りのある，あるいはコストがかかる活動の交換」としてみる（Homans 1958 and 1961, p.13）。

（2）　「人々のあいだの結合を支配する基礎的な社会過程は，原初的心理過程に根元をおいている。例えば，個人間の誘引（attraction）の感情や，様々な報酬への欲望がそれである。これらの心理的傾向が原初的であるのは，本書の主題についていえるだけであって，つまり，その傾向を生み出す動機付けの力に立ちいらずとも所与のものと考えられ

第9章　名声と社会関係資本

引と権力の分配のあいだの関係に置かれていた。行為者（エゴ）が他の行為者（他我）との交換の中で等価な取引を互いにやりとりし合うことを拒んだり(3)，それができなかったりするとき，他我との関係性を維持するためにエゴにできることは，一つには他我の意向に従うことである。これが権力の始まりであるとされる（p.22）。権力を集団的に承認することによって権威が正当化され，そうして社会的組織の基幹が作られる。ブラウの理論的枠組みでは，取引のパターンが関係のパターンを決定し，この根本的なミクロ構造的プロセスが，もっと複雑なマクロ構造的（組織的）プロセスを引き起こす，とされている。ただし，必ずしもうまく説明できているわけではないのだが。

　コールマン（Coleman 1990）はこの方向での分析を，自身の社会的行為の理論の中でさらに展開している。そこでは社会的交換とは，資源（出来事）に対する様々な利害とコントロール権をもった行為者が，利害のある資源のコントロール権を最大化して新しい均衡をもたらすために互いに（すでにコントロール権，つまり権力をもっている資源の相対的価値を使って）交渉するための手段である，とされている（pp.134-135）。彼の提示した交換と権力のあいだのメカニズムはブラウの枠組みと極めて類似しているが，コールマンの場合，焦点は交換過程における利得（望ましい資源のコントロール）の最大化にある。

　これまでのところ，交換プロセスについての社会学的な説明は，社会学は経済行動における合理的選択を中心に据える経済学的な立場に——同一にとはいわないまでも——非常に近づいている，とするホーマンズの予言，計画を実現しているようにみえる。つまり，市場の中で選択することが許されれば，行為者は自分の利益（つまりより小さなコストでのより大きな見返り）を最大化す

　　る。というのは，本書の関心はその心理過程から生ずる社会力にあるからである」
　　（Blau 1964, p.19）。
（3）　ここでの意味および他の多くの社会学的文献においては，互恵性とは，つり合いのとれた交換，あるいは（価格や金銭の面で）等価な価値の取引を意味している。相互行為にこの条件を含めることは，単に他の行為者の利害を考慮する，という条件であったウェーバーによる最初の社会的活動の定義をはみ出したものだ。ウェーバーのコンテクストでは，互恵性とはつり合いのとれた交換という条件を必要としているわけではない。

るように取引を行う,ということだ。新古典派経済学者は,こういった利益追求の理論にとっての仮定の一部には,現実には満たされないものがある,ということを明らかにしてきた（完全市場,完全情報,自由競争などがそうだ）。そのうえで,利益追求行動が制限される条件や制度（限定合理性,取引費用）を特定する,という作業を進めてきた（Williamson, O. 1975; Coase, R. 1984; North 1990 を参照）。組織行動,権力関係,制度,そして社会的ネットワークや社会的交換について社会学者が分析を行う際に,こういった論議や条件が新制度派経済学や経済社会学という名の下にさかんに援用されてきた。

しかしながら,交換における**関係性**の重要さは無視されてきたわけではない。かなり早くから,人類学者は交換の関係的側面に注意を払ってきたし,こういった交換のパターンには経済的,合理的計算に基づかないものが多い,と強く主張してきた。例えばラドクリフ＝ブラウン（Radcliffe-Brown, A. 1952）は,アンダマン諸島の人々のあいだで行われる交換を「精神的なもので,交換に参加する2人の当事者のあいだに友好的感情を生み出すことがめざされる」と記述した。マリノフスキー（Malinowski, B. 1922）はトロブリアンド諸島のクラ交換の分析において経済的交換と社会的交換（儀礼的交換）のあいだにはっきりと線を引き,「(交換の) 本当の見返りは,彼がその地位にいることに付随する威信,権力,特権にある」と示唆した。レヴィ＝ストロース（Levi-Strauss, C. 1949/1969）は,経済的な取引を含む交換は,「(財は経済的実利品であるだけでなく,それとは) 別次元の現実性をもったもの,すなわち,威力,権力,共感,身分,情動などの媒体であり,道具なのである」とするモース（Mauss, M.）,ファース（Firth, R.）その他の人類学者の研究を引き,「重要なのは交換行為であって交換物でない」と論じた（Levi-Strauss 1949/1969, p.139）。例えば贈り物は行為者のあいだで交換されるが,クリスマスに自分に贈り物を買うことには意味がない（Ekeh, R. 1974, p.47）。

社会学者では,コント（Comte, A. 1848）が個人的事柄を社会的事柄に従属したものとする考えを提示し,デュルケムが社会的集団の発達にかんするスペンサー（Spencer, H.）の経済学的前提に対する反論を呈した。こういった論者

は，なにも社会的交換における経済的取引の要素を否定しているわけではないが，社会的交換における超個人的（Levi-Strauss），超経済的（Radcliffe-Brown 1952）な性質を強調している。これらの枠組みの中では，社会的交換における関係的志向性が，取引される特定の資源の効用以外の根拠に基づいて行為者が交換にコミットすることとして説明されている。

交換についてのこれら二つのパースペクティブは，どうしたら和解できるのだろうか？　これについては，いくつかの立場が存在する。まず，あらゆる関係性は利潤を最大化・最適化する意志決定の選択に従属するものであるとして，端的に関係性の意味を度外視するアプローチがある。関係性が取引において利潤を生み出せば，その関係性は維持される。そうでなければ，関係は解除される，というわけだ。しかしながら，新古典派経済学やそれに親和的な社会学のほとんどはより中間的な立場をとっており，関係を不完全市場および不完全情報の条件下において生じる「取引費用」あるいは「打算的信頼」（Williamson 1985, 1993）として扱っている。この修正的立場では，関係性は認識されているが，取引の観点からの分析にはっきりと組み込まれてしまっている。

これに対して関係性を重視する研究者は，すべての行動や相互行為が合理的であるわけではないのだから，関係性は必要かつ重要な要素だ，と主張する。確かに経済的行動は合理的選択の原理に従うのだが，すべての行動が経済的であるわけではないし，したがって合理的であるわけでもない。社会的魅力や愛着は原初的な生存本能なのであって，利得と損失を計算した上での選択の結果ではない，というわけである。ここでの問題は，合理的選択が自然の傾向だとされている点にある。見返りや補強が行為や取引を生じさせ，適者が生存する。この原理は人間だけではなくハトにも適用されるのだから，選択が意識的か無意識的か，という区別には意味がないことになる（Homans 1961, p.80）。分析をこの方向でそのまま進めていくと，どうして本能の中に合理的なものとそうではないものがあるのか，という解決困難な問題につきあたってしまう。

明確に主張されているわけではないが，次のように譲歩した論調もある。社会的交換は合理的なものであるが，個人的な利益追求動機以外にも合理性原理

を見出すことができる，という立場である。人間は相互行為や交換をする中で他者の利害を考慮するのだから，関係性はこの利潤追求以外の合理性を達成するために維持される，という考えだ。この方向での論法にはいくつかのバリエーションがある。中でも，これから述べる二つが研究上よく知られた立場である。まず，社会的承認，敬意，好意，魅力などは交換の重要な動機だ，とする見方がある。とりわけ不均衡な取引において，過剰に支払った行為者が享受する見返りが他方による承認，敬意，好意，魅力である，というわけだ。このような場合，経済的交換において通常見られる物質的見返り（およびその一般化された媒体である貨幣）ではなく，こういった象徴的な見返りが意味のある見返りとなる。しかしながら，ホーマンズ，ブラウ，コールマンにしてみれば，こういった象徴的見返りは物質的な見返りと種類が異なるだけで本質的に異なったものではない。物質的見返りにしろ象徴的見返りにしろ，価値（あるいは利潤，利害）を表している限り，それらは合理的計算の一部に組み込まれている。もっと言えば，こういった価値がどのように発展してきたか，ということは社会的交換についての理論的な展開にとっては無関係の話だ，ということになる。

　もう一つの理論のバリエーションは，人間は**信頼**を必要としている，というものだ（Luhmann, N. 1979; Barber, B. 1983; Misztal 1996）。信頼とは，他我がエゴの利害を考慮に入れるだろう，という確信や期待として定義できる。信頼はある出来事や行為が起こること，起こらないことについての信念であり，繰り返し交換においてはそういった信念を互いにもちあっていることが期待される。ミシュタル（Misztal 1996）が言うには，信頼は人が道徳に信念を抱く際に，次の三つの働きをする。すなわち，信頼は（ハビトゥスとして）社会的安定性を，（友情として）社会的団結力を，そして協力を促進する，という機能をもつ。デュルケム（Durkheim 1973）は，義務の感覚と利他主義，そして道徳的圧力が利己的行動に制限を加え，連帯の基盤となると論じた。「人間は，相互に理解しあわずにはともに生きられないものであり，したがってまた，たがいに犠牲となりあうのでなければ，ともに生きてゆくことはできないのである」

(Durkheim 1964, p.228)。デュルケムは社会生活における道徳的要素の存在を強く主張し，行為者が質と量の両面で見返りをあきらめる可能性を論じた。

連帯やコミュニティが人間の生存にとって根本的な要素だとすれば，なぜそれらは合理的選択や経済的行動に基づいたものになっていないのだろうか？この問いにジンメルが一つの回答を試みている。ジンメルによれば，交換とは「利得の代償としての犠牲」(Simmel 1971, p.51) であり，「単なる個人の集まりではない社会，すなわち人々の間の内的な結合を作り出す機能の一つである」(Simmel 1978, p.175)。ジンメルはさらに，「人々のあいだの一般的信頼がなければ社会それ自体が崩壊する。というのは他者に対する確実な知識に完全に依拠するような関係などほとんどなく，また信頼が合理的証明や個人的観察よりも強くなくとも存続できるような関係もまたほとんど存在しないからだ」(Simmel 1978, pp.178-179) とも述べている。複雑な社会が機能するためには，多くの約束，契約，協定が必要になる。「個人はけっしてそれらを徹底的に追求したり確かめたりすることができず」，私たちは「信頼して受けとらなければならない」(Simmel 1950, p.313)。**忠実さ**や**忠誠心**は「他者との関係の保持」の感情を意味する (1950, p.384)。このように，複雑な近代社会において相互行為のルールと信頼が必要となることは，信頼は集団的目標や社会統合を達成するための正当的権力の基盤となるものだというパーソンズの主張にはっきりと示されている (Parsons 1963)。ヘクター (Hechter 1983) の集団連帯の分析においても，集団形成の合理的基盤が提起されている。

ルーマン (Luhmann 1988) はパーソンズのメディア理論を精緻化し，独自の象徴的一般化の概念を作り上げている。信頼は一般化されたコミュニケーションメディアの中の一つとしてとらえられ（他には愛，貨幣，権力がある），「諸々の選択作用をある一定の長さの連鎖を介して間主観的に伝達する」(Luhmann 1979, p.49) 能力を生み出すことによって個人が直面する世界の複雑性を縮減する，とされている。とはいえ，ミシュタルによれば，「ルーマンは，このような信頼の機能が，信頼が実際に形成されるのかということをどのように説明するのか，ということには積極的ではなかった」(Misztal 1996, p.74)。

　以上の流れからすれば信頼とは,複雑な社会において個人は,多くの人に共有され,個人的・非個人的な交換のガイドとなるようなルールに依拠する必要がある,ということによって基本的に説明できる。こういったルールに対する合意と信頼がなければ,社会は機能しない,というわけだ。しかしホーマンズが「制度は,多数の行動を支配する明確なルールとして,基本的見返り以外の見返りがそういったルールに従うことで得られるから従われるのであるが,こういった他の見返りはそれだけで機能するわけではない。遅かれ早かれ基本的見返りが提供される必要がある。制度はそれ自身の推進力だけで永遠に持続できるだけではない」と述べていることに注意する必要がある (Homans 1961, pp.382-383)。もちろん,**原初的見返り**(primary rewards) という言葉でホーマンズは個人が利潤を追求するということを意味している。この点についてはミシュタルも同意しており,「パーソンズの理論では,説明の道具としての信頼の重要性が過大評価されてしまっている。信頼という考え方は,親密性,適応,象徴的正当化といった意味で使われていて,社会的現実を分析する効率的な道具とはなりえていない」(Misztal 1996, p.72) と論じている。ウィリアムソン (Williamson 1985) によれば,協力が利己的な動機を満たしてくれない場合,協力行動は不安定になる。つまり,個人的利害ではなく信頼に基づいた社会的秩序は予測不可能で不安定なものなのだ。したがって信頼は常に機能するわけではない,ということになる。

　要するに,交換における関係性の重要性を擁護するこれまでの理論は,取引的合理性を考慮に入れた場合,いずれも満足のいくものではない,ということだ。この章の残りの部分で私が提案しようとするのは,交換における関係性の重要性を弁護する別の試みである。この主張は,合理性が理論的な発展の基盤として利用されるべきだ,という前提からはじまる。合理性は,それが意識的行動のものか,無意識的行動のものか,ということとは関係がない。規範や制度によって規定されるものでもない。そういった事柄は,事後的に話になることだ。また,合理性は長期的にみた最終的な取引の収支を期待すること(例え

ば繰り返し取引が利得と損失のつじつまを合わせる，といったこと）に基づいているわけでもない（基本的な社会行動を合理的とみなすこういった理論に対するホーマンズの反論を見よ，Homans 1961, pp.80-81）。ここでは単純に交換を，利得と損失の計算と関係性および取引の中での選択に基づいて行為する二人の行為者が関わり合うプロセスとしてみる。こういった計算と選択が行われていれば，そのプロセスは合理的である，とみるわけである。さらに，私はこういった計算や選択は自己の利害に基づいたものだと仮定する。この仮定は，集合的利害を考慮することを閉め出すわけではない。集合的利害は自己の利害に埋め込まれている場合――集合的利害が守られたときに何らかの個人的利得がある場合――にのみ考慮される，ということである。利己的な利害を除いた後の集合的利害が計算と選択をもたらす，ということは仮定していない。

取引的合理性と関係的合理性

決定的に重要な要素は，集合的利害ではなく，根本的な利益，すなわち関係性や取引を維持・中断する見返り・資源の種類である。社会構造の中の人間にとっては，二つの根本的（原初的）な見返りがある。経済的地位と社会的地位である。経済的地位は富（商品やその象徴的な価値表象としての貨幣によって表される）の蓄積と配分に基づいたものである。社会的地位は，名声（社会的ネットワークや集団において認知されている程度によって表される）の蓄積と配分に基づいたものである。これらの地位は，関連する「資本」の支配関係の

（4） 三つ目の見返り，政治的な身分（あるいは権力）も同様に重要であるが，政治的地位は他の二つの見返りほど原初的なものではない。権力，すなわち正当化のプロセスは，他の二つの原初的見返りが保持，獲得されるプロセスを指している。富，名声，権力（正当化）のあいだの関係は前章および本章において触れられている。

（5） 社会的身分は通常，（地位に与えられる）ステータスと（占有者個人に与えられる）威信によって表される（第3章の表3.1を見よ）。この二つを示すものとして，ここでは他者によって行為者に向けられる敬意としての名声というより一般的な言葉を使っている。

構造の中での相対的なランキングを示している。富はしたがって，貨幣という価値表象の観点からみた商品の値打ちの関数である。名声は認知という価値表象の観点からみた社会的ネットワークの中の公共的な認知度の関数である。商品とその価値表象が何らかの見返りを生むために投資されるという点で，富は経済資本でもある。同様に，社会的ネットワークとその価値表象は何らかの見返りを得るために動員されるという意味で，名声は社会関係資本を反映したものとなる。名声を通じて，他者による道具的あるいは表出的行為のサポートを活用することが可能になる。社会的紐帯，つまり社会関係資本を通じて資源を動員することができるわけで，このことこそが社会的関係を，個人行為者を交換に駆り立てる強力な動機に仕立て上げるわけである。経済的地位と社会的状態の両者が個人の権力や構造の中での（他のメンバーに対する）影響力を増大させ，それによって個人の心的な幸福や物理的な生存の可能性を高めるのである。

経済的地位はその象徴的価値（貨幣）の実現のために法制化と強制力を必要としており，他方で社会的地位は名声が維持されるグループの経済的豊かさ（あるいはネットワークの中に埋め込まれた資源）のうえに成り立っているという意味で，この両者は相互補完的である。社会的な強制なしには，経済的地位は崩壊する。集団的豊かさがなければ，社会的地位には意味がない。そうはいっても，両者は交換を望む別々の動機としてみることができる。人は交換から経済資本（取引を通じた資源）を引き出すこともあるし，また社会関係資本（社会関係を通じた資源）を引き出すこともある。

したがって，取引的合理性は交換における取引上の利得と損失の計算を促進し，関係的合理性は関係上の利得と損失の計算を促進する。取引的合理性は関係性を取引上の損得計算の一部分とみなし，対して関係的合理性は取引を関係上の費用便益計算の一部とみなす。関係的合理性は，たとえ取引が最適なものではないとしても関係性を維持し促進することを優先する。取引的合理性は，特定の関係を終わらせる必要があるときでも，取引の面で最適な結果を目指そうとする。交換においては行為者は両方の合理性を考慮するものであるが，特定の社会と時代において一方の合理性を他方の合理性に優先する制度が存在し，

特定の制度のもとではあるタイプの資本（経済的資本あるいは社会関係資本）のメリットのほうが別のタイプの資本のメリットよりも相対的に高くなるような道徳的判断がなされるのである。本章の残りの部分では，これらの議論を精緻化していく。

関係的合理性の精緻化

　自然の法則や本能からすれば，取引的合理性の理論——取引における利得と損失，取引を通じた資源の維持と蓄積——というのは直感的に理解しやすいものだ。しかもその計算は，貨幣という一般化されたメディアによって極めて効率のよいものになっている (Simmel 1978)。利得と損失は簡単に勘定できるし，貸付と負債も簡単に文書化できる。コールマン (Coleman 1990) によれば社会的信用（あるいはクレジット・スリップ）は社会関係資本においても中心的な考え方であるが，関係的合理性を計算することはそれほど簡単ではっきりしたものにはならない。経済的交換においても，あらゆる財の取引が対称的で均衡しているわけではない。不均衡な取引は経済的信用や負債を発生させる。しかしながら限られた時間ではなく長い目で見れば，信用と負債の均衡は繰り返し取引を通じて達成されるということが仮定されているのである。

　持続的な関係が重要となるような社会的交換においては，一時的な取引は必ずしも対称的で均衡しているわけではない。しかしながら，限られた時間の中での繰り返し取引においてさえ，取引が均衡している必要はない。双方が関係を維持するにあたって決定的に重要になるのは，社会的信用（と社会的負債）である。長い目で見ても取引が対称的になっていない持続的関係では，行為者は債権者と債務者との関係により大きな規模で関わっているのである。すなわち，不均衡な取引において一方の行為者が他方に利益供与しているのである。債務者が余分に儲かっているのに，なぜ債権者は関係を維持し，取引的な損失を受け入れるのだろうか？　ここでは，貸付をする行為者は，関係を維持することで社会関係資本を稼いでいるのだ，と主張したい。どのようにしてか？

第Ⅱ部　概念上の展開

債権者は債務者に負債を返すように求めることもできるだろう。しかし債権者が催促しない限り，債務者は永続的に債権者に借りがある状態に置かれるわけである。債権者との関係を維持するためには，債務者は債権者の関係的コストを減らす（あるいは交換の効用を増す）ためになんらかの社会的行為をとることが期待される。つまり，債務者は自分が債権者に借りがあることを，自分の社会的紐帯を通じて他人に知らしめる——貸し借りの関係を社会的に認知させ，債権者に社会的な信用を与える。**社会的負債があることを伝播すること，つまり社会的に認知させること**は，債務者が債権者との関係を維持する上で必要な行為なのである。そうすることで，債権者はより広い社会的ネットワーク，つまりコミュニティにおいてより高い知名度を得ることができ，コミュニティの他の行為者のよりよい生活を支えるために取引上の損失をあえて被る人間だという一般的な認知（名声）を増すことができるのである。社会的な債務が多いほど，債務者は借りがあることを広める（認知させる）いっそうの努力をしなければならない。債権者からしてみれば，不均衡な取引は貸し借り関係を促進し，一般的な認知度を上げるものである。

　さらに言えば，異なった種類の物の不均衡な取引において（異なった利益を供与し合いつつ），お互いに対して債権者であり債務者であるような関係が維持されることもある。この場合，自身の交際圏の中で互いの利益供与を知らしめ，他方の認知を広めることが期待されることになる。取引は社会関係の維持と促進をする手段であるほかに，社会的信用，社会的負債を作り出し，社会的認知を蓄積する手段なのである。

　大衆社会においては，公共メディアを伝達手段として利用することで，認知の獲得に拍車をかけることができる。大衆社会の中で公共的に認知されることで，認知は貨幣と同様に公共の利益となる。公共的認知は，名誉を伴った宣誓や祝宴，敬称，褒章，著名な賞，認定資格，あらゆるタイプのセレモニーなど様々なかたちをとるが，これらのどれも実質的な経済的見返りを必要としないものだ。いずれにしろこのように，認知は特定の社会的ネットワークを超えていき，社会集団の中で貨幣のように大量に流通する資産と呼ぶべきものになる

第 9 章　名声と社会関係資本

のである。

　このように考えると，名声は(1)不平等な取引を維持する債権者の能力（個人的資本と社会関係資本），(2)持続する貸し借りの関係，(3)社会的ネットワークを通じて関係を知らせる債務者の傾向（意図と能力）（認知），(4)認知を伝え広める社会的ネットワーク（および一般的ネットワーク＝マスネットワーク）の性向（サイズ），の関数として定義できる。(6)したがって名声は，ネットワーク内に存在する認知を合計した総資産である。名声は，ある人が社会的集団の内部で受け取る認知の程度の関数となる。集合的にはあるグループの名声は，集団内に存在する名声をもつ個人の数，そして他の集団においてそういった個人が認知されている程度の関数となる。社会的ネットワークおよび社会集団における行為者の名声は，当の社会集団自体の集合的名声となっているわけである。

　社会的信用，認知，名声はすべて関係および構造に基づいた効用である。持続的な社会関係がなければ，これらの利益は消えてしまう。したがって，社会的信用や社会的負債が意味をもち，認知を高めるために必要な持続的社会関係に関与し，それに参加することは，行為者にとって合理的なのである。ある行為者の名声が大きなものであるほど，また高い名声を享受する行為者が多いほど，集団としての名声も大きなものになる。より名声の高い集団に帰属することは，行為者自身の名声をも高めることになる。ゆえに，集団の名声と，持続的に維持される社会的交換に従事し，集団に帰属する――集団の帰属意識と連帯を求める――個人のインセンティブの間には関連が見出される。同様に，集団の名声と集団内での個人の名声は，自分が債権者でいられる交換に従事し続

（6）　ネットワークの密度，行為者間の関係の強さなどの他の要素も，名声の形成に関連するかもしれない。しかしこれらの関連性は必ずしも直接的なものであるとは限らない（関係はポジティブ，つまりネットワークが密なほど認知が広まりやすいこともあるし，ネガティブ，つまりネットワークが希薄であるほど広まりやすいこともある）。現に噂は，ブリッジの数が多いからだと考えられるが，密度の薄いネットワークで素早く広まっていく（Burt 1998b）。関係がポジティブであるかネガティブであるかは不確定なところがあるので，ここでは「関連性がある」という定式化をするにとどめておこう。今後の研究では，より適切な定式化がなされていくことだろう。

第Ⅱ部　概念上の展開

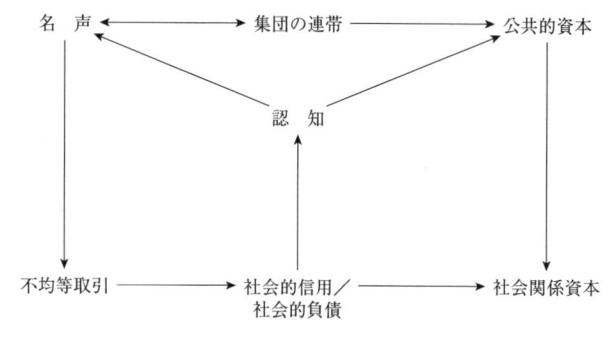

```
        名　声 ←――――→ 集団の連帯 ――――→ 公共的資本
            ↖         ↑         ↗
                    認　知
                      ↑
    不均等取引 ――――→ 社会的信用／――――→ 社会関係資本
                    社会的負債
```

図 9.1　社会的交換から資本へ

けるように行為者を駆り立てる。名声と集団の連帯は資源の共有を後押しし，公共的資本を創造・維持することにつながる。同時に，名声と集団の連帯はポジティブな手ごたえ（または肯定的なフィードバック）を通じて不均等な取引，社会的貸し借り関係，そして行為者にとっての社会関係資本を強化するように働く。

　図9.1は，ミクロレベルの交換とマクロレベルの名声と集団の連帯のあいだのプロセスを仮説的に示したものである。記述の便宜上，取引を社会的な貸し借りの関係が発生する手段であるような交換からプロセスが開始したとしよう。このような貸し借り関係は次に社会的ネットワークにおける名声の拡散を促進し，それが結果的に集団の連帯を強化し，公共的資本の形成を促す一般化された名声を作り出す。名声と集団の連帯をもって，債権者と債務者は（強い紐帯と豊富な資源をもつ社会的ネットワークに埋め込まれた）社会関係資本を獲得し，さらに交換関係を強め合うことになる。ここではミクロレベルとマクロレベルの互恵的・相互的な連結プロセスは，社会的ネットワーキング――交換と資本化のあいだにある本質的な要素――によって促されていると考えることができる。

　ある集団は，社会の他の場所で確立した名声をもつ行為者を引き抜くことで，自集団の連帯と名声を高めることができる。特定の行為者に認知を授けることで，集団はその行為者が自集団に帰属し，集団の他のメンバーとの交換に従事

するように仕向ける。このプロセスにおいては，名声と認知はミクロレベルの交換の結果生じるのではなく，それに先だって存在するものである。認知と名声を与えられた行為者が当該集団の他のメンバーと交換を行った経験がなくとも，いったん名声と認知を受け入れてしまうと，以降は他のメンバーとの交換が義務となっていくだろう。この意味では，ミクロレベルの交換とマクロレベルでの認知と名声は実質的にも双方向の因果関係をもっているのである。

ま と め

　以上をまとめるとこうなる。図9.1では，二種類の合理性の際だった特徴が描かれている。この二種類の合理性のコントラストは，比較を行うには十分にはっきりしたものである。取引的合理性は，典型的には経済的交換の分析において想定されているもので，**経済的資本（取引を通じた資源）** の獲得を目的としており，交換の取引的側面——価格と貨幣によって資源が取引・媒介される程度——に重点を置いたものになる。交換の効用は取引による利潤を最大化することにあり，合理的選択は様々な取引上の利得とコストを生み出す関係のあいだの比較分析に基づいたものになる。こういった計算に基づいて，交換に参加する際のルールは次の二つになる。まず，ある他我と関係をもつことが相対的に利得を生むものであるなら，さらに取引を行うために関係を継続させる。関係が相対的に利得を生み出さない場合には，二つの選択が考えられる。(1)相対的な利得を生み出すことができる他の関係を見つける，あるいは(2)取引費用をそのまま被るかコストを減らすかして関係を維持する。どちらを選択するかの意志決定は，新しい関係から得られる利得の見込みと，現在の関係を継続した際にかかる取引費用とその軽減の見込みの相対的な重みに基づいてなされることになる。このように，経済的交換の分析は一時的あるいは繰り返し取引における対称性に焦点を当てたものになる。

　取引的合理性は，新ダーウィニズムの理論を交換に適用したものだと考えることができる。つまり個人の適者生存である。取引を通じてエゴの資源利得を

表9.1　経済的交換と社会的交換の合理性

要素	経済的交換	社会的交換
交換の焦点	取引	関係
効用（最適化）	取引におけるコストに比した利得（コストをかけた取引）	関係におけるコストに比した利得（コストをかけた関係）
合理的選択	取引を選択 取引費用とその削減	関係を選択 関係上のコストとその削減
その場の見返り	貨幣（経済的信用，経済的負債）	認知（社会的信用，社会的負債）
一般的見返り	富（経済的地位）	名声（社会的地位）
説明原理	自然の法 行為者の生存 利得の最適化	人間の法 集団の生存 損失の最小化

最大化する交換パートナーを見つけるのは本能的な行動である。取引上の利得が相対的に高く，プラスになる関係，取引費用が低いかあるいは存在しないような関係を見つけ出すエゴの能力は，この本能に従った結果である。他の特定の行為者との関わり合いは一時的で短期的なものとなりやすく，そして取引はフェアであること（より大きな利得とより小さなコスト）が求められる。協力関係は取引上の必要性に付随した二次的なものになるし，契約上のルールを通じた結束を生む。その結果，協力関係は取引費用を減らし，関係の維持を正当化する。このようなわけで，取引的合理性は自然的摂理と自然淘汰の合理性にしたがったものとなる。繰り返し取引からより多くの便益を得る行為者は，彼ら自身を豊かにするだけでなく，集合的にもより多くの富を作り上げる。取引的合理性の見えざる手とでもいうべき議論がここにある。

　他方，関係的合理性は社会的交換において見られるもので，交換の関係的側面——認知を媒介（他の行為者が認知を広めるだろうという期待）することによって関係が維持・促進される程度——に焦点を当てる。動機は**ネットワークや集団の中で認知されることによって得られる名声**の獲得にあり，交換の効用は関係的利得（社会関係の維持）の最大化に置かれ，利得とコストはこの点で計算される。この計算に基づき，ここにも二つの交換参加ルールが見出される。第一に，取引が持続的関係と認知の拡散を促進するならば，その取引は継続される。第二に，取引が持続的関係を促進しない場合，次の選択肢が考えられる。

(1)持続的関係ができそうな新たな取引相手を見つけ出す（認知を引き出し，促すために取引で相手に有利な条件を整える）。(2)関係的コストをそのまま被るかコストを減らすかして取引を維持する（認知の面での利得は得られないか，あるいは少なくなる）。ここでも意志決定は，代わりの取引を見つける可能性と相対的な関係的コストを巻き込んだ比較考量のプロセスとなる。

　継続的関係は，社会的コネクションを通じて人の認知の拡張と宣伝に貢献する。関係がより持続的であれば，それだけ認知が広がる可能性も増す。認知を継続して拡大させるためには，持続的関係を維持し促進することが至上命題となる。社会的地位が意味をもつのは，特定の行為者に対する感情を共有し広めるネットワークあるいは個人の集団が持続するときに限られる。したがって直接的なものにしろ間接的なものにしろ，社会的コネクションの規模が大きければ大きいほど，認知と名声の効果は大きなものになる。個人が自分の社会的地位を維持・促進するには，交際圏の生存，持続，そして持続的な拡大が必要となる。社会的地位が低い人間でも，社会的ネットワークや集団に参加し続けることで取引上の利得を得ることができる。

　取引的合理性は，個人的資本から集合的資本ができあがるにつれて，見えにくくなってくる。とはいえ，それはあらゆる取引において証明を必要とする非常に可視的な資本形態である貨幣という一般化されたメディアに依存している。関係的合理性もまた個人的資本から集合的資本を作り上げる。メンバーがより多くの名声を所持していれば，そのメンバーが属する集団の地位は高いものになる。関係的合理性は認知，あるいは社会集団内におけるある行為者への感情の拡大という，より見えにくい媒体に依存する。持続的社会関係と集団の連帯に人々を駆り立てるのは，こういった見えざる手なのである。

　取引的合理性は，取引上の効用の必要条件が満たされており，取引する相手双方が相互に立場を交換できるようなときには，個人レベルで存続可能になる。関係的合理性は，集団と集団成員が持続するかどうか次第である。社会的ネットワークに多くの資源が埋め込まれているほど，そして紐帯が緊密であるほど，集団に対する集合的便益，集団の中の個々の行為者の相対的な便益は大きなも

のになる。

　関係的合理性は，成員間の持続的関係を有した最も適応的な集団が生き残る，という原則に基づいている。動物も家族や一族集団に同じような関係的合理性をもつことがあるが，親類や一族集団の水準を超えて連帯した手段を作り出すという拡張的で一般的な関係的合理性を示すのは人間だけである。この意味で，関係的合理性は人間の法であり，人間の選択に基づいたものなのである。

さらなる分析

　章の残りの部分で，さらに別の問題を説明してみよう。まず，なぜ**社会的承認，社会的魅力**，そして**相互認知や社会的信用**といった，他の文献でもすでによく見られる言葉ではなく，**名声**という言葉がここで使われているのか，という問題である。第二に，なぜあるコミュニティや社会ではある種の合理性（取引的合理性あるいは関係的合理性）に集中する傾向があるのか，そして一つの合理性（取引的合理性）が別の合理性（関係的合理性）に優先するのは歴史的な傾向性なのか，といったことを考察する。第三に，交換や団結による連帯の結びつきを破壊するものは何なのか，という問題がある。最後に次のことを問おう。社会関係資本と経済資本は一次元上の二つの極にあるもので，したがってどちらかを選ばなくてはならないようなものなのだろうか？

個人的・集団的資本としての名声

　これまでのところの名声や社会関係資本といった社会的地位についての論述は，他の同様の理論とそれほど異なるものではないようにみえる。信用貸しは後の交換において回収される債務であるとみることができる。ピッツォルノ（Pizzorno 1991）は例えば，相互認知は自己防衛を助ける，と言っている。自己を防衛するためには，他者も自己を防衛することを認知しなくてはならず，そのことがひいては他人が自分の権利を認知することにつながる。この原理は本章で展開する説明と同じである。しかし交換の動機・理由として相互認知を

第9章 名声と社会関係資本

考えることの問題は，相互性といってしまうと，互恵的で対称的な行為を，そして行為者間の序列の平等性を意味してしまうところにある。こういった行為・相互行為は，集団内に緊密だが同類的な仲間集団——成員のあいだに多様性がない集団連帯——を生み出す。本章で展開されてきたのは，取引における利益供与の見返りとしての認知は非対称的でありうるという理論，一時点限りでの行為と反応を説明できる理論である。**社会的承認**や**社会的魅力**といった言葉を使うと，対称的な行為を前提とするという同様の問題に陥ってしまう。ここで主張されているのは，理論的説明は次のステップにいく必要がある，ということだ。すなわち，関係において取引は不平等であり得るということ，そしてこういった不平等な取引が集団内の行為者の多様な社会的地位（名声）の基盤を構成している，ということである。

　認知は，他我（債権者）が資源所有を主張することの正当性を与える。認知が頻度を増し，ネットワークの中で拡散するにしたがい，ある社会集団やコミュニティのなかの行為者に集まる認知の蓄積をとらえるためのより一般化された概念が必要とされるようになる。ここでは**名声**という言葉を提案した。というのは，所有され，集団や個人によって分化しているという資産としての特徴を捕まえたかったからである。集団は名声を形成し，維持することができるし，そして失うことがある。同様に集団の中でも，個人は多様なレベルの名声を獲得・達成することができるし，悪評判を被ることもある。このように経済的に交換される富と同じく，名声は個人的資産でも集合的資産でもありうる。このような資産の特徴をカバーしている概念は，他に二つある。**威信**と**敬意**である。しかし，威信は既存研究ではヒエラルキー構造における地位を格付けるものとして利用され，そのようなものとして理解されている（例えば職業威信，という概念）。敬意は社会的プロセスとしてだけではなく，心理的プロセスとしても広く利用されている（例えば自尊心 self-esteem）。

　経済学者は経済学的説明の失敗（例えば市場の失敗や不完全情報下における市場）の理由として名声の概念を使うことがある，ということに注意しておかなくてはならない。名声は情報への投資，つまりシグナリング（Klein, B. and

Leffler, K. 1981), 質 (Allen, F. 1984), 規律 (Diamond, D. 1989), そしてコミットメント (Kreps and Wilson 1982) などを説明する潜在的変数として使用されている。これらの要因はさらに, モラルハザードや取引費用を減らすため, あるいは価格をつり上げるため (Klein and Leffler 1981), したがって見返りを増やすために, 取引する行為者のあいだでやりとりされているものとみなされる (こういった説明のレビューとして Zhou, X. 1999 を参照)。グライフ (Greif 1989) はたしかに提携を名声が内部で形成され維持される境界としてみているが, 経済学者のあいだでは名声の社会的・集合的性質はほとんど関心を集めていない。名声という概念の社会的性質が評価されることはなく, 市場の失敗といった予期せざる経済現象を説明する観察不可能な概念として利用されているのである。

ここでは名声はネットワーク資産として理解されている (似ているが異なった見方としてバート (Burt 1998b) を参照のこと)。名声は取引のプロセスと債権者―債務者関係の上に, そして社会的ネットワークやマス・ネットワークの中での認知や拡散の上に成り立っている。名声は, 行為者が自分の資源や地位の所有の正当性を与え, 同時に行為者間のさらなる社会的交換と不平等な取引へのインセンティブを提供し, 社会関係資本を強化する。名声はまた集団の名声を高め, したがって連帯, 公共的資本の形成を助長する。ここで私は名声を生み出す他の道筋を否定しているわけではないが, ここで名声を構築するに至る道筋と, 名声の効用の説明を試みたわけである。

合理性の制度化

取引的合理性が新ダーウィニズムと自然の法則から帰結するものであるのなら, 自然淘汰のプロセスはつまるところ関係的合理性よりも取引的合理性を優先する, ということになる。たしかに, 交換における関係的規範を実証した事例や研究の多く, 特に人類学的な研究は, 古代社会や原始社会からのデータや観察に依拠したものである。人間関係に比重が置かれることは, より同質的な, 技術的に未発達の, 産業化されていない社会, 儀礼, 属性, そして感情が交換を規定しているようなコミュニティの特徴であると考えられている。社会が技

第9章　名声と社会関係資本

術的・産業的に発達し，技能・知識・生産の面でより多様になっていくにしたがって，分業はより合理的な資源配分を必要とするようになるし，交換における資源取引の合理性の重要性が増していく，とされる。さらに，今日の経済交換における関係的側面は，過去の名残だと論じられてきたこともある。淘汰のプロセスはあっという間に進むのだから，関係的要素はゆくゆくは取引的要素に席を譲り，取って代わられることになるだろう，というわけだ。交換関係の分析は中国の**グワンシ**（guanxi）（Lin 2001）やロシアの**ブラット**（Ledeneva, A. 1998）といった特殊な事例＊においてみられるものだ，とされる。

　こういった見方は矛盾をはらんだものだ。というのは，もし取引的合理性が自然の摂理であるのなら，より原始的なコミュニティでの交換のほうがより自然の本能に近い，ということになるからである。実際に，ホーマンズ（Homans 1961）は増大する制度を伴った複雑な社会の発展を「原始的」な社会行動（と交換）が目立たなくなってきたことの証拠としてとらえていた。しかしこれらの「下位制度」は力を保っており，新しい制度や「よい統治」が満足に足るものにならないのであれば，矛盾が生じて複雑な社会は崩壊に至る，とされている。このように見てみると，近代社会とその無数の制度は，取引的合理性と関係的合理性の両方の敵だということになってしまうのである。

　さらに，この理論は事実によっても支持されていない。現代のいくつかの社会（中国，日本，北イタリア，東アジアの大部分の社会）の研究において，またアメリカ，イギリス，ドイツ，フランスといった十分に発展していて経済的な競争力をもっている社会についての研究においてさえも，関係は経済的取引において重要な要素であり続けている。交換における関係の要素がただ単に存在し続けている，というだけではなく，多様な現代社会で繁栄していることが実証されているのである。

　＊　グワンシ（guanxi）とは中国語でそのまま「関係」のことであるが，中国独自の関係・人脈を表す言葉として使用されることが多い。ブラット（blat）は社会主義体制下のソ連でインフォーマルなコネクションやそれを利用した裏取引を意味していた言葉である。

第Ⅱ部　概念上の展開

　関係的合理性と取引的合理性についての発展史的な見方を支持する論理的な根拠も実証もないとすれば，ある合理性が別の合理性よりも優位に立つことがあるということをどのように説明したらいいのだろうか。ここでは，イデオロギーとしてのある合理性の優位は，当該社会の歴史的経験をデータとして利用することで与えられる，社会の存続にかんする様式化された説明に反映する，と主張したい。理論化された説明は，制度に埋め込まれるにしたがって「真実」となっていくのである (Lin 2001)。

　社会の生存と持続は富の発展のおかげであると立証するのは難しいことではない。富とその発展についての理論が，個人的富とそれに即応した集合的富を形成させるものとして，取引的合理性の制度化に説明を与えるわけである。競争，開かれた市場（したがって取引における関係の自由選択)，取引費用の削減が分析の際の前提や組織原理となる。他方では，社会の生存と持続は社会的連帯の発展による，と説明されている。集団的感情の理論は，集合的連帯，したがって個人の忠誠を形成するものとして，関係的合理性の制度化に説明を与える。たとえ取引のコストがあったとしても，協力，ネットワーキング，そしてグワンシの維持が，分析上の仮定と組織原理となるのである。

　いったんある合理性が支配的なイデオロギーとなってしまうと，制度は特定の個人的・集合的行為を実行し，操作可能にし，強化するように発展する。それに加えて，説明枠組みがもう一方の合理性を非合理的なもの，ノイズ，拘束として扱うのである。

　制度的ルールと支配的イデオロギーの普及は歴史の盛衰にあわせて浮き沈みを繰り返すものである。19世紀以降，産業化，技術的イノベーション，選挙民主主義といったアングロアメリカン的経験が支配的イデオロギーとして説明原理と化していったのは明らかだ。富の形成が政治戦略と知的分析において中心となっている。社会的交換とはすなわち取引のための市場である。取引から得られる利得を犠牲にする関係はすべて，情報の不足からくる市場の不完全性によるものであり，社会組織と社会的ネットワークはこういった不完全性による必要に迫られた拘束性だ，とされる。このように説明しておきながら，社会組

織や社会的ネットワークは不可避的に取引費用を発生させるし、そのような存在として分析されるべきだ、とみられるのである。

他方で、例えば中国の文脈では**グワンシ**がそれにあたるが、多くの社会やコミュニティでは、社会関係を維持する意志は、高次の道徳的秩序、倫理、そして他の人間に対する義務の表現であり、実践であるとみられている。行為者の社会的名声や社会的地位は社会の中で最も重要な要素である。名声とメンツが政治戦略や知的企てにおいて中核的な概念となり、交換における取引は二の次となる。取引的利得のために関係を犠牲にすることは、次元の低い合理性——非道徳的、非人間的、非倫理的、そして動物的なもの——であると考えられている。

誤認と悪い名声

交換、関係、認知、そして名声の破綻はあらゆるつながりにおいて発生しうるものである。破綻は交換のレベルで生じることもある。取引の中で供与された利益が認知されなかったときがそうである。債権者—債務者の関係が認知されなかったときや、取引上の効用が持続的交換の唯一の基盤であるとき、関係や相手が選択肢を考慮する中で付随的・二次的なものであるときも、交換レベルの破綻が生じる。取引費用が便益を上回ったとき、関係を維持するインセンティブはもはや存在しない。

利益供与が認知されたとしても、その認知がなされるネットワークが債権者にとってみればあまり資源に恵まれていないならば、債権者は関係から撤退することがある。袋詰め作業者の仲間集団の中で認知されることは、ファッションデザイナーや学者にとってはあまり意味をなさない。場違いなネットワークや集団の中で認知されることは債権者にとって無駄でもあるし、望ましくもない。ある学者のアドバイスに対して三流ジャーナルの論文で謝辞を書いてもその学者の名声は大きくならないだろうし、それどころかガリ版刷りの雑誌にでも出版されたりしたら、その学者の名声に傷がつくことさえあるかもしれない。さらに、認知が供与された利益の程度に見合わない場合も、関係の破綻が生じ

うる。例えば、ある論文の協力者に脚注で謝辞を述べ、しかもデータ収集と分析のすべてを行ったのはその協力者で、分析自体からは協力の意味をくみ取ることができないような場合がそうである。

　債務者が供与された利益が期待はずれだったと感じたときも、ネガティブな認知が生じる可能性がある。ネットワークに悪口が広がれば、ネガティブな認知と悪い名声（悪評判）が生じる。この場合、債権者は次の取引から供与する利益を増やして認知の方向を逆転させるか、さらなる取引を避けるかの選択をするだろう。この意志決定は、関係から得られる利得（認知による利得）と追加的な取引費用との比較考量、あるいは債務者との関係から、場合によってはネットワークから撤退することのコストと、傷ついた名声をもちながらも資源の豊かなグループにとどまることのあいだでの比較考量となる。

　債務者や債務者集団の視点からも似たようなことが言える。債務者がさらなる交換からはじき出されるのは、どういった場合だろうか。取引上の利潤を得ていながら悪口を広める行動だろうか。あるいは供与される利益のことを考えずに取引に興じるときだろうか。集団の連帯が壊れるのはどのようなときだろうか。集団連帯が実際に成員のあいだでの名声の程度、指導的「市民」の名声の程度に基づいたものである場合、集団連帯を掘り崩すのは集団の規模だろうか、あるいは債務者と債権者の比率だろうか、それともその両者の関数なのだろうか。

　この章ではポジティブなプロセスに焦点を当てたが、社会的交換のプロセスの破綻についてもまだまだ考察を発展させる余地がある。こういった発展は社会的交換の理論にとって、ポジティブなプロセスの分析と同様に重要なものである。

社会関係資本と経済資本のあいだの相補性と選択

　以上の形式的な考察から、経済的地位と社会的地位の両方が生存にとって重要な基準であり、合理的選択の基盤を構成することが提案された。二種類の合理性が一元的な物差しの上で対極にある二つの価値であるとか、二種類の合理

性は互いに排他的(二者択一命題)であるなどのように理解されてはいけないので，そうであるという理論的な根拠も経験的な根拠も存在しない，ということを急いで付け加えておこう。条件が揃えば，関係的交換と取引的な交換は相補的となり，互いに強化し合うものなのだ。理想的な状態では，関係的目的にも取引的目的にも利益のある関係を考えることができる。こういった関係では，双方に取引上の利得がもたらされ，そしてお互いが相手の貢献についての情報を広め合い，互いの社会関係資本を増やすことになる。この場合，関係にとっても取引にとっても**同型的な効用関数**（isomorphic utility function）が存在する。個々の人間の生存と集団の生存の両方が強化されていく中で，同型的効用関数は二人の行為者の間の交換を促進する。このような理想的状態では，二種類の合理性は共存し，互いを補完し合い，相互に作用し合うことになる。

　だからといって，二つの合理性のあいだに衝突する可能性がないわけではない。取引的合理性は，より有利な取引のために関係の一部を捨てることを勧める。交換のパートナーが誰であるのかは，ここでは重要ではない。取引上の利得を与えてくれる場合にのみ，パートナーに意味があるのだ。この原理からすれば，関係的合理性は選択基準において二次的な重要性しかもたなくなる。このように，取引的合理性と関係的合理性のどちらかを選ばなくてはならないこともよくあるのだ。(7) つまり，最適な取引と最適な関係が一致しないわけである。先に特定した意志決定ルールに従えば，取引の最適化は別の関係をサーチすることを導くし，関係の最適化は不均衡な取引を導く。この二つのタイプの交換のあいだでの選択は，大集団における公共的資本——富と名声——と関係する，と思われるかもしれない。これにかんしては，いくつか仮説を挙げることができる。まず第一に，ある集合的資本，例えば富が集団内に乏しい場合，個人は別の集合的資本，つまり名声を得ることを目指すようになる，ということ。こういった状況では，二つの競合する仮説を考えることができる。最初に，限界効用原理による説明がある。この考えでは，富を多く蓄積しているが名声にか

（7）　原初的な集団では，取引的合理性よりも関係的合理性のほうが優先して選ばれるように思える（子どもへの資産譲渡の例。第8章を見よ）。

んしては一致した見方が存在しない（例えば新参者や移民の数が多いが、物的・経済的資源を豊かに備えている）コミュニティにおいては、個人にとって名声のほうが富よりも価値が高い、ということになる。同様によい名声を備えているが富に乏しい（例えば物的・経済的資源をあまりもたないが安定したコミュニティ）では、個人はむしろ富の獲得を優先する。しかし別の定式化をしてみると、集合的な効用がそのまま個人的な効用を駆り立てる、と考えることもできる。あるタイプの資本、例えば富が集合的に小さいが名声については豊かな場合、集合的にはより恵まれている資本、つまり名声に基づいた地位にある者を優遇するかもしれない。個人もまた名声に高い価値を与えるだろう。ここでの前提は、集合的効用の原理が影響力をもっている、ということである。

　第二に、両方のタイプの資本がともにふんだんに存在する場合、両者のタイプの資本の所有には強い対応関係がある、と考えることができる。つまり一つのタイプの資本をもつと、他の資本を所有する欲求が増すか、あるいは実際に他の資本を多く所有している可能性が増すのである。富と名声を多く蓄積しているコミュニティでは、富を獲得しようと努めることと、名声を獲得しようとすることは両方とも合理的である。片方の資本を獲得すれば、もう片方の資本を獲得する可能性が高くなるからだ。安定していて、物的・経済的資源に富んだコミュニティでは、富と名声の両方が重要であり、互いに補い合っているわけである。

　富も名声も備えていない（不安定で、物的・経済的資源が少ない）コミュニティでは、コミュニティは富と名声の評価をめぐってばらばらになったり争いになったりする可能性がある。個人は、埋め込まれた社会的ネットワークの規模（所属するネットワークが大きいほど、名声上の利得が優先される）や物的・経済的資源へのアクセス可能性に応じて、富、名声、あるいはその両方の獲得競争に走るだろう。集合的なコンセンサスや交換パターンがなければ、集団は混沌状態に陥るか、変化を余儀なくされるのではなかろうか。これらの推測が正しいかどうか、検証するべきである。

　とはいえ、露骨な生存競争が行われていたり、一部の少数の成員によって資

本が蓄積されていたりするのでなければ，望ましい経済資本と社会関係資本は交換関係によって得られるものである。高い社会的地位をもつ行為者と裕福な行為者は，すでに所有している資本をより増やしたり，もう片方の資本を形成したりする場合に，互いの資本を利用し合うことができる。一つのタイプの資本を蓄積すれば，他のタイプの資本を獲得するための交換に従事しやすくなる。銀行家が貧困者に寄付行為を行い，その取引が十分にPRされれば，銀行家は社会的信用と社会的認知を獲得することができる。同じように，有名な物理学者はその名声を利用して商品を宣伝し，手厚い見返りを得ることができる。優れた資本家は，儲けに敏感であると同時に人間味をもつ必要があるということを，そしてそのことが自分たちだけではなく他者に対してもためになることだということを知っている。

　最後に，取引的合理性と関係的合理性の両方とも，社会に根ざしたものだということを確認しておくことが重要である。社会的・政治的なシステムおよび集団構成員による法制化とサポートを抜きにしては，貨幣という象徴的・一般的な媒体を基盤とした経済システムは，絶対に存在し得ない。関係的合理性は取引的合理性に包摂されたものだという考え方は，直感的には魅力的だが，実際の人間社会ではあり得ないのである。

第10章

ヒエラルキー構造のなかの社会関係資本

　第8章と第9章では，行為の動機がある種の相互行為や有用な社会関係資本の形成に至るという概念的定式化を試みた。第8章では，地位，権威，ルール，行為主体が複雑になるにつれて，行為が社会構造を生じさせる，ということを論じた。本章では，複雑な社会構造——組織——という文脈における社会関係資本へのアクセスとその活用について検討し，前の二つの章で検討した概念化をさらに発展させていく。そのためにまず，組織のように安定的でかつ機能的なヒエラルキーを想定し，行為者が自らの地位からよりよい社会関係資本——他の地位，特に階層的に高い地位に埋め込まれている資源——にアクセスできたりできなかったりするのはいかにしてか，ということを検討する。したがってここでの問題関心は，第一に構造的な制約について明らかにすることであり，第二にこうした構造的な制約のなかで社会関係資本にアクセスしようとする行為がどのように行われているのか示すことにある。

　第5章で述べた社会関係資本の命題群には，社会関係資本は利益を生み出すという第一の命題に加えて，社会関係資本へのアクセスに影響する二つの要素にかんする命題があったことを思い出して欲しい。地位の強み命題は，人がアクセスできる社会関係資本の質は，ヒエラルキー構造の中でもともといた地位にある程度規定されるという仮説に基づいていた。これは構造による効果であり，たしかに諸個人はその地位を独占することで利益を得られるかもしれないが，その効果自体は構造の中にいる個々人と独立したものである。これとは対照的に，（ネットワーク上の）位置の強み命題は，個人の行為に対する見返りがあるという仮説に基づいている。通常の相互行為は同類原理に基づいてなさ

第10章 ヒエラルキー構造のなかの社会関係資本

れるので，普段付き合わない人と付き合ったり，ブリッジの形成を試みるといった行為は，通常の行為規範から外れた行為選択である。**相対的には，地位の強みはネットワーク上の位置の強みよりも社会関係資本に大きな影響を与えるであろう。**社会構造のどこにでも存在する構造的制約のほうが重要なのである。これらの命題の理論的な含意については後で論じることにしよう。実証を行う際に，地位と位置とがもたらす効果の大小は様々だと思われるが，いずれの要素とも作用すると考えることができる。

地位達成過程における社会関係資本の効果を追究した実証研究（第6章）では，三つの仮説のうち二つまでが強く支持された。その仮説とは，社会関係資本仮説と地位の強み仮説である。就職の際，出身階層のよい人ほど求職活動においてよりよい社会関係資本を見つけやすく，よい資源をもつ人と関係をもつこと，あるいは良好な社会関係資本を保有することは，一般的によい仕事を見つける可能性を高める。このような関連は通常の地位達成変数（例えば教育，初職の地位）を統制してもみられるものである。

しかし，弱い紐帯の強み仮説にかんする実証研究の結果ははっきりしたものではない。これに対してはいくつか理由があげられている。例えば，紐帯の強さは，ネットワーク上の位置の強みを表すのに適切な尺度ではないという議論がある。ネットワーク上の位置を適切に表すには，ブリッジの一部分である，もしくはブリッジの近くに位置するといった点や，構造的隙間の周辺に位置する，または構造的な制約が少ない場に位置するといった点を考慮する必要があると言われている（Burt 1992, 1997）。また，弱い紐帯の強みは，ネットワーク上の位置ではなく，間柄（親族，友人，知人）や親密性の欠如（Marsden and Campbell 1984）として測定されることも多い。これらの代替的尺度によって異なった結果が生み出されているということを明らかにした実証研究は，現時点では存在していない。

この曖昧さを二つの外生変数，すなわち，道具的行為に対する地位の強みとネットワーク上の位置の強み（例えば弱い紐帯）（第5章，第6章参照）との交互作用に帰する考え方も存在する。リン，エンセル，ヴォーン（Lin, Ensel and

第Ⅱ部　概念上の展開

Vaughn 1981）は弱い紐帯の天井効果仮説をうち立てている。この仮説は，ヒエラルキーの頂点で弱い紐帯を活用しても，その利点は得られないとするものである。その理由は，そうした場で弱い紐帯を活用しても，自身よりも下の地位にいる人と結びつく可能性が高く，それゆえ一段劣った資源しか手に入らない可能性が高いからである。リンらは，ヒエラルキー構造の最下層においても，弱い紐帯が効果をもたなくなるとは想定していなかった。しかしマースデンとハルバート（Marsden and Hurlbert 1988）は，よりよい資源へのアクセスにあたり，最下層の出身者は，強い紐帯で結ばれた接触相手よりも弱い紐帯で結ばれた接触相手から多くの利益を得ているわけではない，ということを発見した。このように地位の強みと紐帯の強みの交互作用効果が高低両極端の位置でのみ生じるとするならば，そのような交互作用がなぜ生じるのかが興味深い検討課題になる。ヒエラルキーの頂点またはそれに近い位置における交互作用効果を説明するのはそう難しいことではない。しかし，ヒエラルキーの底辺またはそれに近い位置で，弱い紐帯から多くの利益を得ることができない理由を説明するのは困難である。というのも，弱い紐帯を経由した方がよりよい社会関係資本に到達する可能性が高まるという理論は，ヒエラルキー構造の最も低い位置にいる人々にも当てはまると考えられるからだ。

　この理由を追究するためには，地位の強みとネットワーク上の位置の強みとの交互作用を表す構造的なパラメータを考える必要がある。その際求められるのは，ある構造のなかでの構造的な制約（地位の強みとして現れる）と個人の行為（ネットワーク上の位置の強みとして現れる）の相対的な重要性を考慮に入れた図式である。これらを考慮することで，構造のパラメータを説明し，それらが命題に与える影響を検討することができる。以下，本章では，一群の構造パラメータについて記述していく。こうしたパラメータの組み合わせを通じて，二つの理論命題の明確化に寄与する枠組みを提示することができるだろう。

　そのためにいくつかの用語を明確にしておこう。私は，社会構造は複数の階層レベルからなり，それぞれの階層レベルには構造的に等しい位置にいる人々が包摂されていると考えている。彼らは，第一に同じような価値の資源，権威

を基盤とする点で,第二に同じようなライフスタイル,振舞い,その他文化的,心理的要素を基盤とする点で同等である。本章の目的に沿って,以下では**階層レベル**と**地位**という言葉を互換的に用いる。また,本章では,**社会移動**という用語を,企業間労働市場における自発的移動を表すものとして用いる。したがって,仕事への不満や選択肢のなさ,その他「玉突き」的要因や強制的要因による非自発的社会移動は考慮しない。グラノベッター(Granovetter 1986)が指摘するように,自発的社会移動は,通常,賃金の上昇を伴う。同様に,組織などのヒエラルキーで得られる見返りの多く(より多くの権威,よりよい賃金,ボーナス,より早い昇進)は自発的社会移動によって説明できると論じられている。
(1)

構造パラメータとその効果

これまで論じたように,一つのヒエラルキーは,四つの普遍的パラメータのバリエーションとその組み合わせにより表すことができる。その四つとはヒエラルキーの中にある階層レベル数(**階層レベルの違い**),それぞれの階層レベ

---

(1) 求職行動の多くが初めのうちは計画的でないことは事実である(Granovetter 1974を参照)。たいていの場合人々は,偶発的な出来事(例,パーティー)や知人との付き合いを糸口として仕事を得ているのである。したがって求職は,必ずしも,そのような目的を念頭に置き,就職情報をもたらしてくれる人を積極的に探す行為から始まるわけではない。だからといってこのことは,諸個人が構造のなかの異なった階層レベルにいるゆえに,特定の種類および特定の量の資源や社会関係資本をもたらしうる人に偶然出会う機会も異なるという基本的な前提を否定するものではない。実際に,高い地位にいる人は低い地位にいる人に比べ,ヒエラルキーの中で多様かつ異質な階層レベルにいる人にアクセスでき,そのため,より多くの社会関係資本を手にするという実証結果も存在する(Campbell, Marsden, and Hurlbert 1986; Lin and Dumin 1986)。したがって,高い地位にいる人が偶然誰かと出会う場合には,様々な種類の情報や影響力だけでなく,就職情報にも構造的に恵まれていると考えることができる。このピラミッド型のヒエラルキーから引き出される構造上の優位性は,人々が実際に求職を始める際に顕在化するのである。

ルを占める人々の分布（絶対数と相対数）(**成員数**(size)**の違い**)，それぞれの階層レベルおよびそこに所属する人々が有する価値ある資源の分布（絶対量と相対量）(**資源量の違い**)，構造の中にいる人々および資源の総量である。第一および第四のパラメータは構造全体から求められ，第二および第三のパラメータは構造全体からも，そしてその部分からも求めることができる。

一般的に，社会関係資本の第一命題はこれらのパラメータの量に関係なく支持される。構造がヒエラルキーである限り，よりよい社会関係資本へのアクセスとその活用は構造パラメータにかかわりなく社会経済的な利益をもたらすと考えられる。しかし他の二つの仮説は，構造パラメータの変化を考慮した上で，さらに明確化していく必要がある。続く節ではそれぞれのパラメータについて記述し，パラメータの変化が二つの命題に与える影響を検討していく。話を単純化するために，二つの命題は**地位効果**（所属する地位の強み），**位置効果**（ネットワーク上の位置の強み）と表す。さらにここで，構造的な制約が中心的な効果をもつことを今一度思い出しておこう。地位の強みは位置の強みよりも相対的に強い効果をもち，それは構造のいかなる場においても変わらない。ただし，それぞれの効果の強さは構造のなかの場所に応じて異なる。

さらなる一般化のために，構造（地位の強み）とネットワーキング（位置の強み）の効果の比較についても検討しよう。ネットワーキング効果を検討する際には，位置の強みにかんする一般的な議論を採用する。すなわちそれは，道具的行為の際に，ブリッジまたはそれに近い位置——**構造的隙間，弱い紐帯，構造からの制約を受けない位置**など様々な呼ばれ方をする——がよい社会関係資本へのアクセスをもたらすという議論である。この命題は組織や企業で適用されることが多いが，実際にはすべてのヒエラルキー構造で一般化できると考えられる。

階層レベルの違い

ヒエラルキー構造は，まず，その内部に含まれる階層レベルの数から特定することができる。一つの**階層レベル**は，同じような資源をもち，同じような

第10章 ヒエラルキー構造のなかの社会関係資本

（社会関係資本も含む）資本にアクセスできる人々が構成する一群の社会的地位と定義する。職業構造の最も大雑把な区分としては，その社会で一般的に受け入れられている職業分類が挙げられる。しかしそのような分類は，資源だけでなく，特定の技術，訓練，経験，在職期間，産業内での位置付けといった複数の要素をもとに作成されることがある。したがってそういった区分よりも，各職業的地位の資源に対する支配権と社会関係資本へのアクセスについて経験的に調べた結果をもとにした区分を用いるほうがよい。要するに資源へのアクセスの面で同等な地位にいる人々の集合が，ある構造のなかの一つの階層レベルを形成する，と考えるのである。(2)

図10.1(a)の二つの図は，階層レベル数の違いを理論的に極端な形で表している。左側の図は構造の中に階層レベルが二つしかなく，右側の図には多くの階層レベルが存在している。二階層レベルのシステムは，一方の階層レベルの人々が貴重な資源のほとんどすべてをもち，他方の階層レベルの人々はほとんど資源をもたないカースト制に類似していると考えられる。したがって地位効果はより強く現れるであろう。一方，多階層レベルのシステムでは，価値ある資源の相対的格差が階層レベル間で減少するため，地位効果も弱まる。したがって，階層レベル数は地位効果と負の関連をもつと考えられる。

二階層レベルの構造では階層レベル間の相互行為が最も少なくなるため，ブリッジの発見や活用の機会は減少する。一方，多階層レベルの構造ではブリッジの形成，活用の機会は最大となる。だからといってこのことは，階層レベル間をまたぐ紐帯を形成すれば，二階層レベルのシステムの中でもネットワーキングの効果が得られるということを否定しているわけではない。しかしながら，

---

(2) 職業の階級的ヒエラルキーを詳述したブライガー（Breiger, R. 1981）の研究では，移動の内的異質性と外的異質性が基本原理とされている。すなわち資源や社会関係資本からではなく，移動のパターンから分類システムを演繹しているのである。筆者は，移動尺度をもとにした実証的分類と資源尺度をもとにした実証的分類がそれほど一致すると考えていない。言うまでもないことだが，こうした理論的理由から，資源をもとにしたヒエラルキーの実証的提示が必要なのである。

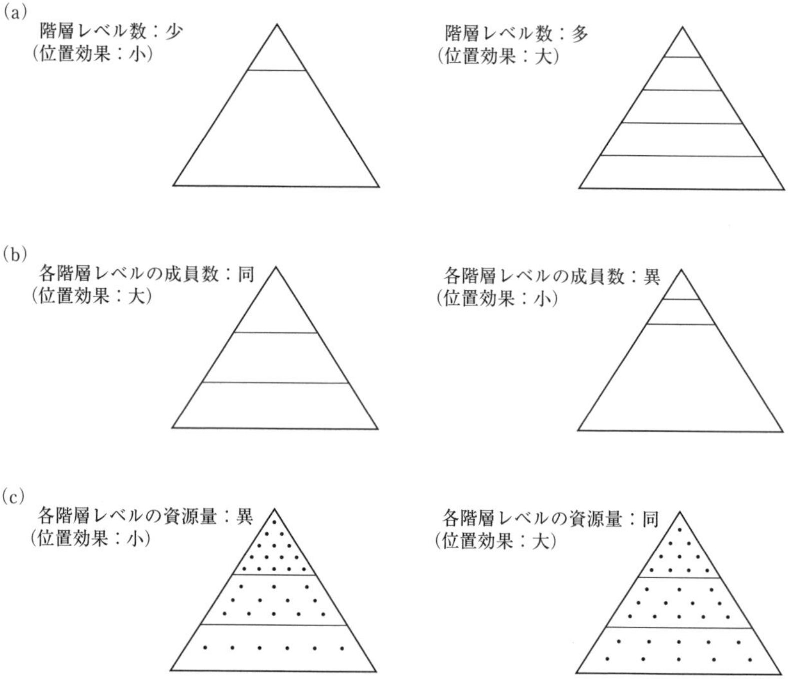

第Ⅱ部　概念上の展開

(a) 階層レベル数：少　　　　　　　　　　　　階層レベル数：多
　　（位置効果：小）　　　　　　　　　　　　（位置効果：大）

(b) 各階層レベルの成員数：同　　　　　　　　各階層レベルの成員数：異
　　（位置効果：大）　　　　　　　　　　　　（位置効果：小）

(c) 各階層レベルの資源量：異　　　　　　　　各階層レベルの資源量：同
　　（位置効果：小）　　　　　　　　　　　　（位置効果：大）

図 10.1　位置効果の3つの違いと相対的な強さ：
　　　　　(a)階層レベルの違い，(b)成員数の違い，(c)資源量の違い

カースト制のような序列の中でそのような紐帯を形成，維持するのは困難である。というのも，すべての報酬（富，権力，名声）は上層レベル内の紐帯を通じて得られるため，上層にいる人々は下層の人々と関係を結ぶ必要がないからである。ここから，構造のなかの階層レベル数はネットワーキング効果と正の関連をもつと考えることができる。

　このように一つの構造のなかにある階層レベルの数は，構造的な制約と個人の行為に正反対の結果をもたらす。二階層レベルのシステムでは構造的な制約が最も強くなり，個々人の行為が効果を発揮する機会はほとんど見られない。一方，多階層レベルのシステムでは構造的な制約は弱まり，個々人の行為を通じて価値ある資源を得る機会は増加する。このような効果は，職業構造や労働

市場の階層数と社会移動とのあいだには関係があるという一般的な経験的観察と一致している。これらのサブ仮説は，多階層レベルの構造で階層レベル間の社会移動がより多く見られる理由を，構造的観点からのみでなく，構造的制約の緩和，行為選択の機会の拡大といった構造と個人の両面から説明している。しかし，これらの仮説は，各階層レベルの成員数が同じであること，あるいは，各階層レベルの成員数の違いが何の影響も与えないことのどちらかを前提条件としている。だが，このような前提は，ほとんどのヒエラルキーに当てはまらないのである。

成員数の違い

各階層レベルの成員数（Size）の比率は地位効果と位置効果に影響を及ぼすと考えられる。前節と同様に，二つの極端な状況を検討することで，この影響について検討していこう。図10.1(b)はそれぞれの状況を表したものである。左側の図ではどの階層レベルにも同じ数の成員がいる。一方，右側の図では各階層レベルの成員数は異なっており，しかも，その数は，構造の下から上に行くにしたがい相対的に減少している。なお，ここでの議論において，階層レベル数は統制されていると考え，また，便宜上，地位効果と紐帯の効果が生じるのに十分な階層レベル数を想定している。

各階層レベルの成員数が等しい構造では，いずれの人々にとっても異質結合の機会が最大となる。つまり，どの階層レベルの成員も，異なる階層レベルにいる人と接触する機会が等しくなるのである。ブラウ（Blau and Schwartz 1984; Blau 1985）は集団間連携の分析で，二つの集団を越えて相互行為をする際には，小さい集団にいる人の方が集団間連携が活発になるという仮説を立てた（例えば，集団Aの誰かが集団Bの人とつきあう確率は，集団Aの大きさが集団Bに比して小さくなるほど高くなる）。上層にいくほど成員数が相対的に少なくなっていくヒエラルキー構造では，二つの階層レベル間の人数差の相対的拡大とともに，下層の（おそらく大きい）階層レベル（例えば集団B）から上層の（おそらく小さい）階層レベル（例えば集団A）への集団間連携も少なく

なる。一方，階層レベル間の人数差が相対的に減少すれば，上層との連携は増えていくだろう。したがって，ヒエラルキーのどの階層レベルにも同数の成員がいるという極端な状況では，階層レベルを越えた異質結合の機会は最大となり，そのため，社会経済的な利益を得る機会も等しくなるのである。言い換えると，各階層レベルの成員は上昇移動の機会をそれぞれ平等に有しているのである。だからといって，その構造にいる人全員が，その中で最高の地位に達する機会を平等に有しているわけではない。それぞれの人が異なった階層レベルにいる人々と接し，上昇移動する機会を等しくもつといっても，そうした行為は概ね，構造の中で最初にいた地位に左右される。

それぞれの階層レベルの成員数の違いが大きくなるにつれて，上の階層レベルにいる人との接触は難しくなる。というのも，各階層レベルの人数差が大きくなると，成員数の多い階層レベルにいる人々の多くが同じ階層レベルにいる人と接するようになり，階層レベル内での相互行為の機会が増加するからである。構造の中で高位にある階層レベルほど相対的に少人数であることを考慮すると，より低い階層レベルにいる人々の階層レベルを越えた行為は相対的に少なくなり，それにより弱い紐帯の潜在的効果も少なくなると考えられる。したがって，成員数の違いはネットワーク上の位置効果と負の関連をもつと考えられるのである。

しかし，低層レベルに属する成員が相対的に少ない場合，この予測はあてはまらない。そのような構造では，低い階層レベルにいる人々が上の階層レベルにいる人々と接触する量が相対的に多くなり，それにより，上層レベルに移動する機会が増加するのである。例えば，農業関連層（level）の成員数が非農業ブルーカラー層よりも相対的に少ない社会構造では，農業出身者の，地位達成過程における紐帯の効果が相対的に強く見られるのである。

しかしその一方で，階層レベル間の成員数の違いは，地位効果に対しては正の影響を及ぼす。成員数の差が大きくなると，多人数で構成された階層レベルに属する人々，大抵は低層レベルに位置する人々の階層レベル内での相互交流が増加する。この階層レベル内での相互交流が地位効果を強化するのである。

成員数の違いが大きくなると，少人数からなる階層レベルにいる人ほど，多人数からなる階層レベルにいる人との接触機会が増えるというのは逆説的である。階層レベルが高くなるほど成員数が少なくなるピラミッドのヒエラルキーでは，頂点に近づくほど，異なる階層レベルに属する様々な人々と出会う機会が増える。しかし，上層にいる人々は，異質結合ではなく同質結合から社会経済的利益を得ているのである。対照的に，ヒエラルキーの底辺およびその近くでは，社会経済的利益を得るために異質結合が必要な人々が，異なる階層の人々と交流する機会は，自らの属する階層レベルの成員数の多さのために，構造的に少なく抑えられてしまうのである。

資源量の違い

ヒエラルキー構造の第三の特性は，階層レベル間での資源分布の違いである。階層レベルの違いは，その階層レベルに属する成員の数だけでなく，資源分布からも表すことができる。資源量の違いは，ある社会構造における階層レベル間の資源配分，または二階層レベル間の比較によって表される。図10.1の一番下の(c)に示したように，ある社会構造の資源量の違いは右側の図（隣接する各階層レベル間の資源格差がゼロの時）において最小となり，左側の図（隣接する各階層レベル間に資源の格差が存在する時）において大きくなる。前者の場合，構造の中にあるすべての階層レベルは資源に対して**等距離**だと言える。一方，後者の場合，構造の底辺から頂点にいくにしたがい差が大きくなると考えられる。というのも，構造の上部にいくほど，上位層一人が保有する資源の量は下位層にいる人のそれよりも多くなり，隣接した階層レベル間での資源量の違いが大きくなると考えられるからである。この仮定は実証的にはまだ検証されていないが，ヒエラルキー構造の頂点に近づくほど，同じ量の資源に対する誘因や見返りは減少する，という理論に基づいたものである。つまりトップ層にいる人々に対して同じ程度の誘因・見返りを維持するためには，より多くの資源が必要になる，ということである。

等距離の構造では位置効果を発揮する機会が増大すると考えられる。それは，

すべての階層レベル間で，異なった階層レベルにいる成員と紐帯を築く可能性が等しくなるからである。しかし，非等距離の構造では，低い階層レベルにいる成員が他の階層レベル，特に構造の上部に存在する資源までの距離を克服し，それを手にするのは困難である。したがって，資源量の違いは位置効果と負の関連をもつと考えられる。

　地位効果ではその反対のことが考えられる。資源量の違いが増えると，社会経済的利益の獲得にあたり自らの地位が重要となる。階層レベル間の資源量が大きく違う構造では，上昇移動は困難である。そのようなシステムで上昇移動が行われたときに，移動に対して強い説明力をもつのは，ネットワーク上の位置効果よりも自らの地位の効果なのである。一方，構造が等距離になると，地位効果は相対的に小さくなる。

　この仮説が妥当であれば，いかなる構造においても以下の二つの帰結が生じる。第一に，ヒエラルキー構造はその定義上，資源量の順に各階層レベルが並んでおり，階層レベル間での相互行為の頻度は，それぞれの階層レベルが構造の中でどのくらい離れているかに依存している。したがって，階層レベル間の相互行為は隣接する階層レベル同士で最も頻繁となり，それ以外の組み合わせでの相互行為の頻度は，階層レベル間の距離が開くにしたがい減少すると考えられる。以上のことから，社会移動（特に社会経済的利益）は隣接する階層レベルの間で生じる可能性が一番高いと予測される。

　さらに，階層レベル間の相互行為は，二つの階層レベルで各人が有する資源の量の相対的格差にも左右される。隣接する階層レベル間の相互行為は，資源量の違いが増えるにつれ少なくなるのである。頂点に近づくにしたがい資源量の違いが拡大する構造では，頂点に近づくほど社会移動が困難になると予測される。一方，最下層付近では階層レベル間の資源量の違いがほんのわずかとなり，その結果，階層レベル間の相互行為も活発になるであろう。

　このような変化が，社会経済的利益に関する相互行為全般から見出せるというのは興味深いことである。これまでの議論から，資源量の違いがある場で，上層部の人々と階層レベルを越えた相互行為を行うと大きな利益につながる，

ということは明らかである。しかし,そのような行動が互恵的になされる可能性は少ない。というのも,上位の階層レベルにいる人が下位の階層レベルにいる人と相互行為を行っても,得られるものはほとんどないからである。その結果,階層レベル間の相互行為は減少し,たいていの場合,そのような相互行為から得られる効果も減少するであろう。それは,上層レベルにいる人々が,下層レベルにいる人々の働きかけに応じる可能性が少ないからである。しかし,地位効果などのおかげでそうした働きかけがうまくいくと,望ましい就職といった報いが得られる。対照的に,ヒエラルキー構造の底辺で階層レベル間の相互行為を行っても,利益も不利益も生まれない。それは資源量の違いがほとんど見られないからである。したがって,階層レベル間の相互行為が頻繁に行われても,当事者に重要な利益はもたらされないと考えられる。

成員と資源の全体量

社会構造の最後の特性は,構造全体(例えば産業部門)にいる人々の絶対数と資源の絶対量にかんするものだ。ここで使われる**臨界量**(critical mass)とは,構造の中で最低限必要な人口と資源の絶対量を示す用語である。ある構造に必要な人口および資源の量は,その構造と相互作用を行う外部環境に存在する人口および資源に応じて相対的に変化する。それにもかかわらず,一構造の特性として,絶対数が重要なのである。構造内での連帯は,外部環境から資源を得る機会だけでなくその制約からも強く影響される。したがって,ここでの分析においては従来より大きく構造をとらえ,これまで焦点を当ててきた構造は下部構造として検討する必要がある。例えば,ある労働市場における社会移動を検討するには,その部門の構造パラメータを分析すればよいと思うかもしれない。しかし,相対的な移動パターンは他の部門との比較を通じて初めて明らかになるので,最終的には他の部門も分析範囲に含めることになる。より大きな構造での部門間の移動を検討するにあたっても,同様のパラメータ(階層レベルの違い,成員数の違い,資源量の違い)が有用かもしれない。しかし本章では,これ以上議論を精緻化・拡張する必要はないだろう。

構造と個人への理論的示唆

　要約すると，私たちは構造パラメータを考慮することで，地位の効果と紐帯の効果を変化させる条件を詳述できるようになった。これを理念型的に述べると，地位効果は，構造の(1)階層レベル数が最小限であり，(2)階層レベル間の成員数の差が大きく，(3)階層レベル間の資源量の差が大きいときに，最大化することになる。一方，ネットワーク上の位置効果は，構造の(1)階層レベル数が多く，(2)階層レベル間の成員数の差が小さく，(3)階層レベル間の資源量の差が小さいときに，最大化することになる。ただし，紐帯の効果が最も強いときでさえも，地位効果のほうが強いという点には留意すべきである。

　地位効果は構造の効果の一指標と見なされうるし，位置効果（特に弱い紐帯の活用）は諸個人の行為の結果と見なされうる。すでに説明したように，相互行為は，同じような社会経済的特性をもつ人々の間でなされる同類結合が基本である。一方，弱い紐帯の活用は，異なった社会経済的特性をもつ人々との相互行為になる傾向がある。上層レベルに属する人々にとって，異質者との相互行為が利益を全く生み出さないというわけではない。彼らも下層レベルにいる人々から何らかのサービスを求めているかもしれないのである。だからといって下層レベルにいる人がそうした相互行為を始め，それを確立していくのは，容易なことではない。このように，地位効果と位置効果に関する原理は，構造的な制約と個人の選択の効果比較についての理論的な示唆を与えてくれる。また，それらは安定的な社会構造における垂直的（異質的）相互行為と水平的（同質的）相互行為との間のダイナミックなバランスを検討する材料ともなる。以下では，ここで得られた含意について手短にではあるが検討していく。

構造からの制約　対　社会関係資本

　これまでの理論で，構造からの制約と個人の行為が社会移動に影響する構造

第10章 ヒエラルキー構造のなかの社会関係資本

的条件を示してきた。そこで次に，構造がもたらす効果と行為がもたらす効果を対比して議論しよう。現代の社会学では，構造的見地が支配的である。この30年の間に発展した理論と実証研究の多くは，構造的見地を支持し，前進させる方向で展開された。ここで提示した理論は，構造による効果が支配的であるという見解を否定するものではない。例えば，構造全域において地位効果は紐帯の効果よりも重要だと論じている。しかし，構造パラメータを具体化することで，個人の行為は構造内のどの位置で，どの範囲にまで実現可能であり，有意味となるのか，という疑問を追究できるようになる。以下では，本章で論じてきた理論と現在展開されている構造理論との関係に着目して議論を進めていこう。

ブラウの異質性と不平等性の理論とエマーソンおよびその同僚の従属理論（dependence theory）は，構造的観点の好例を提供している。かいつまむと，ブラウ（Blau 1977, 1985; Blau and Schwartz, J. 1984）は，ある母集団における，次元（属性）の分布と個別集団間で異なる変数の数が集団間連携の程度を規定すると論じた。**名義的または序列的な複数の集団で**，ある次元の分布が変化すると，そのような（名義的集団の）異質性と（序列的集団の）不平等性により集団間の連携が促され，多次元（属性）にわたった検討がなされうる。集団間連携は，様々な異質性と不平等性の一致度にも影響される。複数の特性の違いが密接に関連をもつようになると（一元化されると），集団間の連帯は低下するであろう。一方，それらの特性の関連が少ないと（交差していると），集団間の連携は強まるであろう。

本書の理論はブラウの理論の精緻化およびその発展とみなされうるが，いくつかの違いもある。第一に，本書の理論は二つの社会的行為，すなわち，価値ある資源を獲得するためになされる道具的行為と，価値ある資源を維持するためになされる表出的行為に焦点を当てている。本章では特に社会経済的利益と移動，つまり道具的行為を扱っている。道具的行為と表出的行為の区別は理論構造の中心的役割を担っており，相互行為のパターンに直接的に影響する。道具的行為と表出的行為で連携のパターンが異なるのである（Lin 1982）。道具

223

第II部　概念上の展開

的な目的に対しては異質的（垂直的）行為と相互行為が効果的だと考えられる。一方，表出的な目的には水平的（同質的）行為と相互行為が効果的だと考えられる。ブラウの理論枠組みは，後者を強調しつつも，二種類の行為を組み合わせているようである。例えば，集団間結婚は本質的に表出的なものとみられているようである。しかし，結婚には道具的側面を帯びる状況も存在する。二種類の行為をはっきりわけて考えれば，潜在的には矛盾する実証結果を説明できるようになる。ブラウの理論は，相対的に表出的目的を意図した相互行為に適合する傾向がある。

　第二に，集団と地位を特定するための主要な要素がブラウの理論と本書の理論とでは異なっている。どちらの理論でもこれらの要素は成員の合意に基づいて成立していることを想定しているが，そこで中心となる基準が異なっているのである。ブラウは，人々が社会関係を取り結ぶ際に利用する属性を基本に据えている。一方，本書で提示した理論は資源を中心に置いている。ブラウはいみじくも，ミクロレベルでの社会関係に影響をもつことを根拠に属性を利用しても，集団間関係には必ずしも影響を及ぼすことはできない，と述べている。これに対して，本書の理論で用いた資源の基準には，そのような（地位と属性との）概念的トートロジーは含まれない。ブラウは後の文献において（例えばBlau 1985），属性を同定するにあたり資源が重要であることを認めている。資源という観点から属性をとらえ直すことで，その問題は解消されるのである。

　集団あるいは地位を定義する基準が異なることにより，もう一つの違いが生み出される。すなわち，ブラウの理論は順序付けのある集団，順序付けのない集団のいずれにも適用されるのに対し，本書の理論は順序付けされた地位を基盤とするヒエラルキー構造を想定している。本書の理論における社会構造の規定要因は，各階層レベルに存在する価値付けされた資源の量的格差である。したがって階層レベルにはヒエラルキー的な序列が存在する。

　社会構造に対する見方をこのように限定しておけば，カテゴリー変数をいかに順序付けるべきかという論争をこれ以上しなくてすむ。エスニシティや宗教といったカテゴリーは，それらを順序付けすることが可能な社会システムもあ

れば，そのようなことができない社会システムもある。しかし，本書の理論においては，価値付けされた資源は必ず順序付けられなければならず，それは人種やジェンダーといった社会的カテゴリーを用いたときにも変わらない。そのような資源は，当該社会システムの全階層レベルで価値があると考えられている限り，ヒエラルキー構造の基盤となるのである。他の論文で述べたように（Lin 1982, 1986），構造をヒエラルキーとしてとらえると，階層レベル内または階層レベル間での行為や相互行為のパターンを，たとえそれが表出的行為であっても，予測する公式を作成しやすくなる。この考え方は，集団間連帯のパターンの多様性を精緻化するのにも役立つかもしれない。例えばある社会システムで価値付けされた資源を表すカテゴリー変数が複数ある時，異質性仮説と不平等性仮説のいずれも当てはまる場合と，そのうちどちらかしか当てはまらない場合とを考えることができる。

　最後にブラウは，多様な構造を生み出す要因として，個々人の人数分布の違いに注目している。異質性原理においても不平等性原理においても，様々なカテゴリーや地位の人口分布のほうが集団間連帯に強い影響を与えている，と考えるわけである。ブラウは下位集団の数も強い影響力をもつとみなしているが，たいていの著作においては，比較分析において下位集団の数は標準化することができると考えていた（Blau 1985, pp.10-11）。言い換えると，ブラウの理論では下位集団の数は定数として扱われがちであった。

　本書の理論では，資源量とともに，階層レベル数，成員数も独立した構造パラメータだとみなしている。したがって，ブラウの提示した異質性と不平等性の効果は，階層レベル（または集団）の数および各階層レベルにいる成員数の違いからも具体化でき，また，そうするべきであると考えている。例えば，ピラミッド型の構造とその正反対の構造とを比べてみると，不平等の程度は似ていても，階層レベル（集団）間連帯は全く違うかもしれない。先述したように逆ピラミッド型の構造は実在しないかもしれないが，多くの構造には，農業部門とサービス部門のように，下層レベルに属する成員の数が隣接する上層レベルに属する成員の数よりも少ない部位も存在するであろう。そのような構造ま

第Ⅱ部　概念上の展開

たは下部構造での階層レベル間（集団間）連帯は，上層レベルの成員数が相対的に少ない通常の構造でなされるものと異なると考えられる。同様に，同じような階層レベル数と人数構成をもつ構造でも，資源の量が異なれば，階層レベル間連帯のパターンも異なる可能性が高い。例えば，少数集団が資源の大半を支配する二階層レベルのカーストシステムで繰り広げられる階層レベル間の連帯と，階層レベルの数およびそれぞれの人数構成は類似しているが資源量の違いはほとんどみられないシステムで繰り広げられる連帯は実質的に異なるはずである。

　このような違いに着目することで，ブラウの連帯の理論のより詳しい説明が可能となる。あるヒエラルキー構造で生じる階層レベル間または集団間での出会いの機会は，階層レベルの違い（階層レベル・集団が増えるほどそうした出会いの機会は増える），成員数の違い（各階層レベル・集団にメンバーが均等に配分されているほどそうした出会いの機会は増える），資源量の違い（各階層レベルの人々が一人あたりもつ資源の格差が小さいほど出会いの機会は増える）によって予測することができる。しかしながら，ヒエラルキーの効果（特に資源量の違い）は，これら連帯の一般原理を制限する。社会経済的利益を追求して道具的行為を行う状況では，連帯の互恵性が問題となる。上層レベルにいる人が下層レベルにいる人と出会うことは構造的に避けられないかもしれないが（例えば銀行員と清掃員），より実質的な，特に地位変更を伴う連帯（例えば結婚）を築くには，構造的な溝を乗り越える努力が求められるのである。本書の理論で，個人の行為の潜在的効果を明らかにしようと試みているのは，この種の連帯があるからである。

　エマーソンとクックの構造理論も本書の理論的見地から説明することができる。エマーソンとクックはその権力依存論において，自らの資源の最大化を目的とした個人が交換に携わる場合でも，交換のパターンとその結果は構造的パラメータに規定されることを明らかにした（Emerson 1962; Cook and Emerson 1978; Cook 1982; Cook, Emerson, Gillmore, and Yamagishi 1983; Emerson, Cook, Gillmore, and Yamagishi 1983）。交換，構造依存，制約（利用可能な交換相手の

第10章 ヒエラルキー構造のなかの社会関係資本

人数,資源を有する源泉までの距離)に関する理論枠組みの中で,交換の種類(例えば一組のペアで一種類の資源しか取引できない負のつながりのネットワーク,二種類以上の資源を組み合わせて新たな資源を生み出すことのできる正のつながりのネットワーク)と資源の卓越性(各人が利用できる資源の量)は,結果的に個人間の資源格差を増大させていくのである。

　本書の理論では,ヒエラルキー構造のパラメータを設定することにより,どのような構造または構造のどの部分で依存や資源の分化が加速,あるいは減速するのか,予測しやすくしている。頂点に近づくほど資源量格差が増える構造では,頂点付近にいる人の権力や資源の分化が早くなると予測される。成員数の違いからも分化の速度の違いを予測できる。すなわち,成員数の差が大きくなると資源の分化も大きくなるのである。というのも,下層レベルに属する成員が多くなると,上層レベルに属する成員と相互行為をする機会が少なくなるからである。資源との距離を表す階層レベルの違いは,地位／階層レベルとそこに属する成員の数が便宜上限られているエマーソン―クックの実験結果を,より大きな構造に一般化するのに役立つ。

　さらに,本書の理論では,構造上同じような地位にいる個人がとりうる行為のバリエーションを想定している。クックとエマーソン(Cook and Emerson 1978)は,この行為の多様性を資源量の違いに対する公平感の強さとコミットメント感の強さの効果から手短かに実証している。分析の結果彼らは,権力の行使や資源に対する需要は,資源量の違いに対する公平感の強さとコミットメント感の強さにより,抑制もされるし(特に女性),増加もする(特に男性)といった知見を得た。そのようなデータは,個人の行為が構造特性から導かれた予測を越えて多様性をもつ可能性を示している。行為の個人的側面が相対的に大きく,あるいは小さくなる箇所を予測する構造パラメータを明示した本書の理論ならば,依存理論の厳密な構造的解釈を,様々な実証結果に応用できるよう洗練・精緻化することができるであろう。

第II部 概念上の展開

個人の行為 対 社会関係資本

　先にも述べたように，アメリカの社会学的文献では心理演繹的見解より個人的観点のほうが多くみられるようになっている。個人的行為がもたらす効果は二つの観点から追究することができる。第一は，構造の形成や変化に着目するものである。例えばコールマン（Coleman 1986a, 1986b, 1990）は，社会的行為者は自らの利益を追求するなかで社会関係を取り結び，その結果，行為の目的に応じて市場システム，権威システム，規範システムが生まれると論じた。コールマンは，それぞれ異なった利害を抱く行為者間の相互行為から規範やサンクションが生まれることを強調し，そこから各システムの進化の過程を説明した。コールマンの理論では，合理的行為や認知的行為が社会関係とそれにより生じる構造を生み出す原動力だと考えられているわけだ。それと対照的にコリンズ（Collins, R. 1981）は，感情こそが相互行為の背後で働く究極的な力であると主張し，諸個人は相互行為の中で正の補強を求め，メンバーシップを形作ると論じている。そうした一連の儀礼的相互行為が，結果として相互行為を繰り返し行うための文化的（会話的）資源や動力源を形成・提供し，そしてそのような相互行為の結果から，フォーマルな組織とインフォーマルグループが発展していく。コールマンとコリンズのこれらの議論は，個人的行為がいかにして構造を形成するかということに焦点を当てたものである。

　第二の観点では，個人の行為は構造上の制約（constraint）の下で実現可能なのであり，意味をもつとされる。バートの研究（Burt 1982, 1992）は構造的行為，すなわち似たような地位にいて共通の資源と利益を維持・増進している人々が行う行為を追究している。彼は，異なった地位にいる個々人も，構造上の制約を軽減するという目的の下では集まって協力することがあり，そのようなプロセスを通じて関係構造が変化する可能性を論じた。

　この二つの見解と本書の理論を統合すると興味深い結果がもたらされる。第8章では，社会関係資本が個人の利益関心と構造の生成とをつなげる重要な概

念であると論じた。資源を保持するに当たり，人はまず資源を守るため，その後は資源を得るために他者と紐帯を形成しなければならない。本書では，資源の維持・防衛は感情的または表出的力によって，資源の獲得は道具的および認知的動機とそれに基づく行為によってなされると考えている。結果として生じる水平的（同質的）および垂直的（異質的）な相互行為と関係は社会構造の基本形態を構成するのである。社会構造では，自身が保有していない資源へのアクセスとその利用も認められている。社会関係資本を管理し，扱う能力に差があるということは，ヒエラルキー的な地位が存在することを表している。多様な構造パラメータは，構造が進化的に立ち現れていく過程と，外部構造および外部資源とその構造との相互作用の結果を表しているのである。

ひとたび構造的パラメータが支配力をもつようになると，ヒエラルキー構造のどこにいても，またどんなときでも，個人は社会関係資本へのアクセスとその利用へと動機付けられる。そして，構造パラメータ（階層レベルの違い，成員数の違い，資源量の違い）の重要性はヒエラルキー構造の種類，またはヒエラルキー構造の各部位に応じて異なる。例えば，ある階層レベルに属する人々の集合行為の程度とその結果は，その階層レベルに属する人々の人数だけでなく，その他の階層レベルに属する人々との相対数からも規定されるのである。そうした集合行為が複数の階層レベルの統合や構造的パラメータの変化量の低減に結びつく構造条件を想定するのは興味深いことである。次節ではそうした分析の具体例を提示していく。

移動と連帯
―― いくつかの政策的示唆 ――

私は以前に，安定した社会システムに必要な同質的交換の機会と異質的交換の機会のバランスについて詳しく論じたことがある（Lin 1982）。異質的交換の機会が十分に備わっていないシステムでは移動の機会が縮小され，階層レベル内の連帯が強固になり，人口の分断を引き起こす。この階層レベル内の連帯は階層レベル（階級）意識をはぐくみ，階級闘争を潜在的に生み出すであろう。

第Ⅱ部　概念上の展開

表10.1　性別，人種別，職業カテゴリー別のアメリカの雇用労働者（1999年）

職業カテゴリー	雇用労働者（千人）			
	白人男性	黒人男性	白人女性	黒人女性
管理／専門	18,196	1,231	17,074	1,954
管理サポート	12,069	1,273	20,652	3,032
サービス	5,694	1,216	8,333	2,204
生産／労務	23,084	3,244	4,345	836
農業	2,847	164	767	16

対照的に，多数の異質的交換が行われているシステムでは，集団内の連帯がはぐくまれないため，移動が多く，構造も不安定になる。一過性の強い相互行為の増加と集団連帯の欠如は，システムそれ自体の統合を脅かし，その結果，混沌とした社会を生み出すかもしれないのである。

　以上のことから，構造には，階層レベルの数，各階層レベルに属する成員の分布，各階層レベルの資源の分布，構造内に存在する人口と資源の総量の調整が必要であることが示唆された。産業化の過程で不可避と思われる階層レベルの分化は，人員と資源の再分配を伴う。その際，階層レベル間での成員数と資源量の違いは，適正な比率に保たれなければならないのである。成員数と資源量の違いが適正範囲に収まっていれば，その構造は概ね頑健だと言える。

　例として，大まかではあるが，性別と人種によって分断されたアメリカの職業構造を考えてみよう。ここでは職業移動が性別，人種に規定されると仮定しておこう（例えば白人男性が退任したことによって空いた地位は別の白人男性に埋められる）。**表10.1**は，1999年のアメリカの職業分布を，職業五大分類（管理／専門，管理サポート，サービス，生産／労務，農業）によって，性別，人種別に示している。そこで，それぞれの人種と性別を組み合わせ，その中の「高い」カテゴリーにいる人々の数を「低い」カテゴリーにいる人々の数で除し，隣接していると考えられる二つの職業カテゴリー間の成員数の違いを算出した。例えば，白人男性のサービス職と生産／労務職の成員数の違いは0.25であり（5694/23084），管理サポート職とサービス職の成員数の違いは2.12である（12069/5694）。この三つの職業カテゴリー間で資源量が同じだと

表10.2 性別，人種別，職業カテゴリー別の職業人口格差

職業カテゴリーの組み合わせ	職業人口格差			
	白人男性	黒人男性	白人女性	黒人女性
管理：管理サポート	1.51	0.97	0.83	0.64
管理サポート：サービス	2.12	1.05	2.48	1.38
サービス：生産	0.25	0.38	1.92	2.63
生産：農業	8.11	19.83	5.67	52.00

考えると，本書の理論では，生産／労務職からサービス職に移動する際，構造からの制約がかなり大きくなると予測される。それは地位の効果が強く，紐帯の効果が弱くなるからである。一方，サービス職から管理サポート職に移動する際には，地位の効果が小さく，紐帯の効果が大きくなると考えられるため，構造からの制約はかなり小さくなるはずである。これらの格差およびその他のカテゴリーの成員数の違いは**表10.2**に示されている。

ここから，白人男性，黒人男性，白人女性，黒人女性の移動機会のパターンと，それぞれの紐帯効果を比較することができる。表10.2に見られるように，高位のホワイトカラー職に移動する際，黒人男性，黒人女性は，同性の白人よりも構造から強い制約を受けている（サービス職から管理サポート職：黒人男性1.05，黒人女性1.38，白人男性2.12，白人女性2.48，管理サポート職から管理職：黒人男性0.97，黒人女性0.64，白人男性1.51，白人女性0.83）。したがって，黒人男性と黒人女性がこれらのホワイトカラー職に上昇移動する時には，相対的に，地位の効果が強く，紐帯の効果が弱くなると考えられる。男性と女性を比較すると，女性がサービス職から管理サポート職に移動する際には，それほど多くの構造的制約を被らない。しかし，管理サポート職から管理職に移動する際には男性よりも強い構造的制約を受ける（白人男性1.51，黒人男性0.97，白人女性0.83，黒人女性0.64）。したがって，女性が職業構造ピラミッドのトップ層に移動しようとすると，相対的に，地位効果が強く，紐帯効果が弱く働くと考えられるのである。

これらは非常に単純な分析である。実際，アメリカの職業構造に，人種と性

別による明確な分断が存在するのかどうかは定かではない（事実，この想定が当てはまらない状況もあることを私たちは知っている）。また，ここで用いられた職業カテゴリーは最小限のものである（例えば，ブライガー（Breiger 1981）はアメリカの職業のヒエラルキー構造として八大分類を提案している）。さらに，資源量の違いが階層レベル（職業カテゴリー）間で一貫しているという仮定は，恐らく根拠のないものである。だがこのように考えることで，構造の中に存在する人種と性別による移動格差を理論的に明らかにすることができる。ホワイトカラー職への上昇移動の際に，より大きな構造的制約を課せられる黒人と女性は，そのような構造上の不利を乗り越えるために社会関係資本を活用しようとしても，やはり困難に直面してしまうのである。したがって，研究の焦点は，構造的に不利を被っている黒人と女性が社会関係資本にアクセスする可能性を探る方向に推移していくべきであろう。

この事例は，いくつかの仮定に基づいているという点で限界はあるものの，構造的観点，個人的観点の両側面から，社会関係資本理論の有用性を示している。マクロ構造のレベルでそうした制約を克服する方法を探ることは，政策について考える際にも役立つだろう。例えば，成員数の違いを平等化するために空席をつくり出すことは可能だろうか，資源量の違いを平等にすることはできるだろうか，これらの働きかけを何らかの方法で組み合わせることはできるのだろうか，性別や人種カテゴリー間の空席の再配分について構造的見地から言及し，内部労働市場の観点ではなく，企業間労働市場の観点を強調するべきであろうか（Granovetter 1986の見解を参照），といった疑問が生じてくる。構造的な調整を行わない限り，移動機会の構造的不平等は存在したままとなり，人々の不満は増大すると考えられる。極端な場合，そのような固定化が社会革命を導くのである。

個人レベルでは，構造上の制約およびそうした制約の下での流動性の認識を深めていけば，それは認知的評価のプロセスに反映されるであろう。そうした認識を深めている人ほど，異質的紐帯やよりよい社会関係資本の探索といった行動をとりやすいのである。しかし，そのような紐帯の性質，範囲，質はヒエ

ラルキーの階層レベルに応じて異なる。そのため，紐帯を見つけ出したことで得られる利益も異なるのである。また，構造の断絶が極めて大きい場合，行為が非互恵的になるだけでなく，最初に属していた階層レベルにいる人々との一体感が失われる危険性も存在する。これらはいずれも疎外感を引き起こす可能性を有している。

第 11 章

制度，ネットワーク，形成資本
―――社会の変化―――

　第8章の論点は，表出的および道具的なニーズに動機付けられた行為が，社会関係資本へのアクセスの可能性を高めるために，原初的集団以外の他者との相互行為を促していることを示すことにあった。第9章でみたように，こういった目的的行為は，二つの基本的な報酬――富と名声――の獲得と維持のための2種類の交換を成り立たせている。第8章と第9章で論じたのは行為から構造へのプロセスである。第10章では，一転して構造から行為に至るプロセスに注目し，ヒエラルキー構造が，社会関係資本へアクセスしようとする行為をどのように制約しているかを明らかにした。ただし，それは行為と構造のつながりの理念型であって，実際にはそのようなプロセスは，行為者とヒエラルキー構造を媒介するプロセスと構造により，もっと複雑なものとなっている。これら中間レベルの構造とプロセスを特定して，どのように作用しているかを明らかにしなければ，行為と構造の相互作用について理解することはできない。またさらに，ミクロからマクロへのプロセスとその逆のプロセスを分離して考察したり，一方的なプロセスとしてみたりするべきではない。社会関係資本の総合理論は，中間レベルの構造とプロセスにより仲介される，行為と構造の間の双方向的なプロセスとしてとらえなければならない。

　そこでこの章では，社会のインフラストラクチャーとなる二つの中間レベル構造，すなわち制度とネットワークについて論じてみたいと思う。この枠組みにおいては，制度とネットワークは，行為者とヒエラルキー構造の間の相互作用と資本の流れを導く二つの主要な社会的力としてみなされる。

　これまでコールマン，ホワイト，グラノベッター，バート，ブライガー，ウ

ェルマン (Wellman, B.), エリクソン, マースデン, フラップらを筆頭に, たくさんの学者・研究者たちが, このミクロからマクロのプロセスについて, ネットワーク分析を駆使して説明してきた。これらの社会的ネットワーク分析では, 関係的資源あるいは社会関係資本が, 社会学的説明の中核をなしている。損失の最小化と獲得の最大化という二つの主要動機に基づく目的的行為は, 感情的目的・道具的目的のどちらの場合でも, 社会的ネットワーク (さしあたって第1次集団, そしてそれを越えたつながり) を形成することを導く。したがってこれまでみてきたように, 社会的ネットワークはヒエラルキー型の組織 (例えば経済的組織) の中に存在しているばかりでなく (例えば経済的組織の社会的埋め込みについてはグラノベッター (Granovetter 1985) を参照のこと), 個々の行為者間の相互関係の中においても存在している (Granovetter 1973, 1974; Lin 1982; Burt 1992)。それゆえ取引や交換は, 組織内や組織間ばかりでなく, 行為者間においても行われているのである。

　一方, 制度分析は, 組織がいかにしてその環境と結びついているのかを理解するためのもう一つの有意義な方法である (DiMaggio, P. and Powell, W. 1983, 1991; North 1990; Powell and DiMaggio 1991; Meyer and Scott 1992; Scott and Meyer 1994)。ある組織が生き残り, 存続している理由は, それが市場において有用性や競争力に富んでいるからというだけではない。むしろその組織の能力が, より大きな社会的制度において期待される行為に合致し, それに応えるものであるという点を見落としてはならない。そのような社会的ルールへ合致することは多様な組織の構造や行動の同型化, いいかえれば制度的な同型化 (DiMaggio and Powell 1983) を導くが, それは競争やパフォーマンスの良し悪しのみでは説明できないことだ。

　制度分析とネットワーク分析は, ともにエキサイティングな分析視点である。というのもこの視点は, 経済的な力とともに, 社会的な力がいかに相互行為や取引に輪郭を与えているかを分析する方法を明確にしてくれるからである。例えば, なぜ取引費用が常に存在し, 不均等に分布しているのかを明らかにしてくれる。また, 組織はもちろんのこと個人による行為の動機と正当化が, なぜ

経済的な利害を超えて存在するのかということについても説明をしてくれる。これらの社会的な力についての考慮なくして，個人と組織が，いかに，あるいはなぜある行為をし，そしてそれをし続けさえするのかを理解できないことは明らかである。しかし概念と，概念を結びつけるプロセスとのあいだの関係が不明であるせいで，この知的興奮は幾分トーンダウンさせられてしまう。この点を示すいくつかの例がある。

　制度分析における大きな前提は，制度が行為者と組織の行為に影響を及ぼし，さらには決定しさえするということである。しかし，このプロセスがどのように生じるのかは明らかになっていない。どのように諸個人はそのルールを学ぶのか，そして，なぜそれを承認するのか？　組織は，制度的資源をよりよいものにするために，そしてそのことによって生存の可能性を高めるために，個人の行為者とどのように適合するのか？　言い換えれば，制度的な慣習と行為を行為者と組織とに承認させ，実施させる社会的メカニズムとはどのようなものなのだろうか？

　もう一つ不明な点は，制度とネットワークにはどのような関係があるのかということである。一つはっきりしていることは，ネットワークが構造に結束力を与えることで，制度を補強しているということである（Zucker 1988）。それでは，通常支配的制度に対抗するために資本動員を行う相互結合した集団を含む社会運動を，どのように説明したらいいのだろうか？　もっと具体的にいえば，社会関係資本が，ある状況下では支配的制度と組織の中での利得をもたらす道具的行為に役に立つものであるのに，状況が変われば制度的変化のための手段にもなるのはいかにしてか，ということを説明することは可能なのだろうか？

　この章では，これらの問題点や疑問点のいくつかを控えめながらも探索してみたいと思う。私のアプローチは，図11.1で表した2方向のプロセス，すなわち，プロセス1（マクロからミクロへの影響）とプロセス3（ミクロからマクロへの影響）において，私が主要構成要素とみなしていることがらを特定するための概念的な枠組みを示すものである。この作業を本章のみで行うために，

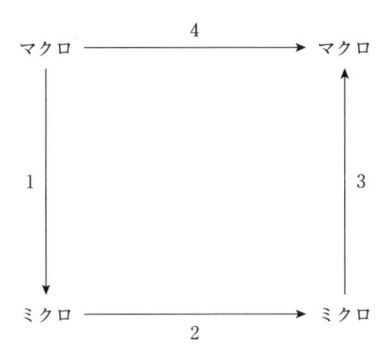

```
        マクロ ――――4――――→ マクロ
          │                      ↑
          │                      │
          1                      3
          │                      │
          ↓                      │
        ミクロ ――――2――――→ ミクロ
```

図 11.1 4つの基礎的な社会的プロセス
（Coleman 1990, p.8を基に著者作成）

次の二つの選択をしたい。第一に，枠組みの中心となるキーポイントに焦点を当て，同様に重要な他の点はひとまず脇に置いておく。例えば，多様な構成要素がいかに相互作用をしているかについて説明する場合には，国家やテクノロジーへの言及が欠かせないが，この章ではどちらもほとんど語らない。テクノロジーと社会関係資本については第12章において述べることにしよう。第二に，より一般的な問題点について焦点を合わせることにして，特定事項はここでは取り上げないことにする。例えばジェンダーやエスニシティは諸社会において普遍的に見られるものであるが，これらについての説明を省き，（**支配的制度**という用語を用いることで）一般性を優先させることにする。

基本的には，私は制度とネットワークを，社会のインフラストラクチャー――社会の中で人や組織をつないで，支えあい，より強固なものにしていく，欠かせない社会的な力――であるとみなしている。それらは最適なメカニズムではないかもしれないが，行為者と組織にかんする内部凝集性と外部分化を明確にする。その二つのうち，制度は行為と相互行為の組織化原理となる。それはレトリック的な合理性を与え，それゆえに組織と機能の見取り図となる。最も重要なことは，制度は個人的・集団的なアイデンティティを下支えするということだ。その一方でネットワークは，組織が供給することができるものを超えて，取引費用を下げるために柔軟性を高める働きをする。また，社会におい

て必然的に存在しているギャップを埋め，つなぎあわせることのできる機動力をもたらす。重要な点は，ネットワークは制度的変化のための潜在的な手段になるということである。

この章の残りでは，制度とネットワークがどのように協力して作用しているかについて説明する。特に制度が，社会の他の主要な要素（すなわち，制度化組織，その他の社会的経済的な組織，および社会的ネットワーク）をどのように組織化し，それらと相互作用しているのか，そしてこれらの要素の中で資本の流れをどのように促進しているかを明らかにすることになる。そして最終節では，制度的変化における社会的ネットワークの意味に注目する。

制度的環境と組織——社会の同型化

制度は，相互行為の組織化の原理としてみれば，ある社会におけるゲームのルールである（North 1990, p.3）とシンプルに定義することができるし，フォーマル，インフォーマルのどちらでもありえる。ルールは，行為者（個人と組織のどちらも含む）間の財（物質的，象徴的を問わず）の取引と流れにおいて交通整理的な役割を果たす。ルールの中には他のルールよりも重要性の高いものがあり，行為者はそういったルールについてはより強く意識しており，行為・取引においてそのルールに従っているということを意図的に他者に示す必要を感じているものである。ある種のルールや制度が，どのようにある社会において出現し，そして支配的なものになるかについては様々な説明がある。それらは戦争，革命，暴動（反乱），植民地化，占領，災害，カリスマ的で権威のあるリーダーの行為，支配的な階級の利害関心の結果によってもたらされるかもしれないし，あるいは事後的に考えれば合理性の結果かもしれない。たいていの場合，制度は経路依存の結果であるといえるかもしれない（QWERTY配列キーボードの制度化にかんするデーヴィッド（David, P. 1985）の論文を参

---

* QWERTY配列とは，タイプライターやPCのキーボードの左上部の文字配列が左からQ・W・E・R・T・Yの順番になっているもの。一方Dvorak配列は開発者の名前（姓）

照のこと)。制度は科学的というよりも文化的である。というのは,それが論理的,経験的な証拠も,反証可能性も求めないからだ。それらのルールは,道徳・信仰・イデオロギー・礼儀作法・(癒しや芸の)潜在能力といった,行為や相互行為に好ましい価値を作り出す。

　組織と個人が似たような制度に従属しているならば,彼らは一つの制度的環境内にあるということができる (Lin 1994b)。**制度的環境**の中で,行為者(個人,ネットワーク,組織を含む)は慣習と行為を認識し,実践し,そして共有する。さらに社会的制度によって規定される制約とインセンティブに従う。そのようにして行為者は,行為者間の行為と相互行為を行う際の測定(計算能力)や強制に関わる取引費用を減らしている (North 1990)。

　制度的環境は社会を定義するものであることもある。しかし制度的環境は,社会の通常の空間的な境界を越えている場合がある。例えば世界中の多くの都市のゲットーでみられる中国人コミュニティは,国境線によって定義付けられる国民国家としての中国本国と同じ制度的環境に属しているということができよう。コミュニティとそのメンバーたちはそれぞれ異なる言語を話し,国により異なるルールと法の下で生活し,また,社会階層や移動の制約・機会の面で異なっているかもしれないが,それにもかかわらず彼らは家族成員間の構造化した関係性から生じた基本的に同じルールに従っている (Lin 1989, 1995b)。これらのルールは,彼らの家族生活,休日や祝日の行事,祖先崇拝,年長者の崇敬,規律と愛情をもった子育て,商取引で公的または法的な契約に優先される暗黙的かつインフォーマルな取り決めや,特定アソシエーションの特別視(家族・一族・地縁集団に与えられた優先権),相続にかんする独特なルール(長子相続および男子相続等)を誘導する。したがって制度的な意味での中国

　　　に由来する。
(1) QWERTY 配列システムが,Dvorak 配列システムより劣っているかどうかについてはこれまでも議論がなされてきた経緯がある。しかし,たとえ性能が同じでも,QWERTY 配列システムは歴史的に他に先駆けて登場しており,そのことが今日もなお優勢をしめている重要な要因である。

第Ⅱ部　概念上の展開

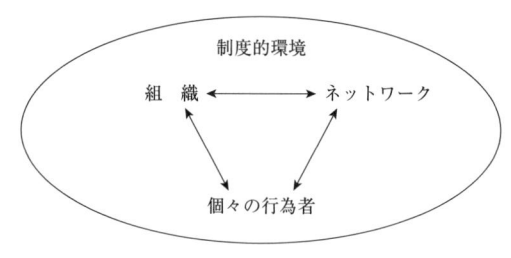

図11.2 制度的環境

（制度的環境：組織 ⇔ ネットワーク、個々の行為者）

は，中国という国以上の広がりを有しているのである。また特定の国の中に存在している制度的環境もある。以下の議論の中では，**社会**を，制度的環境を指す用語として使用している。

　制度的環境の中で組織がどれだけ生存し続けるかは，経済的（技術的）な能力と社会的（制度的）な能力にかかっている。ディマジオ（DiMaggio）とパウェル（Powell）は，組織的領域という概念を「認知された制度的生活領域：重要な供給者，資源と生産物の消費者，調整者，同様なサービスや生産物を生産する他の組織」と定義した上で，同じ組織的領域に属している組織は，相互行為・情報・共同事業参加意識を共有させていくことでその形と実践が同質化する，つまり制度的に同型になるという仮説を立てた（DiMaggio and Powell 1983, p.148）。制度的環境もまた，制度的な定義化と構造化のプロセスを含んでいる（Giddens 1979）が，それは特定の種類の組織（例えば営利企業）を超えて，すべての組織の相互行為に適用される。組織が制度的環境に属しているといえるのは，一揃いの制度としてのルールを意識し，それを忠実に守っているときである。内部構造と行為のパターンを適合させることにより，組織は，同じ制度の影響下にある他の組織との相互行為での取引費用を逓減させている。したがって，**組織─社会の制度的同型化**（Lin 1994b）は，組織の同型化のために必要不可欠な条件である。この前提から導き出される一つの仮定は，制度的な課題に対処する組織の能力と，社会におけるその組織のヒエラルキー的な位置には，正の相関関係がみられるということである。同様に，構築された社会的ネットワークの多くは組織と同型化していると仮定することができる。**組**

織―ネットワークの制度的同型化は，ゲームのルールが重複している点や，ネットワーク（および教会や商工会議所や OB 会やボウリング同好会などのインフォーマルな組織）間にみられるある種の資源（イデオロギー）に付与された価値に反映されている。図11.2は，組織，ネットワーク，個人について，ゲームのルールと，資源の価値の観点から，制度的環境の機能を示したものである。

資本の流れ

組織―ネットワーク―社会の同型化が避けられないものであり，階層化されたシステムの中で，よりよい地位を占めることへのインセンティブが与えられるなら，組織は制度的にも技術的にも取引に有用な財を獲得し，維持しようとすることが予想される。そのような財の重要なものの一つが，制度的かつ／あるいは技術的な課題に応える能力をもつ働き手である。社会で評価と見返りを求めている個人にとってそれが意味するところは明白である。すなわち彼・彼女らは，訓練・学習の意欲や能力はもちろんのこと，保有する知識と技術を証明することを求められるのである。したがって労働市場とは，個人と組織との間でそのような財の取引が行われる市場とみなすことが可能である。しかし労働市場での財の取引について議論を進める前に，制度的環境の中に流れこむ財の性質を明らかにしておくことが重要となる。

財は，先に述べたように，物質的なものでも象徴的なものでもありうる。ある財が目的的な行為のために意図的に動員されるとき，それは，資本になる。資本は見返りを期待した資源への投資である。したがって，行為者によって組織の要求に適合するように仕立てられたものである。その見返りに，行為者は社会的（名声），経済的（富），もしくは政治的（権力）な資源を手に入れることができるだろう。行為者としての組織にとってそのような資本は，その社会，または制度的環境で生存し繁栄することができるように，見返りを生み出す。一方，個々の行為者にとっては，労働市場で取引されるものが資本である。

これらの取引では2種類の資本が支配している。すなわち,**人的資本**(human capital) と**制度的資本**(institutional capital) である (Lin 1994b)。人的資本は専門的な知識と技術に関連したものである。それは,市場で競争に勝つために組織にとって必要なものである。制度的資本は,制度的環境内のルールに関する社会文化的な知識と技術を反映したものである。組織には,組織の代表として,そのような知識と技術を行使するエージェントが必要である。制度的資本は,通常,文化資本 (Bourdieu 1972/1977, 1980, 1983/1986) と,社会的資本 (Bourdieu 1983/1986; Coleman 1988, 1990; Flap and De Graaf 1988; Flap 1991) としてみなされる要素を含んでいる。文化資本は,支配的制度的環境に承認された価値とルールと規範を含んでいる。社会関係資本は,埋め込まれた資源が,制度的環境内の富,権力,名声といった価値ある資源の,維持や獲得に用いられる社会的コネクションの範囲を反映している。文化的・社会的資本を,所持しているか,アクセス可能な行為者は,制度的環境内で組織の義務を処理したり,遂行したりする可能性の高い労働者である。したがって,組織は労働市場でそのような能力のある候補者を探し出そうとする。

個々の行為者は,どのようにして自分の人的資本と制度的資本を証明することができるのだろうか? 人的資本は,もちろん,試験で証明することが可能である。多くの組織は専門的な知識や技術を査定するのにこの方法をとっている。しかし,試験で人的資本の正しい評価ができることはめったにない。人的資本を獲得した際の努力・コミットメント・成功の証拠を資格認定書や証明書,あるいは信頼できる人物による推薦書による評価といったかたちで必要とすることも珍しくない。学位,資格証明,推薦書は人的資本の重要な象徴的証拠なのである。

制度的資本を証明することは,もっと複雑だ。ある種の試験や証明方法がこの目的のために考案された。例えば中国ではかつて,マルクス—レーニン主義,毛沢東や孫文の思想,儒教の知識が試験問題に出題され,他方で父系の家柄,氏族,地縁関係,または階級・イデオロギーを示す証明も必要であった。この証明には多くの場合,資格証明書,信用証明書や推薦書が用いられていた。こ

れらの象徴的な身分証明は，支配的制度への同化や共感を表したものであり，制度的環境によって異なることもある。現代中国においてさえ，このような身分証明には共産党員資格，氏族・民族への帰属，国営企業内の職場単位への所属などが含まれるが，教会，寺院，社会団体や職業団体のメンバーであることは含まれない。(2) 多くの社会で，制度的資本と人的資本を証明するのに同一の資格証明や証明手続きを利用しているという事実が，状況を複雑にしている。この問題にはまたすぐ後で触れる。

それでは，資源がどのように資本に動員され，そして資本はどのように保証されるのかについて，みていくことにしよう。

制度化組織と社会的ネットワーク
──信用付与主体と強制主体──

人的資本と制度的資本を獲得するプロセスは，資源の世代間移動から始まる。この移動にはいくつかのプロセスがある。一つは社会化で，価値ある資源を（模倣と認知的訓練によって）身につけさせる環境が家族によって準備される。もう一つは家族の社会的ネットワークを通じたものである。親のネットワークは，行為者が価値ある資源と接触する機会を提供する。また，親の資源は行為者本人が付加的資源を獲得するための機会を与える（例えば教育を通じて）。

ひとたび移譲された資源を自分のものにすると，個々の行為者はそのような資源を動員し，資本に転換する必要がある。それは，組織との関わりによって見返りを生み出すような，組織の目的にかなった投資を意味する。資源の資本への転換には二つの経路が利用可能である。すなわち，制度化組織，または，社会的ネットワークに埋め込まれた資源の利用によるものである。行為者は（制度化組織による）訓練を経た結果として，資本の獲得を人々に知らしめる認定・資格証明を得ることができる。学位や卒業・修了証明書は一般的なしる

---

(2) タブーとされる団体と身分にかんする例として，中国における1999年の法輪功事件について書かれたものを読んでみるといいだろう（《Copernic 99》のような検索サイトを利用すると，法輪功や法輪大報のリストを見つけることができる）。

しである。もう一つの経路として,証明のための,社会的なつながりやコネクションの利用がある。訓練は社会のある重要な構成物を介して完遂する。それは,制度化組織である。以下の議論では,主として制度的資本に資源を動員するプロセスに焦点を当てているが,人的資本にも同様なプロセスが当てはまる。

制度化組織は,支配的制度に帰属する慣習や行為にかんする価値や技術を行為者に身につけさせることを目的や使命とした,特殊な組織の形である。制度化組織は行為者を訓練するが,雇ったり留めたりしないという点で他の組織と異なっている[3]。制度化組織の中には制度化の訓練目的に特化して設置されているものもあるが,その他の多くの場合においても学校や機関や専門学校のような形態で,専門的な訓練が施されている(例,幹部候補生のための学校,軍事・警察学校,セミナーや人材発掘組織)。したがって,こういった組織を通じた教育と,それによって得られた資格・信用証明書は,人的資本と制度的資本の両方の獲得を意味している[4]。このような教育証明書に埋め込まれた2種類の資本を分けることは複雑な仕事であるけれども,大雑把な推測であれば可能である。例えば,中国と台湾で行われた最近の研究では(Lin 1994a, 1994b, 1995b),教育の3分の2は人的資本を,残りの3分の1は制度的資本を表していることが示唆されている。ここで私が提案するのは,文化資本は,組織と市場という文脈における制度的資本の下位カテゴリーとしてみなすべきである,ということである。

社会とその支配的組織は,ルール・慣習・規制・制御された行動を強制するために,制度化組織を利用することもある。このような制度化組織には刑務所や精神病院,強制労働収容所などがある。制度的環境内の行為者は,もしその行為が支配的制度の規定から逸脱しているとみなされると,矯正を受けることになる。個々の行為者はこの矯正プロセスを経て,制度的資本にかんする資格証明や信用証明を得ることが許されることになるだろう。さもなければ,その

---

(3) 制度化組織には正規スタッフ(主として先生)がいる。

(4) ブルデュー(Bourdieu 1972/1977, Bourdieu and Passeron 1977)は,支配階級の価値を学生に教え込むプロセスを説明するために**文化資本**の用語を使用した。

制度的環境内の成員としてふさわしくないとみなされて、資格証明が無効になるかもしれないし、信用を失うことになるかもしれず、その場合には、投資は低い見返りしか生まないものになる。

　社会的ネットワークは資源を資本に転換するもう一つの経路である。社会的紐帯とネットワーキングを通じて、行為者は資源の直接的・間接的紐帯へアクセスすることができ、付加的な資源を得る。多くのネットワークは、共有された組織化のプロセスと経験（例えば同窓会組織、職業・業界団体）により形成される。しかしネットワークはまた、関心や経験の共有といった基盤からも形成される（例えばブリッジやボウリングの同好会、編み物やスポーツの同好会、エルビス・プレスリーやマイケル・ジャクソンのファンクラブ、近隣グループなど）。インフォーマルでしばしば間接的な紐帯を通じて、ゆるやかなネットワークは、行為者の到達範囲を直接的な社交を超えて拡げていく。

　これらの社会的に埋め込まれた資源は、求職活動のときのように、行為者が目的的行為を遂行するために特定の紐帯の連鎖を活用・動員する中で、社会関係資本に変換されることになる。動員される資源が役に立つとみなされるのは、そういった資源が制度的に価値付けられており、行為者を促したり、後押ししたりすると認識されているからだ。したがって、そのような紐帯を利用すると、行為者がターゲットにした組織が、彼・彼女の人的資本の価値を一層確かなものとみなしてくれることになるだろう。もっと重要なことは、これらの証明によって、行為者が制度的な知識と技術も所有していることが保証されるということだ（信頼度、社会性、協調性、忠誠心、指示に従い仕事をやり遂げる意欲、その他、「適切」な行動）。これらの証明の力によって、組織加入が実現する可能性が高まる。行為者に最終的に社会経済的な見返りという結果をもたらしているのだから、これは投資である。

　さらに、制度化組織と社会的ネットワークが資源を資本に変換しているにもかかわらず、多くの組織は、一部の選ばれた労働者がさらなる資本を身につけることを可能にするために、より高度な技術的・制度的スキルにアクセスする環境を準備している。**企業内部労働市場**（Baron and Bielby 1980）の概念は、

第Ⅱ部　概念上の展開

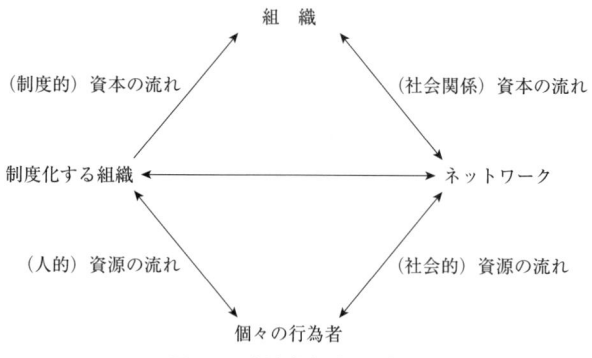

```
                           組　織
                          ↗      ↖
          (制度的) 資本の流れ        (社会関係) 資本の流れ

    制度化する組織  ←――――――→  ネットワーク

          (人的) 資源の流れ          (社会的) 資源の流れ
                          ↘      ↙
                          個々の行為者
```

図 11.3　制度的領域の機能面

人的資本育成のためのオン・ザ・ジョブ・トレーニング（OJT）への投資の説明となっている。資源の豊富な組織への加入は，それ自身が制度的資本の意味合いをもつ。なぜなら，組織の内部でも外部でも，より一層の見返りを生み出すことができるからである。組織の内部では，組織が制度的環境内の他の組織と交換を成立させていくなかで，行為者自身もさらなる制度的な技術を学習・獲得する機会を得ることができる。このような交換への参加を通じて得ることのできる経験が，制度的なスキルの訓練になるのである。行為者が組織内の権威ある地位を獲得し，それによって制度的課題をいかに遂行していくかにかんしてのスキルと知識をともなった地位と象徴を与えられるようになると，身につけることのできる制度的資源はさらに大きくなる。組織の外部についていえば，資源の豊富な組織への加入は，制度的環境内での交換の際に必要な資本へのアクセスを意味するし，同時に行為者自身の制度的スキルを伴っている。

　これまで実際の社会におけるインフラストラクチャー——すなわち制度化組織と社会的ネットワーク——が，どのように他の社会的・経済的組織とかかわり合い，互いを補強し合うかを見てきた。いいかえれば，これまでは安定して機能している制度的環境をみてきたわけだ。図11.3は，機能している制度的環境を表したものである。

第11章 制度, ネットワーク, 形成資本

制度的変化の媒体としてのネットワーク

　しかしながら, これらの要素に埋め込まれたものは, 新しい制度の誕生を促すこともあれば, 既存の支配的制度に挑戦するための潜在的な資源とプロセスとなることもある。組織 (Zucker, L. 1988), あるいは個々の行為者 (DiMaggio 1988:「制度的起業家」) であっても, 変化の引き金を引く可能性がある。例えば, 新しい形の組織は, 外的制度環境の中で生き残って存続し, 結果的に既存の支配的な制度と入れ替わってしまうこともあるし, 反対にそれに組み込まれてしまうこともあるだろう。西欧の, 宗教・大衆文化・ライフスタイルは, 西欧以外の社会においては, その社会の固有な制度に対する新しい制度の例であるが, 参加している行為者の資本投資が期待どおりの見返り (例えば社会的地位) を生み出す場合にかぎり, 新しい制度領域が固有の制度よりも資本の面で優位となるので, それら新しい制度は固有の制度を変形させることができるのである。

　カリスマ性のあるリーダーもまた支配的制度に挑戦ができる存在であろう。人間的に魅力があり, カリスマ性をもつ毛沢東が, 人民大革命の際に何百万という若者を動員し, 中国に1960年代まで存在した制度に終焉をもたらしたことが, まさにその例といえよう (「革命無罪, 造反有理*」というスローガンは, それまで既存の制度や組織に資本を投資していた組織・幹部・専門家を根絶するのに用いられた)。しかし, 行為者から生じる変化はそれほど頻繁に起こることはなく, また成功することもまれである。

　もっと興味深くパワフルな固有の変化のプロセスは, 社会的ネットワーキングから始まるものであると考えられる。多くのメンバーが新たなルールや価値を共有し, 関係をもち始めれば, そのネットワークはおそらく連帯と互恵的な補強を通じて, 共通の利害を維持し続けることになるだろう。例えば, 人的資本や制度的資本を獲得する機会を奪われたと感じている行為者, あるいは実際

　＊　革命は無罪であり, 反逆には道理がある, の意。

第Ⅱ部　概念上の展開

にそういった機会を奪われている行為者は，ネットワークを形成して集合的アイデンティティを作り出すかもしれない。そのような剥奪が，ジェンダー・民族・宗教・階級・出自・その他どのような制度的基準によるものでも，ネットワーキングは集団的意識形成における不可欠な第一歩なのである。ネットワークが拡がり，参加者が増えるにつれ，社会関係資本の量もまた増加する。共有資源が増大すると，社会運動の可能性，つまり支配的制度を変化させるプロセスが生じる可能性が高くなる。

　社会運動によって制度的変化をもたらす単純な方法の一つは，運動を直接的に反乱や革命に向かわせることである。極端な状況（例えば大飢饉，外的脅威，大勢の人々が絶望している状況）では，社会運動は支配的制度の打倒につながる圧倒的多数の参加を素早く生み出すことができる。1917年のロシア革命，旧ソビエト連邦と東欧の共産主義国家の崩壊はその例である。しかし，多くの場合，社会運動は社会の少数派が関わっているものであり，制度的変化を生じさせるためには，より入念なプロセスを必要とする。そのうえ，通常その目的は支配的な制度を拒絶することではなく，むしろ，支配的制度を代替的制度に取って代わらせたり，支配的制度の中に代替的制度を組み入れたりすることなのである。

　社会運動は，共有資源を資本に転換し，見返りを生み出すことによって維持される。つまり，社会運動は制度化のための独自の組織を発達させ，その中で新しい価値や儀礼を学ばせ，新しい成員を教化しなければならない。さらには，そのような資本を獲得した行為者を新たに勧誘したり組織に留めたりできるように組織を設計し，発展させなくてはならない。このようなプロセスを通して社会運動は継続され，既存の制度に挑戦できるようになるのである。

　既存のものにせよ，新しいものにせよ，制度化組織において新しい計画を取り入れて維持することは，行為者に対して新しい資本を生み出したり，加工したりすることになる。ネットワーキングにより社会関係資本が蓄積され，新たな制度的資本を獲得した人が多数になると，他の組織が活動する中で新たな制度を考慮する必要性を認識する見込みが大きくなる。この認識が，代替の制度

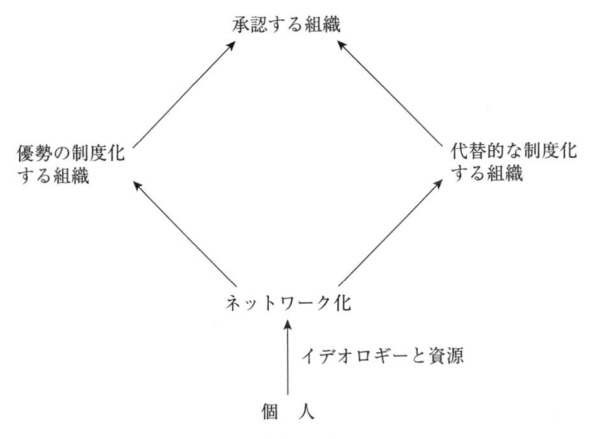

第11章 制度，ネットワーク，形成資本

```
             承認する組織
              ↗      ↖
             /        \
    優勢の制度化      代替的な制度化
    する組織          する組織
         ↖          ↗
            ネットワーク化
              ↑
          イデオロギーと資源
              ↑
             個　人
```

図 11.4　制度的変容のプロセス

からの要求に応じられる知識や技術を持っている労働者を新たに勧誘したり，組織に留めておいたりする必要性を生み出す誘因となる。このような場合，新たな制度的資本は，労働市場において少しずつ合法的な形態をとるようになり，新たな制度が支配的制度に吸収される可能性も大きくなっていく。

　制度的変化の二つの経路を，図11.4に示している。さらに以下の議論において，この二つの経路を用いて成功している変化の例をそれぞれとりあげてみよう。アメリカの大学における女性学の誕生は，関心をもつ行為者間のネットワーキングが既存の制度化組織に浸透していく中で，成功裏に変化が生じたよい例であり，中国での共産主義革命の成功は，新しい制度化組織の形成が成功した（しかしずっと困難であった）例となるだろう。

内部からの変化
――アメリカにおける女性学の事例――

　1970年代，1980年代のアメリカの女性学の隆盛は，既存の制度化組織（カレッジ）に，新しい制度が瞬く間に浸透していった衝撃的な例として，人々の間に記憶されている。そのプロセスは公民権運動が女性解放運動に火をつける1960年代までさかのぼることができる。バーナード（Bernard, J.），ロッシ

(Rossi, A.), ラーナー (Lerner, G.), スコット (Scott, A. F.), エヴァンズ (Evans, S.) ら多くの女性教授たちが, 社会と学界における女性の危機について書き始めた。1965年 (シアトル自由大学 (Howe, F. and Ahlum, C. 1973)) と1966年 (ニューオリンズ・フリースクール, シカゴ大学, バーナード大学 (Boxer, M. 1982)) には, いくつかのキャンパスで女性にかんするコースが登場し始めた。そして10年間に (1976年まで), 女性学の200のプログラムと1万にのぼるコースが, 1500の機関, 6500人に及ぶ教員たちによって行われるようになっている (Howe 1977)。この10年間に, アメリカの高等教育でこのような驚くべきサクセスストーリーが生まれたのはなぜなのだろうか？　いくつかの決定的な外部要因がこの新しい学問の制度化をもたらしたという説明も可能であろう。戦争ならびに徴兵反対運動が現状維持派に対して問題提起と挑戦をしていくにつれ, 公民権運動と女性解放運動もアメリカ各地のキャンパスで共感や相乗効果をもたらした。同時に, 1950年代を通じて共働き世帯の急激な増加があり (Kessler-Harris, A. 1982), 女性の大学進学の増加がみられた (1965年には博士号取得者の女性比率は10％に過ぎなかったが, 1979年には29％を占めるまでになった (Stimpson, C. 1986 を参照))。女性の大学教員も同様に増え続けた (例えば1977年までに大学の女性教員は32％近くにのぼった (Stimpson 1986, p.31))。したがって, 高等教育制度の人口学的構成の変化に加え, 変化することへの圧力が, 制度的変化に都合のよい構造的機会をもたらしたのである。

　女性学のプログラムを急速に成長させた四つの要素について検討してみよう。最も革新的な要素は, 1969年にシーラ・トビアス (Tobias, S.) によって始められたコースシラバスの配布と共有である (はじめはウェスリアン大学, 次にコーネル大学で始まった (Chamberlain, M. 1988, p.134参照のこと))。続く1969年の冬に開催された女性にかんする会議で, トビアスは17の女性学コースのシラバスを集め, そのリストを翌1970年の年次専門家会議で配布した (フェミニスト研究Ⅰシリーズは, 当初はコーネル大で印刷され配布された (Stimpson 1986, p.4))。そのリストはその後, 1970年秋のアメリカ心理学会の年次大会で配布され (Chamberlain 1988, p.134), さらに当時のピッツバーグのノウ社

第 11 章　制度，ネットワーク，形成資本

(KNOW, inc.) から出版された (Chamberlain 1988, p.134)。配布は大成功を収め，**フェミニスト研究**のシラバスと関連する他のコース資料は10巻に上った (Boxer 1982; Stimpson 1986)。コース資料の配布と共有により，全米の大学では劇的にコースの開発が広がった。既存の学生市場（例えば女子学生）の反応は熱狂的なものであった。例えば，1970年春のコーネル大学でのトビアスらによる学際的なコース「女性のパーソナリティ」の登録者数は400名にのぼった (Tobias 1970)。同年秋には，女性にかんするコースが他の多くのキャンパスでも開講されるようになった。なお，正式に体系化された女性学プログラムは，1970年9月にサンディエゴ州立大学で初めて開講されている。

　女性学プログラムを発展させたネットワーキングの二つめの要素は，女性教授陣と女子学生からなる専門家会議で情報が交換され，制度化するプロセスが強化されたことである。アメリカ現代言語協会 (Modern Language Association, MLA) がこの運動をもたらした最初の団体であったということは，この団体で女性が占める割合の大きさからみても，驚くにはあたらないだろう。1969年の春，アメリカ現代言語協会はホウ (Howe) を議長とする女性の地位と教育にかんする委員会を設立し (Boxer 1982, p.664)，英語と近代言語の5000の研究科における女性教員の地位の調査と，それらの研究科のカリキュラムの内容を調べることに力を注いだ。1970年12月の同協会の年次大会で，委員会は「フォーラムを開催し，男女千人を超える聴衆に対して，女性教員の地位にかんする論文，文学のカリキュラムにみられる男性バイアスと女性にかんするステレオタイプについての論文の紹介の他に，傾聴すべき初のフェミニスト文芸批評の講義が二つ行われた」(Chamberlain 1988, p.135)。また『女性学最新ガイド (*Current Guide to Female*)』というタイトルで，110以上のコースを掲載した初めての女性学ガイドが発行された。第2弾が早くも1年後には発行されたが，そこには610のコースと15の総合的な女性学プログラムが掲載されていた。その中には，五つの学士課程が含まれており，そのうちの一つは修士課程が含まれていた (Howe 1977)。ほどなく女性の集会は他の多くの社会科学系・人文科学系の学会でも登場するようになり，またそれらの年次大会が，討論会やセミ

ナー，意見交換のための機会となっていった。1977年の全米女性学会の設立に至って，媒体としての学会活動は最高潮に達した。サンフランシスコの創設大会（1月13日〜17日）で起草された全米女性学会の設立宣言文には，個々人，制度，関係性を，そして最終的には，社会全体を「変革」するために，「意識と知識の現状打破をもたらすための教育戦略を促進・維持する」ことが組織の目的であると謳われている（Boxer 1982, p.661）。

アメリカの大学で女性学を普及・制度化させた三つめの決定的な要素は，学生，プログラム，センターを支援する目的で多数の民間財団から資源がもたらされたことである。1972年，フォード財団は，女性の地位向上を促進し，すべての教育段階での女性の不利益をなくすためのプログラムを開始した（Stimpson 1986）。1979年までに，これらの様々な課題に対して900万ドル以上もの助成金が授与された。1980年には，同財団の理事会は，女性学関連プログラムのための資金配分を以前の倍以上に増加させた。また1972年には，女性の役割にかんする研究助成を目的とした教員と博士学位奨学金（フェローシップ）のための初めての全国的なプログラムを創設している。継続的な助成金のおかげで，アメリカ全土の有力大学で女性研究のためのセンターが設置された。その中にはスタンフォード大学，カリフォルニア大学バークレイ校，ウェルズリー大学，ブラウン大学，デューク大学，アリゾナ大学などが含まれていた。

フォード財団の報告書によると，1972年から1975年の間に，財団から女性学の分野で130の博士研究員（ポストドクター）の研究助成と博士学位授与褒賞が与えられている。研究助成を受けた人の50％が，そして博士学位奨学支援を受けた人の少なくとも3分の1が，女性学関連で傑出した業績をあげている。1964年から1979年の間に同財団は，女性学の普及，研究，カリキュラムのプロジェクトのために合計で3千万ドルもの助成を行っている（Stimpson 1986, p. 23）。またフォードが1972年から1986年までに「女性のための広範囲にわたるプログラム」に割り当てた助成金は7千万ドルにのぼっている。この中には奨学金や大学を拠点とした研究所への支援，独立研究所への支援，「周辺領域」活動——とくに出版や全国規模の学会——への支援，その他マイナーな女性学

第11章 制度,ネットワーク,形成資本

をメインストリームにするためのプログラムやセンターへの支援などが含まれていた (Guy-Sheftall 1995, pp.5-6)。

他にもカーネギー財団,ロックフェラー財団,ロックフェラー兄弟財団,アンドリュー・ウィリアム・メロン財団,ヘレナ・ルビンスタイン財団,ラッセル・セージ財団,エクソン教育財団,イーライ・リリー財団やレブロン財団といった民間財団が瞬く間に女性学の援助に加わった (Stimpson 1986, p.23)。これらの実質的な援助があったからこそ,女性学関連のプログラムに多数の教員を雇用し維持することが可能になり,女性学研究とそのイデオロギーに専心する学生の発達を支えることができたのである。

最後に,多くの女性学の教員およびプログラムによって用いられたネットワーキングの方法にも,言及する必要があるだろう。革新者たちは,学問分野や学部を個々に確立するのではなく,コーディネーター,教員,そして学生からなる委員会によって運営されるプログラムモデルを意識的に採用した (Merrit, K. 1984)。今日に至るまで議論は続けられているものの,この「コーディネーター──委員会」構造が中心であり続けている。ほとんどの女性学プログラムは,大学の学部資金に頼ることから生じる資源損失の可能性や教員の終身雇用権の獲得よりも,ネットワーキング・集団の力・学問の総合性／学際性によるメリットのほうを選んだ。こうして,伝統的な学部や学問の場にいた教員と学生が,学問領域の垣根を超えてコースやカリキュラムを発達させるために力を合わせていったのである。

1960年代後半から1970年代前半に起こったこの急激な女性学の発達は,「長く禁じられた知的饗宴」への制度的な反応,「統一された組織や方向性の存在しない社会運動の古典的な例」となっている。こうった運動の広がりは新しい女性運動の趨勢に追従したものであった (Howe and Ahlum 1973; Boxer 1982)。とはいえ,先駆者の間で行われたコースシラバスや資料のインフォーマルな交換による活動の活発化とネットワーク化,学会やミーティングを通じた集団的な努力,「コーディネーター──委員会」構造の採用が,運動の成功に必要な臨界量の教員と学生を生み出すための資源を提供するという民間財団の決定と同

第Ⅱ部　概念上の展開

時に生じたことも確かである。これらのすべてのことが，既存の制度化組織（1960年代から1970年代初頭の変動期における大学）への大規模な参加とそれに対する浸透に寄与した。同時に，支配的制度化組織の内部から，いかに急激な変化が生じるのかを示す例でもあった。[5]

要約すると，女性学プログラムの発展の過程は，イデオロギーと熱意を共有する行為者間のネットワーキングが，支配的組織がもつ潜在的な働き手（女子学生）をすばやく動員し制度化するために，外部・内部両面の機会を利用したといえよう。ひとたびそのような累積した働き手（資本）が十分な人数と資本を獲得すると，もはや制度化組織と社会全体の中にはわずかな抵抗しか残っていなかった。この例が，制度的変化に関わる「偉人理論」に異議を唱えていることに注目すべきである。この社会運動には著名な革新者たち（トビアス，ホウ，その他の人たち）が関わってはいたが，多数の行為者によるネットワーキングを通じて，運動がカリスマ的・知的なスターがいないまま前進し，推進力を持ち続けていたことは明らかである。

このような内部からの制度的変化の成功事例はわずかであり，まれなものだ。というのも，これほど多くの恵まれた外的・内的条件が揃って登場してきた制度はほとんどないからだ（例えば女性の労働市場参加パターンの変化，現状の崩壊，制度化組織の中でアイデンティティを支えるイデオロギーと知識を共有して要求する行為者［女子学生］の増加，利用しやすい資源の供給源の存在［民間財団］）。さらには，新しく登場する制度の中には，既存の制度の枠組みの中での統合や主流化以上の要求をするものもあるかもしれない。つまり，制

---

(5)　女性学のプログラムに全く問題や異論がなかったわけではない。ごく初期の段階から，(a)キャンパス内・キャンパス間におけるネットワーキングの「構造のなさ」と，エリートたちによる潜在的な支配（Freeman, J. 1972-1973），(b)「社会主義的フェミニスト」と「カルチュラル・フェミニスト」（「マルクス主義者」と「母権論者」）のイデオロギー対立や，フェミニスト活動家と学者，つまり実践と理論の対立（Boxer 1982），(c)フェミニスト理論の構築の必要性や支配的理論の確立（Boxer 1982），(d)有色人種女性やレズビアンの無視，といった重要な問題について激しい論争が巻き起こっていた（Guy-Sheftall, B. 1995）。

度の交代や転覆を目指すものである。新しい制度が支配的制度に直接対立し、その転覆を企てる場合、制度化は直接的な経路とプロセスをとることもある。次節ではこのタイプの成功事例をあげることにしよう。それは中国の共産主義革命である。

オルタナティブな制度化の構築
――中国の共産主義革命――

　1920年代に共産党が最初に組織化されたとき、二つの変容戦略が試みられた。それは、チャンスがあれば既存の制度化組織に浸透するという戦略、そして／あるいは、そういったチャンスがなければ新たな制度化組織をつくりあげる、という戦略である。結局、運動の規模を大きく変えたのは新しい制度化組織であった。こうした戦略がどのように実行されたかについて、ここで手短かに歴史的な説明をしておくことは無駄ではないだろう。

　共産主義の教育制度の革命的な制度的変容について説明しようとすれば、新しい教育制度の設立に向けられた毛沢東の個人的努力から始めないわけにはいかないだろう。この「公式の」歴史的な構造物は、20世紀初頭の中国の近代学校改革という文脈において理解される必要がある。この改革は、1920年の中国共産党の正式な設立と、毛の登場に先立つものである。いずれにせよ、ロシア革命により中国において大きな知的関心が生み出されたことは間違いない。そして日本への領土権益譲歩案に抗議し、北京、上海、その他の都市の街路を学生たちが埋め尽くした1919年5月4日以降、知識人や教育者たちが、教育制度の改革と革新において重大な役割を担うようになった。毛沢東が教育制度改革に関心を抱いて参加する以前に、マルクス主義者を含む多数の中国知識人が先陣を切って舞台を整えていた。例えば1910年代の指導者的知識人である李大釗（Dazhao, L.）と蔡元培（Yuanpei, C.）は、すでに「労働の尊厳」を提唱していたのである（Pepper, S. 1996 pp.96-97）。

　これらの進歩的な社会運動は地方の動向と呼応したものであった。例えば1916年、湖南省長沙の師範学校では、生徒と教師を肉体労働に慣れさせること

第Ⅱ部　概念上の展開

を目的とした「労働協会」が発足した。とりわけ，学校内で雑役の訓練や農耕作業の実践が行われた（上海教育出版社 1983, pp.66-69）。労働者のための夜間学校は1916年には創立されていたが，教職員の関心がすぐに低下してしまったため，学生たちがそのプロジェクトを引き継いだ。学生活動家の毛沢東は，1917年から1918年にかけての約1年間，夜間学校の管理者をしている（上海教育出版社 1983, pp.62-63; Pepper 1996, p.96）。最終学歴となる長沙の湖南省立第一師範学校を卒業後，毛沢東は1920年に，師範学校付属小学校の主事（校長）に任命されている。これは，湖南省の教育制度ならびに高等教育の責任者である易培基（Yi, P.）による抜擢であった（Pepper 1996, p.96）[6]。こうして毛沢東は，既存の革新的な教育制度内での教育改革に直接関わっていくことになる。

　1920年，中国国内の諸都市で小さな共産主義組織が結成されつつあった頃，毛沢東も同様に，長沙で共産主義の組織作りを主導し，時を同じくして小学校の仕事を始めた。1921年7月，これらすべてのグループの代表者が上海に結集した。この日が中国共産党の公式の創立日になっている。毛沢東は中国共産党湖南省書記（代表）として長沙に戻った。この頃には彼は現行制度そのものに批判的になっており，教育改革がマルクス主義教育を開始する唯一の場であるとみなしていた（Pepper 1996, p.99）。

　1920年にはまた，バートランド・ラッセル（Russell, B.）が長沙を訪れ，社会主義が，そして共産主義であっても，戦争や暴力的革命，あるいは個人の自由の制限を行わずに達成可能であることを示唆している。それは，有産階級の意識の変化に教育が有用であることを説いたものだった。毛沢東は友人に宛てた手紙に，ラッセルの考えは理論的には正しいが，教育にはお金と人と施設を必要とするので実際にはうまくいかないだろうと書いている。すべての資源，なにより学校と報道機関が，すでに資本家によって支配されていた。加えて，

---

(6)　易培基は湖南地方における進歩的教育の牽引者だった。そして，毛沢東の任命は，彼が湖南省立第一師範学校で着手した多くの改革の一つであった。1920年9月に易培基は，師範学校の校長に就任した。この学校には彼が雇った進歩的な教師たちが移ってきて，1921年には女子学生たちが入学してきた（Pepper 1996, p.97）。

第11章 制度,ネットワーク,形成資本

資本家たちは自分たちの支配を永続的なものにするために必要な他のすべての社会制度を支配していた。それゆえに,無産階級は数では優勢であるにもかかわらず,教育を自分たち自身の目的に利用することにおいて無力であった。共産主義者たちの唯一の解決策は,「政治的権力の奪取」であった(蔡和森(Ts'ai Ho-shen [Cai Hesen] 宛ての1920年の11月と1921年の1月付の手紙より/[訳] Schram 1963, pp.214-216)。

1921年8月に毛沢東は小学校を去り,友人らとともに,中国の伝統的な教育の形式(書院)に近代的な学習内容を取り入れ,「人間性に適合し研究に適した」制度を作り上げることを目的として,「(湖南)自修大学」を創設した。これは「真の民衆教育」の制度となることを目指したものであった。毛沢東が新たな制度の重要性を理解していたことは明らかであった。自修大学は強力なマルクス主義の方針をもって1921年の秋に開学した。大学では1922年にマルクス主義理論の公開講義を行い,2年目からは中国共産党員を広く集め,訓練した。自修大学は,1923年の終わりごろに異端思想の助長および治安の脅威という理由で地域の軍事政権長によって閉鎖され,早々に過去のものとなってしまったが,革命の幹部養成のための中国初の訓練機関とみなされている(Cleverley, J. 1985, p.89)。[7]

---

(7) 毛沢東ひとりが急進的な教育改革主義者だったというわけではない。梁漱溟(Shuming, L.)は,新教育は使いものにならないと断言している。彼は当初,陶行知(Tao, X.)の実験的師範学校計画(「実験郷村師範学校[通称 暁荘学校]」)に熱心であったが,その後は農村地域の構造改革へ同様の情熱を傾けるようになった。これらのプロジェクトは1931年から1937年のあいだに山東の鄒平県(Zouping [Tsou-p'ing] County)で集中的に実施された。梁漱溟は,彼が提唱する新しいスタイルの地方役人や幹部者の育成を目指して,「山東郷村建設研究院」を設立した。晏陽初(Yen, J.)は,1920年代半ばに河北(Hebie)の定県(Ding County)で大規模な教育改革を指揮した(Pepper 1996, pp.103-105)。国民党は1930年代初頭,江西で教育改革を含む農村改革を企てた。ジョージ・シェパード(Sheperd, G.)は,多くの宣教師と中国国内のキリスト教大学の援助と参加を得て,江西の黎川(利川)県で教育改革を試みた。これらすべての教育改革は,1930年代の日本の度重なる中国沿岸地域の侵略により短命に終わった。

第Ⅱ部　概念上の展開

　既存の制度化組織に浸透していく戦略は，中国国民党と中国共産党が提携協力（合作）した1920年代後半にも多くみられた。1924年*，国民党は北部の軍閥の打倒と国家的な政府の形成のために中国共産党と同盟を結んだ。中国共産党幹部は国民党のいくつかの訓練事業に加わった。その中でも「黄埔軍官学校」での新人訓練は最も緊急を要するものであった。国民党宣伝部は，1924年7月に第一次国共合作の農民運動指導者養成のために「農民運動講習所」を創設し，1926年9月まで運営した。歴代の主任／所長を共産主義者の彭湃（Peng, P.），羅綺園（Lu, Y.），阮嘯仙（Ruan, X.），譚植棠（Tend, Z.）と毛沢東が務めたほか，多くの共産主義者が講師を努めた。1926年に毛沢東は，農民運動講習所の実地調査グループが，中国共産党農民運動のリーダーで日本の大学に留学経験のある彭湃の農民運動の視察のために海豊に行く指導をしている。「海陸豊ソビエト（海豊・陸豊ソビエト［評議会］）」は，共産主義青年団および少年先鋒隊などと同様に，党学校を含む独自の学校制度をもっていた（Cleverley 1985, p.92）。1927年に発行され，大きな影響力をもたらした論文『湖南農民運動視察報告』において毛沢東は，地方の近代学校に対する支援から，農民に受け入れられる農村学校への支援に方向転換することを宣言している。

　黄埔軍官学校と農民運動講習所の両方で，毛沢東などの共産主義者は精力的に学生を勧誘し，マルクス主義イデオロギーと中国共産党の規律を吹き込んだ。そのようにして，国民党が自身の幹部の訓練のために設立した制度化組織に，自分たちの目的のために浸透していくという共産主義者たちの作戦は，どちらの組織でも成功した。1929年までに，他の政府組織や軍事組織と同様に，制度化組織における中国共産党の浸透に危機感をいだいた国民党は，共産主義者の党からの追放と党内の彼らの影響力を取り除くために「党浄化」キャンペーンを行った。

　浸透戦略の継続が不可能になると，共産主義者たちは彼ら自身の制度化組織を設立するしか選択肢がなかった。中国共産党による社会主義教育導入の最初

---

　*　原文では1927年になっているが1924年の誤植と思われる。

第 11 章　制度，ネットワーク，形成資本

の試みは，江西ソビエト区で始まり，1929年から1934年まで続いた。これが発展するにつれ，江西学校制度は，レーニン小学校，各地域の中学，瑞金（Rui-jin）にある教員養成のためのレーニン師範学校からなるものとなった。これらの学校では教室は大人にも開放されており，教科書は社会主義の内容で，技術的設備が約束されていた。すべての財源は少年先鋒隊と児童団と労働組合の社会教育関連費からまかなわれていた。中国共産党が，江西の中国共産党の本拠地の包囲討伐を執拗に企てる国民党との絶望的な争いに巻き込まれていたため，江西学校の運営は効率性の低いものだった。学生の出席は不規則なうえ，学校の建物と設備は不十分で，しかもときおり戦争の目的のために徴用され，机が防空壕の支柱用に持っていかれてしまうありさまだった（Cleverly 1985, p.97）。

　ついには，1934年の秋，約 7 万5000から10万人に上る共産党員たちが江西で国民党の封鎖を破り，後に「長征」として知られる江西からの脱出が始まった。1 年後，行程は6000マイルに達し，一部（ 2 万人弱）が北西地区に到着した（Pepper 1996, pp.127-128）。1937年の初頭には延安が，陝西―甘粛―寧夏（Shaanxi-Gansu-Ningxia）（陝甘寧（Shaan-Gan-Ning））辺区[*]の政治的中心地になった。毛沢東らの重要な任務の一つは，共産党の政治的，軍事的幹部を迅速に育成することのできる教育制度の創造であった。当初は，かつて毛沢東の先生であった湖南出身の徐特立（Xu, T.）が，辺区の教育部長を務めた。その後，上海出身のもう一人の文化的指導者，周揚（Zhou, Y.）が彼の後を引き継いだ（Pepper 1996, p.130）。国民党が，侵攻する日本軍との戦いにあけくれ，中国共産党と協調して抗日統一戦線の設立に至った間に一息つく機会を得た毛沢東らは，政治・軍事的幹部および監督者のポジションの補強と拡充のために，中国共産党員と「統一戦線」の若者用に多数の高等レベルの教育機関を急いで組織した。

　中国共産党の学校は，「理論上」の訓練を受けた革命幹部を養成する「中央研究所」を備えていた。その中でも「中央党校」では，中等・高等教育レベル

---

*　共産党支配区域。

の上級・中級幹部を,「軍事学校」では,上級・中級の軍幹部者を養成した。最もよく知られた統一戦線の学校は,「中国人民抗日軍政大学」,いわゆる「抗大(kangda, またはK'angta)」であった。[8]

「抗大の教育法」によると (Mobilization Society of Wuhan 1939, pp.81-97; Seybolt 1973, pp.333-348),抗大は「抗日統一戦線のための学校であり,いかなる党や派閥にも属するものではない。入学の機会は,反日の立場をとるいかなる党にも,いかなる階級にも開かれており,人種・宗教・信条・性別・職業を問わない。抗大の使命と目的は,抗日戦争のための初級・準中級レベルの軍事・政治幹部の養成を通じて,抵抗のための国家戦争のニーズに応えることにある」としている (Mobilization Society of Wuhan 1939, p.81)。それは「抗大の独自の教育方針,すなわち政治性(抗日統一戦線),軍事性(攻撃的戦争),精神性(革命的伝統)」(p.81)にのっとったものであった。

1941年に創設された「延安大学(延大)」は,大衆路線と実践への適用という目的を最優先として,ほとんどの統一戦線機関を吸収した。また1944年には総合大学として再編されている。5月に行われた開校記念の講演において,毛沢東は,延安大学は主に政治,経済,文化を学ぶ大学であること,そして学生はそれらのテーマをどのように辺区で実際に活かすことができるかを理解しなければならない,と述べている。それは,少なくともその精神において,毛沢東のかつての「自修大学」を受け継いだものであることは明らかである (Pepper 1996, p.152)。

延安大学では辺区の教育管理にかんする訓練が行われた。この大学では2年間で辺区の教育の一般的状況と文化,すなわち,初等・中等学校レベルの教育,社会教育,教材研究,近代中国の教育思想を学べるようにカリキュラムが編成されていた (Pepper 1996, p.103)。学生はその他にも,中国革命の歴史,辺区の再建,革命哲学,時事問題のコースをとった。

これらの学校ではいわゆる模範的社会主義教育の十原則——正しい目的,堅

---

(8) その他に幹部・非幹部の両者を対象として開設された学校として,魯迅芸術学院,自然科学院,医科大学,民族学院などがある (Pepper 1996, pp.150-151)。

第11章　制度，ネットワーク，形成資本

固なリーダーシップ，愛校心，政治教育，理論と実践の統合，内容の簡約化，学校教育の短縮，生活教育，革命精神をもった教員，独立独行——が実施された（Cleverly 1985, p.103）。実際には，コース期間は通常6カ月間で，学生は政治戦略か軍事戦略のどちらかを専門に学習した（Cleverly 1985, p.102）。時には卒業前に任地に派遣されることもあった（Pepper 1996, p.151）。

　また，実際上，これらの制度化組織にはいくつかの使命が課せられていた。第一に，それらは辺区，すなわち中国共産党の支配下にある地域の，生産と労働に携わる，また軍事力となる若者を育てることであった。第二に，抗日統一戦線の促進をすることであった。これは表面的には，中国共産党の，抗日活動への国民党との協働意欲の表れとして解釈することができるかもしれない。しかし，実質的には，中国共産党と進んで働くすべての人々——たとえ，その人たちがかつて，あるいは現在，国民党の協力者であったり，自称非党員であったりしても——に対して歓迎していることを示すものであった。この戦術は，国民党内の連帯を徐々に失わせ，また，非党員と国民党との間の潜在的提携関係を弱める効果をもたらした。

　第三には，中国共産党はすべての教育機関が，イデオロギーと運営において中国共産党の直接的な管理下にあることを要求した。そのイデオロギーとは，毛沢東によって宣言されているように，「中国共産党によって導かれた共産主義の文化イデオロギー」と「新しい民主的な文化」である。言い換えれば，「反帝国主義と反封建主義の大衆文化」が，「中国共産党を通じてプロレタリアートを文化的で教育的な仕事に導く理論的土台である」（Mao Zedong [毛沢東] 1940, 1942, 1949; Qu 1985, pp.1-9）。運営上，それぞれの学校は党機関の管轄下にあった。1941年には「延安幹部学校に関する決定事項」において，すべての学校が中国共産党の管轄下にあることが明確化された。例えば，延安大学は「中国共産党・文化委員会」の管轄下にあった。そして各学校が協同で関与する統一のカリキュラム・教師・教材・予算に関する企画・調査・管理については，党宣伝部が権限をもっていた（Qu 1985, p.7）。

　抗日と統一戦線の旗印の下で，中国共産党は中国全土から中国共産党の学校

第Ⅱ部　概念上の展開

へと積極的に若者を集めた。1938年の5月から8月の間には，2288人の学識のある青年が登録している（Qu 1985, pp.17-18）。1940年代初頭，辺区は非常に厳しい状況にあり，教育の進め方は無計画なものであったとはいえ，これらの学校では何十万人もの革命幹部に訓練を施した。1937年から1946年の間に抗大だけでも，各キャンパスから約20万人もの政治的・軍事的人員が卒業していった。第2次世界大戦が終結する1945年までに共産党の中心人物たちが行ったことは，失った幹部を補充したばかりでない。より重要なことは，自前の制度化組織を創設し，組織化した軍隊・農民・知識人・都市貧民の中核となるべく何十万人にも及ぶ筋金入りの幹部を効果的に生産したことである。こうして，延安と辺区全域における制度化組織は，4年足らずのうちに国民党打倒の栄誉を分かち合うことになった。[9]

要　　約

資本構築によって，インフラストラクチャーとしての制度とネットワークが，社会の維持と変化をもたらすという理論について，その枠組みと概要を要約してみよう。まずはいくつかの定義付けから始めることにしよう。制度的環境というのは，個々の行為者と組織が，一連の制度によって定められているルールを意識しており，そのために行為や相互行為を行う際にそのルールを順守したり，規定したりしている領域をさしている。組織—社会の制度的同型化とは，ある制度的環境内の組織がどの程度，支配的な制度が規定するルールに従って行為や取引を行っているか，ということである。同様に，組織—ネットワーク

（9）　対照的に，メンバーを制度化する機会や構造のない社会運動は消滅してしまうだろう。北京で1989年におきた天安門事件は，社会運動が失敗に終わったよい事例である（Lin 1992b）。全盛期には何百万人もの人を天安門広場に引き寄せたその社会運動は，後に続く人を教化する機会をついぞもちえなかった。参加者の中には民主主義の大学の創設の必要性に気づき，それを企てた者もいたが，その社会運動は6月4日に軍隊によって鎮静化されてしまった。

の制度的同型化は，支配的制度を促進し，強化する。制度化組織とは，支配的制度によって規定されたルールに従った慣習と行動を行うように，個々人に知識と技術を習得・教化させるものである。

その理論にはいくつかの前提（メカニズムの説明）がある。(1)組織—社会の同型化を追求することは，制度的環境内のすべての組織に見られる一般的傾向である。(2)組織のランク（あるいは地位）は，支配的制度への組織の同型化の程度を反映している。(3)組織—社会の制度的同型化の目安は，一つには，組織が制度的資本をもつ行為者を集め，保持する程度に現れている。

これらの定義と前提から，二つの社会的機能，すなわち社会的統合と社会変動に分類できるいくつかの命題を構築することができるだろう。まずは，社会統合に関して，以下の仮説にまとめてみることにする。

仮説1．（個人的資源の委譲にかんして）：個人的（制度的および人的）資源の世代間の委譲がある。すなわち，親の個人的および社会的（制度的および人的）資源が大きいほど，子供の個人的資源も大きい。

仮説2．（関係的資源の蓄積にかんして）：個人的資源の大きさは，その個人の社会的紐帯と社会的ネットワークにおける資源の異質性と富裕さ（ヒエラルキーの頂上への到達）と正の関係がある。

仮説3．（資源の資本への転換にかんして）：個人的資源（人的資源と制度的資源の両方）と関係的資源の大きさは，制度化組織による加工過程の中に入り込んだ度合いと正の関係にある。制度化を受けたことの証明書は，人的資本及び制度的資本を反映したものとなる。

仮説4．（労働市場への資本の流れにかんして）：制度的資本（社会関係資本を含む）と人的資本の大きさは，上位に位置する組織による人材の補充ならびに保持との間に正の関係がある。

社会変動にかんしては，以下の仮説にまとめられる。

仮説5．（新しい制度のためのネットワーク化）：新しい制度の価値にかんして同質なネットワークほど，（資源の蓄積や共有を反映して）集団の連帯と同一化への寄与が大きい。

仮説6．（制度化組織における新しいプログラムの構築）：新しい制度に対応する社会的ネットワークに蓄積された資源の規模は，制度化組織内で新しいプログラムが構築される際に注がれる労力ならびに成功の見込みとの間に正の関係がある。

仮説7．（組織による新しい制度的資本の受容にかんして）：新しいプログラムの範囲とそのプログラムが作用する行為者の範囲は，上位に位置する組織が新しい制度的資本をもつ行為者を補充し，保持することと正の関係にある。

仮説8．（制度的変化にかんして）：制度化組織と組織によって加工された新しい制度的資本の範囲は，新しい制度が支配的制度の中に統合される（もしくは新しい制度が支配的制度に代わる）ことと正の関係にある。

結　　び

　この章では，制度とネットワークを社会の二つの基礎的な要素とみなした。なぜなら，制度とネットワークは，社会の中の資本の流れにかんして基本的なルールをもたらしているからである。その枠組みと要素は，多くの既存の，あるいは潜在的な理論・仮説を統合することを可能にしている。例えば，人的資本論と制度的資本理論は，制度化組織を通じて行為者が組織とつながるプロセスの中でとらえられる。社会関係資本論は，社会的ネットワークを通じて行為者が組織とつながるプロセスの中に取り入れられている。社会運動（例えば資源動員論）は，社会的ネットワークを通じて，行為者が組織と制度化組織に，また行為者が制度そのものにつながるプロセスの中で描写することが可能である。

　この概念図式の一番の貢献は，二つの主要な社会的力，すなわち制度とネットワークが，どのように経済とその他の市場における行為と取引の基礎になっているかを明らかにすることができるその能力にある，といってもいいかもしれない。この二つの力は，取引費用が常に存在し，それが不均等であっても，

第11章 制度，ネットワーク，形成資本

社会が安定していられる理由を説明するものである。組織と個々の行為者の間で，調整と取引が可能なのは，制度化組織と社会的ネットワークの仲介とプロセスを通じて，制度的環境の中で共通のルールを共有しているからである。同じ図式は，制度的変化が起こる際のダイナミクスを暗示している。いったん，制度とネットワークがどのように行為と取引の規則を創造し，保持し，変更するかという原則が設定できれば，利害とエージェンシーが，どのようにこれら（行為と取引）のプロセスの中で補い合うのか，あるいは争うのかを分析する際に，国とテクノロジーの貢献・影響を考慮することが論理的に必然となるだろう。次章では，テクノロジーと社会関係資本の深い関係について考察してみよう。

第12章

サイバーネットワークとグローバルビレッジ
――社会関係資本の登場――

　社会関係資本の研究における近年の論争の一つは，パットナム（Putnam 1993, 1995a, 1995b）によって提起された問題だった。すなわち，ここ30〜40年のアメリカで，社会関係資本が衰退したかどうか，という問題である。パットナムは社会関係資本と政治参加のあいだにはポジティブな関係があると主張し，社会的アソシエーションあるいは2次的・3次的なアソシエーション，すなわちPTA，赤十字，組合，教会に関連したグループ，スポーツクラブ，ボウリングリーグなどへの参加率によって社会関係資本を測った。政治参加は投票行動，議会への投書，会合や政治集会への参加によって表された。パットナムが観察したところによれば，アメリカでのこの両方の参加率はここ30年で減少している。ここからパットナムは，社会関係資本や市民活動は衰退しており，この衰退によって民主的・政治的な関与も衰退することになった，と結論付けた。さらに，パットナムはテレビ視聴行動にも罪がある，と論じている。テレビが人気を得るにしたがい，アメリカの若年世代は市民的アソシエーションに参加することに興味をもたなくなってしまった，というわけである。パットナムによれば，彼らはボウリングに行くときも，グループやリーグとしてではなく個人として行くのだ，という。

　パットナムの論文や研究は，理論的・方法論的な面から多様な批判を浴びてきた。これらの批判には，主に二つの論拠があった。第一に，社会関係資本の測定において失敗している，という批判がある。例えば，パットナムはGSS（General Social Survey）*のデータを分析する際にミスを犯していることが指摘されている（Greeley, A. 1997a）。単なる特定の組織への参加の有無ではなく，

「ボランティア活動に費やした時間」を見るべきだった（Greeley 1997a）。特定のタイプのアソシエーション（特に現代のアメリカで登場してきた組織（Schudson, M. 1996; Greeley 1997a, 1997b, 1997c; Minkoff, D. 1997; Newton, K. 1997））が対象になっていない，そもそもアソシエーションへの参加は公共心や市民的エネルギーと同じものではない，という批判もあった（Schudson 1996）。第二に，社会関係資本の計測方法には問題はないとしながらも，パットナムは犯人を間違えている，テレビ視聴などよりももっと非難されるべき要因が存在した，という批判がある（Schudson 1996; Skocpol, J. 1996）。[1]

社会関係資本が衰退しているかどうかは，大部分定義や計測の方法によって大きく結果が変わる（Greeley 1997b; Portes 1998; Lin 1999a）。それに，社会関係資本の意味は分析の際に選ばれた結果に左右される。集団参加の有無，規範，信頼など複数の概念によって計測される場合，因果命題（ネットワークが信頼を促進するのか，またその逆か）と，同じ事態についての複数の指標とが混同されてしまう（ネットワーク，信頼，規範がすべて社会関係資本を測定するものとなる）。個人と同じように集団に適用された場合も，生態学的錯誤の危険がついて回る（個人と集団のどちらかのレベルにおける結論が，他のレベルでも有効だと判断されてしまう）。

本書で提起された理論にしたがい，私は社会関係資本を，社会的ネットワークに埋め込まれた資源として測定すべきだと主張したい。この定義は，当初の計測法や理論との一貫性を保障している（Bourdieu, Coleman, Lin）。このように定義すれば，コミュニティや社会レベルでの特定の目標を達成するために社

---

(1) パットナムは被説明変数を間違えている，という批判がかなり多い。（例えばよき政府の役割：Skocpol 1996, 政治組織の役割：Valelly, R. 1996, 国民的共同体の役割：Brinkley 1996, 政治参加の不平等の役割：Verba, S., Schlozman, K., and Brady, H. 1995, 1997, 国家レベルでのエリートの役割：Heying, C. 1997, 政治制度の役割：Berman, S. 1997 ; 制度的インセンティブの役割：Kenworthy, L. 1997, 分化の役割：Wood, R. 1997 など）。なおこういった研究は直接に社会関係資本について論じたものではない。

* GSS (General Social Survey) とは，アメリカで1972年からほぼ毎年行われている

会関係資本を投資・運用するプロセスやメカニズムといったマクロ現象を検証することができるようになる。このような観点からすれば，アメリカその他の社会で社会関係資本が衰退しているのか増加しているのかという問いは未だに実証されていない，ということになる。というのも，社会関係資本は社会的ネットワークに埋め込まれた資源の投資・運用であるという考え方をはっきりと採用した研究はいまだに存在しないからである。アソシエーションへの参加の有無や社会的信頼は，このように定義された社会関係資本の適切なものさしなのかもしれないし，そうではないのかもしれない。有意義な議論を実現したいのなら，両者と社会関係資本とのつながりを前もって立証しておく必要がある。

ネットワークに埋め込まれた資源として社会関係資本を定義・測定することで，この章では，社会関係資本はここ10年で——サイバースペースにおけるネットワークのかたちで——増加したとするはっきりとした証拠がある，ということを主張してみよう (Lin 1999a)。さらに，この増加はコミュニティや国家の境界を越えた帰結をもつ，ということについても論じる。二つの仮説が提起される。(1)社会関係資本はサイバーネットワークのかたちで世界の多くの地域で増加している。(2)サイバーネットワークの台頭は国家やローカル・コミュニティの境界を越えていく。したがってその帰結（ポジティブにしろネガティブにしろ）はグローバルなレベルで評価すべきである。まずはサイバーネットワークの登場，それによって時間と空間を飛び越えていく社会関係資本についての大規模サーベイをみていくことからはじめよう。

インターネットとサイバーネットワーク
——社会関係資本の発生——

サイバーネットワークはサイバースペース，特にインターネット上の社会的ネットワークとして定義される[2]。これらのネットワークは——電子メール，チャットルーム，ニュースグループ，クラブ (Jones, S. 1997b; Smith, M. and Kol-

---

総合社会調査である。調査主体は NORC (National Opinion Research Center) である。
（2） この節の一部は Lin (1999a) から転載したものである。

第12章 サイバーネットワークとグローバルビレッジ

lock, P. 1999）などを通じて——個人および複数の個人の集まりによって構築されたものであり，また非公式あるいは公式の（経済的・政治的・宗教的なメディアなどの）組織によって資源取引や関係補強のための交換の目的で構築されたものでもある。サイバーネットワークは1990年代以降，コミュニケーションの主要な回路となった。ここでは参考のためにその範囲・到達度を示しておこう。

　1970年代および1980年代の初頭から，パーソナル・コンピュータが世界中で職場や家庭に浸透し始めた。北部アメリカ，ヨーロッパ，東アジアの国々では，パソコンは他のコミュニケーションの道具を凌駕した。商務省のスティーブン・ランデフェルド（Landefeld, S.）によれば，1997年，アメリカ消費者は自動車よりも多くのコンピュータを買った（*USA Today*, March 17, 1999）。インテル・アーキテクチャ・ビジネス・グループのポール・オテリーニ（Otellini, P.）によれば，2000年には世界のパソコンの売り上げはテレビの売り上げを追い越すまでになった（Intel Developer Forum, February 25, 1999）。パソコンの売り上げは1998年にオーストラリア，カナダ，デンマーク，韓国でテレビの売り上げを越えた。1999年には，アメリカの50％の世帯でコンピュータが所有されており，33％がネットに接続できる環境にあった（Metcalfe, B. 1999）。

　電子商取引は巨大なビジネスになった（Irving 1995, 1998, 1999）。1998年には，オンラインショッピングの注文高は130億ドル（平均して55ドル）に上ったし，1999年には300億ドルから400億ドルにまで達すると予想された（the Boston Consulting Group, *PC Magazine*, March 9, 1999, p.9 からの引用）。最も高い成長率が見込まれたのは，旅行（1998年から1999年にかけての成長率は88％），パソコンのハードウェア（同じく46％），本（75％），日用品（137％），音楽（108％），そしてビデオ（109％）である（Jupiter Communication, *PC Magazine*, March 9, 1999, p.10 からの引用）。1999年には2400万人のアメリカの成人がプレゼントをオンラインで買ったと推定されており，これは1998年にプレゼントをオンラインで購買したと答えた780万人の実に4倍である。1999年に休日の買い物をオンラインで行った場合に限っても，130億ドルを超えている（International Communications Research, *PC Week*, March 1, 1999, p.6 からの引用)。1999年のあいだに，インターネット消費は他の大半の世界経済の30倍も速く成長し，実に680億ドルの規模に達しようとしているのである (Metcalfe 1999, International Data Corp. よりの抜粋)。2002年までには，オンラインショッピングは本や花などの日用品では320億ドル，旅行やコンピュータなど，買い物前に調べることが普通の商品では560億ドル，職業雑貨などの補充品では190億ドルに上ると予想されている (Forrester Research Inc., *PC Week,* January 4, 1999, p.25 などに引用されている)。2002年にはウェブ利用者の40％がオンラインで買い物をし，その結果電子商取引が4000億ドルにもなるという予想もある (International Data Corporation, as quoted in ZDNet Radar, Jesse Berst, "Technology of Tomorrow," January 6, 1999)。1998年の上半期には，株式小売り売買の5分の1がオンラインでなされた取引であった。株式やファンドをオンラインで取引している人は今や430万人に及ぶし，2003年にはオンライン取引はアメリカ投資市場の31％に達すると予想されている (Wilson 1999, quoting Piper Jaffray, *PC Computing,* March 1999, p.14 からの引用)。

　1999年の3月16日，アメリカ商務省は16年継続した産業分類体系を，情報経済のもとではもはや有効ではないとして廃止した (*USA Today,* March 17, 1999, p.A1)。例えばコンピュータは産業カテゴリーでさえなく，電卓のグループに入っていたのである。情報革命によって生まれた新しいカテゴリーをより正確に反映した新しい体系が導入された。この新しい分類体系は，メキシコやカナダとの取引が増え続けていたため，これらの国の分類体系に似せてデザインされた (*USA Today,* March 17, 1999, p.A1)。さらに商務省は，国の経済状態の重要な指標である小売り業に対するオンラインショッピングのインパクトを示す数値の発表公表を開始する予定である。現在のところ，商務省は小売業の売り上げ統計では，オンラインショッピングの数値をカタログショッピングによる売り上げと一緒にしている。1998年と1999年のインターネット経由の売上高を別個に計上した数値は，2000年の中頃までに発表される予定である (*Info World,* February 15, 1999, p.71)。

第12章 サイバーネットワークとグローバルビレッジ

　コミュニケーションやネットワーキングのためのインターネット利用はより最近になっての現象であるが，パソコンの浸透自体よりも目を見張るものがあった。1980年代における CERN（スイス，ジュネーブの欧州原子核研究機構）のバーナーズ＝リー（Berners-Lee, T.）によるハイパーテクスト技術の発明，1991年夏のインターネットへのワールド・ワイド・ウェブの導入以来，ここ10年間のインターネットの成長は革命と呼ぶにふさわしいものであった。1995年にはアメリカの3200万世帯のうち1400万世帯がモデムを所有しており，1999年の1月には5000万世帯のうち3770万世帯が所有するまでになっている（*USA Today,* March 17, 1999, p.9D）。世界的には，1997年には6870万人，1998年には9730万人のウェブ利用者が存在し，2001年にはその数は3億人を越えると予想されている（World Trade Organization estimate, March 12, 1998）。2002年にはオンライン環境にあるとされている人のうちの3分の2は，1999年にはオンライン環境を手に入れてなかったのである（Metcalfe 1999, International Data Corp. からの引用）。

　アメリカの4500万を超えるパソコン利用者が1998年の初期にはインターネットに定期的にアクセスしており，1997年の第1四半期から1998年の第1四半期にかけての増加率は43％であった。アメリカの世帯の49％近くが少なくとも一台のパソコンを所有していた（*ZD Market Intelligence,* January, 1999）。1999年には始めて，アメリカ以外の国での利用者数が過半数——51％——となった（Metcalfe 1999, International Data Corp. より引用）。中国のインターネット利用者は1997年には60万人だったが，1998年には150万人になった（Xinhua News Agency, January 15, 1999）。1999年には中国のインターネット利用者数は400万人に達したと言われている。アメリカのインターネットの世界では教祖的存在であるニコラス・ネグロポンテ（Negroponte, N.）は，1999年の1月に，中国のインターネット利用者は1000万人にまでふくらむ，と予測している（Reuters, January 15, 1999）。

　女性がインターネットに接続する数もまた劇的に増加した。1996年の1月には，18歳以上のインターネット利用者のうち女性が占める割合は18％であった。

271

1999年の1月には，女性の割合は50％に及んだ（*USA Today*, March 17, 1999, p. 9D）。1999年の終わりまでには，ネット利用者の過半数が女性になると予想された。1997年，はじめて電子メールが郵便による手紙の数を越えた。

　パソコンの専門家は，なんら驚くに値しないが，インターネットはすべてを変える，と宣言した。『PCマガジン（*PC Magazine*）』誌の編集長のマイケル・J. ミラー（Miller, M. J.）は1999年2月に，インターネットは「コミュニケーション，情報取得，娯楽，ビジネスの仕方を変える」と書いた（*PC Magazine*, February 2, 1999, p.4）。1999年1月，ポール・ソマーソン（Somerson, P.）は『PCコンピューティング（*PC Computing*）』誌に同様のことを書いている。どれくらいの数のディスカッショングループ，フォーラム，様々なタイプのクラブがこれまでに形成され，また形成されつつあるのかについての信頼できる推計を得ることは実質的に不可能である。サイバースペースとサイバーネットワークの成長は，社会的ネットワークや社会関係資本の研究に対してどういう意味をもつのか？　短く言ってしまうとこうだ。途方もない意味をもつ。

　サイバーネットワークの劇的な成長を考慮すれば，根本的な問いを提起することができる。サイバーネットワークは社会関係資本を運ぶことができるのだろうか？　という問いである。もしそうであるなら，社会関係資本は衰退しているという近年の論調は間違っているか，あるいは衰退に歯止めがかかった，とする強力な証拠を得られることになる。私はここで，私たちは現在，サイバーネットワークに表される**社会関係資本の革命的な増加**を目の当たりにしている，と主張したい。実際，社会関係資本がその意義と効果において個人的資本に取って代わる新しい時代に私たちはいるのだ。

　サイバーネットワークは，単なる情報をやりとりするという目的を越えて資源を運ぶという意味で，社会関係資本を提供するものである。電子商取引が典型的だ。多くのサイトが無料で情報を提供しているが，そういったサイトには利用者に何らかの形で商品・サービスを購入するように引き込もうとする広告もまた掲載されている。サイトはまた，利用者が何らかの行動を起こすようなインセンティブを与える。インターネットは交換手段を，そして集団を形成す

る手段も提供する (Fernback, J. 1997; Jones 1997b; Watson, N. 1997)。こういった「バーチャル」な接続は，利用者が時間的・空間的な制限をほとんど受けることなく他者とつながることを可能にする。情報へのアクセスとインタラクティヴィティのおかげで，サイバーネットワークは豊富な社会関係資本をもつにとどまらず，生産市場と消費市場の両面において，参加者の目的的な活動のための投資の場となっている。

　サイバーネットワークのグローバル化が，中心にいる国家や行為主体が周辺国家・行為主体を支配し，自らが支配するグローバル経済システムに組み込むことで事実上「植民地化」しているという世界システムを再生産するのか，という論争もまた関心を引いている (Brecher, J. and Costello, J. 1998; Browne, R. and Fishwick, M. 1998; Sassen, S. and Appiah, K. 1998)。グローバルなサイバーネットワークが世界システムを再生産するという主張は，国際機関，多国籍企業，商品チェーンといった国際的経済形態が，支配的国家に属する企業，あるいは国家自身の価値，文化，権威によって支配されているという事実をよりどころにしている。世界規模でサイバースペースへのアクセスがますます不平等になっているということにも大きな関心が寄せられている。豊かな国や行為主体がサイバースペースに埋め込まれた資源にアクセスする機会を増やしている一方で，貧しい国や行為主体は多くの場合サイバーコミュニティからはじき出されているのだ。

　とはいえ，サイバースペースへのアクセスが可能な人々に限って言えば，起業企業や集団形成が特定のクラスの行為者による支配を受けることなしに可能になる，ということも指摘できる (Wellman 1998)。サイバーネットワークは新しいグローバル化 (neo-globalization) のプロセスなのだろうか？　支配的国家や行為主体がサイバースペースの発達を精力的にコントロールしようとしているということを否定はしないが，私は次のように主張しておきたい。サイバーネットワークは新しい時代の民主的でアントレプレナーシップに富んだネットワークと関係を体現しており，そこでは新しいルールと習慣をもった多くの参加者によって資源が共有され，流通する。そして参加者の多くは植民地主

第Ⅱ部　概念上の展開

義的な意図を持っているわけでもないし，その力もないような人々なのである。

　安価な装置がより簡単に入手できるようになり，時間・空間を越えるウェブの機能が増強されていく中で，私たちはグローバル・ビレッジの形成という，社会的ネットワークの新しい時代を目の当たりにしている。サイバーネットワークのグローバル化は，諸刃の剣である。その切れ味がますます鋭くなるにつれ，サイバースペースに埋め込まれた資本にアクセスする可能性をもっているかもっていないかということの差異がますますはっきりしていく。コンピュータ，他のデバイス，そしてインターネットへのアクセス可能性は，社会的（教育や言語能力の不足），経済的（コンピュータを入手できるかどうか，コミュニケーション・インフラにアクセスできるかどうか），政治的（アクセスに際しての権威主義的なコントロール）な制約のせいで，不均等に配分された状態が続いている。とはいえ，サイバーネットワークの内部においては，中心にいる行為者が情報，資源，余剰価値を支配し続けるために周辺にいる行為者とのリンクとネットワークを形成しているような中心─周辺の世界システムを再生産し続けることは，必要でもないし，不可能でもある。逆に，人間の歴史の中で前例がないほど，多くの個人により多くの情報が無料で利用可能なものになっている。コンピュータとコミュニケーションのコストが下がり，技術が伝統的権威によるアクセスのコントロールを飛び越えていくにしたがい，アクセスの制限やコントロールが弱くなっているということも明らかである。

　ますます多くの個人が新しい形の社会的ネットワークや関係に関わってきているという明確な証拠があるし，そういった活動の著しい部分で，社会関係資本が作り出され，また利用されているということも疑いの余地はない。無料の情報ソース，データ，そして他の行為者へのアクセスは，拡大するネットワークと社会関係資本を空前のペースでつくり出してきた。ネットワークは拡張的であり，しかし同時に親密なものだ。ネットワークは時間（いつでも好きなときに人と人とがつながることができる）と空間（世界中のサイトにアクセスできるし，アクセスが拒否されても間接的にアクセスできる）を越えていく。このようなネットワークが形作られる中で，ルールと慣習が定式化されていく。

第12章　サイバーネットワークとグローバルビレッジ

制度が——過去の慣習から形成されるにしろ，過去の習慣から意図的に距離をとりつつ形成される場合にしろ，あるいは参加者の合意の上に作られるにしろ——ネットワーク（つまりビレッジ）が形作られる中で形成されていく。

　伝統的な対人ネットワークの枠から出て，1990年代に登場したサイバーネットワークについて分析すれば，社会関係資本が弱体化しているという仮説を否定できる，ということには疑いがない。私たちは現在，社会関係資本が意義と効果の面で個人的資本をはるかに凌ぐ，新しい時代の始まりを目の当たりにしているのだ。対面的コミュニケーション，他のレジャー活動（テレビ視聴，旅行，外食，映画館での映画鑑賞），ローカルな市民集会への参加といったイベントと比較して，サイバーネットワークを通じて他者とつながりをもつことに，人々がどれだけの時間と努力を費やしているのかについてのデータと情報を蓄積しなくてはならない。伝統的メディアと比較しつつ，サイバーネットワークを通じて集まる有用情報の総量を推計する必要もあるだろう。

　次節では，極端に制約の多い制度的環境の内部においてさえ，サイバーネットワークが社会運動に社会関係資本を提供し，集合行動を維持している様子について，中国における近年の法輪功運動をケーススタディとして説明してみよう。この例を見れば，サイバーネットワークがどのように空間と時間を超えて社会関係資本の利用を促進しているかがわかるし，グローバルな環境で社会運動が生み出され，維持されていく上でそれがいかに効果的かが理解できるだろう。この運動自体に何らかの価値があるのかどうか，といったことについてはここでは追求しない。

法　輪　功
——社会関係資本と社会運動のケース・スタディ——

　法輪功（ファルンゴン）は法輪大法（ファルンダーファ）としても知られており，李洪志（Li, H.）によって提唱されている中国の瞑想・修行の技術である（Li 1993）。李は，法輪功は仏教を由来としており，仏教と道教という第一級の世界宗教を通じて宇宙の真実をとらえるものだ，と主張している。李によ

れば，宇宙の原理は回る「輪」の中に含まれており，修練により修行者の下腹部に収めることができるという。法は三つの原理によって表現される。真（真実あるいは真実性），善（思いやり，親切あるいは慈善），忍（忍耐あるいは自制）である。これらの原理を学ぶことによって，個人は輪を回し続けることができる。輪はどちらの方向にも回る。時計方向に回れば，それは宇宙の原理をエネルギーとして身体に取り込むことができる。反時計方向に回ると，原理を外に放出し，他者とエネルギーを共有することができる。このエネルギーを最大限得ることができる人はほとんどいないが，たいていの人は輪を回し続けるように学ぶことができる。修練が進めば，根幹となる輪からより多くの輪を下腹部に作り出すことができる，という。(3)

（3） 李は1951年，中国東北部の吉林省で生まれた。李本人によれば1951年の5月13日生まれだが（Li 1994, p.333），政府は，李は4月8日の釈迦牟尼（ゴータマ・シッダルタ，仏教の創始者）の生誕日に太陰暦上で一致させるために，1952年7月7日から5月13日に公式な登録カード上の正しい誕生日を書き換えた（www.peopledaily,com.cn/item/flg/news/072306,html），と主張している。李は登録されていた記録は間違いであり，現代の釈迦牟尼になろうといった意図はない，と主張した。李は1970年から1978年まで軍の種馬飼育場で働きながら，吉林の森林警察隊でトランペットを演奏し，警察隊の運営するホテルの接客係を務めていた。1982年に軍を除隊してから，長春穀物公社の警備部門で働いた（『人民日報』July 22, 1999）。1991年に仕事を辞め，気功（内的エネルギーの修練のことで，内的エネルギーを活性化させるための中国の多種多様な鍛錬法の一般的でよく見られる言葉）の練習と指導に関わるようになった。

　李が自分で書いた本（Li 1994）に付いている経歴によれば，彼は4歳から12歳のあいだに師から法を学び始めたという。真，善，忍の原理を学び，8歳のときに修行の最高レベルに達し，不可視になり，凍り付いた管から力を込めずにさび付いた釘を引き抜き，宙に浮かび，壁を通り抜けることができた，と主張されている。さらに彼は12歳のときに別の師に出会い，武道を習得した。1972年に第三の師に出会い，二年間にわたり心的な修行を行った。その次の師は女性であり，彼に仏教の原理を教えてくれたという。このように彼は次々と新しい仏教あるいは道教の師に出会い，より高いレベルに上っていったという。その後，彼は他人に教えを授けることを始める。気功のいろんな形態を観察・研究した後に，李は1984年に書物や自分の講義録によって教えを広める決心をする。こうした中，不思議なことに，彼の14人の師すべてが李を助け，導くために戻って

法輪功の組織

 李は1992年に出身地である吉林省の長春の地で法輪功を広め始め,その後北京その他の中国の各地を移動した。李は料金を取ることなく,講習会を開くことで得られた収入はすべて法輪功の促進のために寄付をした,と主張した。法輪功は瞬く間に広がりを見せ,李の講習会や講義は多数の聴衆を集めた。彼は北京に法輪大法研究協会を創設し,講義は全集にまとめられた。(4) その後二年間が経過するうちに,非公式だが堅固な構造が出現した (Li 1996, pp.132-133)。協会は李の直接の指令の下,国内の最高位の組織統括オフィスとして機能した。様々な省,地区,都市で,総合教育／援助センター (fudao zhong zhan) が設立された。中国政府のレポートによれば,1999年の7月には39のセンターが存在し(『人民日報』July 30, 1999),李と協会によって指名されたコーディネータが指導に当たっていた (Li 1996, p.135)。さらにセンターは都市や町に散在する教育拠点(政府報告書によれば1900)を組織し,これらの拠点の統括下で,訓練所が設置されていた(政府報告によれば2万8000)。ほとんどの場合コーディネータは李自身が指導する講習会に参加しなくてはならず,李以外の何者も講習会を開くことは許されなかった (Li 1996, p.144)。訓練の場 (niengong dian) では,個人指導者 (fudaoyuan) と修行者がいた。修行者は修行のために訓練所に定期的に集まり,修行をしたり,李の書物や講義録を(音声テープやビデオテープで)勉強していた (Li 1996, pp.144-145, 148)。センター,拠点,

---

きた,ということである。法輪の方法,法輪功は1989年に完成した。その後二年間を費やし,李は彼の弟子が教えに従って自分を高いレベルに引き上げるのを確認した。しかしながら公式の報告書によれば(『人民日報』July 22, 1999),李は1988年になるまで気功を習い始めていない。李は二人の気功の師とともに学び,タイを訪れたときに学んだタイのダンスの要素を加えた。

 1992年,彼は「山を降りるように命令され」(Li 1993, p.112; 1994, p.341),中国全土で訓練と講釈を開始した。
(4) 1999年4月には法輪大法ウェブサイトは14巻にわたる全集をリストアップしており,その大半は李の講義録を集めたものであった(www.falundafa.ca/works/eng/mgjf/mgjf4.html)。

第Ⅱ部　概念上の展開

訓練所は地域の職場集団と協同し（p.150），それを頼りにする（guakau, つまり提携する）ことができた（1996, p.152）。しかしリーダーたちは他の修行（気功など）や集団，アソシエーションに参加することを許されず，拠点，訓練所は展示会や「運動大会」の実演を除いて他のアソシエーションの活動に携わることができなかった。

したがって，法輪功は何ら組織をもたないという李の主張に反して，李は強力で効率的なトップダウンのコントロールをもつヒエラルキー組織を作り上げたのだ。社会的ネットワークの上に，単一のリーダーとイデオロギーのもとで作られたこの組織は，独自の制度と制度化組織（第11章を参照）を作り上げ，それを通じてメンバーを募り，訓練し，拡大し続ける労働市場に位置付けていった。

李は1995年に中国を去り，協会は李の直接の指導のもと，国内の組織を統括する役割を継続した（Li 1996, pp.169-170）。しかし彼は修行こそが組織よりも大事なことだということを強調し（p.175），指導者と修行者は彼の書物と講義録を完全に暗記するように強いられた（pp.105, 138, 169）。講習会を開くことができたのは李だけであったので，指導者と修行者は修行所で，あるいは独りでただ李の「聖句」（jiawen, つまり李の本や講義からの引用）を復唱したり，それについて話し合うことしかできなかった。指導者は李の教えを自由に解釈したり，拡張したりすることを禁じられていた（p.171）。このようにして，李はヒエラルキー組織の中で唯一の権威たり続けたのである。

李は組織をグローバルに展開・拡張する際にも同じ戦略を採用した。李は1996年にアメリカでの指導を開始した。1996年，最初の法輪功の国際的な「経験共有」集会が中国で開催され，14の国と地域から修行者が参加した。1998年

（5）　例えば訓練所は職場集団の作業所を「借用」することができた。拠点は管理当局への届け出のために，様々な職場単位と提携することができた。というのも，ボランティア集団や，民集団，アソシエーション，そして職業アソシエーションまでもが，公式的な管理上のステータスを有しておらず，政府からの認可を得るためには職場単位を「頼りに」（公式に提携）せざるをえないからである。

には北アメリカでの最初の「経験共有」集会がニューヨークで開催された。他にもカナダ，ドイツ，シンガポール，スイスで同じ集会が開かれた。法輪功は1992年以降，特に中国全土の都市部で燎原の火のごとく広がりを見せ，その後北アメリカ，オーストラリア，ヨーロッパと範囲を拡大していった。1999年の初めには，世界で1億の修行者がいたと李は主張している。中国の修行者数を2千万人から6千万人と推計する研究者もいる。中国政府はその数は200万人前後だ，としている（Reuters, July 25, 1999）。

弾圧と抵抗運動

　法輪功が広がりを見せるにつれ，それは中国の政府とメディアの注目を集めるようになった。最初は驚くべき治癒の偉業と超自然的力を主張することで政府とメディアの注意を惹き，やがてそのヒエラルキー組織，熱狂的で団結力が高く，訓練された修行者，そして圧倒的な人気をもって政府とメディアを恐れさせるようになった。1996年の6月には，中国最大の新聞の一つ，『光明日報』が法輪功の批判を開始し，それは修行者側からの強い反発を引き起こした。こういった反応は政府をさらに警戒させた。同年，中国政府は五つの法輪功の本を出版禁止にした。1997年，国家安全部は不法非合法宗教活動の疑いで法輪功を調査したが，特に結論を出さずに終了した。1998年，国家安全部は法輪功を異端宗教邪教セクト宗派に指定し，捜査を指揮した。民政部もまた捜査を行った。修行者は様々な公式の場や建物で座り込みをすることで精力的に抵抗を行ってきた。修行は多くの修行所でさらに拡大を続け，李の書いたものや講義は印刷物，オーディオテープ，ビデオテープの形で容易に入手可能であった。実際，中国内外で法輪功関連の出版産業は，李や彼の統括する研究協会の認知・許可なしに拡大を続けたのである。

　中国科学院の科学者メンバーである何祚庥（He, Zhuo-Xiu）によって，天津師範大学が発行する月刊誌である『青少年科技博覧（Qing Shao Nian Ke Ji Bao Nan）』誌に掲載された論文が登場したことで，対決は最終局面を迎えた。記事（issue 4, 1999）の中で，彼は法輪功の科学的根拠に疑問を呈し，法輪功の修

行は青年にとって有害である可能性がある,と警告を発した。この記事は天津の法輪功信者の間に即座の反発を生み,信者は出版局に出向いて記事の差し止めと謝罪の公表を要求した。4月20日,法輪功の修行者は座り込みデモを開始。4月22日には3000人,23日には6300人がデモに参加した(『人民日報』July 23, 1999)。出版局から満足のいく回答が得られなかったため,天津の信者は政府と北京の中国共産党リーダーに訴えかける決定をした。

　修行者は4月24日の夕方,北京中心部に位置し,政府中枢機関と共産党リーダーおよびその家族の居住区からなる中南海に集まり始めた。25日には,1万を超える法輪功信者が複数の省や都市から中南海に集結した[6]。信者は中南海周辺区域に黙って座り込みをし,党のリーダーとの面会を要求し,嘆願書を提出し,自分たちの活動の公式認可を求めた[7]。代表者二人が中央委員会の政治・法制担当委員書記である羅幹(Lo, G.)に会い,朱鎔基(Zhu, R.)も会談に参加したが,確約は得られなかった。警察に促されて,デモ参加者は夜9時には解散した。

　この事件は中国共産党のリーダーたちにショックを与えた。というのも,相当数の人数からなる認可をしていない集会が行われたのは,1949年に党が国を支配して以来はじめてだったからである。しかも,集会は中南海という,支配の神経中枢で行われたのである。党はこの事態を諜報活動の失敗としてのみならず,党の権威を脅かすものとしてとらえ,すぐさま行動を起こした。江沢民はその晩に,すぐに調査を開始するように指令を下したという。情報組織による徹底した調査がなされ,法輪功に対する全国規模の調査が早急に断行された。法輪功の信者が党や政府の官僚組織,事務局,機関に多く浸透しており,信者数も相当な数にのぼり(その数を6千万人——共産党員数と同じくらい——と

---

(6) 公式報告(『人民日報』August 4, 1999)によれば,デモ参加者は河北,遼寧,北京,天津,山東,黒竜江,安徽その他の場所から来ていた。

(7) 公式の推計では,抗議者の数は1万を超えている。現地証言によれば2万から3万の抗議者がいた,とされている。野次馬とデモ参加者を区別するのは難しく,警察は結局通過車両を除いて地区を封鎖し,他の修行者が合流するのを防いだ。

見積もる学者もいる。法輪功や李によれば信者数は1億を超えており、そのほとんどは中国在住であるという）、組織は首尾よく組織され、完璧に統制され、動員も速い——このような事実を把握するにつれ、共産党のリーダーたちは法輪功を政治的イデオロギーの中核、党組織、そして生活のあらゆる領域における党の絶対的コントロールを脅かすものとして考えるようになった（「中央委員会通信」19, July 19, 1999）。法輪功の効率的にコーディネートされた組織、参加者の大きな広がり、集団的団結力の強さが、党リーダー層をして法輪功を党による国民のイデオロギー的・組織的な管理に対する深刻な驚異だとして確信させたわけである。党にとってさらに驚きであったのが、党の組織のうち、最も機密に近い事務局や職場単位にも、多くの法輪功信者が入り込んでいた、ということであった。

　党は7月19日に法輪功を非合法化すると、全国一斉にすぐさま組織の責任者と要職の師範を逮捕し始め、彼らの自宅を探し当て、書籍や関連した物品を没収・破壊し、党や政府から法輪功に関与した者を根絶やしする一大キャンペーンを行った。キャンペーンには次の三つの局面があった。マルクス主義イデオロギーの教化、つまり改めてマルクス主義を教え込む局面。信者を教育をもって改めさせること、つまり罪（法輪功への関与）を認識し、認めさせる局面。最後に組織の治療、つまり職場単位と地区から法輪功の信者を取り除くこと。党のすべての組織——調査機関、教化機関、党の青年部、女性連合が、李と法輪功の活動とその狙いを明らかにすべく動員され、「社会的・政治的安定を守る」ために「早期発見、早期報告、早期の取り締まりと早期の解決」を達成するためにあらゆる状況をコントロールするよう指示された（「中央委員会通信」July 19, 1999）。翌月にわたり、中国国内の法輪功を根絶やしにするために継続的で全面的な取り組みが行われた。[8]

（8）　党は、法輪功を気功の修練として行うことには問題がないとした。しかし現実には、あらゆる表立った法輪功の修行は解散させられ、許可を与えられなかった。

第Ⅱ部　概念上の展開

サイバーネットワークと法輪功

　我々の立場からみて興味深いのは、これらの事件が、歴史上はじめて、サイバーネットワークが大規模な社会運動とそれに対する反動に活用された鮮明で強力な実証例となっていることだ。加えて、驚くには値しないことなのかもしれないが、事件が単一の政党とイデオロギーの統制下にある堅固で強力な政治体制のもとにある社会で起こった、ということも非常に関心を引くことであった。

　1995年に李が中国を脱したすぐ後、インターネット上に法輪功のシステムが作られ（falundafa.ca; falundafa.org; falundafa.com）、それを通じてアメリカに居住していた李と中国を含む世界中の信者とのあいだに直接のコミュニケーションが確立された。明慧（Minhui）（おおよそ、「明解な理解」の意）と呼ばれるこのウェブサイトは電子メールシステムによって補完された。これらのシステムは、（研究協会や総合教化センターからはじまり、多数の修行場と個人信者まで）あらゆるレベルで組織の効率性を支えていた。アメリカ、カナダ、オーストラリア、スウェーデン、ドイツ、ロシア、シンガポール、そして台湾などを含む多くの国の中に、40を越えるリンクされた関連サイトが存在した。中国国内のパソコンからこれらのサイトにどれくらいのアクセスがあったのかは知られていないが、接続数が膨大な数に及ぶことは疑いない。この事実を支持する証拠はいくつかある。李のサイトはもともと法輪功研究協会の海外統括オフィスとして存在していた。1997年までにネットワークを介したやりとりがあまりに激しいものになったため、李は組織の引き締めのために声明を出さざるを得なかった。1997年6月15日に発表されたこの声明は、サイバーネットワークが、他の宗教的イデオロギーあるいは**気功**（中国で一般的に行われている内的エネルギーの教化）の教えを持ち込んだり、李と研究協会によって承認されていない教材を取り入れたり、私的な解釈や物品の販売をしたり、不正に物品を紹介したりすることに利用されている、と警告した。声明は、李の公式的な講義録と書物に含まれていないあらゆる教材、対話録、書簡はインターネット上に置かれてはならないこと、インターネットを通じて送られる教材は国や地域

第 12 章　サイバーネットワークとグローバルビレッジ

に散らばる教化センターの統括者によってチェックを受けることをすべての信者に要求した。また，すべての信者に電子メールを通じて海外統括オフィスにこの規則違反を報告するよう求めた（www.falundafa.org/fldfbb/gg970615.htm）。

　1997年8月5日，海外部のサイト（www.falundafa.org）が正式に中国法輪功研究協会のサイトに統合され，世界中のメディアへの発言権を高めるために，メッセージをインターネット経由で発行した。海外の信者による多言語にわたる会合の知らせ，白人の指導，参加促進を行う白人の信者の選出と組み入れ，インターネットを通じて李の出版物の翻訳を広めること，法輪功を学ぶために中国を訪れる集団を組織すること，こういったことが報告された（www.falundafa.org/fldfbb/tz970805.htm）。1998年8月8日，研究協会は各国の研究組織と強化センターに向けたメッセージをインターネットで流し，中国を含む世界中のすべての教化センターの全面的・包括的な連携をサイバーネットワークにより達成した，と発表した。この中で（www.falundafa.org/fldfbb/setupc.htm），協会は世界中の組織と教化センターの活動とともに，李の真の言葉（李の出版物と公式に述べられた言葉のみ）を広める手段としてインターネットを利用することは満足のいく試みであったということを表明した。しかしながら，個人の電子メールアドレスが膨大な数にふくれあがったために，法輪功に関連しない情報や，李による許可を受けていない宗教的言葉，そして組織や研究協会の名前を借りた誤情報までもが広がっていることを，協会は発見した。そこで協会は，李の教えや協会の告知を載せた掲示板を作ることを発表し，そこに載せられた内容をコピー，転送できるようにした。その他の個人的なコンテンツは修正されるか，あらゆるサイトから削除されることになった。すべての「無関連」のサイトは掲示板を通じて報告され，修正された（www.falundafa.ca/fldtbb）。

　このようにして，1998年の夏には研究協会と李はほとんどすべての教化センター，個人信者を結ぶ包括的なサイバーネットワークを確立し，そこを流れる情報をコントロールするに至った。1999年4月25日に北京と中南海に多数の省や都市から信者が集結するにあたり，このサイバーネットワークがどれほど重

283

第Ⅱ部　概念上の展開

要な役割をもったのかについては，未だにはっきりしない。中国社会の至るところに情報網をめぐらす共産党と政府の諜報機関が，ほとんどが列車やバスを使った数千人もの信者の移動について事前の情報を得ていなかったことから，（当時すでにアメリカに置かれていた）研究協会と直接に結ばれ，教化センター，修行場，個人インターネット利用者のあいだに広がっていたサイバーネットワークが，来るべき座り込みデモの情報の伝達に重要な役割を果たした，ということが推測される。

　この推測は，部分的に李自身によって証明された。1999年5月2日，中国とオーストラリアの海外メディアからの取材の中で，李は世界中の10億もの信者とどのように連絡を取り合っているのかについて質問を受けた。「（私と信者の間を）直接に結ぶ通信手段などありませんよ。ここでカンファレンスが開かれたということをあなた方も知っていたわけだし，私も同じ方法で知ったのだから。どこでどんなことが起こっているのかを私たちすべてが知っているということはないのです。インターネットのことはみな知っています。インターネットは世界中どこでも便利です。会合が開かれる場合，インターネット上にそのことが知らされ，世界中のたくさんの地域の人々がそのことを知り，そして私も同じようにその会合について知るわけです。彼らと連絡を取り合うということはありません。電話をすることもしていません」（www.falundafa.org/fldfbb/tomedia/tochinesemedia.html）。リポーターが，4月25日に中南海に集結することを――李が言うには組織的に集結の連絡がなされたわけではないのだとすれば――どうやって知ったのかを尋ねると，李は「インターネットですよ。（信者たちは）インターネットで集まることを知ったのです。それに各地に散らばる信者たちは互いに友人で，この情報を他の友人に転送していった，というわけです。」（www.falundafa.org/fldtbb/tomedia/toenglishmedia,html）。組織が形成されているわけではないということは，法的にみればそうなのかもしれないが（法輪功研究協会は国民政部に登録していない），協会，教化センター，訓練所が，情報を流し，命令が伝達されるヒエラルキー構造を形作っていることの証拠はいくらでもあげることができる。だから，李の返答をそのまま受け入れ

るわけにはいかない。とはいえ、組織が必要な情報を伝達するためにサイバーネットワークがその時点ですでに首尾よく敷かれていたという事実に変わりはないし、李自身も人員の動員においてネットワークが利用されたということを否定しているわけではない。

　4月25日の事件が党と政府にショッキングな反応を引き起こした後、明慧 (Minhui) サイトと個人信者利用者との間のインターネットを利用したやりとりはより集中的になり、さらに拡散していった。情報の流れを促進するため、明慧サイトは「ニュースとレポート」と呼ばれるファイルを作りだし、中国からインターネット経由で情報を発信した。1999年の6月には、このファイル (www.falundafa.org/china) は156のメッセージを含み（14個のメッセージを除けばすべて日付が記されている）、そのうち少なくとも半数のものは中国から発信されたものと特定できる。特定された地区は、北京、天津、上海、山東、南昌、維坊、青島（山東省）、河北、本渓、臨沂（山東省）、大連、斉斉哈爾、石家荘、広州、秦皇島、大慶、福州、通化、鄭州、江蘇、杭州、福建、太原、威海、江蘇啓東、武漢、哈爾濱（ハルビン）、湖北（浠水）、長沙、等々である。

　中国政府が国内でフリーあるいは有料の電子メールサービスを行っていたインターネットサイトをいくつかシャットダウンした際にも、インターネットが中国内で広範に利用されていたということが判明した。例えば、6月22日、263.netは100万ものフリーの電子メールアドレスを停止した。再びサービスを開始したときは、サービスは大幅に削減され、また監視が行き届くようになっていた。

　そのあいだに、党や政府側も李や法輪功を攻撃するためにインターネットを広く利用するようになった。李の信用を損なわせるためにウェブサイト（例えば『人民日報』、新華社通信その他多くのウェブサイトが中国政府にリンクしている）を通じておびただしい数の文章が書かれ、発信された（例えば李の出生日偽造、脱税、卑しい職歴、気功教育のいい加減さ、CIAとの関係の疑いなど）。法輪功による犠牲者についての個人的な、あるいは目撃証言を載せた報告もあった。特に党員や党の幹部の信者による法輪功の自供と放棄の様子が

第Ⅱ部　概念上の展開

記事にされた。1999年7月29日にはついに、『人民日報』によって「人民の健康と生命の維持のために、法輪功の正体を暴く」新しいウェブサイト（www.ppflg.china.com.cn）が作られた。そこには、「報告とコメント、調査と分析、人民からのコメント、悲劇の物語、読者からの声、関連サイト、サイト訪問者からのメッセージ」などが掲載された。

　法輪功のウェブサイトの多くがハッキングを受けたという報告があり（AP, July 31, 1999）、そのうちの一つは北京にある中国国家警察局からのものであったとみられている。法輪功の信者でウェブサイト「falunusa.net」の管理人、ボブ・マクウィー（McWee, B.）は、彼のマシンにハッキングを試みたインターネットアドレスと、北京の二つの電話番号を突き止め、公表した。AP通信社がその番号に電話したところ、電話に出た本人は公安部の者であると述べた。公安部の電話交換手はインターネット管理局の者だと名乗った。明らかに、歴史上はじめて、運動とそれに対する対抗運動がサイバースペース上で生じたのであり、それは劇的な効果を生み出したのである。

考　察

　法輪功事件は、新しいイデオロギーが支配的なイデオロギーと制度（第11章を参照）に対抗して制度化される際のメカニズムやプロセスを、社会的ネットワークや社会関係資本がいかにして可能にするのかということについての、現代における鮮やかな説明となっている。法輪功事件は1989年の天安門事件（Lin 1992b）以来、中国共産党に対する最も深刻な抵抗とみられている。しかしこの二つの社会運動のあいだには重大な違いがある。法輪功事件は天安門事件よりずっと多くの参加者を巻き込んでおり、参加者はあらゆる年齢層、社会階層、職業階層、都市住民と農村民（もっとも都市住民が圧倒的に多かったが）および、首尾よく組織され、強力なヒエラルキーをもった命令構造を有し、（天安門では参加者が使えたのは当時目新しかったファックスだけであったのに対して）インターネットと携帯電話というアドバンテージもあった。天

第 12 章　サイバーネットワークとグローバルビレッジ

　安門事件が1989年6月4日以降は急速に終息していったのに対し，法輪功は1999年7月20日以降もサイバーネットワーク上で活動を続け，中国内の利用者とコミュニケーションを続けた。

　法輪功は従来の意味での政治的イデオロギーを持ち合わせていたわけではなかったが，支配的イデオロギーに対して新しいイデオロギーとなったことには違いない。1999年の出来事は，単一の新しいイデオロギーをもとに作られた社会的ネットワークが個人を団結した集団にすることが可能であるということを証明している。この集団から，教化センターや訓練所といったかたちで制度化された組織が誕生し，そこでは「修行」は単に訓練や瞑想を含むだけではなく，イデオロギー——李の教え——を読んで勉強するというより重要な作業が行われた。この効果的な組織は新しく獲得した信者を訓練する場となり，彼らにイデオロギーを吹き込み，社会的ネットワークの中に埋め込んでいったわけである。サイバーネットワークの助けを得て，これらの社会的ネットワークは社会関係その他の資本を動員する際の革命的で力強い手段となったのであり，非常に抑圧的な制度的環境においてさえ持続的で大規模な社会運動を展開することを可能にした。支配的イデオロギー・制度のリーダーたちは，こういった対抗運動を正しく認識し，深刻な政治闘争ととらえた。法輪功の禁止令を載せた中央委員会の会報の中で最初に明確にされた点は，党員は「法輪功組織の政治的性格と深刻な悪影響について認識する必要がある」ということであった。後の記事の中でも，法輪功組織が中国共産党の党綱領に対する深刻な挑戦であるということが明確にされた (Qiu, 1999)。

　李と弟子たちは，物理的に特定できる場所，目に見えるヒエラルキーや指導者が存在しないという根拠をもって，どんなかたちにしろ組織 (*zuzhi*) は存在しない，と断固として主張した。しかし李が最高に効率的な組織を束ね，サイバーネットワークのような洗練されたコミュニケーション手段を有し，それを通じて信者を募り，訓練し，傘下に保持し，動員し，社会関係資本を作り出しているということは明らかであった。李が中国共産党の主権に挑戦しようとしていたというのは疑わしいが，李が作り出した新しいイデオロギーと制度は，

共産党員を引き入れ，党組織に浸透し，絶対的な一党・単一イデオロギーのルールの効力を回復不可能なまでにとは言わないまでも深刻に損なうまでに党の制度的資本と人的資本を掘り崩す可能性を秘めたものであった。

研究議題

　サイバースペースの成長と，その中での社会的・経済的・政治的ネットワークの登場は，社会関係資本の構築と発展における新しい時代の到来を告げるものだ。社会関係資本はもはや時間と空間に拘束されない。サイバーネットワークは社会関係資本がグローバルに拡充する可能性を開く。社会的紐帯はいまや地政学的な境界を越えていくし，交換は行為者が参加する意志をもちさえすればすぐにでも生じうるものとなる。こうした新しい展開は，社会関係資本にアクセスする際の新たなチャンスにも障害にもなるものであり，大部分がローカルで時間に拘束された社会的つながりの観察と分析に基づいて構築された既存の社会関係資本についての理論や仮説の再考を促すものだ。この新しい形の社会関係資本を理解し評価するためには，体系的な研究の営みが必要になる。ここで，研究の上で注目するに値する矛盾と難問について説明をしてみよう。

　1．ローカルな社会関係資本の考え方と理論を，どのようにしたらグローバルな社会関係資本とサイバーネットワーク上で得られる社会関係資本に拡張することができるのだろうか。例えば，グローバル・ビレッジのなかの市民社会とは何なのだろうか。民主的社会や政治参加といった国民的資産，信頼や団結力といったコミュニティの資産に対する社会関係資本の貢献についての既存の分析を，どのように拡張したらいいのだろうか。新しい考え方を作り出す必要があるのだろうか，それともグローバル市民社会やグローバルなビジネスを理解するために作ってきた理論と方法を適用できるのだろうか。修正抜きにできるとは私は思えないのだが，このような拡張ができるとして，ローカルな社会関係資本とグローバルな社会関係資本を，そしてそれぞれの効果を，どのように比較できるのだろうか。ローカルに埋め込まれた伝統的な資源はその意味を

第12章 サイバーネットワークとグローバルビレッジ

失うのだろうか（例えばローカルな団結力はもはやローカルな社会関係資本のみを当てにするわけにはいかなくなっている），それともローカルな資源はローカルなコミュニティへの見返りを与え続けるのだろうか。こういったローカルなネットワークが意味をもち続けるのならば，サイバーネットワークはこういった文脈でどのような意味をもつのだろうか。国民単位の参加は，このより広いグローバルなコンテクスト，グローバル・ビレッジの一部分として，どのように理解すべきなのだろうか（Mitra, A. 1997 in Jones 1997a）。サイバーネットワークは新たに追加された社会関係資本なのだろうか，それともそれはローカルな社会関係資本に取って代わるものなのだろうか。あるコミュニティや国家の市民であることは，グローバル・ビレッジの住民であることよりも優先されることなのだろうか，それともその逆なのだろうか。そしてこの優先関係はどのような条件で決まるのだろうか。ローカルな社会関係資本とグローバルな社会関係資本へのアクセスとのあいだに相反する利害が生じたり，どちらかだけに忠誠を誓う必要に迫られた場合，社会関係資本をめぐる恩恵と責任を個人はどのように選択するのだろうか。

　2．ある意味では，サイバーネットワークは社会関係資本へのアクセスにおいて平等な機会となっているといえる。簡単で低コストなサイバーネットワークへのアクセスが世界中の多くの人々に開かれるようになり，豊富な情報がそこを流れていき，資源と取引相手にかんして多様な選択肢が得られるようになり，そしてほとんど即時的な取引を要求され，またそこから満足を得られるようになる。このような環境では，権力格差は不可避的に縮小していくことが予想される。ルートが複数確保されているということは，特定のノードに依存する度合いが減るということであり，このノードに特定の権力が集中する，という度合いが減る，ということでもある。このようなルートの選択肢の多さは，ネットワーク上の位置やブリッジの重要性を小さくするのだろうか？　だとすれば，このことはサイバーネットワークにおける平等化や民主化のプロセスを

（9）　私はビレッジという言葉を，サイバーネットワークではルール，慣習，制度がいまだに多くの場合流動的で発達途上である，という意味で用いている。

意味しているのだろうか？　同様に，権威が行使しにくくなるということも考えられる。法輪功のケースが示しているように，社会関係資本はいまや時間と空間を横断してアクセスできるようになっているし，伝統的な権威はもはや以前のように資源をコントロール・運用することができない。新しい対抗的なイデオロギーは，簡単には一掃・抑圧されることはなくなるだろう。

　このプロセスはすでに経済部門で現れている。例えば，デルやゲートウェイ社などの新興企業はインターネットの世界に早くから入り込み，仲介業者や在庫の備蓄などの取引費用を減らすことによって，コンピュータをより素早く，低価格で販売することができた。これによりデルやゲートウェイはIBM，コンパック，ヒューレット・パッカード社などの，販売やサービスにおいてサード・パーティに頼っていた既存の企業に対して無視できない競争的な優位を獲得したのである。既存の企業は，伝統的なビジネス手法を維持しながら購買者との直接取引という新しい手法に適応するという，非常に難しい課題に直面する中で，ビジネスを転換するか競争に敗れるかという選択を迫られるようになるだろう。株取引の分野では，チャールズ・シュワブ，E-トレード，デイテック社といった電子取引企業が，やはり低コストでより速いトランザクション速度を顧客に提供し，それによってメリル・リンチ証券といった企業はローカルなディーラーとの関係を失うリスクを抱えながら新しいルールに適応するよう迫られている。伝統的な企業・産業へのプレッシャーには非常に強いものがある。旅行代理店，自動車販売店，保険会社，銀行，株式仲買人などは，サイバーネットワークに素早く対応するか，死に直面するかという試練に直面しているのである（Taylor and Jerome 1999）。かように，サイバーネットワークの平準化力には目を見張るものがある。

　しかし，はたして権力は消え去るのだろうか？　そんなことはない（Reid, E. 1999）。豊富な資源をもつ者はサイバースペースでより多くの資源を蓄積し，同盟関係を築き，豊かな資源をもつ他の主体を獲得・吸収し，自らをサイバーネットワークにおける重要なブリッジや構造的隙間として確立するために，ハードウェアやソフトウェアの販売の新しいルートをブロックする。企業は情

報経済を巧みに利用するために新しいルールと慣習を作ってきた（Breslow, H. 1997; Kelly, K. 1998; Shapiro, C. and Varian, H. 1999）。マイクロソフト社はオペレーティング・システムと主要アプリケーションを独占することで利益追求を行ってきた。アメリカ・オンライン社は，外部からアメリカ・オンライン社の利用者へのアクセスをブロックすることで同じことを試みた。電話会社，ケーブルテレビ会社，衛星放送会社はすべて，インターネットをめぐる競争上の優位を確保するために競争・合併を行っている。一流の大学や研究機関は自前のスーパーコンピュータ環境やインターネットシステムを構築した。政府その他の機関，そして企業は，個人についての様々な情報を集め，そういった個人情報を買うことのできる，あるいはそういった情報にアクセスできる権力，権威，富をもつ者や組織に提供する。1999年に招集された「電子商取引に関する連邦諮問委員会」は，電子商取引の課税方針についての勧告を行うべく，検討を行った。2000年の4月，諮問委員会はインターネットの課税の猶予期間をさらに6年間引き延ばすという内容の勧告を連邦議会に行った。

　同時に，サイバースペースへのアクセスはもつ者ともたざる者との間の格差を拡大してきた。北米，ヨーロッパ，オーストラリア，ニュージーランド，東アジアの市民にとっては，インターネットは社会関係資本の獲得による平等化効果を及ぼしたと言えるかもしれない。しかしこういった地域の市民と，特にアフリカなどの世界のその他の地域の市民とのあいだの格差を大きくしてきたともいえる。1999年の情報社会指標（ISI: International Data Corporation/World Times Information Society Index）（*PC magazine,* June 8, 1999, p.10）は，世界の国の国民総生産（GNP）のうち97％，世界の情報技術への支出の99％を占める55カ国についての調査を行い，豊かな国と貧しい国とのあいだの情報格差は広がっている，と結論している。(10)世界人口の40％に及ぶ150の国については，このインデックスに含まれていない。この150カ国を合わせても，世界の総生産の

---

(10) 情報技術支出額の多いトップ10の国は順にアメリカ，スウェーデン，フィンランド，シンガポール，ノルウェイ，デンマーク，オランダ，オーストラリア，日本，カナダである。

第Ⅱ部　概念上の展開

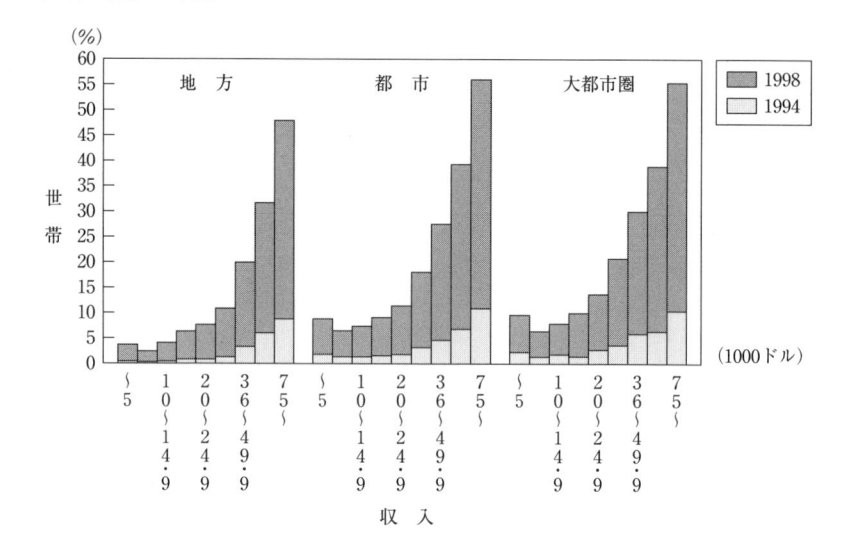

世帯収入	地　方		都　市		大都市圏	
	1994	1998	1994	1998	1994	1998
〜5000ドル	0.5	3.0	1.8	7.0	2.1	7.5
5000〜9999ドル	0.0	2.1	1.2	5.6	1.4	5.3
10000〜14999ドル	0.5	3.7	1.4	6.2	1.8	6.3
20000〜24999ドル	0.8	0.7	2.0	9.5	2.0	11.3
25000〜34999ドル	1.3	9.5	3.0	15.3	3.5	17.3
35000〜49999ドル	3.4	16.4	4.5	22.7	5.8	23.8
50000〜74999ドル	6.0	25.7	6.7	32.2	6.5	32.1
75000ドル〜	8.7	39.3	10.8	44.8	10.3	45.0

図12.1　収入と都市度（地方，都市，大都市圏）ごとの電子メール利用世帯のパーセンテージ
（出典：電気通信情報局（NTIA），国勢調査局，商務省，人口調査（Current Population Survey，1994年11月および1998年12月））

3％に満たないし，情報技術への支出については0.5％にしかならない．コンピュータも語学施設も電気も電話もないところで，世界の多くの市民はサイバーネットワークへのアクセス，参加，サイバーネットワークでの交換から閉め出されているのだ．

　社会関係資本におけるデジタル・ディバイドは，社会経済階級，民族，宗教，地域による分断を助長している．世界でトップクラスの情報経済をもつアメリ

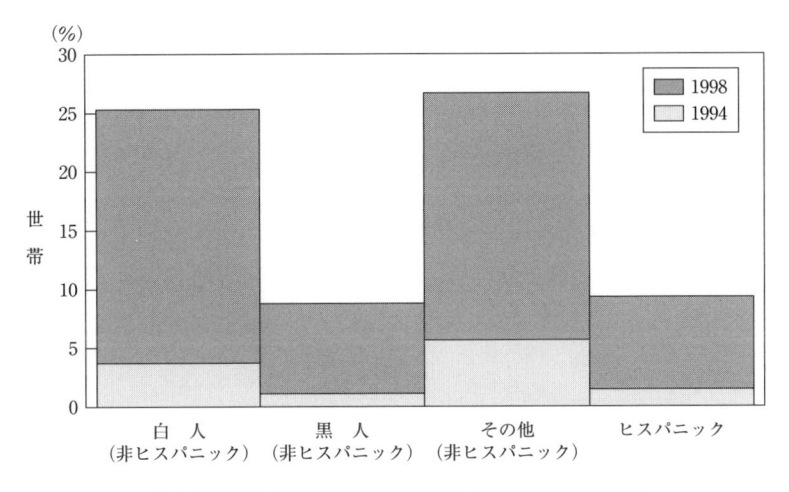

第12章　サイバーネットワークとグローバルビレッジ

民族系統	1994	1998
白人（非ヒスパニック）	3.8	21.5
黒人（非ヒスパニック）	1.1	8.0
その他（非ヒスパニック）	5.8	20.9
ヒスパニック	1.5	7.7

図12.2　民族系統ごとの電子メール利用世帯のパーセンテージ
（出典：電気通信情報局（NTIA），国勢調査局，商務省，人口調査（Current Population Survey, 1994年11月および1998年12月））

カでも，コンピュータとインターネットへのアクセスの不平等は相当なものである。1999年の「ネットからこぼれ落ちるもの：デジタル・ディバイドの定義」報告（Irving, L. 1999）でアメリカ商務省は，収入，都市と農村，人種，教育，配偶関係によって電子メールの有無が世帯ごとに大きく異なっていることを示した。この格差は1994年から1998年まで増え続けている。図12.1にあるように，1998年には7万5000ドル以上の年収をもつアメリカの世帯のうち40％から45％が電子メールを使えるのに対して，1万5000ドル未満の世帯ではその割合は4％から6％ほどにすぎない。図12.2をみると，5分の1（21.5％）の白人世帯が電子メールを利用可能であるのに対して，黒人世帯とヒスパニック世帯では8％に満たないことがわかる。教育についても同じだ（図12.3）。学士以

第Ⅱ部　概念上の展開

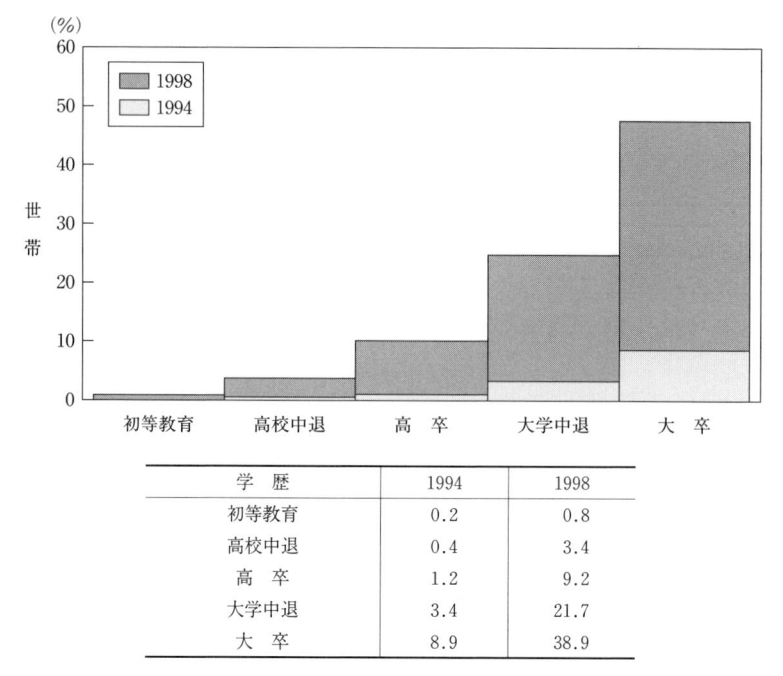

学　歴	1994	1998
初等教育	0.2	0.8
高校中退	0.4	3.4
高　卒	1.2	9.2
大学中退	3.4	21.7
大　卒	8.9	38.9

図12.3　学歴ごとの電子メール利用世帯のパーセンテージ
(出典：電気通信情報局（NTIA），国勢調査局，商務省，人口調査（Current Population Survey, 1994年11月および1998年12月))

上の学位をもつ人がいる世帯では5分の2（38.3％）が電子メールを利用可能であるのに対して，高卒程度以下の場合は4％に満たない。地域間格差も同様の不平等を示している（図12.4）。都市・中心都市の住民は農村地帯よりも（北東部地域を除くと）ずっと電子メールの利用が活発である。婚姻カップル（子どもがいないもしくは18歳未満の子どものいる家庭）は他の種類の世帯に比べて，ずっと多くが電子メールを利用している（図12.5）。

　裕福な者と貧しい者，都市居住者と農村居住者，教育レベルの高い者とそうでない者，支配的な民族・人種・宗教の者とそうではない者とのあいだの格差は，先進国よりも途上国でより深刻になっている。例えばアメリカではインターネット利用者の半数は女性であるが，最近の調査では中国では女性はイン

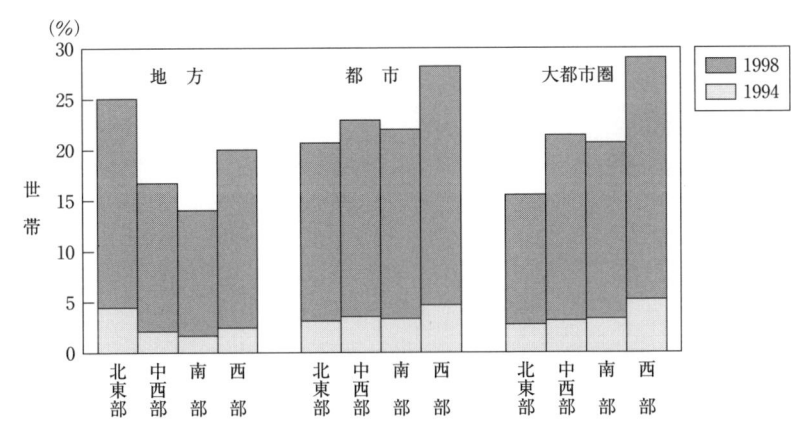

地　区	地　方		都　市		大都市圏	
	1994	1998	1994	1998	1994	1998
北東部	4.5	20.6	3.1	17.5	2.8	12.7
中西部	2.1	14.4	3.6	19.4	3.1	18.3
南　部	1.7	12.4	3.3	18.8	3.3	17.3
西　部	2.5	17.4	4.7	23.5	5.1	23.9

図 12.4　居住地域ごとの電子メール利用世帯のパーセンテージ
（出典：電気通信情報局（NTIA），国勢調査局，商務省，人口調査（Current Population Survey, 1994年11月および1998年12月））

ターネット利用者の15％にすぎない（CNNIC 1999）。中国のインターネット利用者の約60％は大卒である（アメリカは38％）。

　このように，インターネット利用の民族やジェンダーによる格差（Poster, M. 1998; Sassen 1998, Chaps.5 and 9），国の技術発達レベルは不平等さを増しており（Castells, M. 1998, Chap.2），そういった格差は社会発展と連動している。つまり，技術的能力とあらゆる形態の資本は国ごとに異なっており，これによってサイバーネットワークにおける社会関係資本の不平等が急速に拡大しているのである。サイバーネットワークにおける社会関係資本へのアクセスの社会階級間格差は先進社会では縮小しているかもしれないが，恵まれない国々では拡大している可能性がある。言語について考えるとよくわかるだろう。コンピュータ，インターネット，それによる世界のコミュニケーションは，コードの

第Ⅱ部　概念上の展開

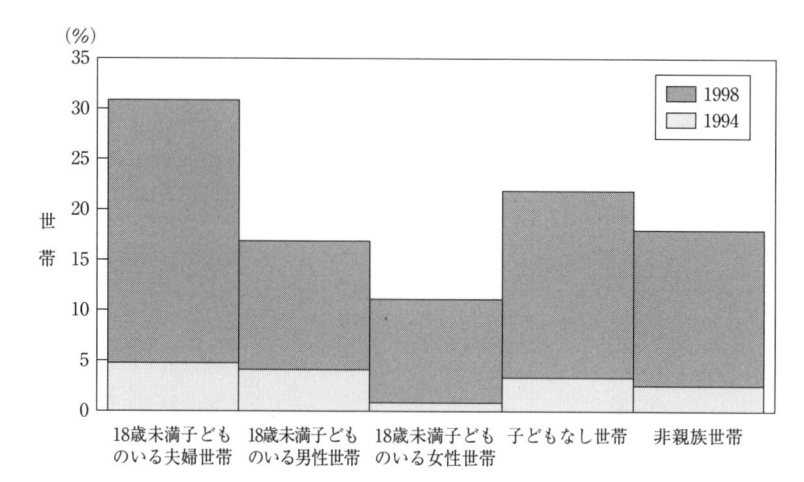

世帯種類	1994	1998
18歳未満子どものいる夫婦世帯	5.0	25.9
18歳未満子どものいる男性世帯	4.1	12.9
18歳未満子どものいる女性世帯	1.1	10.1
子どもなし世帯	3.6	18.3
非親族世帯	2.8	15.4

図 12.5　世帯種類ごとの電子メール利用世帯のパーセンテージ
（出典：電気通信情報局（NTIA），国勢調査局，商務省，人口調査（Current Population Survey, 1994年11月および1998年12月））

開発からよく使うユーザコマンドに至るまで英語に支配されている。英語圏の国は19世紀の産業社会の発達の初期段階から20世紀に至るまでにすでに優位に立っていたが，ますます影響力を増すコンピュータとインターネットを通じてこの優位性を継続してきたのだ。多くの人口を抱える（中国などの）国は自国言語のサイバーコミュニティを発達させてきたということもできるが，言語格差はサイバーネットワークにおける社会関係資本の不平等を広げ続けるだろう。社会関係資本の不平等の分析は，国家，地域，コミュニティといった下位単位の比較を通じてのものにならざるを得ない。この意味では伝統的コミュニティや国境は，社会関係資本の格差がこういった方向で無視できないものである限りは意味をもつと言えるだろう。

第12章　サイバーネットワークとグローバルビレッジ

　デジタル・ディバイドは技術格差以上のものである。コンピュータが低価格になり，衛星サービスが世界中をカバーするようになれば，今度はサイバースペースとサイバーネットワークへのアクセスはよりハードルの高い資源を要求し，利用者の能力の欠如を埋めることを必要とするようになる。例えば教育，語学施設，社会政治的制約などの課題が，さらなる努力と困難な変化をくぐり抜けることを必要とするようになるだろう。

　3．サイバーネットワークにおいては，社会関係資本としての物質的・非物質的な財が前例のないほど混じり合っている。情報はタダかもしれないが，その代わりに特に広告などの非物質的・物質的メッセージにさらされることになる。印刷メディアでは数世紀にわたって，テレビでも数十年にわたってこういった代償が存在してきたという意味では，このコストは古くからあったものであるが，サイバーネットワークでの，経済とマーケティングのメッセージの一体化はずっと徹底したものだ。こういった混合メッセージにかんしては，送り手と受け手の区別を明確にすることができない。すべてのやりとりは（自発的にせよ非自発的にせよ）こういったメッセージを運ぶものになりうる。メッセージは現在のところはたいてい商業的・物質的であるが，政治的，宗教的その他の領域に拡大しうるものだ。このように，サイバーネットワークにおける無料の情報はますます「費用がかかる」ものになる可能性がある。こういった望ましくないメッセージをブロックアウトするテクノロジーは，はたしてメッセージにこういった意味を含ませる技術や政治的影響力に追いついていけるのだろうか。

　4．サイバースペースへの自由なアクセスとその中でのネットワーキングは，社会関係資本の境界──プライバシーの特権（個人的資源）と情報への自由なアクセス（関係的資源）──を曖昧なものにしてきた。サイバースペースはかつて無いほどの情報伝達の自由を実現した。他人についての情報を収集する技術が驚くべきスピードで広がるにつれ，プライバシー問題が差し迫ったものになった（Burkhalter, B. 1999; Donath, J. 1999）。例えば旧来の印刷媒体や視覚メディアに比べてインターネットではポルノへのアクセスが空前の規模に達して

いる。悪意あるメッセージ (Zickmund, S. 1997; Thomas, K. 1999) や犯罪 (Castells 1998, Chap. 3) にかんするやりとりが，インターネットで実現した恋愛やロマンスとともに，可能性と悲劇を同時に生み出している（死に至ったインターネット上のロマンスについての事例については Jeter, J. 1999 の説明を参照）。

　より深刻なのは，情報の自由とプライバシーの衝突に他ならない。この問題はもはや子どもが特定の情報にアクセスすることを防ぐ，といった問題ではない。すべての人が他人についての情報にアクセスする権利を巡る衝突である。例えばアメリカでは，他人の銀行口座，住宅ローン，株取引，収監記録，運転免許と違反歴，薬物乱用歴，ソーシャル・セキュリティ番号に関連したもっと多くの情報，こういったデジタル化された情報に，コストゼロか，そうでなくとも非常に小さなコストでアクセスすることが可能だ。ある人にとっての情報アクセスの自由は，他人にとってはプライバシーの侵害となる可能性がある。社会関係資本には境界があるのだろうか？　あるとすれば，誰が境界線を引くのだろうか？　対人関係が共有資源の循環や内容に制限を加えていた伝統的な社会的ネットワークと違い，サイバーネットワークはそういった関係と制限を限界まで小さくしてしまうのである。

　サイバーネットワークにおける情報の自由は，前例のない社会法的な問題を引き起こしている。コミュニティが曖昧になってきているのに，どの程度ならばコミュニティの基準で何かがポルノであると考えることができるのだろうか。悪意ある情報が，禁止されるほどある集団や個人にとって有害であると判断されるのはどういった場合なのだろうか。暴力への呼びかけが実際の行動を促すほどであると判断できるのは，どのような場合なのだろうか。社会的にタブーとされる情報がインターネットを通じて伝達されることの可否と程度については，例えば司法が関与している (MacKinnon, R. 1997; Morrow, J. 1999)。株式市場での利潤を目的とした偽情報の吹き込みを防ぐためには，どのような法的アクションが可能で，必要なのだろうか。

　こういったメッセージがコミュニティや国の境界を越えて伝播された場合，情報を規制すべき法的機関はどこになるのだろうか。国の政府などの組織がサ

イバー戦争（他の政府のデータへのハッキングや悪意のある，あるいは革命を引き起こすことを意図したメッセージを送るなどの行為）に携わった場合，国際組織はこういった行為を仲裁・規制することができるのだろうか。社会的コントロールとサイバーネットワーク上で新しく登場した自由とのあいだのバランスについては，おびただしい論争と実際的な問題が横たわっているのである。[11]

　経済分野や商業分野では，所有権や（課税等の）規制に対処することを意図した国内の，あるいは国際的なアクションがなされているところもある。1997年7月1日，クリントン政権は**「地球規模での電子商取引の枠組み」**を発表し，電子商取引の成長を促すためのアメリカ政府の戦略を示した。続いて議会が，大統領が示した目標のうちの四つを達成するための法律を成立させた。すなわち，(1)**「インターネット課税禁止法」**がインターネット上の取引への新しい課税や差別的課税を行うことを向こう3年間禁止した。(2)**「デジタル・ミレニアム著作権法」**が「世界知的所有権機関（WIPO）著作権条約」と「WIPO実演とレコード条約」を批准し，オンライン上の著作権付きの生産物の保護を行った。(3)**「文書業務排除法」**が連邦政府による電子ファイル化や記録システムの実装を促した。(4)**「児童オンラインプライバシー保護法」**がオンラインでの児童のプライバシーの保護を規定した。1998年の5月，世界貿易機構（WTO）は，メンバー加盟国が電子商取引における情報電送に関税をかけないという慣習を継続することで合意した。経済協力開発機構（OECD）と産業グループは1998年の10月，クリントン政権の戦略が描いた課税原則を支持し，インターネットと電子商取引への差別的課税に反対するという宣言を行った。しかし現在のところ，サイバーネットワークの成長はこういった国内的・国際的な規制の努力を大幅に凌いだ速度で進んでいる。

---

(11) 1999年に行われたジョージタウン・インターネットプライバシーポリシー研究によれば，トップ100のウェブサイトのうち94％，サンプルとされたすべてのウェブサイトのうち66％が，プライバシーにかんするポリシーを掲載していた。しかしながら，どういったポリシーが実際に導入され，その結果はどういったものなのかについては，未だに研究されていない。

第Ⅱ部　概念上の展開

　5．サイバーネットワークにおいては，構造よりも行為が主導権を握っているようだ（McLaughlin, M., Osborne, K., and Ellison, N. 1997; Smith 1999; Wellman and Gulia, M. 1999）。個人，集団，組織は，多くの構造的制約抜きにチャットルーム，クラブ，グループを作ることによって制度と資本を創出することができる。こういった「ビレッジ」が発展するにしたがって，ルールと慣習が作られ，履行されるようになる（Agre, P. 1998）。サイバースペースでネットワークを広げていくことの動機は何で，目指される目標や見返りは何なのだろうか（Kollock 1999）。このようなビレッジで期待される見返りは，富から名声，権力，感情に変わっていくのだろうか。メンバーシップの定義と宣言，境界のコントロール，交換のルール，資源共有へのコミットメントなどは存在するのだろうか。

　信用証明（credential）としての資本が作られて授与されるようになり，そういった資本のための市場が作られている。例えば高等教育の分野では，1999年時点で何万ものコースがオンラインで受けられるようになっており（telecampus.edu），インターネット上で少なくとも一つの大学の授業を受ける人の数は2002年までにアメリカだけで1999年の3倍の220万人に達するという推計もある（*PC World,* July 1999, p.39）。オンライン上で授与される学位の数は急速に増えている（例えば1999年に北中部大学学校協会によって認証を受けたジョーンズ国際大学などのオンライン大学（www.jonesinternational.edu）やデューク大学によるオンラインのMBAなどがある）。

　既存の制度に対抗する社会運動は，社会関係資本の活用にあたってサイバーネットワークによって可能になった機会の恩恵を受けてきた。法輪功事件は既存のイデオロギーと制度への対抗というゲームにおける新しいやりとりを作り出した。サイバーネットワークは平和に向けた変革を進める機会を改善するのだろうか，それとも社会制度の劇的な転換を加速するのだろうか（Gurak, L. 1999; Uncapher, W. 1999）。社会関係資本の形成における対面的なやりとりを補完するのだろうか，それともそれに取って代わるのだろうか。恵まれない人々が集合的行動を起こそうとすることを助けるのだろうか（Schmitz, J. 1997;

第12章　サイバーネットワークとグローバルビレッジ

Mele, C. 1999)。

　サイバースペースのビレッジのあいだには，当然緊張，紛争，暴力，競争，調整の問題が生じる可能性もある。あるビレッジが自衛権を主張したり，資源獲得のために他のビレッジを侵略するのはどういった場合に，どのように生じるのだろうか。ビレッジが帝国主義的な力，植民地的な力になるとすれば，どのようにしてだろうか。どのようにしてビレッジは自らを防衛し，同盟を形成するのだろうか。サイバースペースで「国連」は生まれるのだろうか，生まれるとすればどのようなルールと慣習においてだろうか。そのような国際規模の団体は核となる複数のビレッジに支配されることになるのだろうか。

結　び

　アメリカその他の地域で社会関係資本が衰退しているという主張は，明らかに早とちりであるし，事実，誤りである。インターネットとサイバーネットワークの登場は，社会関係資本の革命的な成長を予示している。社交的なつきあいや集団という旧来的な参加において見られた社会関係資本を衰退させた主犯としてテレビ視聴を挙げるパットナムの仮説を採用するとすれば，オンラインでのコミュニケーションは社会関係資本衰退における「補正」的な傾向を示し始めている。1999年に実施されたニールセンの調査によれば，1998年8月に観察をはじめて以来，家庭でのインターネットとオンラインサービスの利用は継続的にテレビ視聴の時間に食い込んできている。インターネットに接続した家庭でのテレビ視聴は，そうではない家庭に比べて13％（一日につき約1時間）テレビを見る時間が少ない。月に換算すれば32時間である。1999年にはインターネットに接続した家庭は1997年の220万から350万に増えたが，これは2年たらずで60％の増加である。ネブラスカ，リンカーンのフェアフィールド・リサーチのゲーリー・ゲーブルハウス（Gabelhouse, G.）のレポート（*USA Today*, July 20, 1999）によれば，アメリカの1000人の成人を対象にした調査の結果，テレビ視聴は1995年には1日につき4時間半だったのが，1999年の6月に

は約2時間に減っていることがわかった。「人々は受動的なテレビスタイルの娯楽から離れてきている」とゲーブルハウスは述べている。さらにこのデータによれば，娯楽ではなく調べものやコミュニケーションが，1日にインターネットに費やされる平均時間の64分のうちの70％を占めている。**カウチポテト**というスタイルはいまだに特定の世代の特徴であり続けているかもしれないが，平日の仕事と学校の後（午後 4:30～6:00）のテレビ視聴時間が大幅に減っている——インターネットに接続された家庭のテレビ視聴時間は他のグループに比べて17％少ないし，プライムタイム（午後 8:00～11:00）でもテレビ視聴率が少ない（6％少ない）——という事実からは，サイバーネットワークを通じて情報を探し，人とやりとりを行うことを好む新しいインターネット世代が急速に増えているということがうかがえる。

「資本主義，英語，技術の勝利」（Bloomberg, M., 1999 p.11）に基づいたこの革命は，個人，集団，世界を劇的なスピード，劇的なやり方で変化させた（Miller, M. 1999; Zuckerman, M. 1999）。しかし同時に，この革命は社会間・個人間における資本のさらなる不均等配分をもたらしてきた。逆説的なのは，IT革命がより豊富な資本へのアクセスを獲得した人々とそういった機会と便益から排除された人々との間の格差を広げてきた一方で，サイバーネットワークの中に入ってしまった人々は，開かれた競争とチャンネルが集団や個人の間の権力格差を，そして資本格差を減らすことで機会と便益の平等化の恩恵を被っているということだ。

技術がますます発達し，商業的利益の重要性が認識されるようになる中で，サイバーネットワークは社会関係と社会関係資本における社会的・経済的・技術的な要素を融合させていく。サイバーネットワークのこの新奇な特徴は，社会関係資本のアクセスと利用に新しい課題をつきつける。技術的にはバーチャル・リアリティの（視聴覚的，三次元的，触覚的）創出や（安価なワイヤレス機器の利用等による）時間の横断が可能になり，愛，情熱，悪意，殺人が「現実」化され個人的に利用可能になればサイバーネットワークはエリート階級の支配と社会関係資本の有用性の格差を破るのだろうか。しかし技術は資源とス

第12章 サイバーネットワークとグローバルビレッジ

キルを必要とするものだ。グローバル化が進行する中で，サイバーネットワークは多くの発展途上社会と多くの社会の恵まれない人たちを排除する可能性がある。サイバーネットワークの発展は社会関係資本の不平等な配分を推し進めるのだろうか。もしそうであるなら，どういった条件においてそうなのだろうか。サイバーネットワークの発展は世界をもつ者ともたざる者に分割する動きを加速させるのだろうか。研究者はこういった疑問について，社会関係資本の様々な側面（情報，影響力，社会的信用，補強）と様々な結果（道具的結果と表出的結果）に照らして吟味をしなければならない。

　サイバーネットワークは根本的には関係とそこに埋め込まれた資源——社会関係資本——なのであるが，サイバーネットワークにおけるあらゆる形態の資本の発達や有用性について調べることができると私は思っている。グローバル・ビレッジとしてのサイバーネットワークについてのデータが必要になる。つまり，社会的集団や社会的組織（ビレッジ）の形成と発達，特に(1)集団やその領域はどのように画定・解放されるのか（閉鎖性と開放性），(2)メンバー資格はどのように正当化・定義・承認されるのか（住民と市民），(3)メンバー構成はどのようなものか（人口構成，すなわち個人と世帯，クラスター構成，すなわち年齢，ジェンダー，エスニシティ，言語，社会経済的資産），(4)ビレッジ内部で，あるいはビレッジ間で資源がどのように配分されるのか，といったことについてのデータである。要するに，サイバーネットワークが社会関係資本をどのように構築・分断しているのかを理解するためには，多くの作業が急務である，ということだ。ここで触れたトピックについてのデータによって，研究者は新しい制度が登場する様子と，人間と社会関係資本との相互作用について理解を深めることができるだろう。最も重要なことは，こういったプロセ

---

(12) インターネット上のロマンスや殺人はすでに生じている（*Washington Post*, March 6, 1999, p.A2）。品位と言論の自由は衝突している（*Time*, February 15, 1999, p.52）。個人のデータや履歴はますます公に利用可能なものになっている（*USA Today*, January 18, 1999, p.3B）。ユーゴスラビアのサイトは，コソボ紛争の際のサイバー戦争において電子メールを利用した（*Wall Street Journal*, April 8, 1999）。

スの理解によって，社会関係資本が個人的資本を重要性と効果の面で凌駕するのか，するならばどのようにしてか，市民社会が消滅ではなく繁栄し，グローバルなものになっていくのはいかにしてか，といったことについて考える手がかりを得られるのではないか，ということである。

第Ⅲ部　エピローグ

第13章

理論の未来

　本書だけで社会関係資本論のすべての側面を取り扱えたわけではない。社会関係資本論の次なる課題は，理論と，それに関連する概念の測定尺度を継続的に洗練させていくという作業にある。序文で述べたように，私は本書では社会関係資本の道具的側面に注力しており，研究全体の中では無視しているわけではないのだが，表出的側面については省いてしまった（Lin, Simeone, R., Ensel, and Kuo, W. 1979; Lin, Dean, and Ensel 1986; Lin and Ensel 1989; Lin and Lai 1995; Lin and Peek 1999）。社会的サポート，社会的ネットワーク，関係的資源がメンタルヘルスやウェル・ビーイングに対してもつ影響については，数多くの活発な研究がある。社会関係資本の表出的側面を正当に評価するには，おそらく別にもう一冊ほどの分量の論述をしなければならないだろう。集合的資産としての社会関係資本についての論述も本書では省略している。というのも，集合的な社会関係資本についての理論的・実証的な有効性は，独立して実体的に存在すると考えるよりも，本書で描かれた定式化から引き出されうるものだ，と考えているからだ（第2章，第8章，および第12章を参照）。とはいえ，この最後の章で，これらの社会関係資本の残された側面を理論的に統合するという問題について考えてみよう。

社会関係資本のモデル化

　総合的な社会関係資本のモデルは，(1)社会関係資本への投資，(2)社会関係資本へのアクセスと社会関係資本の動員，(3)社会関係資本の見返り，この三つに

ついて吟味しなくてはならない。本書を通じて，社会関係資本の定義，要素，測定尺度については明確にしてきたが，期待される見返りとして考えられる結果の類型について簡潔に論じておく必要があるだろう。ここでは結果についての二つの大きな分類をしてみよう。(1)道具的行為への見返り，(2)表出的行為への見返り，である（Lin 1986, 1990, 1992a）。道具的行為とは行為者によって所有されていない資源を手に入れるために行われるもので，対して表出的行為とは行為者によってすでに所有されている資源を維持するためになされるものである。

　道具的行為については，三種類の見返りを考えることができるだろう。経済的見返り，政治的見返り，社会的見返りである。それぞれの見返りは追加された資本と考えることができる。経済的な見返りは直接的なもので，収入や資産その他の富となる。政治的見返りも直接的なもので，集団でのヒエラルキー上の地位として与えられるものである。社会的見返りは少々説明を要する。名声は社会的な利得だ，ということを述べた（第9章）。名声は集団の中での個人についての好ましい／好ましくない意見として定義することができる。第9章で説明したように，社会関係資本が取引される社会的交換において重要なのは，取引が非対称的になりうる，ということである。他我がエゴに利益供与するわけだ。これによりエゴの行動が可能になるが，その時利益供与を行う他我にとっての利得とは何なのだろうか。互恵的・対称的な取引が短期的にも長期的にも期待される経済的交換と違い，社会的交換はそういった期待を必要としないことがある。期待されているのは，エゴと他我の両方が非対称的な取引を認知し，前者は後者に社会的負債を作り，後者は社会的信用を集める，ということである。エゴが他我との関係を維持するためには，社会的負債は広く公的に認識されていなくてはならない。ネットワーク内の公的な認知は他我の名声を広める。負債が大きいほど，そしてネットワークが大きいほど，エゴと他我が関係を維持する必要は強くなる。ネットワーク内で名声を広げる力が大きいほど，他我が得る名声は大きなものになる。このプロセスにおいて，他我は名声によって満足し，名声は物質的資源（富など）とヒエラルキー上の地位（権力な

ど) とともに，道具的行為における基本的な見返りを構成する。

　表出的行為について言えば，社会関係資本は既存の資源を強固なものにし，資源をロスから守る手段である (Lin 1986, 1990)。すでに所有する資源を保持・防御するために埋め込まれた資源を蓄積・共有できるようにするため，利益を共有し同質の資源をコントロールする他者に近づいたり，そういった他者を利用したりするのが表出的行為の原理である。このプロセスでは他我はエゴの資源を保護することに積極的になる。というのは，エゴとその資源を保護することは，同様の資源に対する他我の権利の正当性を促進・強化するからである。ここでは三種類の見返りを挙げることができる。身体的健康，メンタルヘルス，生活満足である。身体的健康は身体機能を維持すること，病気・けがから免れることである。メンタルヘルスとは，ストレスに耐え，認知的・情緒的なバランスを維持する能力である。同類原理は，似たような性格・態度・ライフスタイルをもつ人同士は，つきあいやアソシエーションを促す似たような住環境，社会的環境，職業につきやすいということを示している。同様に，相互行為の頻繁さや密接さは似たような態度やライフスタイルを育むものである。

　このように定式化してみると，理論からメンタルヘルスの維持のプロセスについて予測できることがあることがわかる。つまり，強くて同質的な紐帯へのアクセスはメンタルヘルスを促進する，というものだ。健康状態を維持することは，その定義と原因（失業する，といった道具的な原因もあるし，配偶者と喧嘩するといった表出的な原因もある）に関係なく，起きている問題を理解し評価してくれる親しい人とのあいだでの気持ちの共有と信頼を必要とするのである。同様に強くて同質的な紐帯は資源の共有を促進し，そのことによって家族，結婚，仕事，コミュニティ，近隣環境などの様々な生活領域に安心・満足していられるようになり，生活の満足度が高まるのである。

　道具的行為への見返りと表出的行為への見返りは，互いを強化し合うことも多い。身体的健康は，経済的・政治的・社会的な地位を獲得するための重い仕事量や責任を耐え抜くための能力となる。同様に経済的・政治的・社会的な地位によって，身体的健康を維持するための資源（エクササイズ，ダイエット，

第Ⅲ部　エピローグ

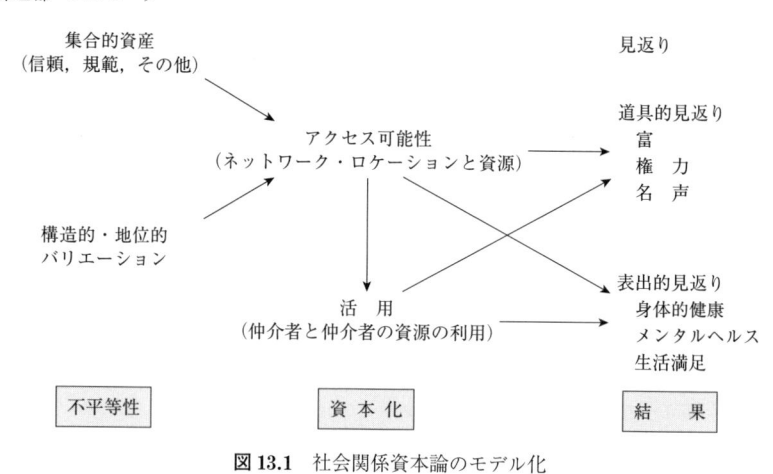

```
    集合的資産                                    見返り
  （信頼，規範，その他）
        ↓                                     道具的見返り
                                                富
          アクセス可能性                          権　力
     （ネットワーク・ロケーションと資源）              名　声
        ↑
  構造的・地位的
  バリエーション                                表出的見返り
        ↓                                    身体的健康
          活　用                              メンタルヘルス
     （仲介者と仲介者の資源の利用）               生活満足

  ┌──────┐    ┌──────┐    ┌──────┐
  │不平等性│    │資本化│    │結　果│
  └──────┘    └──────┘    └──────┘
```

図13.1　社会関係資本論のモデル化

健康維持）を得ることができる。メンタルヘルスや生活満足もまた経済的・政治的・社会的な利得と相互的な効果がある。とはいえ，道具的見返りをもたらす要因と表出的見返りをもたらす要因は異なったパターンをもつ。すでに述べてきたように，ある個人の社会的サークルにない資源に手を伸ばしたり資源／道具的見返りを獲得する可能性を高めたりするためのブリッジにアクセスし，それを利用できるようにする可能性が高いのは，開かれたネットワークと関係であることが多い，と考えられる。これに対して，より親密な人間とメンバー間の相互的な関係を伴う濃密なネットワークは，すでにある資源／表出的見返りを守るために共有する利害と資源をもつ人間を活用する可能性を増す。さらにコミュニティ，制度的環境，競争ではなく規範に基づいたインセンティブといった外在的な要因が，ネットワークと関係の密度と開放性を，そして道具的・表出的行為の成功を個別に規定していると考えることができる。

　社会関係資本の核となる要素，見返りの種類，そして異なるいくつかの因果パターンを特定することができれば，分析モデルを作り出すことが可能だ（Lin 1999a）。図13.1からわかるように，モデルには因果連関を構成する変数からなる三つのブロックがある。第一のブロックは社会関係資本の前提条件・発端となるものである。すなわち，社会構造内部の要因，社会構造の中での

第13章 理論の未来

個々人の地位であり，どちらも社会関係資本への投資を促進あるいは抑制するものである。次のブロックは社会関係資本の要素である。最後のブロックは社会関係資本への見返りである。

　第一のブロックから第二のブロックに至るプロセスは，社会関係資本の不平等性が形成される部分である。構造における構造的要素と地位的要素は社会関係資本を構築し，維持する際の機会に影響する。この部分は，埋め込まれ，アクセスされ，利用される関係的資源の不均等な配分のパターンを示しているのだ（資本の不足については第7章を参照）。それに加え，こういった不均等配分を規定する社会的な力を示してもいる。このように，社会関係資本の三つの構成要素のパターンと規定要因，ならびに，集合的資産・アクセス可能な関係的資源・活用される関係的資源としての**社会関係資本の不平等性**について説明することが，社会関係資本論の課題となる。この分析においては，二つのタイプの因果的な力，すなわち構造の多様性と地位の多様性が研究者にとって特に関心のあるところである。構造にはたくさんのバリエーションがある。文化とイデオロギーの多様性，産業化と技術の発達レベル，教育の程度，物理的・自然的資源の量，経済生産性，等々である。構造の内部で個人は，社会的・文化的・政治的・経済的階層における様々な地位を占める，と考えることができる。この多様性は，投資における多様性（特定のメンバーが社会関係資本に投資することを促進あるいは抑制する規範など），機会における多様性（ある地位が社会関係資本の獲得のための恵まれた，あるいは恵まれない機会となる），などを生み出すという仮説を立てることができるだろう。

　第二のブロックには，社会関係資本の二つの構成要素——社会関係資本へのアクセスと利用——をつなげるプロセスがある。二つの要素をつなげるプロセスとは，社会関係資本の動員のプロセスである。社会関係資本を不平等に配分された環境で，個人はどのように特定の行為を遂行するために資本を動員することを可能にし，また不可能にされているのだろうか。この点について考えることで，不平等化においてみられる社会関係資本への構造の影響を認めつつも，動員における行為選択の可能性を強調するモデルを作り出すことができる。

第三に，三つの要素はつながっているということを理論は示さなくてはならない。つまり，埋め込まれた資源が個人の選択と行為を拘束し，また可能にする因果連関を示さなくてはならない。一般的には，埋め込まれた資源に対するアクセスがよい方が，個人による目的的行為において利用される可能性が高くなる，というものである。

　最後に，第二のブロック（社会関係資本）と第三のブロック（結果）をつなぐプロセスは，社会関係資本が見返り・収益を生み出すプロセスである。ここでは理論は社会関係資本がどのようなかたちで資本であるのか，つまりどのように見返り・利得を生み出すのかを示さなくてはならない。すなわち，社会関係資本の要素がいかにして個人の経済的・政治的・社会的な資本（資源）や当人の身体的・心理的・あるいは生活上の幸福に直接的・間接的な影響を与えているのかについて立証しなくてはならない。さらに興味をかき立てる問いとして，以下のようなものがあげられるだろう。(1)個人は埋め込まれた資源の場所の認知的なマップをもっているが，そうしたマップの善し悪しに個人差があるのはなぜか。(2)そうした資源について適切な認知をしていたとして，最適な紐帯や資源を利用する意欲に差が出るのはどうしてか。(3)仲介人が他人のために便宜を図る意欲に差があるのはどうしてか。(4)社会関係資本に影響を受けやすい組織と受けにくい組織があるのはどうしてか。

マクロ―ミクロ関係に対するインプリケーション

　本書で説明したような個別の構成要素とプロセスという考え方は，別段新しいものではない。単に蓄積された知識と研究成果を統合したというだけのものである。研究（Lin 1999bでレビューされたような）からは，社会関係資本は職業地位，権威，産業上の地位などの個人の地位達成を強化する，という命題が立証された。こうして達成された地位を通じて，社会関係資本は経済的な利得をも引き上げる。このつながりは家族環境や教育の効果を除いても成立するものである。バート（Burt 1997, 1998a）やその他の研究者（Podolny, J. and Baron

第13章 理論の未来

1997）は，組織内の個人の昇進や経済的見返りが非公式ネットワークにおいて戦略的な位置にいる個人に有利に働くことを実証した。構造的隙間あるいはブリッジ（したがって構造にあまり拘束されていない場所）に近いほど，より多くの見返りを得ている。そういった位置によって個人が組織内における特定の資本へのよりよいアクセス機会を得るからであろう。

個人を採用したり組織内に引き留めたりする際に組織がどのように社会関係資本を利用しているか，ということについての研究も進んでいる。フェルナンデスとその共同研究者たち（Fernandez and Weinberg 1997）は，紹介がより適任の候補者の採用を可能にし，スクリーニングプロセスのコストを減らすことを立証している。パットナムの研究（Putnam 1993, 1995a, 1995b）は同じことを，市民的アソシエーション（教会，PTA や赤十字）や社会集団（ボウリング・リーグ）について示している。コールマン（Coleman 1990）は韓国系学生の急進的社会サークルを通じた情報の伝播と利用（資本としてのネットワーク），子供が遊び場や学校に安全に歩いてゆける環境に住むためにデトロイトからエルサレムに移住した母親（資本としての規範），非公式の紐帯や合意を駆使するニューヨークのダイヤモンド取引業者（資本としてのネットワークと信頼）などの例を挙げている。ポルテス（Portes 1998）は社会関係資本の「コンサマトリー」な結果と道具的な結果を分けて考えている（移民集団における社会関係資本のコンサマトリーな見返り——連帯と相互的サポート——についてはポルテスとセンセンブレナー（Portes and Sensenbrenner 1993）を見よ）。こういった研究での主要な焦点は，集合的資産の発達，維持，衰退に置かれている。

メゾネットワークのレベルでは，集団に埋め込まれた資源に対するアクセスがいかに個人によって異なっているかということに焦点が移る。なぜ集団内のある個人は他者よりも埋め込まれた資源に対するアクセスに恵まれているのか，という問いを立てるのである。社会的ネットワークと社会的紐帯の性質が分析の焦点となる。グラノベッター（Granovetter 1973, 1974, 1982, 1985, 1995）は，通常弱い紐帯によって表されるブリッジが情報に対するよりよいアクセスをも

313

たらす，と提起した。バート (Burt 1992, 1997, 1998a) はネットワークにおける戦略的な位置（構造的隙間や拘束性）が，情報，影響力，コントロールへのアクセスの有利さ・不利さに作用する，と見ている。リン (Lin 1982, 1990, 1994a, 1995a, 1999a) は，ネットワーク上の位置だけではなくヒエラルキー上の地位が，埋め込まれた資源へのアクセスを助けたり阻害したりする，と述べた。埋め込まれた資源とは富，地位，社会的紐帯の力によって示されるものである。

ミクロな行為のレベルでは，社会関係資本は道具的行為における埋め込まれた資源の利用とのリンクである。例えば，非公式の関係者やその人がもつ資源（接触相手の資源）が求職やその後の社会経済地位の達成においていかに活用されるか，ということについてはまとまった研究の蓄積がある (Lin, Ensel, and Vaughn 1981; De Graaf and Flap 1988; Marsden and Hurlbert 1988)。

表出的行為への見返りの分野においても，多くの研究がある。メンタルヘルスや生活満足に対するネットワークの間接的効果についてはよく知られている (Berkman, L. and Syme, L. 1979; Wellman 1981; Kadushin, C. 1983; Berkman 1984; Hall, A. and Wellman 1985; Lin 1986; House, Umberson, and Landis 1988; Lin, Ye, and Ensel 1999) すなわち，ネットワーク上の位置は社会的サポートにアクセスする可能性を大きくし，サポートは個人の身体的・心理的な幸福を高めるのである。理論的，実証的な研究のまた別の可能性として，個人および社会の幸福にとっての道具的行為と表出的行為の相乗効果と緊張関係について考察することができる。表出的目的にしろ道具的目的にしろ，社会の中で成功することは誰を知っているか，誰を「利用」するのかに左右されるという事実は，社会移動にかんする機能的な説明，個人行動にかんする構造決定論に修正を迫る。構造的特性がコミュニケーションアクセスを含む行動の可能性の範囲を決めるにせよ，個人はおのれの便益のために社会構造を操作する自由をある程度有している。そういった自由の大きさは，個人が構造で占める地位やみずからの戦略的選択によって決まるものである。

より広い地平から見ると，この理論は道具的行動と表出的行動のどちらもが

構造にとって意味をもつ，ということを教えてくれる。表出的行動はこれまで多くの研究者の注目を集めてきたが，それは類似した性格とライフスタイルをもつ個人のあいだの水平的なつながりを促す社会的相互行為の型を指し示すものだ。そういった行動は集団の連帯と安定性を強化する。しかし道具的行動も，同程度に重要な，垂直的つながりをもたらす社会的相互行為となるものだ。道具的行動は活発な社会移動と，社会の中の資源共有の増大をもたらすのである。

　この二種類の行動のあいだには，本質的な相補性と緊張がある。行き過ぎた道具的行動をとれば，個人がある地位から別の地位に移動することで集団のアイデンティティと連帯が損なわれるリスクが生じる。他方で行き過ぎた表出的行動は社会の断片化による停滞を生み，階級意識と階級闘争を推し進める。私は，ある社会の中での道具的相互行為と表出的相互行為の頻度と強度の比率が，安定と変化のダイナミクスを規定する鍵となるのだと考える。ある社会構造の存続は，実際の成員の間でとりかわされる表出的・道具的相互行為のバランスに左右される。持続と変化にかんする相互行為の最適点は今後の理論的・実証的探求の焦点となるだろう。

解　題

石田　光規

　「社会関係資本」という用語および理論は，1980年代の後半から90年代にかけて，急速に普及してきた。社会関係資本という用語で論文を検索すると，1981年以前には20本しか検出されないが，1991年から1995年にかけてその数は109本に増え，1996年から1999年の間には1003本にもおよぶとのことである（Field 2003）。この論文数の推移からもうかがえるように，社会関係資本は現在の社会科学研究の一潮流を形成している。そして，この概念は，社会関係資本の代表的研究者であるロバート・パットナム（Putnam, Robert D.）が『ピープル（People）』誌に紹介されたこと，彼の議論がクリントン大統領の一般教書演説に影響を与えたことなどによって研究者以外にも幅広く知られることとなった。

　現在，日本でも社会学，政治学，経済学，経営学といった様々な学問領域を巻き込んで研究が進められている。ここでは，社会関係資本の研究を概説し，ナン・リン（Lin, Nan）の社会関係資本の研究上の位置づけについて解説していこう。

●研究の沿革

　「社会関係資本」という用語が文献に登場したのはかなり以前であり，学校教育と地域コミュニティとの関連について論じたハニファン（Hanifan 1916）の研究まで遡る。ハニファンは善意，友情，共感，社会的な交流といったものを基盤に蓄積される社会関係資本がコミュニティにプラスの効果をもたらすことを指摘した。その後，ジェイコブス（Jacobs 1961＝1969）は都市研究において，近隣の緊密な付き合いから形成される社会関係資本の効果を議論し，ラウ

リー (Loury 1977) は人種間の不平等にかんする研究でこの用語に言及した。日本においては，中根 (1967) が個々人の集団成員との接触の長さから得られる利益を指すさいに「社会的資本」という用語を用いている。(1)

　これらの研究でも，社会関係資本はネットワークあるいは人間関係に付随して，諸個人または集団成員に便益をもたらすもの，ととらえられていることには変わりない。しかし，その概念は，当時，さほど多くの注目を集めたわけではなかった。

　社会関係資本という概念が本格的に注目されだしたのは，1970年代から1980年代のピエール・ブルデュー (Bourdieu, Pierre) の一連の研究以降である。ブルデューは社会関係資本を「制度化された相互認知関係と相互承認関係からなる永続的なネットワークの所有――すなわち，ある集団のメンバーであることと関連する実際のあるいは潜在的資源」(Bourdieu 1985, p.248) と述べ，ネットワークが知識や態度などの伝達を通じて，諸個人の教育機会や雇用機会を左右する資本として作用し，階層を強化することを指摘した。

　彼の研究関心の根底は階層再生産であり，彼自身社会関係資本を研究テーマとして選び，そこに自らの研究を焦点化したわけではないのだが，彼の研究は後の社会関係資本研究に多くの影響を与えた。ブルデューの研究と社会関係資本研究の関連については，本書やフィールド (Field 2003) による社会関係資本の解説書に詳しく紹介されている。

　社会関係資本の草創期の研究としてもう一つ外せないのがジェームス・コールマン (Coleman, James S.) の研究である。コールマン (Coleman 1988＝2006, 1990＝2006) は社会関係資本の効果について，コミュニティの関係構造と青少年の教育達成との関連から言及した。すなわち，コミュニティのメンバーが緊密な相互関係をもつことによりコミュニティ内部の社会関係資本が増加し，それが青少年の教育に影響することを指摘したのである。しかし，その研究枠組みに対しては，リンも述べていたように，トートロジーに陥っているとの批判も存在する。コールマンの社会関係資本研究にはいずれも邦訳があるので，興味のある方々はそちらを参照していただきたい。

さて，これらの研究を眺めていくと，社会関係資本に二つの特性が存在することが明らかになる。すなわち，個人の教育機会，雇用機会，教育達成などに影響する個人的な資源としての特性と，特定の社会・集団・組織の内部に存在する集合的な資源としての特性である。この二つの特性は，二大潮流となってその後の社会関係資本研究を水路づけていった。そこで次にそれぞれの研究について簡単にみていきたい。

●個人財としての社会関係資本の効果に注目する研究

　社会関係資本研究の第一の潮流では，社会関係資本を個人財として扱う。つまりこの流れの研究は，その対象が人であれ集団であれ，何らかの「個」としての存在とその周囲を取り巻く社会関係やネットワークとの関連に着目し，後者が前者にもたらす便益について検討しているのである。

　具体的な研究領域をあげると，「個」を行為者個々人としてとらえた場合，人々の地位達成や昇進に寄与するネットワークの効果を検討した研究，人々の心身の健康に対してネットワークが及ぼす影響について検討した研究などがあげられる。組織を扱った研究では，組織をあたかも戦略的な行為者のようにとらえ，中心となる組織（すなわち個）とそれを取り囲む関係構造から当該組織が得られる戦略的優位性を検討する組織戦略論や組織間関係の研究があげられる。

　この流れの研究は行為主体とそれを取り巻くネットワークとの関連に着目するため，「ソーシャル・ネットワーク論の視点からみた社会関係資本」（宮田 2005，p.19）と呼ばれることもある。ナン・リンはこの流れの社会関係資本研究の第一人者であり，本書は，その理論の集大成と言えるものである。

　もともと社会ネットワーク研究者は，学際的な研究者として，多彩な学問領域に顔を出す一方で，独自の理論に欠けているという非難が少なくなかった。そのため，「社会ネットワークの研究者」というとどこか収まりが悪く，私（訳者）自身もそれで苦労した覚えがある。社会関係資本理論は，そうしたネットワーク研究者の間にまさに「切り札」的存在として登場した理論であり，

リンの著書はその総本山の位置付けにある。

　本書を紐解いていくと，リンが社会関係資本概念を社会理論として成立させるために数多くの苦労を払っていることがわかる。例えば，理論としての厚みを増すためにあえてマルクスまで遡って枠組み構築を行い，その上で精緻な命題を展開しているのである。したがって，この研究は，社会関係資本の一方の潮流を代表する作品であると同時に，社会理論としての社会ネットワーク研究の一つの回答であると考えられる。

　日本において社会関係資本の研究というと，後に紹介する「集合財としての社会関係資本」の効果に着目した研究が多数を占める。今後，本書を起爆剤として，「個人財としての社会関係資本」についても，多彩な議論が展開されることを期待していきたい。

●集合財としての社会関係資本の効果に注目する研究

　次に，社会関係資本研究のもう一方の潮流である集合財としての社会関係資本の研究に対しても，簡単にではあるが触れておこう。

　集合財としての社会関係資本の効果に着目する研究は，ある集団，地域，国に属するメンバーが共有する財として社会関係資本をとらえている。これらの研究では，ある集団内部で形成されているネットワークや規範，信頼などが当該集団のメンバーの健全な育成や集団効率の増加に寄与するという視座に立つ。草創期の研究者では，コールマンが集合財としての社会関係資本の研究者ととらえられることが多い。おそらく，読者にとってなじみ深いのも集合財としての社会関係資本の研究であろう。

　この集合財の社会関係資本の代表的研究者としてあげられるのが，冒頭に引用したパットナムである。彼は，まず，イタリアの州制度の研究を通じて，州制度の成功には市民の自発的強力による参加が重要であることを発見し，その背後に存在する要因として社会関係資本の重要性を指摘した（Putnam 1993＝2001）。その仕組みは以下のようなものである。彼の言う社会関係資本とは「調整された諸活動を活発にすることによって社会の効率性を改善できる，信

頼，規範，ネットワークといった社会組織の特徴」(Putnam 1993＝2001, 206-207頁) である。これらは，人々の間に，裏切りの誘因の低減，不確実性の低減，社会的信頼の増加をもたらし，集合行為のジレンマの解消に寄与する。こうした背景が，市民の積極参加を促し，政治や経済のパフォーマンスの増加につながるのである。

しかし，パットナムはイタリアの研究において，それほど積極的に社会関係資本について論じたわけではない。彼の名声を決定づけ，「社会関係資本」という用語を広く知らしめたのが，その後の，アメリカ社会の研究である (Putnam 1995＝2004, 2000＝2006)。パットナムは，アメリカ人の政治参加，対面的市民参加，職場やインフォーマルなつながりの減少などから，過去30年におけるアメリカの社会関係資本の縮小傾向を指摘し，それにより，アメリカにおける民主主義のパフォーマンスが落ちてきたと論じた。パットナムはこうした事態が，教育，安全，経済，健康などの面でもマイナスを引き起こすと懸念している。パットナムの研究は，それに賛成するもの反対するものを含め，非常に多くの議論を呼び起こした。その後の議論については，日本にも詳細なレビューが存在するので，興味がある人は巻末の文献リストの論文を参照していただきたい。

集合財としての社会関係資本の研究には，パットナムが先鞭をつけた特定の地域や社会の財としての社会関係資本の役割を検討したコミュニティ研究あるいは政治学的研究以外にも，ある地域の経済的パフォーマンスと社会関係資本との関連に着目した経済学的研究や，企業の中に存在する社会関係資本と企業のパフォーマンスとの関連に着目した経営学的研究がある。また，特定の地域に対する支援という視点から，当該地域の社会関係資本の役割に着目した開発援助研究も近年注目を集めている。これらの研究の中には，日本の研究者によってなされたものや邦訳も多数存在するので，興味がある人は巻末のリストに掲載された文献に直接あたっていただきたい。

●社会関係資本研究の今後の課題

　さて，ここまで社会関係資本研究の沿革とそれぞれの研究の位置付けについて議論してきた。しかし，この研究はまだ発展途上にあり，いくつかの解決すべき問題を抱えている。そこで，最後にそれらの問題について取りあげ，これからの社会関係資本理論について論じていこう。

・用語法上の問題

　社会関係資本への非難としてしばしば取りあげられるのが，その定義および用語法にかんする問題である。この批判は大別して，①定義の非一貫性，②資本としての妥当性，③議論の新規性の三つに分かれる。

　第一の定義の非一貫性は，社会関係資本の多義性から生じるものである。現在，社会関係資本の研究は，社会学，経済学，政治学，経営学などで同時並行的に行われており，その中で微妙に異なった定義が用いられている。特に，「個人財としての社会関係資本」と「集合財としての社会関係資本」の間に見られる断絶は大きい。これは，「社会関係資本」という用語を使い，あまりに多くの現象を説明しようとしすぎてしまったために生じていると考えられる。こうした議論を強引に収斂していくことは慎むべきだが，今後，理論としての洗練を図るためには，このような非一貫性をなるべく解消していくことも求められよう。そのためには，本書においてリンが行ったような地道な研究の積み重ねが要求される。

　第二の批判は，社会関係資本が本来，資本の有する特性のいくつかを備えていないという点からなされる。例えば，社会関係資本の理論では，何が投資として想定され，そこから何がストックされるのか曖昧であるという批判がある。リン自身はこの批判に対して，社会関係資本を「市場の場で利益を期待することのできる社会関係への投資」と定義することで応えようとしている。しかし，実際にそのように定義しても，社会関係資本は概ね「何らかの利益の源泉としてはたらく」という意味でしか資本の特性をもたないのであり，それが「資源」とどのように異なるかと尋ねられると質問に窮するのが現状である。しかし，私見を述べさせていただければ，私自身はここで述べた言葉の意味の問題

に執着しすぎることが建設的だとは考えていない。

　そもそも言葉とはある程度多義的なものであり，その用語法が正しいか否かということに過度に厳密になると，議論は前に進まなくなるであろう。むしろ重要なのは，社会関係に「資本」という用語を充てられるか否かではなく，「何らかの利益の源泉」として社会関係をとらえることでいかなる社会現象を説明しうるかということである。そして，これについては，ここまで述べてきた先駆者たちが十分に応えていると考えられる。したがって，第二の問題は概ね解消されたと言って差し支えないだろう。

　社会関係資本研究に対してなされる批判として三番目にあげられるのが，議論の新規性の問題である。すなわち，関係を財あるいは資源としてとらえ，その効果に言及する研究に果たして議論としての目新しさがあるのか，既存の様々な研究で述べられてきたことに新たなラベルを貼り付けたのみではないか，という批判である。この批判は，とくにパットナムをはじめとする政治学的研究やコミュニティ研究に向けられている。パットナム自身も述べるように，彼の研究は『心の習慣』(Bellah et al. 1985＝1991) などの共同体研究と類似性をもつ (Putnam 2000＝2006)。確かに，人々の結びつきが強固だった社会に思いを馳せる姿勢は，「共同体主義 (communitarianism) と違わない」と批判されても仕方ない側面がある。また，集合財としての社会関係資本の研究は，「信頼」を社会関係資本の要素の一つとして加えているものも多く，その中で「社会において信頼，すなわち社会関係資本が重要である」と言われても，そこに目新しさを感じる人は少ないであろう。パットナムの研究を支持する人々は，彼がこれらの議論に実証的手続きを加えたことに対して賞賛を贈っているが（坂本 2003など），理論としての改善の余地は未だに残されたままだと言えよう。

・技法上の問題

　次にあげられるのが技法上の問題である。これは主として集合財としての社会関係資本の議論に当てはまる。集合財としての社会関係資本の議論は，研究対象が集団となるため，必然的に分析対象が大きくなる。それは時として国家

などの規模に達することもあるのである。しかし，こうした社会のネットワークを測定することは非常に困難である。パットナムは代替的な指標を用いて，何とか社会関係資本を測定しようと試みているが，未だにそうした指標が社会関係資本を表すものとして妥当なのかという議論は尽きない。社会関係資本研究を実証研究として洗練させていくためにも，今後一層精緻化された指標の開発が必要だろう。

・概念間，分析水準間に存在するジレンマ

社会関係資本を研究するうえでの課題として，最後に，理論上の問題，すなわち社会関係資本に関連する二つのジレンマの問題をあげておこう。

社会関係資本には使用される概念の間に存在するジレンマと分析水準間のジレンマが存在する。まず，使用概念の間に存在するジレンマから見てみよう。社会関係資本は必ずしも万能ではなく，ある効果を得るために有効な社会関係資本は他の効果を犠牲にすることもある（Portes 1998）。これについて，社会関係資本の類型として用いられることの多い，結束型（bonding）の社会関係資本と橋渡し型（bridging）の社会関係資本を例にとって考えてみよう。[2]

集団を構成する人々が密接に結びついている結束型の社会関係資本は，集団内部での手厚い相互援助，規範の強化に有用であるが，集団の硬直化，新しい情報の不足，排外性といった負の側面をもっている。これに対し橋渡し型の社会関係資本は，新規情報の入手，創造性の発揮には有用だが，集団内部の結束は落ち援助の期待は薄れる。つまり，それぞれの社会関係資本が最大限に効果を発揮しうる場は異なり，ことによってはそれがマイナスに働くこともあるのである。したがって，社会関係資本の理論を洗練させていく際には，資本類型ごとの特性を考慮する必要があるだろう。

分析水準間のジレンマは，より多くの利益獲得を志向する個人と集団，あるいは社会と集団の間に生じる。集団にとって理想的な社会関係資本と個人にとって理想的な社会関係資本は必ずしも一致するとは限らない。[3]ある企業を例にとって考えてみよう。ある企業で出世を目指す社員にとっては，様々な情報や機会をもたらす開放的なネットワークが最も効果的かもしれない。しかし，そ

のようなネットワークはチームを単位として考えると特定の人々にだけ利益が集中し効率的でない場合が多い。スパロウら（Sparrowe et al. 2001）は企業グループを検討し，企業のアドバイスのネットワークの中心にいることは，中心にいる人々の成果の上昇に寄与するが，グループを単位としてみた場合，グループ全体の成果は減少することを示した。

　集団とその集団を包摂する社会について検討した場合にも同様のことが言える。ある集団にとって，集団内の相互援助効果を高め，集団の目標を達成し，集団の成員に財を提供するには，緊密かつ閉鎖的なネットワークが適しているかもしれない。しかし，その集団が存在している社会にとって，そのような集団は決して好ましくない。閉鎖的かつ緊密な集団が乱立すれば，他集団への排他性の増加や情報の秘匿が生まれ，集団間で利益を共有することは難しくなるだろう。分析水準間のジレンマは，社会関係資本の理論をミクロからマクロへとリンクするうえで検討すべき重要なテーマなのである。

　以上に見てきたように社会関係資本研究は，近年目覚ましい発展を遂げてきたものの，未だに数多くの課題を抱えている。今後は，これらの課題を念頭に置きつつ，さらなる理論的発展を遂げていくことが求められよう。

注

（1）　2000年くらいまで"Social Capital"に決まった訳語は存在していなかった。パットナムの最初の業績を紹介した『哲学する民主主義』において，それは「社会資本」と呼ばれ，コールマンの『社会理論の基礎』では「社会的資本」と呼ばれている。その他にも「ソーシャル・キャピタル」とカタカナ表記している訳本も見受けられる。したがって，本文中の「社会的資本」と「社会関係資本」は同義だと考えられたい。しかし，最近の書籍では「社会関係資本」という用語で落ち着いてきたようである。

（2）　これらはそれぞれ開放的なネットワークと閉鎖的なネットワークとも言い換えられる。

（3）　これらの矛盾を指摘した研究として Paxton（1999）があげられる。

参考文献

Bellah, Robert N., Richard Madsen, William M. Sullivan, Ann Swidler, and Steven M. Tipton, 1985, *Habits of the Heart: Individualism and Commitment in American Life,* Berkeley: University of California Press.（島薗進・中村圭志訳［1991］『心の習慣——アメリカ個人主義のゆくえ』みすず書房）

Bourdieu, Pierre, 1985, "The Forms of Capital." John G. Richardson eds., *Handbook of Theory and Research for the Sociology of Education,* Westport: Greenwood Press, Pp.241-258.

Coleman, James S., 1988, "Social Capital in the Creation of Human Capital." *American Journal of Sociology* 94 Supplement: 95-120.（金光淳訳［2006］「人的資本の形成における社会関係資本」野沢慎司編・監訳『リーディングスネットワーク論——家族・コミュニティ・社会関係資本』勁草書房，205-238頁）

―――― 1990, *Foundations of Social Theory,* Cambridge: Harvard University Press.（久慈利武訳［2006］『社会理論の基礎』上・下，青木書店）

Field, John, 2003, *Social Capital,* New York: Routledge.

Hanifan, Lyda, 1916, "The Rural School Community Center." *Annals of the American Academy of Political and Social Science* 67: 130-138.

Jacobs, Jane, 1961, *The Death and Life of Great American Cities,* New York: Random House.（黒川紀章訳［1969］『アメリカ大都市の死と生』鹿島研究所出版会）

Loury, Glenn, 1977, "A Dynamic Theory of Racial Income Differences." Wallace, Phyllis A., and Annette M. LaMond, eds., *Women, Minorities, and Employment Discrimination,* Lexington, Mass: Lexington Books, Pp.153-186.

宮田加久子，2005，『きずなをつなぐメディア——ネット時代の社会関係資本』NTT出版．

中根千枝，1967，『タテ社会の人間関係——単一社会の理論』講談社現代新書．

Paxton, Pamera, 1999, "Is Social Capital Declining in the United States? A Multiple Indicator Assessment." *American Journal of Sociology* 105(1): 88-127.

Portes, Alejandro, 1998, "Social Capital: Its Origins and Applications in Modern Sociology." *Annual Review of Sociology* 24: 1-24.

Putnam, Robert D., 1993, *Making Democracy Work: Civic Traditions in Modern Italy,* Princeton University Press.（河田潤一訳［2001］『哲学する民主主義——伝統

と改革の市民的構造』NTT出版）

――― 1995, "Bowling Alone: America's Declining Social Capital." *Journal of Democracy* 6(1): 65-78. （坂本治也・山内富美訳 [2004]「ひとりでボウリングをする――アメリカにおけるソーシャル・キャピタルの衰退」宮川公男・大守隆編『ソーシャル・キャピタル――現代経済社会のガバナンス』東洋経済新報社, 55-76頁）

――― 2000, *Bowling Alone: The Collapse and Revival of American Community*, New York: Simon & Schuster. （柴内康文訳 [2006]『孤独なボウリング――米国コミュニティの崩壊と再生』柏書房）

坂本治也, 2003, 「パットナム社会資本論の意義と課題――共同性回復のための新たなる試み」『阪大法学』52(5): 1373-1401.

Sparrowe, Raymond T., Robert C. Liden, Sandy J. Wayne, and Maria L. Kraimer 2001, "Social Networks and the Performance of Individuals and Groups." *Academy of Management Journal* 44(2): 316-325.

社会関係資本に関する文献リスト（日本語で手に入るもののみ, 上記のものは除く）

○社会関係資本の理論的前提となった研究

Bourdieu, Pierre, and Jean-Claude Passeron, 1970, *La Reproduction*, Paris: Les Editions de Minuit. （宮島喬訳 [1991]『再生産――教育・社会・文化』藤原書店）

Granovetter, Mark, 1973, "The Strength of Weak Ties." *American Journal of Sociology* 78(6): 1360-1380. （大岡栄美訳 [2006]「弱い紐帯の強さ」野沢慎司編・監訳『リーディングスネットワーク論――家族・コミュニティ・社会関係資本』勁草書房, 123-154頁）

――― 1995, *Getting a Job: A Study of Contacts and Careers*, Second Edition, Chicago: The University of Chicago Press. （渡辺深訳 [1998]『転職』ミネルヴァ書房）

○個人財としての社会関係資本の研究

・階層研究

岩間暁子, 2002,「社会階層研究と社会関係資本――ホームレス自立支援策における社会関係資本の重要性」『和光大学人間関係学部紀要（現代社会関係研究）』7

（第一分冊）：19-37.

・経営学的研究

Baker, Wayne, 2000, *Achieving Success through Social Capital*, California: Jossey-Bass Inc.（中島豊訳［2001］『ソーシャル・キャピタル——人と組織の間にある「見えざる資産」を活用する』ダイヤモンド社）

・ネットワーク研究

Burt, Ronald, 2001, "Structural Holes versus Network Closure as Social Capital." Lin, Nan, Karen Cook, and Ronald Burt eds., *Social Capital: Theory and Research*, New York: Aldine de Gruyter, 31-56.（金光淳訳［2006］「社会関係資本をもたらすのは構造的隙間かネットワーク閉鎖性か」野沢慎司編・監訳『リーディングスネットワーク論——家族・コミュニティ・社会関係資本』勁草書房, 243-277頁）

石田光規, 2004,「社会関係資本（Social Capital）——その理論的背景と研究視覚」『社会学論考』24：51-81.

金光淳, 2003,『社会ネットワーク分析の基礎——社会的関係資本論にむけて』勁草書房.

○集合財としての社会関係資本研究

・パットナムの研究にかんする議論

坂本治也, 2004,「社会関係資本の二つの「原型」とその含意」『阪大法学』53(6)：1569-1598.

鹿毛利枝子, 2002,「「ソーシャル・キャピタル」をめぐる研究動向(一)——アメリカ社会科学における三つの「ソーシャル・キャピタル」」『法学論叢』151(3)：101-119.

———, 2002,「「ソーシャル・キャピタル」をめぐる研究動向(二)——アメリカ社会科学における三つの「ソーシャル・キャピタル」」『法学論叢』152(1)：71-87.

辻康夫, 2004,「市民社会と小集団(1)——パットナムのソーシャル・キャピタル論をめぐる政治理論的考察」『北大法学論集』55(1)：394-430.

———, 2004,「市民社会と小集団(2)——パットナムのソーシャル・キャピタル論をめぐる政治理論的考察」『北大法学論集』55(3)：1287-1314.

———, 2005,「市民社会と小集団(3)——パットナムのソーシャル・キャピタル論をめぐる政治理論的考察」『北大法学論集』55(6)：2695-2720.

・パットナム以外の政治学的研究

Fukuyama, Francis, 1999, *The Great Disruption: Human Nature and the Reconstitution of Social Order,* Free Press.（鈴木主税訳［2000］『「大崩壊」の時代——人間の本質と社会秩序の再構築』上・下，早川書房）

・経済学的研究

稲葉陽二，2007，『ソーシャル・キャピタル——「信頼の絆」で解く現代経済・社会の諸課題』生産性出版．

稲葉陽二・松山健士編，2002，『日本経済と信頼の経済学』東洋経済新報社．

宮川公男・大守隆，2004，『ソーシャル・キャピタル——現代経済社会のガバナンス』東洋経済新報社．（パットナム論文所収）

戸井佳奈子，2006，『ソーシャル・キャピタルと金融変革』日本評論社．

・組織研究

Cohen, Don, and Laurence, Prusak, 2001, *In Good Company: How Social Capital Makes Organizations Work,* Harvard Business School Press.（沢崎冬日訳［2003］『人と人の「つながり」に投資する企業』ダイヤモンド社）

・開発援助にかんする研究

佐藤寛編，2001，『援助と社会関係資本——ソーシャルキャピタル論の可能性』アジア経済研究所．

・インターネット社会にかんする研究

宮田加久子，2005，『インターネットの社会心理学——社会関係資本の視点から見たインターネットの機能』風間書房．

訳者あとがき

　本書は Nan Lin, 2001, Social Capital: A Theory of Social Structure and Action, Cambridge University Press の全訳である。本書がソーシャル・キャピタル（社会関係資本）論に占める位置づけについては「解題」で解説されているため，そちらをごらんになっていただきたい。5人の訳者が分担して翻訳をした。各章の担当は以下の通りである。

　筒井　淳也：序文，日本語版序文，第8章，第9章，第12章，第13章
　石田　光規：第1章，第2章，第10章
　桜井　政成：第3章，第4章，第7章
　三輪　　哲：第5章，第6章
　土岐智賀子：第11章

　数回にわたる顔をつきあわせた検討会の末，可能な限り訳語と表現を統一し，また相互チェックにより誤訳を避けたつもりであるが，至らない部分に関しては読者の指導・指摘を賜りたい。また，本訳書の中では social capital を「社会関係資本」と訳しつつも，タイトルではより一般に流布した「ソーシャル・キャピタル」という呼称を採用した。一貫性という面では問題はあるかもしれないが，本書がより多くの人の目に触れてほしい，という願いとしてご寛容をいただきたい。

　著者ナン・リンは，台湾の Tunghai University（東海大学）で学士を取得し，大学院以降はアメリカで教育を受けている。現在はデューク大学の社会学部の教授である。著書や論文にはここで紹介できないほど多数のものがあるが，

詳しくはデューク大学のリンのサイトの CV（履歴書）をみてほしい。単著の代表作は本著であるが，K・クックやR・バートとの共編著 *Social Capital: Theory and Research* (2001, Transaction Publishers) も，社会関係資本論の基本文献として重要である。

　社会関係資本（ソーシャル・キャピタル）論にカテゴライズされる研究を担う学者のなかでも，リンは特に社会的ネットワークと階層との関係についての関心が強いことが特徴である。「社会関係資本は階層によって不均等に配分されている」という主張は，本著の根幹をなしている議論でもある。「ネットワーク」「ソーシャル・キャピタル」と聞けば，しばしばボランタリーで民主的な人と人のつながりを想起する傾向が強いように思われるが，リンのこれらに対する態度は非常に冷静なものである。またリンは本書で，ネットワークと社会関係資本を概念的に切り離すことの重要性を訴えている。リンの理論においては，社会関係資本はネットワークに埋め込まれた，ネットワークを通じて利用可能になる資源である。この二つを切り離すことにより，「どういったネットワークからどういった利得やメリットが生じうるか」ということを科学的に妥当なかたちで検証できるようになる。「解題」でもふれられているが，社会関係資本を集合的な財としてみるパットナムらの立場では，この二つが両方ともに社会関係資本として混在しているため，ネットワークとそのメリットの因果関係の吟味という，科学的手続きからすれば基本的であるべき研究が不可能になってしまうのである。本書はミクロな視点から出発してマクロな理論を包摂しようという趣旨で理論が展開されており，社会関係資本を巡って対立する二つの研究アプローチに一応の決着を与えようとする試みである。

　このような意味で，本書は社会関係資本研究にとって一つの転換点をなす業績であるといえる。ネットワーク，紐帯，信頼，規範等を曖昧にひとくくりにして「ソーシャル・キャピタル」と呼ぶような研究はもはや学術的には認められなくなるし，研究法の面でもリンが開発した「地位想起法」などの手法を活用したより厳密な手続きが求められるようになるだろう。他方で，経済学に近い立場からの新制度派組織論や非営利組織論といった，独自に発展を遂げた理

訳者あとがき

論体系との比較をすることも重要になってくる。というのは，つまるところ社会的ネットワークとは組織形態の一つであるからだ。

　また，社会関係資本，社会的ネットワークの研究は，いまや国際比較の段階に突入している。この本が出版される直前の2008年4月には，リンとB・エリクソン（トロント大学）の編集による *Social Capital: An International Research Program* (Oxford University Press) が出版されている。リン自身も，アメリカを拠点としつつ，香港や台湾といった東アジアで社会関係資本の研究が活発に行われている地域との交流が多く，私が翻訳作業開始の連絡と「日本語版序文」の依頼を行ったときも，すぐに台湾から快い了解の返事を送ってこられた。

　本翻訳に取りかかるきっかけとなったのは，ミネルヴァ書房の堀川健太郎氏からの依頼であったことを思い出す。2006年の4月，京都駅近くのホテルのロビーで「こういう面白い本があるから翻訳をしてくれる研究者を紹介してほしい」といいつつ堀川氏が言及したのが本書であった。紆余曲折を経て結局私自身が翻訳をオーガナイズすることになったのだが，共訳者に恵まれたこともあり，比較的心地よく仕事を進めることができた。堀川氏には，学術的にも価値の高い本書を翻訳する機会を与えていただいたことに感謝したい。結局完成は依頼から2年以上経た後になってしまったが，そのあいだ堀川氏には，遅々として進まない作業について心配をおかけしたことと思うが，こうして出版されたことで一息つかれたのではないかと思う。

　　　訳者を代表して

筒　井　淳　也

文　献

Abell, Peter. 1992. "Is Rational Choice Theory a Rational Choice of Theory?" Pp. 183-206 in *Rational Choice Theory: Advocacy and Critique,* edited by J. S. Coleman and T. J.Fararo. Newbury Park, CA: Sage.

Agre, Philip E. 1998. "Designing Genres for New Media: Social, Economic, and Political Contexts." Pp. 69-99 in *Cybersociety 2.0: Revisiting Computer-Mediated Communication and Community,* edited by S. G. Jones. Thousand Oaks, CA: Sage.

Alchian, Armen. 1965. "Some Economics of Property Rights." *Il Politico* 30(4): 816-829.

Alchian, Armen and Harold Demsetz. 1973. "The Property Right Paradigm." *Journal of Economic History* 33: 16-27.

Allen, Franklin. 1984. "Reputation and Product Quality." *Rand Journal of Economics* 15: 311-327.

Angelusz, Robert and Robert Tardos. 1991. "The Strength and Weakness of 'Weak Ties.' Pp.7-23 in *Values, Networks and Cultural Reproduction in Hungary,* edited by P. Somlai. Budapest: Coordinating Council of Programs.

Barber, Bernard. 1983. *The Logic and Limits of Trust.* New Brunswick, NJ: Rutgers University Press.

Barbieri, Paolo. 1996. "Household, Social Capital and Labour Market Attainment." Presented at the ECSR Workshop, August 26-27, Max Planck Institute for Human Development and Education, Berlin.

Baron, James N. and William T. Bielby 1980. "Bringing the Firm Back In: Stratification, Segmentation, and the Organization of Work." *American Sociological Review* 45 (October): 737-765.

Becker, Gary S. 1964/1993. *Human Capital.* Chicago: University of Chicago Press.
　（佐野陽子訳［1976］『人的資本——教育を中心とした理論的・経験的分析』東洋経済新報社）

Beggs, John J. and Jeanne S. Hurlbert. 1997. "The Social Context of Men's and

Women's Job Search Ties: Voluntary Organization Memberships, Social Resources, and Job Search Outcomes." *Sociological Perspectives* 40(4): 601-622.
Ben-Porath, Yoram. 1980. "The F-Connection: Families, Friends, and Firms and the Organization of Exchange." *Population and Development Review* 6:1-29.
Berkman, Lisa F. 1984. "Assessing the Physical Health Effects of Social Networks and Social Support." *Annual Review of Public Health* 5: 413-432.
Berkman, Lisa F. and S. Leonard Syme. 1979. "Social Networks, Host Resistance, and Mortality: A Nine-Year Follow-up Study of Alameda County Residents." *American Journal of Epidemiology* 109: 186-204.
Berman, Sheir. 1997. "Civil Society and Political Institutions." *American Behavioral Scientist* (March-April) 40(5): 562-574.
Bian, Yanjie. 1994. *Work and Inequality in Urban China*. Albany: State University of New York Press.
────── 1997. "Bringing Strong Ties Back In Indirect Connection Bridges, and Job Search in China." *American Sociological Review* 62 (3, June): 366-385.
Bian, Yanjie and Soon Ang. 1997. "Guanxi Networks and Job Mobility in China and Singapore." *Social Forces* 75: 981-1006.
Bielby; William T. and James N. Baron. 1986. "Men and Women at Work: Sex Segregation and Statistical Discrimination." *American Journal of Sociology* 91: 759-799.
Blau, Peter M. 1964. *Exchange and Power in Social Life*. New York: Wiley. （間場寿一・居安正・塩原勉共訳 [1974]『交換と権力──社会過程の弁証法社会学』新曜社）
────── 1977. *Inequality and Heterogeneity*. New York: Free Press.
────── 1985. "Contrasting Theoretical Perspectives." Department of Sociology, Columbia University.
Blau, Peter M, and Otis Dudley Duncan. 1967. *The American Occupational Structure*. New York: Wiley.
Blau, Peter M. and Joseph E. Schwartz. 1984. *Crosscutting Social Circles*. Orlando, FL: Academic Press.
Bloomberg, Michael R. 1999. "Ties That Bind." *Bloomberg,* June: 11.
Bose, Christine and Peter H. Rossi. 1983. "Gender and Jobs: Prestige Standings of

Occupations as Affected by Gender." *American Sociological Review* 48: 316-330.

Bourdieu, Pierre. 1972/1977. *Outline of a Theory of Practice.* Cambridge: Cambridge University Press.

―――― 1980. "Le Capital Social: Notes Provisoires." *Actes de la Recherche en Sciences Sociales* 3: 2-3.

―――― 1983/1986. "The Forms of Capital." Pp. 241-258 in *Handbook of Theory and Research for the Sociology of Education,* edited by J. G. Richardson. Westport, CT: Greenwood Press.

―――― 1990. *The Logic of Practice.* Cambridge: Polity. (今村仁司ほか訳 [2001] 『実践感覚』みすず書房)

Bourdieu, Pierre and Jean-Claude Passeron. 1977. *Reproduction in Education, Society, Culture.* Beverly Hills, CA: Sage. (宮島喬訳 [1991] 『再生産――教育・社会・文化』藤原書店)

Boxer, Marilyn J. 1982. "For and About Women: The Theory and Practice of Women's Studies in the United States." *Sings: Journal of Women in Culture and Society* 7(3): 661-695.

Boxman, E. A. W. 1992. "Contacts and Careers." Ph.D. diss., University of Utrecht, the Netherlands.

Boxman, E. A. W., P. M. De Graaf, and Henk D. Flap. 1991. "The Impact of Social and Human Capital on the Income Attainment of Dutch Managers." *Social Networks* 13: 51-73.

Boxman, E. A. W. and Hendrik Derk Flap. 1990. "Social Capital and Occupational Chances." Presented at the the International Sociological Association XII World Congress of Sociology, July, Madrid.

Brecher, Jeremy and Tim Costello. 1998. *Global Village or Global Pillage.* Boston: South End Press.

Breiger, Ronald L. 1981. "The Social Class Structure of Occupational Mobility." *American Journal of Sociology* 87(3): 578-611.

Breslow, Harris. 1997. "Civil Society, Political Economy, and the Internet." Pp. 236-257 in *Virtue Culture,* edited by S. G. Jones. London: Sage.

Brewer, Anthony 1984. A Guide to Marx's Capital. Cambridge: Cambridge University Press. Bridges, William P. and Wayne J. Villemez. 1986. "Informal Hiring and

Income in the Labor Market." *American Sociological Review* 51: 574-582.

Bridges, William P. and Wayne J. Villemez. 1986. "Informal Hiring and Income in the Labor Market." *American Sociological Review* 51: 574-582.

Brinkley, Alan. 1996. "Liberty, Community, and the National Idea." *The American Prospect* 29: 53-59.

Browne, Ray Broadus and Marshall William Fishwick, eds. 1998. *The Global Village: Dead or Alive*. Bowling Green, OH: Bowling Green State University Popular Press.

Burkhalter, Byron. 1999. "Reading Race Online: Discovering Racial Identity in Usenet Discussions." Pp.60-75 in *Communities in Cyberspace*, edited by M. A. Smith and Peter Pollock. London: Routledge.

Burt, Ronald S. 1982. *Toward a Structural Theory of Action*. Orlando, FL: Academic Press.

―――― 1992. *Structural Holes: The Social Structure of Competition*. Cambridge, MA: Harvard University Press.（安田雪訳 [2006]『競争の社会的構造――構造的空隙の理論』新曜社）

―――― 1997. "The Contingent Value of Social Capital." *Administrative Science Quarterly* 42: 339-365.

―――― 1998a. "The Gender of Social Capital." *Rationality and Society* 10(1): 5-46.

―――― 1998b. "Trust Reputation, and Third Parties." Unpublished paper. Chicago: University of Chicago.

Campbell, Karen E. and Barrett A. Lee. 1991. "Name Generators in Surveys of Personal Networks." *Social Networks* 13:203-221.

Campbell, Karen E., Peter V. Marsden, and Jeanne S. Hurlbert. 1986. "Social Resources and Socioeconomic Status." *Social Networks* 8(1): 97-116.

Castells, Manuel. 1998. *End of Millennium*. Malden, MA: Blackwell.

Chamberlain, Mariam K., ed. 1988. *Women in Academe: Progress and Prospects*. New York: Russell Sage Foundation.

China Internet Network Information Center (CNNIC). 1999. "The Development of the Internet in China: A Statistical Report." (translated by the China Matrix).

Cleverley, John. 1985. *The Schooling of China: Tradition and Modernity in Chinese Education*. Sydney: George Allen & Unwin.

文　献

Coase, Ronald H. 1984. "The New Institutional Economics." *Journal of Institutional and Theoretical Economics* 140: 229-231.

Coleman, James S. 1986a. *Individual Interests and Collective Action*. Cambridge: Cambridge University Press.

―――― 1986b. "Social Theory, Social Research: A Theory of Action." *American Journal of Sociology* 91: 1309-1335.

―――― 1988. "Social Capital in the Creation of Human Capital." *American Journal of Sociology* 94: S95-S121. (金光淳訳 [2006]「人的資本の形成における社会関係資本」野沢慎司編・監訳『リーディングス　ネットワーク論――家族・コミュニティ・社会関係資本』勁草書房, 205-241頁)

―――― 1990. *Foundations of Social Theory*. Cambridge, MA: Harvard University Press. (久慈利武監訳 [2004-2006]『社会理論の基礎』上・下, 青木書店)

Collins, Randall. 1981. "On the Microfoundations of Macrosociology." *American Journal of Sociology* 86:984-1014.

Comte, Auguste. 1848. *General View of Positivism*. Stanford, CA: Academic Reprintes.

Cook, Karen S. 1982. "Network Structure from an Exchange Perspective." Pp. 177-199 in *Social Structure and Network Analysis,* edited by P. V. Marsden and N. Lin. Beverly Hills, CA: Sage.

Cook, Karen S. and Richard M. Emerson. 1978. "Power Equity and Commitment in Exchange Networks." *American Sociological Review* 43: 721-739.

Cook. Karen S., Richard M. Emerson, Mary R. Gillmore, and Toshio Yamagishi. 1983. "The Distribution of Power in Exchange Networks: Theory and Experimental Results." *American Journal of Sociology* 89(2): 275-305.

Dahrendorf, Ralf. 1959. *Class and Class Conflict in Industrial Society*. Stanford, CA: Stanford University Press.

David, Paul. 1985. "Clio and the Economics of QWERTY." *American Economic Review* 75: 332-337.

De Graaf, Nan Dirk, and Hendrik Derk Flap. 1988. "With a Little Help from My Friends." *Social Forces* 67(2): 452-472.

Diamond, Douglas W. 1989. "Reputation Acquisition in Debt Markets." *Journal of Political Economy* 97: 828-862.

DiMaggio, Paul J. 1988. "Interest and Agency in Institutional Theory." Pp. 3-22 in

339

  Institutional Patterns and Organizations: Culture and Environment, edited by L. G. Zucker. Cambridge, MA: Ballinger.

DiMaggio, Paul. J. and Walter W. Powell. 1983. "The Iron Cage Revisited: Institutional Isomorphism and Collective Rationality in Organizational Fields." *American Sociological Review* 48 (April): 147-160.

—————— 1991. "Introduction." Pp.1-38 in *The New Institutionalism in Organizational Analysis,* edited by Walter W. Powell and Paul J. DiMaggio. Chicago: University of Chicago Press.

Donath, Judith S. 1999. "Identity and Deception in the Virtual Community." Pp.29-59 in *Communities in Cyberspace,* edited by M. A. Smith. London: Routledge.

Durkheim, Emile (trans. G. Simpson). 1964. *The Division of Labour in Society.* New York: Free Press.（井伊玄太郎・寿里茂共訳 [1957]『社会分業論』上・下，理想社，田原音和訳 [1971・2005]『社会分業論』青木書店，井伊玄太郎訳 [1989]『社会分業論』上・下，講談社）

—————— 1973. *Moral Education: A Study in the Theory and Application of the Sociology of Education.* New York: Free Press.（麻生誠・山村健訳 [1964]『道徳教育論』世界教育学選集32-33，明治図書出版）

Ekeh, Peter P. 1974. *Social Exchange Theory: The Two Traditions.* Cambridge, MA: Harvard University Press.

Elias, Norbert. 1939/1978. *History of Manners.* New York: Pantheon.

Emerson Richard M. 1962 "Power Dependence Relations." *American Sociological Review* 27: 31-40.

Emerson, Richard M., Karen S. Cook, Mary R. Gillmore, and Toshio Yamagishi. 1983. "Valid Predictions from Invalid Comparisons: Response to Heckathorn." *Social Forces* 61: 1232-1247.

England, Paula. 1992a. *Comparable Worth: Theories and Evidence.* New York: Aldine de Gruyter.

—————— 1992b. "From Status Attainment to Segregation and Devaluation." *Contemporary Sociology* 21: 643-647.

England, Paula, George Farkas, Barbara Kilbourne, and Thomas Dou. 1988. "Explaining Occupational Sex Segregation and Wages: Findings from a Model with Fixed Effects." *American Sociological Review* 53: 544-558.

Ensel, Walter M. 1979. "Sex, Social Ties and Status Attainment." Albany: State University of New York at Albany.

Erickson, Bonnie H. 1995. "Networks. Success and Class Structure: A Total View." Presented at the Sunbelt Social Networks Conference, February, Charleston, SC.

—————— 1996. "Culture, Class and Connections." *American Journal of Sociology* 102 (1, July): 217-251.

—————— 1998. "Social Capital and Its Profits, Local and Global." Presented at the Sunbelt XVIII and 5th European International Conference on Social Networks, Sitges, Spain, May 27-31.

Fei, Xiaotong. 1947/1992. *From the Soil.* Berkeley: University of California Press.

Fernandez, Roberto M. and Nancy Weinberg. 1997. "Sifting and Sorting: Personal Contacts and Hiring in a Retail Bank." *American Sociological Review* 62 (December): 883-902.

Fernback, Jan. 1997. "The Individual within the Collective: Virtual Ideology and the Realization of Collective Principles." Pp.36-54 in *Virtual Culture*, edited by Steven G. Jones. London: Sage.

Fisher, Irving. 1906. *The Nature of Capital and Income*, New York: Macmillan.

Flap, Henk D. 1988. *Conflict, Violence, and Loyalty*, Peter Lang.

—————— 1991. "Social Capital in the Reproduction of Inequality." *Comparative Sociology of Family, Health and Education* 20: 6179-6202.

—————— 1994. "No Man Is an Island: The Research Program of a Social Capital Theory." Presented at the World Congress of Sociology. Bielefeld, Germany, July.

—————— 1996. "Creation and Returns of Social Capital." Presented at the the European Consortium for Political Research on Social Capital and Democracy, October 3-6, Milan.

Flap, Henk D. and Ed Boxman. 1996. "Getting Started. The Influence of Social Capital on the Start of the Occupational Career." University of Utrecht the Netherlands.

—————— 1998. "Getting a Job as a Managebr," University of Utrecht, the Netherlands.

Flap, Henk D. and Nan Dirk De Graaf. 1988. "Social Capital and Attained Occupational Status." *Netherlands Journal of Sociology* 22: 145-161.

Forse, Michel. 1997. "Capital Social et Emploi." *L'Annee Sociologique* 47(1): 143-181.

Freeman, Jo. 1972-1973. "The Tyranny of Structurelessness." *Berkeley Journal of Sociology* 17: 151-164.

Giddens, Anthony. 1979. *Central Problems in Social Theory: Action, Structure, and Contradiction in Social Analysis.* Berkeley: University of California Press. (友枝敏雄ほか訳［1989］『社会理論の最前線』ハーベスト社)

Gilham, Steven A. 1981. "State, Law and Modern Economic Exchange." Pp.129-152 in *Networks, Exchange and Coercion,* edited by D. Willer and B. Ander. New York: Elsevier/Greenwood.

Goldthorpe, John H. 1980. *Social Mobility and Class Structure in Modern Britain.* New York: Oxford University Press.

Granovetter, Mark. 1973. "The Strength of Weak Ties." *American Journal of Sociology* 78: 1360-1380. (大岡栄美訳［2006］「弱い紐帯の強さ」野沢慎司編・監訳『リーディングス ネットワーク論――家族・コミュニティ・社会関係資本』勁草書房, 123-158頁)

――――― 1974. *Getting a Job.* Cambridge, MA: Harvard University Press.

――――― 1982. "The Strength of Weak Ties: A Network Theory Revisited." Pp. 105-130 in *Social Structure and Network Analysis,* edited by Nan Lin and Peter V. Marsden. Beverly Hills, CA: Sage.

――――― 1985. "Economic Action and Social Structure: The Problem of Embeddedness." *American Journal of Sociology* 91: 481-510. (渡辺深訳［1998］「経済行為と社会構造―埋め込みの問題」『転職――ネットワークとキャリアの研究』ミネルヴァ書房, 239-280頁)

――――― 1986. "Labor Mobility, Internal Markets, and Job Matching: A Comparison of the Sociological and Economic Approaches." *Research in Social Stratification and Mobility* 5: 3-39.

――――― 1995. *Getting a Job (rev. ed.).* Chicago: University of Chicago Press. (渡辺深訳［1998］『転職――ネットワークとキャリアの研究』ミネルヴァ書房)

Greeley, Andrew. 1997a. "Coleman Revisited: Religious Structures as a Source of Social Capital." *American Behavioral Scientist* 40 (5, March-April): 587-594.

――――― 1997b. "The Other Civic America: Religion and Social Capital." *The*

文　献

Coase, Ronald H. 1984. "The New Institutional Economics." *Journal of Institutional and Theoretical Economics* 140: 229-231.

Coleman, James S. 1986a. *Individual Interests and Collective Action*. Cambridge: Cambridge University Press.

—— 1986b. "Social Theory, Social Research: A Theory of Action." *American Journal of Sociology* 91: 1309-1335.

—— 1988. "Social Capital in the Creation of Human Capital." *American Journal of Sociology* 94: S95-S121.（金光淳訳［2006］「人的資本の形成における社会関係資本」野沢慎司編・監訳『リーディングス　ネットワーク論——家族・コミュニティ・社会関係資本』勁草書房，205-241頁）

—— 1990. *Foundations of Social Theory*. Cambridge, MA: Harvard University Press.（久慈利武監訳［2004-2006］『社会理論の基礎』上・下，青木書店）

Collins, Randall. 1981. "On the Microfoundations of Macrosociology." *American Journal of Sociology* 86:984-1014.

Comte, Auguste. 1848. *General View of Positivism*. Stanford, CA: Academic Reprintes.

Cook, Karen S. 1982. "Network Structure from an Exchange Perspective." Pp. 177-199 in *Social Structure and Network Analysis*, edited by P. V. Marsden and N. Lin. Beverly Hills, CA: Sage.

Cook, Karen S. and Richard M. Emerson. 1978. "Power Equity and Commitment in Exchange Networks." *American Sociological Review* 43: 721-739.

Cook. Karen S., Richard M. Emerson, Mary R. Gillmore, and Toshio Yamagishi. 1983. "The Distribution of Power in Exchange Networks: Theory and Experimental Results." *American Journal of Sociology* 89(2): 275-305.

Dahrendorf, Ralf. 1959. *Class and Class Conflict in Industrial Society*. Stanford, CA: Stanford University Press.

David, Paul. 1985. "Clio and the Economics of QWERTY." *American Economic Review* 75: 332-337.

De Graaf, Nan Dirk, and Hendrik Derk Flap. 1988. "With a Little Help from My Friends." *Social Forces* 67(2): 452-472.

Diamond, Douglas W. 1989. "Reputation Acquisition in Debt Markets." *Journal of Political Economy* 97: 828-862.

DiMaggio, Paul J. 1988. "Interest and Agency in Institutional Theory." Pp. 3-22 in

Institutional Patterns and Organizations: Culture and Environment, edited by L. G. Zucker. Cambridge, MA: Ballinger.

DiMaggio, Paul. J. and Walter W. Powell. 1983. "The Iron Cage Revisited: Institutional Isomorphism and Collective Rationality in Organizational Fields." *American Sociological Review* 48 (April): 147-160.

―――― 1991. "Introduction." Pp.1-38 in *The New Institutionalism in Organizational Analysis,* edited by Walter W. Powell and Paul J. DiMaggio. Chicago: University of Chicago Press.

Donath, Judith S. 1999. "Identity and Deception in the Virtual Community." Pp.29-59 in *Communities in Cyberspace,* edited by M. A. Smith. London: Routledge.

Durkheim, Emile (trans. G. Simpson). 1964. *The Division of Labour in Society.* New York: Free Press.（井伊玄太郎・寿里茂共訳［1957］『社会分業論』上・下，理想社，田原音和訳［1971・2005］『社会分業論』青木書店，井伊玄太郎訳［1989］『社会分業論』上・下，講談社）

―――― 1973. *Moral Education: A Study in the Theory and Application of the Sociology of Education.* New York: Free Press.（麻生誠・山村健訳［1964］『道徳教育論』世界教育学選集32-33，明治図書出版）

Ekeh, Peter P. 1974. *Social Exchange Theory: The Two Traditions.* Cambridge, MA: Harvard University Press.

Elias, Norbert. 1939/1978. *History of Manners.* New York: Pantheon.

Emerson Richard M. 1962 "Power Dependence Relations." *American Sociological Review* 27: 31-40.

Emerson, Richard M., Karen S. Cook, Mary R. Gillmore, and Toshio Yamagishi. 1983. "Valid Predictions from Invalid Comparisons: Response to Heckathorn." *Social Forces* 61: 1232-1247.

England, Paula. 1992a. *Comparable Worth: Theories and Evidence.* New York: Aldine de Gruyter.

―――― 1992b. "From Status Attainment to Segregation and Devaluation." *Contemporary Sociology* 21: 643-647.

England, Paula, George Farkas, Barbara Kilbourne, and Thomas Dou. 1988. "Explaining Occupational Sex Segregation and Wages: Findings from a Model with Fixed Effects." *American Sociological Review* 53: 544-558.

Ensel, Walter M. 1979. "Sex, Social Ties and Status Attainment." Albany: State University of New York at Albany.
Erickson, Bonnie H. 1995. "Networks. Success and Class Structure: A Total View." Presented at the Sunbelt Social Networks Conference, February, Charleston, SC.
——— 1996. "Culture, Class and Connections." *American Journal of Sociology* 102 (1, July): 217-251.
——— 1998. "Social Capital and Its Profits, Local and Global." Presented at the Sunbelt XVIII and 5th European International Conference on Social Networks, Sitges, Spain, May 27-31.
Fei, Xiaotong. 1947/1992. *From the Soil*. Berkeley: University of California Press.
Fernandez, Roberto M. and Nancy Weinberg. 1997. "Sifting and Sorting: Personal Contacts and Hiring in a Retail Bank." *American Sociological Review* 62 (December): 883-902.
Fernback, Jan. 1997. "The Individual within the Collective: Virtual Ideology and the Realization of Collective Principles." Pp.36-54 in *Virtual Culture*, edited by Steven G. Jones. London: Sage.
Fisher, Irving. 1906. *The Nature of Capital and Income*, New York: Macmillan.
Flap, Henk D. 1988. *Conflict, Violence, and Loyalty*, Peter Lang.
——— 1991. "Social Capital in the Reproduction of Inequality." *Comparative Sociology of Family, Health and Education* 20: 6179-6202.
——— 1994. "No Man Is an Island: The Research Program of a Social Capital Theory." Presented at the World Congress of Sociology. Bielefeld, Germany, July.
——— 1996. "Creation and Returns of Social Capital." Presented at the the European Consortium for Political Research on Social Capital and Democracy, October 3-6, Milan.
Flap, Henk D. and Ed Boxman. 1996. "Getting Started. The Influence of Social Capital on the Start of the Occupational Career." University of Utrecht the Netherlands.
——— 1998. "Getting a Job as a Managebr," University of Utrecht, the Netherlands.
Flap, Henk D. and Nan Dirk De Graaf. 1988. "Social Capital and Attained Occupa-

tional Status." *Netherlands Journal of Sociology* 22: 145-161.

Forse, Michel. 1997. "Capital Social et Emploi." *L'Annee Sociologique* 47(1): 143-181.

Freeman, Jo. 1972-1973. "The Tyranny of Structurelessness." *Berkeley Journal of Sociology* 17: 151-164.

Giddens, Anthony. 1979. *Central Problems in Social Theory: Action, Structure, and Contradiction in Social Analysis*. Berkeley: University of California Press. (友枝敏雄ほか訳［1989］『社会理論の最前線』ハーベスト社)

Gilham, Steven A. 1981. "State, Law and Modern Economic Exchange." Pp.129-152 in *Networks, Exchange and Coercion,* edited by D. Willer and B. Ander. New York: Elsevier/Greenwood.

Goldthorpe, John H. 1980. *Social Mobility and Class Structure in Modern Britain*. New York: Oxford University Press.

Granovetter, Mark. 1973. "The Strength of Weak Ties." *American Journal of Sociology* 78: 1360-1380.（大岡栄美訳［2006］「弱い紐帯の強さ」野沢慎司編・監訳『リーディングス ネットワーク論——家族・コミュニティ・社会関係資本』勁草書房，123-158頁)

────── 1974. *Getting a Job*. Cambridge, MA: Harvard University Press.

────── 1982. "The Strength of Weak Ties: A Network Theory Revisited." Pp. 105-130 in *Social Structure and Network Analysis,* edited by Nan Lin and Peter V. Marsden. Beverly Hills, CA: Sage.

────── 1985. "Economic Action and Social Structure: The Problem of Embeddedness." *American Journal of Sociology* 91: 481-510.（渡辺深訳［1998］「経済行為と社会構造—埋め込みの問題」『転職——ネットワークとキャリアの研究』ミネルヴァ書房，239-280頁)

────── 1986. "Labor Mobility, Internal Markets, and Job Matching: A Comparison of the Sociological and Economic Approaches." *Research in Social Stratification and Mobility* 5: 3-39.

────── 1995. *Getting a Job (rev. ed.)*. Chicago: University of Chicago Press. (渡辺深訳［1998］『転職——ネットワークとキャリアの研究』ミネルヴァ書房)

Greeley, Andrew. 1997a. "Coleman Revisited: Religious Structures as a Source of Social Capital." *American Behavioral Scientist* 40 (5, March-April): 587-594.

────── 1997b. "The Other Civic America: Religion and Social Capital." *The*

American Prospect 32 (May-June): 68-73.

―――― 1997c. "The Strange Reappearance of Civic America: Religion and Volunteering." Department of Sociology, University of Chicago.

Green, Gary P., Leann M. Tigges, and Irene Browne. 1995. "Social Resources, Job Search and Poverty in Atlanta." *Research m Community Sociology* 5: 161-182.

Greif, Avner. 1989. "Reputation and Coalitions in Medieval Trade: Evidence of the Maghribi Traders." *Journal of Economic History* 49 (December): 857-882.

Gurak, Laura J. 1999. "The Promise and the Peril of Social Action in Cyberspace: Ethos, Delivery, and the Protests Over Marketplace and the Clipper Chip" Pp. 243-263 in *Communities in Cyberspace,* edited by M. A. Smith and P. Kollock. London: Routledge.

Guy-Sheftall, Beverly. 1995. *Women's Studies: A Retrospective,* New York: Ford Foundation.

Hall, Alan and Barry Wellman. 1985. "Social Networks and Social Support." Pp.23-42 in *Social Support and Health,* edited by S. Cohen and S. L. Syme. Orlando, FL: Academic Press.

Han, Minmo. 1987. *History of Chinese Sociology.* Tianjin: Tianjin Renmin Press.

Hannan, Michael T. 1992. "Rationality and Robustness in Multilevel Systems." Pp. 120-136 in *Rational Choice Theory: Advocacy and Critique,* edited by J. S. Coleman and T. J. Fararo. Newbury Park, CA: Sage.

Hardin, Russell. 1998. "Conceptions of Social Capital." Presented at the International Conference on Social Networks and Social Capital, October 30-November 1, Duke University.

Hechter, Michael. 1983. "A Theory of Group Solidarity." Pp.16-57 in *The Microfoundations of Macrosociology,* edited by M. Hechter. Philadelphia: Temple University Press.

Heying, Charles H. 1997. "Civil Elites and Corporate Delocalization." *American Behavioral Scientist* (March-April) 408(5): 657-668.

Homans, George C. 1950. *The Human Group.* New York: Harcourt, Brace. (馬場明易・早川浩一訳 [1961] 『ヒューマン・グループ』誠信書房)

―――― 1958. "Human Behavior as Exchange." *American Journal of Sociology* 63 (6, May): 597-606.

―――― 1961. *Social Behavior: Its Elementary Forms*. New York: Harcourt, Brace & World.（revised edition [1974]＝橋本茂訳 [1978]『社会行動――その基本形態』誠信書房）

House, James, Debra Umberson, and K. R. Landis. 1988. "Structures and Processes of Social Support." *Annual Review of Sociology* 14: 293-318.

Howe, Florence. 1977. *Seven years Later: Women's Studies Programs in 1976*. Washington. DC: National Advisory Council on Women's Educational Programs.

Howe, Florence and Carol Ahlum. 1973. "Women's Studies and Social Change." Pp. 393-423 in *Academic Women on the Move*, edited by A. S. Rossi and A. Calderwood. New York: Russell Sage Foundation.

Hsung, Ray-May and Hwang, Yih-Jib. 1992. "Social Resources and Petit Bourgeois." *Chinese Sociological Quarterly* 16: 107-138.

Hsung, Ray-May and Ching-Shan Sun. 1988. *Social Resources and Social Mobility: Manufacturing Employees*. Taiwan: National Science Council.

Irving, Larry. July 1995, 1998, 1999. *Falling Through the Net: Defning the Digital Divide*: I, II, III. Washington, DC: U.S. Department of Commerce.

Jacobs, Jerry. 1989. *Revolving Doors: Sex Segregation and Women's Careers*. Stanford, CA: Stanford University Press.

Jarvis, Craig. 1999. "Engineer Admits Securities Fraud." *News & Observers*, June 22, Pp.1-2.

Jenkins, Richard. 1992. *Pierre Bourdieu*. Long: Loutledge.

Jeter, Jon. 1999. "Internet Romance Ends with Death." *The Washington Post*, March 6, p.A2.

Johnson, Harry G. 1960. "The Political Economy of Opulence." *Canadian Journal of Economics and Political Science* 26: 552-564.

Jones, Steven G., ed. 1997a. *Virtual Culture*. London: Sage.

Jones, Steven G. 1997b. "The Internet and Its Social Landscape." In *Virtual Culture*, edited by S. G. Jones. London: Sage.

Kadushin, Charles. 1983. "Mental Health and the Interpersonal Environment: A Re-Examination of Some Effects of Social Structure on Mental Health." *American Sociological Review* 48: 188-198.

Kalleberg, Arne L. 1988. "Comparative Perspectives on Work Structures and Inequality." *Annual Review of Sociology* 14: 203-225.

Kalleberg, Arne L. and James R. Lincoln. 1988. "The Structure of Earnings Inequality in the United States and Japan." *American Journal of Sociology* 94 (Supplement): S121-S153.

Kelley, Jonathan. 1990. "The Failure of a Paradigm: Log-Linear Models of Social Mobility." Pp.319-346, 349-357 in *John H. Goldthorpe: Consensus and Controversy,* edited by J. Clark, C. Modgil, and S. Modgil. London: Falmer Press.

Kelly, Kevin. 1998. New Rules for the New Economy. New York: Penguin. (酒井泰介訳［1999］『ニューエコノミー勝者の条件――ウィナー・テイク・オール時代のマーケティング10則』ダイヤモンド社)

Kelman, H. C. 1961. "Processes of Opinion Change." *Public Opinion Quarterly* 25: 57-78.

Kenworthy Lane. 1997. "Civil Engagement. Social Capital, and Economic Corporation." *American Behavioral Scientist* (March-April) 40(5): 645-656.

Kessier-Harris, Alice. 1982. *Out to Work: A History of Wage-Earning Women in the United States.* New York: Oxford University Press.

Kilbourne, Barbara Stanek, Paula England. George Farkas, Kurt Beron, and Dorothea Weir. 1994. "Returns to Skill, Compensating Differentials, and Gender Bias: Effects of Occupational Characteristics on the Wages of White Women and Men." *American Journal of Sociology* 100 (3, November): 689-719.

Klein, B. and K. Leffler. 1981. "The Role of Market Forces in Assuring Contractual Performance." *Journal of Political Economy* 81: 615-641.

Kollock, Peter. 1999. "The Economics of Online Cooperation: Gifts and Goods in Cyberspace." Pp.220-239 in *Communities in Cyberspace,* edited by Marc A. Smith and Peter Kollock. London: Routledge.

Kornai, Janos. 1992. *The Socialist System: The Political Economy of Communism.* Princeton, NJ: Princeton University Press.

Kreps, David and Robert Wilson. 1982. "Reputation and Imperfect Information." *Journal of Economic Theory* 27: 253-279.

Krymkowski, Daniel H. 1991. "The Process of Status Attainment Among Men in Poland, the U.S., and West Germany." *American Sociological Review* 56: 46-59.

Lai, Gina Wan-Foon, Nan Lin, and Shu-Yin Leung. 1998. "Network Resources, Contact Resources, and Status Attainment." *Social Networks* 20 (2, April): 159-178.

Laumann. Edward O. 1966. *Prestige and Association in an Urban Community.* Indianapolis: Bobbs-Merrill.

Lazarsfeld, Paul F, and Robert K. Merton. 1954. "Friendship as Social Process: A Substantive and Methodological Analysis." Pp.298-348 in *The Varied Sociology of Paul F. Lazarsfeld,* edited by P. L. Kendall. New York: Columbia University Press.

Ledeneva, Alena. 1998. *Russia's Economy of Favours: Blat, Networking, and Informal Exchange.* New York: Cambridge University Press.

Levi-Strauss, Claude. 1949. *Les Structures Elementaires de la Parente.* Paris: Presses Universitaires de France.

―――― 1969. *The Elementary Structure of Kinship.* Boston: Beacon Press. (荒川幾男ほか訳［1972］『構造人類学』みすず書房、福井和美訳［2000］『親族の基本構造』青弓書房、馬渕東一・田島節夫監訳［上1977］［下1978］番町書房)

Li. Hongzhi. 1993 and 1994 (2nd ed.). *Zhong-Guo Fa-Lun Gong (Chinese Cultivation of the Wheel of the Law).* Beijing: Military Literature Press.

―――― 1996. *Fa-Lun Dafa Yi Jive (Explicating the Principles of the Wheel of the Law).* Changchun: Changchun Press.

Lin, Nan. 1973. *The Study of Human Communication.* Indianapolis: Bobbs-Merrill.

―――― 1982. "Social Resources and Instrumental Action." Pp,131-145 in *Social Structure and Network Analysis,* edited by P. V. Marsden and N. Lin. Beverly Hills. CA: Sage.

―――― 1986. "Conceptualizing Social Support." Pp.17-30 in *Social Support, Life Events, and Depression,* edited by N. Lin. A. Dean, and W. Ensel. Orlando, FL: Academic Press.

―――― 1989. "Chinese Family Structure and Chinese Society." *Bulletin of the Institute of Ethnology* 65: 382-399.

―――― 1990. "Social Resources and Social Mobility: A Structural Theory of Status Attainment." Pp.247-271 in *Social Mobility and Social Structure,* edited by R. L. Breiger. New York: Cambridge University Press.

―――― 1992a. "Social Resources Theory." Pp.1936-1942 in *Encyclopedia of Sociology,* Volume 4, edited by E. F. Borgatta and M. L. Borgatta. New York: Macmillan.

—— 1992b. *The Struggle for Tiananmen: Anatomy of the 1989 Mass Movement.* Westport, CT: Praeger.

—— 1994a. "Action, Social Resources, and the Emergence of Social Structure: A Rational Choice Theory." *Advances in Group Processes* 11: 67-85.

—— 1994b. "Institutional Capital and Work Attainment." Unpublished manuscript, Durham, NC.

—— 1995a. "Les Resources Sociales: Une Theorie Du Capital Social." *Revue Francaise de Sociologie* XXXVI (4, October-December): 685-704.

—— 1995b. "Persistence and Erosion of Institutional Resources and Institutional Capital: Social Stratification and Mobility in Taiwan." Presented at the International Conference on Social Change in Contemporary Taiwan, June, Academia Sinica, Taipei, Taiwan.

—— 1999a. "Building a Network Theory of Social Capital." *Connections* 22(1): 28-51.

—— 1999b. "Social Networks and Status Attainment." *Annual Review of Sociology* 25: 467-487.

—— 2001. "Guanxi: A Conceptual Analysis." in *The Chinese Triangle of Mainland, Taiwan, and Hong Kong: Comparative Institutional Analysis,* edited by A. So, N. Lin, and D. Poston. Westport, CT: Greenwood.

Lin, Nan and Yanjie Bian. 1991. "Getting Ahead in Urban China." *American Journal of Sociology* 97 (3, November): 657-688.

Lin, Nan, Paul Dayton and Peter Greenwald 1978. "Analyzing the Instrumental Use of Relations in the Context of Social Structure." *Sociological Methods and Research* 7: 149-166.

Lin, Nan, Alfred Dean, and Walter Ensel. 1986. *Social Support, Life Events, and Depression.* Orlando, FL: Academic Press.

Lin, Nan and Mary Dumin. 1986. "Access to Occupations Through Social Ties." *Social Networks* 8: 365-385.

Lin, Nan and Walter M. Ensel. 1989. "Life Stress and Health: Stressors and Resources." *American Sociological Review* 54: 382-399.

Lin, Nan, Walter M. Ensel, and John C.Vaughn. 1981. "Social Resources and

Strength of Ties: Structural Factors in Occupational Status Attainment." *American Sociological Review* 46 (4, August): 393-405.

Lin Nan and Gina Lai. 1995 "Urban Stress m China." *Social Science and Medicine* 41 (8): 1131-1145.

Lin, Nan and M. Kristen Peek. 1999. "Social Networks and Mental Health." Pp.241-258 in *The Sociology of Mental Health and Illness*, edited by A. Horwitze and T. L. Scheid. New York: Cambridge University Press.

Lin, Nan, R. S. Simeone, W. M. Ensel, and W. Kuo. 1979. "Social Support, Stressful Life Events, and Illness: A Model and an Empirical Test." *Journal of Health and Social Behavior* 20: 108-119.

Lin, N., Vaughn, John C., and Ensel, Walter M. 1981. "Social Resources and Occupational Status Attainment." *Social Forces* 59(4): 1163-1181.

Lin, Nan and Xiaolan Ye. 1997. "Revisiting Social Support: Integration of Its Dimensions." Presented at the International Conference on Life Events/Stress, Social Support and Mental Health: Cross-Cultural Perspectives, June 17-19, Taipei, Taiwan.

Lin, Nan, Xiaolan Ye, and Walter M. Ensel. 1999. "Social Support and Mental Health: A Structural Approach." *Journal of Health and Social Behavior* 40: 344-359.

────── 2000. "Revisiting Social Support: Integration of Its Dimensions." *Formosa Journal of Mental Health* 13-2 (June): 37-64.

Lindenberg Siegwart. 1992. "The Method of Decreasing Abstraction." Pp. 3-20 in *Rational Choice Theory: Advocacy and Critique,* edited by J. S. Coleman and T. J. Fararo. Newbury Park, CA: Sage.

Loury, G. 1977. "A Dynamic Theory of Racial Income Differences." Pp.153-186 in *Women, Minorities, and Employment Discrimination,* edited by P. A. Wallace and A. Le Mind. Lexington, MA: Lexington Books.

────── 1987. "Why Should We Care About Group Inequality?" *Social Philosophy and Policy* 5: 249-271.

Luhmann, Niklas. 1979. *Trust and Power.* Chichester, UK: Wiley.

────── 1988. "Familiarity, Confidence, Trust: Problems and Alternatives." Pp. 94-107 in *Trust: Making and Breaking Cooperative Relations,* edited by D. Gambetta. New York: Basil Blackwell.

MacKinnon, Richard C. 1997. "Punishing the Persona: Correctional Strategies for the Virtual Offender." Pp.206-235 in *Virtue Culture,* edited by S. G. Jones. London: Sage.

Malinowski, Bronislaw. 1922. *Argonauts of the Western Pacific.* London: Routledge & Kegan Paul.（寺田和夫・増田義郎訳［1967・1980］『西太平洋の遠洋航海者たち』泉靖一責任編集 世界の名著59・71，中央公論社）

Mao, Zedong. 1940. "On New Democracy." Pp.106-156 in *Selected Works of Mao Tse-Tung,* Vol.III. London: Lawrence Wishant, 1954.

────── 1942. "Talks at the Yenan Forum on Literature and Art." Pp.250-286 in *Selected Readings from the Works of Mao Zedong.* Peking: Foreign Language Press, 1971.

────── 1949. "On the People's Democratic Dictatorship." Pp.371-388 in *Selected Works of Mao Zedong.* Peking: Foreign Language Press, 1971.

Marini, Margaret Mooney 1992. "The Role of Models of Purposive Action in Sociology." Pp.21-48 in *Rational Choice Theory: Advocacy and Critique,* edited by J. S. Coleman and T. J. Fararo. Newbury Park, CA: Sage.

Marsden, Peter V. and Karen E. Campbell. 1984. "Measuring Tie Strength." *Social Forces* 63 (December): 482-501.

Marsden, Peter V. and Jeanne S. Hurlbert. 1988. "Social Resources and Mobility Outcomes: A Replication and Extension." *Social Forces* 66(4): 1038-1059.

Marx, Karl. 1933 (1849). *Wage-Labour and Capital.* New York: International Publishers.（服部文男訳［1976・1999］『賃労働と資本──賃金，価格および利潤』新日本出版社）

────── 1935 (1865). *Value, Price and Profit.* New York: International Publishers.（長谷部文雄訳［1935］『賃銀・価格および利潤 』岩波書店，横山正彦訳［1965・1967］『賃金・価格・利潤』大月書店，土屋保男訳［1983］『賃金・価格・利潤』大月書店など）

Marx, Karl (David McLellan, ed.). 1995 (1867, 1885, 1894). *Capital: A New Abridgement.* Oxford: Oxford University Press.（『資本論』マルクス=エンゲルス全集刊行委員会訳［1967・1982］大月書店，資本論翻訳委員会訳［1982-89・1997］新日本出版社，今村仁司・三島憲一・鈴木直訳［2005］筑摩書房など）

McLaughlin, Magaret L., Kerry K. Osborne, and Nicole B. Ellison. 1997. "Virtual

Community in a Telepresence Environment." Pp.146-168 in *Virtual Culture*, edited by S. G. Jones. London: Sage.

Mele, Christopher. 1999. "Cyberspace and Disadvantaged Communities: The Internet as a Tool for Collective Action." Pp.290-310 in *Communities in Cyberspace*, edited by M. A. Smith and P. Kollock. London: Routledge.

Merrit, Karen. 1984. "Women's Studies: A Discipline Takes Shape." Pp.253-262 in *Women and Education: Equity or Equality*, edited by E. Fennema and M. J. Ayer. Berkeley, CA: McCutchan.

Merton, Robert K. 1940. "Bureaucratic Structure and Personality." *Social Forces* 18: 560-568.

────── 1995. "Opportunity Structure: The Emergence, Diffusion, and Differentiation of a Sociological Concept, 1930s-1950s." Pp.3-78 in *Advances in Criminological Theory: The Legacy of Anomie Theory*, edited by F. Adler and W. S. Laufer. New Brunswick, NJ: Transaction Books.

Metcalfe, Bob. 1999. "The Internet in 1999: This Will Prove to Be the Year of the Bills, Bills, and Bills." *InfoWorld*, January 18, p.90.

Meyer, John W. and Brian Rowan. 1977. "Institutionalized Organizations: Formal Structure as Myth and Ceremony." *American Journal of Sociology* 83: 340-363.

Meyer. John W. and W. Richard Scott. 1992. *Organizational Environments: Ritual and Rationality*. Newbury Park, CA: Sage.

Miller, Michael J. 1999. "The Net Changes Everything." *PC Magazine* (February 9): 4.

Minkoff, Debra C. 1997. "Producing Social Capital: National Social Movements and Civil Society." *American Behavioral Scientist* 40 (5, March-April): 606-619.

Misztal, Barbara A. 1996. *Trust in Modern Societies: The Search for the Bases of Social Order*. Cambridge: Polity Press.

Mitra, Ananda. 1997. "Virtual Commonality: Looking for India on the Internet." Pp. 55-79 in *Virtue Culture*, edited by S. G. Jones. London: Sage.

Mobilization Society of Wuhan. 1939. *K'ang-Ta Ti Chiao-Yu Fang-Fa (Pedagogical Methods of K'ang-Da)*. Wuhan: Mobilization Society of Wuhan.

Moerbeek, Hester. Wout Ultee, and Henk Flap. 1995. "That's What Friends Are For: Ascribed and Achieved Social Capital in the Occupational Career." Presented at the The European Social Network Conference, London.

Morrow, James. 1999. "Watching Web Speech." *U.S. News & World Report*, February 15, p.32.

Newton, Kenneth. 1997. "Social Capital and Democracy." *American Behavioral Scientist* 40 (5, March-April): 575-586.

North, Douglass C. 1990. *Institutions, Institutional Change and Economic Performance*. Cambridge: Cambridge University Press. (竹下公視訳 [1994]『制度・制度変化・経済成果』晃洋書房)

Parsons, Talcott. 1963. "On the Concept of Influence." *Public Opinion Quarterly* 27: 37-62.

Paxton, Pamela. 1999. "Is Social Capital Declining in the United States? A Multiple Indicator Assessment." *American Journal of Sociology* 105 (1, July): 88-127.

Pepper, Suzanne. 1996. *Radicalism and Education Reform in 20th-Century China*, New York: Cambridge University Press.

Pizzorno, Alessandro. 1991. "On the individualistic Theory of Social Order." Pp.209-231 in *Social Theory for a Changing Society*, edited by P. Bourdieu and J. S. Coleman. Boulder, CO: Westview Press.

Podolny, Joel M. and James N. Baron. 1997. "Social Networks and Mobility." *American Sociological Review* 62 (October): 673-693.

Portes, Alejandro. 1998. "Social Capital: Its Origins and Applications in Modern Sociology." *Annual Review of Sociology* 22: 1-24.

Portes, Alejandro and Julia Sensenbrenner. 1993. "Embeddedness and Immigration: Notes on the Social Determinants of Economic Action." *American Journal of Sociology* 98 (6, May): 1320-1350.

Poster, Mark. 1998. "Virtual Ethnicity: Tribal Identity in an Age of Global Communications." Pp.184-211 in *Cybersociety 2.0: Revisiting Computer Mediated Communication and Community*, edited by S. G. Jones. Thousand Oaks, CA: Sage.

Powell, Walter W. and Paul J. DiMaggio, eds. 1991. *The New Institutionalism in Organizational Analysis*. Chicago: University of Chicago Press.

Putnam, Robert D. 1993. "The Prosperous Community: Social Capital and Public Life." *The American Prospect* 13 (spring): 35-42. (河田潤一訳 [2003]「社会資本と公的生活」河田潤一・荒木義修編『ハンドブック政治心理学』北樹出版, 187-202

頁）

―――― 1995a. "Bowling Alone: American's Declining Social Capital." *Journal of Democracy* 6 (1. January): 65-78.（坂本治也・山本富実訳 [2004]「ひとりでボウリングをする――アメリカにおけるソーシャル・キャピタルの減退」宮川公男・大守隆編『ソーシャル・キャピタル――現代経済社会のガバナンスの基礎』東洋経済新報社，55-76頁）

―――― 1995b. "Tuning In, Tuning Out: The Strange Disappearance of Social Capital in America." *P.S.: Political Science and Politics* 28 (4, December): 1-20.

Qiu Shi. 1999. "Insisting on Atheism and Criticizing Falun Gong." Editorial, *Seeking the Truth*, 15, August 1, Pp.2-4.

Qu, Shipei. 1985. *Higher Education in the Liberated Areas in the Period of the War of Resistance Against Japan*. Beijing: Beijing University Press.

Radcliffe-Brown, A. R. 1952. *Structure and Function in Primitive Society*, New York: Free Press.（青柳まちこ訳 [1978・1981〔新装版〕]『未開社会における構造と機能』新泉社）

Reid, Elizabeth. 1999. "Hierarchy and Power: Social Control in Cyberspace." Pp.107-133 in *Communities in Cyberspace,* edited by M. A. Smith and P. Kollock. London: Routledge.

Requena, Felix. 1991. "Social Resources and Occupational Status Attainment in Spain: A Cross-National Comparison with the United States and the Netherlands." *International Journal of Comparative Sociology* XXXII (3-4): 233-242.

Reskin, Barbara. 1988. "Bringing the Men Back In: Sex Differentiation and the Devaluation of Women's Work." *Gender and Society* 2 :58-81.

―――― 1993. "Sex Segregation in the Workplace." *Annual Review of Sociology* 19: 241-270.

Reskin, Barbara and Patricia Roos. 1990. *Job Queues, Gender Queues: Explaining Women's Inroads into Male Occupations*. Philadelphia: Temple University Press.

Ruan, Danching. 1998. "The Content of the General Social Survey Discussion Networks: An Exploration of General Social Survey Discussion Name Generator in a Chinese Context." *Social Networks* 20(3, July): 247-264.

Rus, Andrej. 1995. "Access and Mobilization ― Dual Character of Social Capital: Managerial Networks and Privatization in Eastern Europe." Unpublished manuscript, Columbia University.

Sassen, Saskia and Kwame Anthony Appiah. 1998. *Globalization and Its Discontents.* New York: New Press.

Scheff, Thomas J. 1992. "Rationality and Emotion: Homage to Norbert Elias." Pp. 101-119 in *Rational Choice Theory: Advocacy and Critique,* edited by J. S. Coleman and T. J. Fararo. Newbury Park, CA: Sage.

Schmitz, Joseph. 1997. "Structural Relations, Electronic Media, and Social Change: The Public Electronic Network and the Homeless." Pp.80-101 in *Virtue Culture,* edited by S. G. Jones. London: Sage.

Schram, Stuart R. 1963. *The Political Thought of Mao Tse-Tung,* New York: Praeger.

Schudson, Michael. 1996. "What If Civic Life Didn't Die?" *The American Prospect* 25 (March-April): 17-20.

Schultz, Theodore W. 1961. "Investment in Human Capital." *The American Economic Review* LI (1, March): 1-17.

Scott, W. Richard and John W. Meyer. 1994. *Institutional Environments and Organizations: Structural Complexity and Individualism.* Beverley Hills, CA: Sage.

Sewell, William H., Jr. 1992. "A Theory of Structure: Duality, Agency, and Transformation." *American Journal of Sociology* 98(1, July): 1-29.

Sewell, William H., Jr. and Robert M. Hauser. 1975. *Education, Occupation and Earnings: Achievement in the Early Career.* New York: Academic Press.

Seybolt, Perter J. 1973. *Revolutionary Education in China.* White Plains, NY: International Arts and Sciences Press.

Shanghai Jiaoyu Chubanshe (上海教育出版社). 1983. *Hunan Diyi Shifan Xiaoshi 1903-49 (History of Hunan # 1 Normal School 1903-49).* Shanghai: Shanghai Jiaoyu Chubanshe.

Shapiro, Carl and Hal R. Varian. 1999. *Information Rules: A Strategic Guide to the Network Economy.* Boston: Harvard Business School Press.（千本倖生監訳・宮本喜一訳［1999］『「ネットワーク経済」の法則――アトム型産業からビット型産業へ…変革期を生き抜く72の指針』IDGコミュニケーションズ）

Simmel, Georg (trans. and ed. Kurt H. Wolff). 1950. *The Sociology of Georg Simmel.* Glencoe, IL: Free Press.（居安正訳［1994］『社会学――社会化の諸形式についての研究』白水社）

―――― (ed. Donald N. Levine). 1971. *Georg Simmel on Individuality and Social Forms*. Chicago: University of Chicago Press.

―――― 1978. *The Philosophy of Money*. London: Routledge. (居安正訳 [1999] 『貨幣の哲学（新訳版）』白水社)

Skocpol, Theda. 1996. "Unraveling from Above." *The American Prospect* 25 (March-April): 20-25.

Smith, Adam. 1937. *The Wealth of Nations*. New York: Modern Library.

Smith, Marc A. 1999. "The Economies of Online Cooperation: Gifts and Public Goods in Cyberspace." Pp.220-242 in *Commodities in Cyberspace*, edited by M. A. Smith and P. Kollock. London: Routledge.

Smith, Marc A. and Peter Kollock, eds. 1999. *Commodities in Cyberspace*. London: Routledge.

Smith. Michael R. 1990. "What Is New in 'New Structuralist' Analyses of Earnings?" *American Sociological Review* 55 (December): 827-841.

Sprengers, Maarten Fritz Tazelaar, and Hendrik Derk Flap. 1988. "Social Resources, Situational Constraints, and Reemployment" *Netherlands Journal of Sociology* 24: 98-116.

Stanton-Salazar, Ricardo D. 1997. "A Social Capital Framework for Understanding the Socialization of Racial Minority Children and Youths." *Harvard Educational Review* 67(1, Spring): 1-40.

Stanton-Salazar, Ricard D. and Sanford M. Dornbusch. 1995. "Social Capital and the Reproduction of Inequality: Information Networks Among Mexican Origin High School Students." *Sociology of Education* 68 (April): 116-135.

Stimpson, Catharine R. 1986. *Women's Studies in the United States*. New York: Ford Foundation.

Tam, Tony. 1997. "Sex Segregation and Occupational Gender Inequality in the United States: Devaluation or Specialized Training?" *American Journal of Sociology* 102 (6, May): 1652-1692.

Tardos, Robert. 1996. "Some Remarks on the Interpretation and Possible Uses of the 'Social Capital' Concept with Special Regard to the Hungarian Case." *Bulletin de Methodologie Sociologique* 53 (December): 52-62.

Taylor and Jerome. 1999. "Karma." *PC Computing*, June, p.87.

Thomas, Karen. 1999. "Hate Groups Snare Youths with Web Games." *USA Today.* July 8, p.D1.

Tobias, Sheila. 1970. "Female Studies —— an Immodest Proposal." Ithaca, NY: Cornell University.

Tomaskovic-Devey, Donald. 1993. *Gender and Race Inequality at Work: The Sources and Consequences of Job Segregation.* Ithaca, NY: ILR Press.

Treiman, Donald. 1970. "Industrialization and Social Stratification." Pp. 207-234 in *Social Stratification: Research and Theory for the 1970s,* edited by E. O. Laumann. Indianapolis: Bobbs-Merrill.

Treiman, Donald and Kermit Terrell. 1975. "Women, Work, and Wages — Trends in the Female Occupational Structure Since 1940." Pp. 157-200 in *Social Indicator Models,* edited by K. C. Land and S. Spiderman. New York: Russell Sage Foundation.

Uncapher, Willard. 1999. "Electronic Homesteading on the Rural Frontier: Big Sky Telegraph and Its Community." Pp. 264-289 in *Communities in Cyberspace,* edited by M. A. Smith and P. Kollock. London: Routledge.

Valley, Richard. 1996. "Couch-Potato Democracy?" *The American Prospect* (March-April): 25-26.

Verba, Sidney, Schlozman, Kay Lehman, and Henry E. Brady. 1995. *Voice and Equality: Civil Voluntarism in American Politics.* Cambridge. MA: Harvard University Press.

——— 1997. "The Big Tilt Participatory Inequality m America." *The American Prospect* 32: 74-80.

Volker, Beaten and Henk Flap. 1999. "Getting Ahead in the GDR: Social Capital and Status Attainment Under Communism." *Acta Sociologica* 41 (1, April): 17-34.

von Thunen, H. (trans. B. F. Hoselitz). 1875. *Der Isolierte Staat.* Chicago: Comparative Education Center, University of Chicago.

Wacquant, L. D. 1989. "Toward a Reflexive Sociology: A Workshop with Pierre Bourdieu." *Sociological Theory* 7:26-63.

Watson, Nessim. 1997. "Why We Argue About Virtual Community: A Case Study of the Phish.Net Fan Community." Pp. 102-132 in *Virtual Culture,* edited by S. G. Jones. London: Sage.

Weber, Max. 1946. *From Max Weber: Essays in Sociology* (trans. H. H. Gerth and C. Wright Mills). New York: Oxford University Press. (H. ガース, ライト・ミルズ共著／山口和男・犬伏宣宏共訳 [1962]『マックス・ウェーバー——その人と業績』ミネルヴァ書房)

―――― 1947. *The Theory of Social and Economic Organizations,* New York: Oxford University Press.

Weber, Max. (ed. G. Roth and C. Wittich). 1968. *Economy and Society.* Berkeley: University of California Press.

Wegener, Bernd. 1991. "Job Mobility and Social Ties: Social Resources, Prior Job and Status Attainment." *American Sociological Review* 56 (February):1-12.

Wellman, Barry. 1981. "Applying Network Analysis to the Study of Social Support." Pp.171-200 in *Social Networks and Social Support,* edited by B. H. Gottlieb. Beverly Hills: Sage.

Wellman, Barry, ed. 1998. *Networks in the Global Village.* Boulder. CO: Westview Press.

Wellman, Barry and Milena Gulia. 1999. "Virtual Communities as Communities: Net Surfers Don't Ride Alone." Pp.167-194 in *Communities in Cyberspace,* edited by M. A. Smith and P. Kollock. London: Routledge.

Willer, David. 1985. "Property and Social Exchange." Pp.123-142 in *Advances in Group Processes,* edited by E. J. Lawler. Greenwich, CT: JAI Press.

Williamson, Oliver E. 1975. *Markets and Hierarchies: Analysis and Antitrust Implications.* New York: Free Press. (浅沼萬里・岩崎晃訳 [1980]『市場と企業組織』日本評論社)

―――― 1993. "Calculativeness, Trust, and Economic Organization." *Journal of Law and Economics* 36 (1-2, April): 453-486.

―――― 1985. *The Economic Institutions of Capitalism.* New York: Free Press.

Wilson, Beth. 1999. "Vital Signs." *PC Computing,* March, p.14.

Wood, Richard L. 1997. "Social Capital and Political Culture." *American Behavioral Scientist* (March-April) 40(5): 595-605.

Wright, Erik Olin. 1979. *Class Structure and Income Determination.* New York: Academic Press.

Yamagishi, Toshio, Mary R. Gillmore, and Karen S. Cook. 1988. "Network Connections and the Distribution of Power in Exchange Networks." *American Journal of Sociology* 93 (4, January): 833-851.

Zhou, Xueguang. 1999. "Reputation as a Social Institution: A Macrosociological Approach." Unpublished manuscript, Duke University.

Zickmund, Susan. 1997. "Approaching the Radical Other: The Discursive Culture of Cyberspace." Pp.185-205 in *Virtue Culture,* edited by S. G. Jones. London: Sage.

Zucker, Lynne G. 1988. "Where Do Institutional Patterns Come From? Organizations as Actors in Social Systems." Pp.23-49 in *Institutional Patterns and Organizations: Culture and Environment,* edited by L. G. Zucker Cambridge, MA: Ballinger.

Zuckerman, Mortimer B. 1999. "The Time of Our Lives." *U.S. News & World Report* (May 17): 72.

索　引

A

アベル，ピーター（Abell, Peter）　*165*
アクセス（access），社会関係資本への——
　——と中国における社会関係資本の不平等性　*138, 139*表, *141*表, *144*表
　——と社会関係資本論　*82-94*
　→ブリッジ（bridge）
アクセスされた社会関係資本モデル（accessed social capital model），と地位達成　*105-108, 107*表, *112-119*
蓄積率（accumulation rates），個人的資本と社会関係資本の——　*170-172*
行為（actions）
　ヒエラルキー構造と個人　*228-229*
　——と新資本理論　*21-23*
　——と社会関係資本論命題　*97-98*
　社会関係資本論における主要原動力　*74*
　社会学と行為の理論　*164*
　——と資源の価値　*40-43*
　→表出的行為（expressive action），道具的行為（instrumental action），相互行為（interactions），動機（motivation），目的的行為（purposive actions）
行為者（actors）
　——と資源の知識　*56*注4
　——と資源の価値　*40-41*
　→行為（actions）
年齢（age），と仕事経験と中国における在職期間　*148-149*
エージェント（agents），と社会構造　*43-45*
アンジェラス，ロベール（Angelusz Robert）　*117*
人類学（Anthropology），と交換の理論　*186*
帰属的地位（ascribed position）　*83*

帰属的資源（ascribed resources）　*71*
非対称的交換（asymmetric exchanges）　*65*
達成的地位（attained position）　*83-84*
権威（authority），と社会構造　*43-45*

B

バルビエリ，パオロ（Barbieri, Paolo）　*110, 114*
ベッカー，ゲイリー（Becker, Gary）　*10, 20*
バーナード，ジェシー（Bernard, Jessie）　*249*
バーナーズ＝リー，ティム（Berners-Lee, Tim）　*271*
ビアン，ヤンジー（Bian, Yanjie）　*111-112*
ブラウ，ピーター・M（Blau, Peter M.）　*96, 100-101, 184-185, 217, 223-226*
ブルデュー，ピエール（Bourdieu, Pierre）　*17-21, 27-31, 67, 244*注4
ボックスマン，E. A. W.（Boxman, E. A. W.）　*115, 118, 126*
ブライガー，ロナルド・L（Breiger, Ronald L.）　*215*注2, *234*
ブリッジ（bridge）
　ソーシャルネットワーク間の——と社会関係資本へのアクセス　*86-87, 93-94*
　→アクセス（access）
仏教（Buddhism），と法輪功　*275, 276*注3
バート，ロナルド・S（Burt, Ronald S.）　*28, 31, 68, 91-92, 115, 228, 234, 312-313*

C

蔡元培（Cai Yuanpei）　*255*
キャンベル，カレン・E（Campbell, Karen E.）　*114*
資本（capital）

索　引

文化資本論　*14-18*
資本の定義　*3*
制度と資本の流れ　*241-243*
マルクス主義的・古典的資本理論　*4-9, 21-23, 67*
新資本理論　*9-17, 21-23*
→経済資本（economic capital）, 人的資本（human capital）, 社会関係資本（social capital）の理論
資本の損失（capital deficit）
　――の定義　*156-157*
　――とジェンダーで分断された労働市場　*128-129*
　ジェンダーと中国における社会関係資本の不平等　*143-147, 158*
　→見返り（return）
因果（causality）, と社会関係資本のモデル　*312*
中国（China）
　共産主義革命と制度化　*255-262*
　教育と人的資本対制度的資本　*244*
　他国における中国民族コミュニティと制度的環境　*239*
　交換関係とグワンシ　*203-205*
　――と社会運動のケースとしての法輪功　*275-286*
　ジェンダーと社会関係資本の不平等　*131-141*
　文化大革命と制度的変化　*247*
　――と制度的資本　*242-243*
　――とインターネット利用者　*271, 294-296*
　――と地位達成研究　*111*
　――と伝統的相続システム　*169*注8
中国共産党（Chinese Communist Party, CCP）　*133, 243, 255-264, 280-281, 284-286*
選択（choice）, と新資本理論　*21-23*
　→合理的選択（rational choice）
市民活動（civic engagement）, と社会関係資本　*266-267*
公民権運動（civil rights movement）　*249-250*
階級（class）, 社会経済的――
　――と文化資本　*17-19, 23*
　――と職業のヒエラルキー　*215*注2
　――と中国における社会関係資本の不平等　*136-138*
　――と社会構造の中の権力　*48-49*
　――と社会的相互行為　*89*注5
古典的資本理論（classic theory of capital）
　――の説明　*4-9*
　――と人的資本　*10-14, 21-23*
　――と構造的制約・構造的機会　*67*
強制（coercion）, と資源の価値　*39*
コールマン, ジェームズ・S（Coleman, James S.）　*27-37, 68, 85, 178*注9, *185, 193, 228, 234*
集合財（collective goods）, と社会関係資本　*33-34*
集合体（collectivity）, 合理的選択と公共的資本　*174-176*
　→コミュニティ（community）
コリンズ, ランドル（Collins, Randol）　*228*
共産党（Communist Party）
　→中国共産党（Chinese Communist Party, CCP）
コミュニティ（community）
　――と社会変化　*208-209*
　――と価値ある資源を保有する個人の地位　*41*
　→集合体（collectivity）
順守（compliance）, と集合的義務と見返り　*176*
コンピュータ（computer）
　→サイバーネットワーク（cybernetworks）
コント, オーギュスト（Comte, Auguste）　*186*
消費（consumption）, と資本のマルクス主義的見方　*6-7*
コントロール（control）, と社会関係資本論　*26*注1

359

クック，カレン・S（Cook, Karen S.） *178*
　　注9, *226-227*
コスト（cost），社会関係資本の蓄積と利用の――　*172*
臨界量（critical mass），とヒエラルキー構造　*221*
文化資本（cultural capital）
　　――と社会関係資本の分化　*56*注3
　　――と制度　*242, 244*注4
　　――と構造的制約・構造的機会　*67*
　　――と資本理論　*17-23*
文化（culture）
　　――と中国社会の親類の紐帯　*142-145*
　　――と社会関係資本の不平等　*158*
サイバーネットワーク（cybernetworks）
　　――と法輪功　*282-286*
　　――と社会関係資本の成長　*301-304*
　　――と社会関係資本研究　*288-301*
　　――と社会的ネットワーク　*268-275*

D

デグラーフ，ナン・ディルク（De Graaf, Nan Dirk）*109, 115, 126*
多用な義務と見返り（differential obligations and rewards），と集合体　*174-175*
多用な価値（differential values），資源に付与される――　*39*
ディマジオ，ポール・J（DiMaggio, Paul J.）*240*
デューミン，メアリー（Dumin, Mary）*113, 115*
ダンカン，オーティス・ダッドリー（Duncan, Otis Dudley）*100*
デュルケム，エミール（Durkheim, Emile）*186, 188-189*

E

東欧（Eastern Europe），と共産主義国家の崩壊　*248*
電子商取引（e-commerce）　*269-270, 272*

経済資本（economic capital）
　　――と社会関係資本　*28-29*
　　――と社会的交換　*206-209*
経済的交換（economic exchange），と社会的交換　*183, 198*表
教育（education）
　　――と中国における共産主義革命　*255-262*
　　中国における社会関係資本の不平等とジェンダー　*133-136*
　　――と人的資本の分析　*13-14*
　　――と制度化組織　*244*
　　――とインターネットの利用　*293-295, 294*表, *300*
　　→大学（universities）
行為者の資源（ego resources）　*57-58*
電子メール（e-mail）　*272, 285*
エマーソン，リチャード・M（Emerson, Richard M.）*178*注9, *223, 226-227*
エンセル，ウォルター・M（Ensel, Walter M.）*108, 109, 211*
等距離の構造（equidistant structure），とヒエラルキーにおける資源量の違い　*219*
エリクソン，ボニー・H（Erickson, Bonnie H.）*31, 117-118, 235*
敬意（esteem），と社会的認知　*201*
交換（exchange）
　　――と個人的資源の獲得　*54-55*
　　――の定義　*182-183*
　　→社会的交換（social exchange）
交換価値（exchange value）　*5*
表出的行為（expressive action）
　　――と同類的相互行為　*63*
　　――と価値ある資源保持の動機　*59*
　　――と社会関係資本理論　*75-76*
　　――と見返りの諸類型　*309-310*

F

法輪大法研究協会（Falun Dafa Research Society）*227-279, 282-284*

索 引

法輪功（Falun Gong） 243注2, 275-288
家族（family）
　中国人の――の定義　143
　――と原初的集団の優先　168
フェミニスト理論（feminist theory），と女性学研究プログラム　245注5
フェルナンデス，ロベルト・M（Fernandez, Roberto M.）　313
フラップ，ヘンク・D（Flap, Henk D.）　28, 31, 109-112, 117, 126, 235

G

ゲーブルハウス，ゲーリー（Gabelhouse, Gary）　301
ジェンダー（gender）
　――と社会関係資本の不平等　123-124, 131-158
　――とインターネット利用　271-272, 294-295
　労働市場と収入の差異　128-129
　職業とヒエラルキー構造　230-232
　――的地位，と資源に付された価値　40
　――と地位達成　110
　――と女性学　249-255
GSS (General Social Survey) data　266
グローバル化（globalization），とサイバーネットワーク　273-275, 303
序列的集団（graded groups），とヒエラルキー構造　223
グラノベッター，マーク（Granovetter, Mark）　68, 86, 87注4, 90, 93, 102-103, 143, 213, 235, 313
人民大革命（中国）（Grate Cultural Revolution）　247
グライフ，アブナー（Grief, Avner）　202
国民総生産（GNP: Gross national product），と情報技術　291

H

ハナン，マイケル・T（Hannan, Michael T.）　180
ヘクター，マイケル（Hechter, Michael）　178注9
異質的相互行為（heterophilous interactions）
　――と資源の獲得，維持　60-65
　――と社会関係資本理論　76
何作麻（He, Zhuo-Xiu）　279
ヒエラルキーとヒエラルキー構造（hierarchies and hierarchical structure）
　――と社会関係資本理論の仮定　73-74, 98-99
　個人への構造の理論的示唆　222
　――と個人の行為　228-229
　――と資源のマクロ構造　45-47
　――と地位の強み命題　211-212
　――と構造からの制約　対　社会関係資本　222-228
　――と構造的なパラメータ　213-221
　――と弱い紐帯　211
ホーマンズ，ジョージ（Homans, George）　50, 86, 184-185, 187-188, 190-191, 203
同類的相互行為（homophilous interactions）
　――と資源の獲得，維持　60-65
　――と社会関係資本理論の仮定　73-76
同類仮説と同類原理（homophily hypothesis and homophily principle）
　――と社会関係資本へのアクセス　85-86
　――と社会的ネットワーク　51-52
　――と弱い紐帯　87注4, 88
ホウ，フローレンス（Howe, Florence）　251
シュン，レイ＝メイ（Hsung, Ray-May）　111, 116
人的資本（human capital）
　――と資本化過程における選択行動　22-23
　――の定義　72
　制度内での――の流れ　242
　――と社会関係資本の不平等　133-136, 149-150, 154, 156-157

361

──と新資本理論　9-17
──と個人的資源　54-55
──と目的的行為　67
──と合理的選択　169-173
──と社会関係資本　31-32, 125-126
→資本（capital）
ハルバート，ジーン・S（Hurlbert, Jeanne S.）　109, 114, 212

I

同一化（identification），集合的義務，と報酬　176
イデオロギー（ideology）
　──中国共産党と教育　261-262
　──と法輪功　286-288
　──社会的交換と支配的な合理性　204
　──女性学のプログラムとフェミニスト理論　254注5
収入（income）
　──インターネット利用　291-296
　──と中国におけるジェンダーと社会関係資本に関する不平等の研究　148, 153-154, 153表
個人財（individual goods），と社会関係資本　33-34
個人（individuals）
　→行為（actions），行為者（actions）
不平等（inequality），社会関係資本における行為者の
　──と中国でのジェンダー　131-158
　──とインターネット利用　292-297
　──と地位達成　123-124
　──と構造と地位のバリエーション　311
　──と理論的考察　127-131
影響（influence），と社会関係資本理論　25-26
情報（information），社会関係資本，とその流れ　25-26
　→インターネット（internet）
継承（inheritance）

──の中国の伝統的なシステム　169注8
個人的資源としての──　54
制度分析（institutional analysis）　235-236
制度的資本（institutional capital）
　──制度内の流れ　242-243
　──と社会関係資本の不平等　133-136, 150-154, 157-158
制度的環境（institutional field）　238-241, 244図, 262-263
制度化組織（institutionalizing organizations）　244
制度（institutions）
　──と中国の共産主義革命　255-262
　サイバーネットワークと──の創造　275, 299
　──の定義　46注5
　──と資本の流れ　241-243
　ネットワークに関する理論的枠組みと概略，と──　262-265
　──と社会的インフラストラクチャー　234-238, 262-265
　──と制度的環境　238-241
　ネットワークと──の変容　247-248
　──と社会的交換　202-205
　──と社会的ネットワーク　243-246
　──とアメリカの大学における女性学のプログラム　249-255
道具的行為（instrumental action）
　──と異質的相互行為　64-65
　──と価値ある資源を探索し獲得する動機　59-60
　──と社会関係資本理論　75-76
　──と見返りの種類　308-310
インターネット（internet）
　──と法輪功　282-286
　──と社会関係資本の成長　301-304
　──と社会関係資本に関する研究　228-289
　──と社会的ネットワーク　268-275
　子どもchildrenと──利用　298-299

——と政府　*291*（→国家〔state〕）
——と世帯類型　*296*図
——と言語　*295-296*
——とポルノ　*297-298*
——とプライバシー　*297-298*
——と地域　*292-294, 295*図
——と都市　*292-294, 295*図
——と農村地域　*292-294, 295*図
——と規則　*299*
——と衛星放送会社　*291*
——とショッピング　*296-270*
——と電話会社　*291*
相互行為（interactions）
——と同類原理　*210*
——と社会関係資本理論の仮定　*97*
合理的選択と——の原理　*166-167*
——と社会的ネットワーク　*49-52*
→異質的相互行為（heterophilous interactions），同類的相互行為（homophilous interactions）
企業内部労働市場（internal firm labor market）　*245*
内部化（internalization），集合的義務，と報酬　*176*
情報社会指標（International Data Corporation/ World Times Information Society Index）　*291*
投資（investment）
——と人的資本　*13-15*
——とマルクス主義の資本理論　*8*
非自発的社会移動（involuntary social mobility）　*213*
同型的な効用関数（isomorphic utility function）　*207*

J

江沢民（Jiang, Zemin）　*280*
職業威信（job prestige），と中国におけるジェンダーと社会関係資本の不平等に関する研究　*151-153*

求職（job searches）
——と選択的バイアス　*108*注3
地位達成，と非公式対公式　*120-121*
非計画的対目的的行為　*213*注1
公式な——経路，および，非公式な——経路　*120-121*
→労働者（labor）
ジョンソン，ハリー・G（Johnson, Harry G.）　*10, 13*

K

ケルマン，H・C（Kelman, H. C.）　*176*
親族の紐帯（kin ties），と中国における社会関係資本の不平等　*142-145, 155-156, 155*表, *157*
→家族（family）

L

労働者（labor）
ジェンダーで分断された市場と収入の差異　*128-129*
——と人的資本理論　*13-14*
→求職（job searches），職業（occupations）
レイ，ジーナ・ウォン＝フーン（Lai, Gina Wan-Foon）　*119*
水平的な地位（lateral positions）　*47*
ラウマン，エドワード・O（Lauman, Edward O.）　*89*
最小限の努力による相互行為（least-effort interactions）　*62-63*
ラーナー，ゲルダ（Lerner, Gerda）　*250*
レベル（levels）
ヒエラルキー構造と——の差異　*214-217, 225-226*
用語の使い方については　*213*
レヴィ＝ストロース，クロード（Levi-Strauss, Claude）　*186*
李大釗（Li, Dazhao）　*255*
梁漱溟（Liang, Shuming）　*257*注7
生活満足（life satisfaction）と表出的行為

309-310
李洪志（Li, Hongzhi）
リン，ナン（Lin, Nan） 27, 31-32, 77注3, 103, 108, 113, 115-116, 119, 121-122, 148, 169注8, 211, 247, 312, 314
位置効果（location effect）
　――とヒエラルキーの構造　222
　用語の使い方については　214
位置と地位の交互作用命題（location-by-position proposition），と社会関係資本へのアクセス　93-94, 98
羅幹（Lo, Gan）　280
長征（中国）　259
ルーマン，ニクラス（Luhmann, Niklas）　189
羅綺園（Lu, Yiyuan）　258

M

マクロ理論（macrotheory），と社会学　163
マリノフスキー，ブロニスロウ（Malinowski, Bronislaw）　186
毛沢東（Mao, Zedong）　247, 255-262
マースデン，ピーター・V（Marsden, Peter V.）　109, 114, 212
マルクス，カール（Marx, Karl）　4-9, 31注2
マルクス主義（Marxism）
　――と古典的な資本理論　4-9, 11-17
　――と文化資本理論　19-21
利得の最大化（maximization of gain），と合理的選択理論　165-166, 179-180
マクウィー，ボブ（McWee, Bob）　286
メディア（media），と社会的認知　194
メンタルヘルス（mental health），と表出的行為　309-310
マートン，ロバート・K（Merton, Robert K.）　42
ミクロ理論（microtheory），と社会学　163
ミラー，マイケル・J（Miller, Michael J.）　272
損失の最小化（minimization of loss），と合理的選択理論　165-166, 179-180
ミシュタル，バーバラ・A（Misztal, Barbara A.）　188-190
移動（mobility）
　――とヒエラルキー構造　229-233
　――と社会システム内の連帯　177-179
　→社会移動（social mobility）
社会関係資本の動員モデル（mobilized social capital）と，地位達成　105-112, 118-119
モデルとモデル化（models and modeling），社会関係資本の――　98図, 106図, 307-312
アメリカ現代言語協会（Modern Language Association, MLA）　251
モアビーク，ヘスター（Moerbeek, Hester）　110
動機（motivation）
　労働者と人的資本　14
　――と目的的行為　58-60
相互認知（mutual recognition）　166-168

N

名前想起法（name generator methodology），と地位達成研究　107表, 112-115
国民党（Nationalist Party, KMT）　258-262
全米女性学会（National Women's Studies Association, NWSA）　252
ネガティブな認知（negative recognition），と社会的交換　206
ネグロポンテ，ニコラス（Negroponte, Nicholas）　271
新資本理論（neo-capital theory）
　――の記述　9-17, 21-23
　――と社会関係資本理論　24
新ダーウィニズムの理論（neo-Darwinian theory），と社会的交換　197-198
ネットワーク分析（network analysis）　234-238
ネットワークとネットワーキング（networks and networking）
　――と社会関係資本へのアクセス　84, 94

注6
──と名声の形成　195注6
制度についての理論の枠組みと概要と──　262-265
──と社会のインフラ　262
──と資源のマクロ構造　49-52
──と社会関係資本理論の仮定　75
──に対する構造的制約　96-97
──と女性学　250-255
→サイバーネットワーク（cybernetworks）, 社会的ネットワーク（social networks）
名義的集団（nominal groups）, とヒエラルキー構造　223

O

職業（occupations）, とヒエラルキー構造　215注2, 230-232
→求職（job searches）, 労働者（labor）
組織──ネットワークの制度的同型化（organization-network institutional isomorphism）　241, 263
組織（organizations）
──と法輪功　287
──と制度的環境　238-241
組織──社会の制度的同型化（organization-society institutional isomorphism）　240, 263
オテリーニ, ポール（Otellini, Paul）　269
所有（ownership）, 個人的資源の──　54-55

P

パーソンズ, タルコット（Parsons, Talcott）　189
政党（parties）, と社会構造における権力　48
彭湃（Peng, Pai）　258
パーソナルコンピュータ（personal computers, PCs）　269
→インターネット（internet）
個人的資源（personal resources）

人的資本としての──　54-55
──と地位達成　100
説得（persuasion）, と資源の価値　39
請願（petition）, と資源の価値　30
物的資本（physical capital）, と新資本理論　11
身体的健康（physical health）, と表出的行為　309
ピッツォルノ, アレッサンドロ（Pizzorno, Alessandro）　200
政策（policy）, とヒエラルキー的社会構造における移動と連帯　229-233
→国家（state）
政治的社会関係資本（political social capital）, と中国における社会関係資本の不平等研究　136, 139表, 140-141, 143-145, 151, 154-158
政治参加（political participation）, と社会関係資本　266
ポルテス, アレハンドロ（Portes, Alejandro）　31, 313
地位効果（positional effect）
──と社会関係資本の不平等　311
──とヒエラルキー構造における資源の差異　219
──とヒエラルキー構造における規模の差異　217-219
──とヒエラルキーの構造　222
用語の使い方については　214
→地位（positions）
地位的資源（positional resources）　57-58
地位想起法（position generator methodology）
──と中国における社会関係資本の不平等研究　136-137, 137表, 156
──と地位達成研究　107表, 113-118, 123
初期の地位（position of origin）　83
地位（positions）
用語の使い方については　213
→地位効果（positional effect）, 社会的地位
権力（power）

365

社会構造における次元　48
　——と社会的交換　191注4
　用語の使い方については　48注7
予測（predictions）
　異質的相互行為についての——の形成　61-65
威信（prestige）
　——の仮説と原理　62, 89
　——と名声　48注6, 201
支配的制度（prevailing institutions）　237
基本的見返り（primary rewards）と交換　190
原初的集団（primordial group）
　社会関係資本の規模と蓄積　172
　——と資源の移譲　168-169
生産（production），と資本に対するマルクスの見解　4-8
利潤（profit），と合理的選択　166-168
社会的負債があることの伝播（propagation of indebtedness），と社会的交換　194
所有権（property rights）
　——とインターネット　299
　——とコミュニティにおける個人の地位　41
抗議運動（protest movement），と中国における法輪功　279-281
公共的資本（public capital），合理的選択と集合体　174-176
目的的行為（purposive actions）
　——と人的資本　67-68
　——にとっての動機　58-60, 62
　——と求職　213注1
　——と社会関係資本理論　76-94
パットナム，ロバート・D（Putnam, Robert D.）　28, 30, 31注2, 68, 266-267, 313
ピラミッド（pyramids），とヒエラルキー構造　47, 74

R

人種（race）

　——と社会関係資本の不平等　123-124
　——とインターネット利用　293図
　職業とヒエラルキー構造　230-232
ラドクリフ＝ブラウン，A・R（Radcliffe-Brown, A. R.）　186
合理的選択（rational choice）
　集合体と公共的資本　174-176
　——と構造の発生　173-174
　損失の最小化と利得の最大化　165-166, 179-180
　認知と利益　166-168
　資源と原初的集団の優位性　168-169
　——と社会契約　176-177
　——と社会システム　177-179
　——と社会学的理論化　163-165
互恵性（reciprocity），と交換　185注3
認知（recognition）
　社会関係の多様性と複雑性と認知のルール　173
　——と合理的選択　166-168
　——と社会的交換　198-199, 201-202, 205-206
採用（recruitment），と地位達成と社会関係資本とのあいだの関係　124-125
補強（reinforcements），と社会関係資本理論　26, 26注1
関係（relationships），と社会的交換　186-188, 190-200, 202-205
　→家族（family），社会関係（social relations）
名声（reputation）
　名声の定義　308
　——と社会的交換　194-197, 198-202, 205-209
　用語の使い方については　46注6, 191注5
レケナ，フェリックス（Requena, Felix）　110
資源（resources）
　資源の定義　38-39, 71
　構造的ヒエラルキーにおける資源の拡張性，および異質性　80-81

――と予測の形成　*61-65*
ヒエラルキー構造と資源の差異　*216図*,
　219-221, 225-228, 229-231
同類的と異質的相互行為　*60-61*
資源のマクロ構造　*43-49*
資源のミクロ構造　*53-58*
　――と目的的行為の動機　*58-60*
　――と合理的選択　*168-169*
資源の社会的配分　*38-43*
　――と社会構造　*68-70*
　――と地位達成　*102-126*
構造的制約と資源資本化の機会　*66-67*
社会関係資本のための構造的基礎として
　52
見返り（return），社会関係資本への――
　表出的行為と道具的行為と――　*308-311*
　――と社会関係資本命題　*78-82*
　――と中国におけるジェンダーと社会関係資本不平等の研究　*147-156*
見返りの損失（return deficit），と社会関係資本の不平等　*128-131, 156-158*
→資本の損失（capital deficit）
頑強性（robustness）
　社会システムと――の原則　*180*
ロッシ，アリス（Rossi, Alice）　*249*
阮嘯仙（Ruan, Xiaoxian）　*258*
ルール（rules）
　認知の――と社会関係の複雑性　*173*
　――と社会構造　*45-47*
ラッセル，バートランド（Russell, Bertrand）　*256*
ロシア（Russia）
　――と共産主義の崩壊　*248*
　交換関係とブラット　*203*
1917年のロシア革命（Russian Revolution of 1917）　*195, 201*

S

シュルツ，セオドア・W（Schultz, Theodore W.）　*10-11, 13-15, 20*

スコット，アンファイラー（Scott, Anne Firor）　*250*
選択バイアス（selectivity bias），と求職　*108注3*
感情―相互行為仮説（sentiment-interaction hypothesis）　*51*
シーウェル，ウィリアム・H（Sewell, William H.）　*39注1, 40*
シェパード，ジョージ（Sheperd, Geroge）　*257注7*
ジンメル，ゲオルク（Simmel, Georg）　*189*
成員数の違い（size differentials），とヒエラルキー構造　*216図, 217-221, 225-227, 229*
スミス，アダム（Smith, Adam）　*10*
社会的配分（social allocation）
　資源の――　*38-43*
社会的承認と社会的魅力（social approval and social attraction）　*200*
社会的行動（social behavior）
　――の定義　*184注1*
社会関係資本（social capital）の理論
　――と仮定　*72-76, 99*
　――の主眼　*3-4*
　――と市民活動　*266-267*
　――と問題の明確化　*33-37*
　サイバーネットワークと――研究　*288-301*
　――の定義　*24, 38, 242*
　――についての詳述　*71-72*
　社会的ネットワークに埋め込まれた資源，と――の測定　*266-267*
　――の作用についての説明　*19-20*
　インターネットとサイバーネットワーク　*268-275, 288-304*
　――マクロ-ミクロ関係に対するインプリケーション　*312-315*
　――のモデル，とモデル化　*98図, 106図, 307-312*
　――の観点，と――の概念　*26-32*
　――と目的的行為　*76-94*

――と行為の効果の構造依存性　94-97
　　――の主要ポイントの要約　97-99
　　→（社会関係資本への）アクセス（access），ヒエラルキーとヒエラルキー構造（hierarchies and hierarchical structure），（社会関係資本の）不平等（inequality），制度（institutions），合理的選択（rational choice），資源（resources），名声（reputation），（社会関係資本への）見返り（return），社会的交換（social exchange），地位達成（status attainment）
社会関係資本の命題（social capital proposition）　78-82
社会変動（social change），と制度的変容に関する仮説　262-263
社会契約（social contracts），と合理的選択　176-177
信用証明（social credentials）　26
社会的交換（social exchange）
　　――と経済的交換　183
　　――と合理性の制度化　202-205
　　――と富　191-192, 204, 207-208
　　――と名声　200-202, 205-206
　　――の社会的要素と経済的要素　143-149, 162-164
　　――と社会的認知　205-206
　　――と取引の合理性と関係的合理性　191-200, 202-205, 209
　　→交換（exchange）
社会的統合（social integration），と制度的変容　262-263
社会移動（social mobility）
　　――の定義　213
　　――とヒエラルキー構造　217, 220-227
社会運動（social movements）
　　――の中国におけるケース・スタディ「法輪功」　275-288
　　――と制度的変化　248, 264-265
　　――とインターネット　300
　　――と「天安門広場事件（1989）」　262注9

社会的ネットワーク（social networks）
　　――と社会関係資本の概念　34-36
　　――と制度　243-246
　　――とマクロ構造における資源　49-52
　　――と合理的選択　169-173
　　――と地位達成　102-103
　　→ネットワークとネットワーキング（networks and networking）
地位（social position），とマクロ構造における資源　43-49
　　→地位効果（positional effect），地位（positions）
社会的プロセス（social processes），の構成要素　236-237
社会的認知（social recognition），と社会的交換　194
社会関係（social relations）
　　――と人的資本理論　17
　　――の数が増大化・複雑化した中での認知と正当化のルール　173
　　→社会的交換（social exchange）
社会的再生産（social reproduction），と文化的資本　55-58
関係的資源（social resources）
　　社会関係資本としての――　43-45
社会構造（social structure）
　　――と社会関係資本理論の仮定　72-74
　　――の定義　43-44
　　――と人的資本理論　13
　　――と個人が利用する資源　68-70
　　――とマクロ構造における資源　43-45
　　複雑な――における資源と取引　47-49
　　――と社会関係資本　36-37
社会システム（social systems）
　　――と制度的環境　239-241
　　――の基本的構成要素としての制度とネットワーク　234-238, 264-265
　　――の頑強性の原則　180
　　――と合理的選択　177-179
社会学（sociology）

──と個人的観点　228-229
──と構造的観点　223
──と交換理論　186-187
──と合理的選択理論　163-165
連帯（solidarity）
　──とヒエラルキー構造　229-233
　社会システムにおける──と移動　177-179
　──と社会的交換　195-196
ソマーソン，ポール（Somerson, Paul）　272
スプレンゲルス，マーテン（Sprengers, Maarten）　114
国家（state）
　──と制度的環境　239-240
地位達成（status attainment）
　──の定義　100
　──に関する黎明期の研究と理論的基礎　102-104
　──と社会関係資本と人的資本の関係　125-126
　──社会的資源と社会関係資本理論　104-126
　──中国における社会関係資本の不平等に関する研究　147-156
　──における社会関係資本の獲得/動員モデルの結合　107表, 118-119
　カナダにおける──　117-118
　ドイツにおける──　109-110, 116-117, 125
　ハンガリーにおける──　117
　イタリアにおける──　110, 114
　オランダにおける──　109-110, 114-115, 126
　ポーランドにおける──　125
　シンガポールにおける──　111
　スペインにおける──　110-111
　台湾における──　111, 125
ステータス集団（status groups），と社会構造における権力　47-49
位置の強み命題（strength-of-location proposition）
　──と社会関係資本へのアクセス　90-93, 210-212
ネットワーキングの強み命題（strength-of-networking proposition）
　──と社会関係資本へのアクセス　95-97, 214
　──と地位達成　121-123
地位の強み命題（strength-of-position proposition）
　──と社会関係資本へのアクセス　90-93, 98
強い紐帯の強み命題（strength-of-strong-ties proposition）
　──と社会関係資本へのアクセス　85-86, 98
　──と地位達成　121-123
弱い紐帯の強み命題（strength-of-weak-ties proposition）
　──と社会関係資本へのアクセス　86-90, 92, 95, 98, 211
　──と地位達成　102注2, 121-123
　→弱い紐帯（weak ties）
構造的な有利さ（structural advantage），と社会関係資本へのアクセス　82-83, 97
ネットワーク効果の構造依存性命題（structural contingency proposition）
　──とネットワーキングの効果　96-97
　──と社会関係資本理論　98
構造的な隙間（structural holes），と社会関係資本へのアクセス　90-92, 92図
構造（sturucture）
　→ヒエラルキーとヒエラルキー構造（hierarchies and hierarchical structure），社会構造（social structure）
成功／成立（success）
　社会関係資本を伴う行為の──　79, 98
　→（社会関係資本への）見返り（return）
相続（succession），と原初的集団と──のルール　168-169

→継承（inheritance）
剰余価値（surplus value），とマルクスの資本理論　4-9
象徴的見返り（symbolic rewards），あるいは象徴的報酬，と集団性　174
象徴的有用性（symbolic utility），と社会的資源　56-57
象徴的暴力（symbolic violence）　18-19

T

台湾（Taiwan）
――における教育と人的資本 対 制度的資本　244
道教（taoism）と法輪功　275, 276注3
陶行知（Tao, Xingzhi）　257注7
テレビ（television），と市民活動　266, 301-302
譚植棠（Tend, Zitang）　258
天安門広場事件（1989）（Tiananmen Square incident）　262注9, 286-287
トビアス，シーラ（Tobias, Sheila）　250
取引的合理性（transactional rationality），と社会的交換　191-193, 197-199, 202-205, 207, 209
信頼（trust）
――と認知　166注6
――と社会的交換　188-190

U

大学（universities）
――とインターネットシステム　291
――と制度的変容の事例としての女性学　249-255
→教育（education）

V

価値（values）
　資源への――付与　39
ヴォーン，ジョン・C（Vaughn, John C.）　108, 211

ビレッジ（village）
――とインターネット　300-301, 303
用語の使い方については　289注9
→グローバル化（globalization）
フォルカー，ベアーテ（Volker, Beate）　112, 116
自発的社会移動（voluntary social mobility）　213

W

賃金（wages），と人的資本分析　17
→収入（income）
弱い紐帯（weak ties）
――の天井効果　212
――と同類原理　87注4, 88-89
→弱い紐帯の強み命題（strength-of-weak-ties proposition）
ウェーバー，マックス（Weber, Max）　48注7, 80, 183, 185注3
ウェゲナー，バーンド（Wegener, Bernd）　110
ウェルマン，バリー（Wellman, Barry）　234-235
ウィリアムソン，オリバー・E（Williamson, Oliver E.）　190
女性解放運動（women's liberation movement）　249-250
女性学（women's studies），とアメリカ合衆国における制度的変容　249-255
ワールド・ワイド・ウェブ（World Wide Web）　268-275
→インターネット（internet）
ライト，エリック・オリン（Wright, Erik Olin）　117

X

徐特立（Xu, Teli）　259

Y

イェ，シャオラン（Ye, Xiaolan）　148

晏陽初（Yen, James） *257*注7
易培基（Yi, Peiji） *256*

Z

周揚（Zhou, Yang） *259*
朱鎔基（Zhu, Rongji） *280*

《訳者紹介》（執筆順）

筒井淳也（つつい・じゅんや）**序文，日本語版序文，第8章，第9章，第12章，第13章**
 1970年　生まれ。
 1999年　一橋大学大学院社会学研究科博士後期課程満期退学。博士（社会学）。
 現　在　立命館大学産業社会学部教授。
 主要業績　『制度と再帰性の社会学』ハーベスト社，2006年。
    　『親密性の社会学』世界思想社，2008年。

石田光規（いしだ・みつのり）**第1章，第2章，第10章**
 1973年　生まれ。
 2007年　東京都立大学大学院社会科学研究科博士課程単位取得退学。博士（社会学）。
 現　在　早稲田大学文学学術院教授。
 主要業績　『既婚女性の就業とネットワーク』（共著）ミネルヴァ書房，2008年。
    　「誰にも頼れない人たち――JGSS2003から見る孤立者の背景」『家計経済研究』Vol.73，財団法人家計経済研究所，2007年。

桜井政成（さくらい・まさなり）**第3章，第4章，第7章**
 1975年　生まれ。
 2004年　立命館大学大学院政策科学研究科博士課程後期課程修了。博士（政策科学）。
 現　在　立命館大学政策科学部教授。
 主要業績　『ボランティアマネジメント』ミネルヴァ書房，2007年。
    　『公民パートナーシップのマネジメント』（共著）ひつじ書房，2006年。

三輪　哲（みわ・さとし）**第5章，第6章**
 1972年　生まれ。
 2006年　東北大学大学院文学研究科修了。博士（文学）。
 現　在　立教大学社会学部教授。
 主要業績　Deciphering Stratification and Inequality: Japan and Beyond (co-authered), Trans Pacific Press, 2007.
    　『日本人の意識と行動――日本版総合的社会調査JGSSによる分析』（共著），東京大学出版会，2008年。

土岐智賀子（どき・ちかこ）**第11章**
 1964年　生まれ。
 2012年　立命館大学大学院社会学研究科博士後期課程修了。博士（社会学）。
 現　在　大阪公立大学現代システム科学域，明星大学通信教育課程非常勤講師。
 主要業績　「青年期（キャリア探索期）におけるネットワーク分析の意義」『立命館大学人文科学研究所紀要』96号，2011年。
    　「フレキシビリティの浸透を通じて浮かびあがる地域間格差――イタリア」福原宏幸・中村健吾編『21世紀のヨーロッパ福祉レジーム――アクティベーション改革の多様性と日本』糺の森書房，2012年。

ソーシャル・キャピタル
——社会構造と行為の理論——

2008年7月20日　初版第1刷発行　　　〈検印省略〉
2025年5月20日　初版第6刷発行

定価はカバーに
表示しています

訳　者	筒石桜三土	井田井輪岐	淳光政　智	也規成哲賀子

発 行 者　杉　田　啓　三
印 刷 者　中　村　勝　弘

発行所　株式会社　ミネルヴァ書房
607-8494　京都市山科区日ノ岡堤谷町1
電話代表 (075)581-5191番
振替口座 01020-0-8076番

© 筒井淳也ほか, 2008　　　中村印刷・新生製本

ISBN 978-4-623-05115-1
Printed in Japan

Stataで計量経済学入門

————筒井淳也／平井裕久／秋吉美都／水落正明／
坂本和靖／福田亘孝著　**A5判美装カバー　216頁　本体2800円**

計量分析ソフト『Stata』，初の日本語マニュアル登場。データ管理から，パネル分析，サバイバル分析までを網羅。

叢書 現代社会のフロンティア
モダニティの社会学

————————厚東洋輔著　**4-6判上製カバー　216頁　本体2600円**

●ポストモダンからグローバリゼーションへ　構造変容の過程を丹念に読み解き，現代の「社会」を浮き彫りにする。

組織社会学

————————渡辺深著　**A5判美装カバー　216頁　本体2600円**

変貌する組織に迫るため，組織と環境，組織の構造と過程，権力と紛争，合理性，組織関係等の概念枠組を提供する。

MINERVA社会学叢書
HIV/AIDSをめぐる集合行為の社会学

————————本郷正武著　**A5判上製カバー　280頁　本体7000円**

良心的支持者となるプロセス，および良心的支持者の存在意義について議論する。

シリーズ［社会学の現在］
理論社会学の現在

————————鈴木広監修・嘉目克彦／三隅一人編
A5判美装カバー　312頁　本体3500円

主要学説の展開，主要概念・アプローチを巡る焦点的な論争といくつかの理論的視座に基づく現状分析の試み。

———— ミネルヴァ書房 ————
http://www.minervashobo.co.jp/